Inhalt

W0095648

SIGRID MARIA GRÖSSING

»Wir hätten in einem Rosengarten sitzen können«

Liebe und Leid im Hause Habsburg

WILHELM HEYNE VERLAG
MÜNCHEN

HEYNE SACHBUCH
Nr. 19/688

Bildnachweis

Kunsthistorisches Museum, Wien: 1, 2, 3, 4, 5, 6, 8, 9, 10,
11, 12, 13, 14, 15, 17, 18, 21
Sigrid-Maria Größing, »Amor im Hause Habsburg«
© 1990 by Kremayr & Scheriau, Wien: 7, 16, 19, 20, 22, 23
Photobusiness, Leopoldsdorf: 24

Umwelthinweis:
Dieses Buch wurde auf chlor- und säurefreiem Papier gedruckt.

Taschenbuchausgabe 5/2000
Copyright © 1998 by Amalthea
in der F. A. Herbig Verlagsbuchhandlung GmbH,
Wien–München
Wilhelm Heyne Verlag GmbH & Co. KG, München
http://www.heyne.de
Printed in Germany 2000
Umschlaggestaltung: Nele Schütz Design, München
Satz: Fotosatz Völkl, Puchheim
Druck und Bindung: Ebner Ulm

ISBN 3-453-16346-X

Vorwort

Den Lauf der Geschichte bestimmten, nicht erst seitdem es schriftliche Aufzeichnungen gibt – die Mächtigen. Es waren dies Menschen, die auf Grund besonderer Fähigkeiten berufen waren, über andere zu herrschen und deren Schicksal zu beeinflussen. Regeln und Satzungen allein garantierten keine Ruhe und Ordnung im Staat, nur ein Herrscher, der nicht als Mensch über seine Untertanen regierte, sondern einen göttlichen Auftrag vollzog, vermochte dies. Er entglitt gleichsam dem Kreis seiner Mitmenschen, wurde »übermenschlich«, unnahbar – von Gott gesandt.

Und trotzdem blieben die Kaiser und Könige, die Fürsten und Potentaten Menschen und handelten als solche, trotz aller Glorifizierung, trotz eines Zeremoniells, das sie zu Marionetten werden ließ. So sehr sich auch manche Kaiser und Könige bemühten, abgehoben von ihrem Volk gleichsam im luftleeren Raum zu schweben, so mußten sie doch am Ende ihres Lebens zur Erde, auf den Boden der Wirklichkeit, zurückkehren, belastet durch ihre Existenz als Mensch.

Dieses Buch soll die Habsburger, deren Gesichter und Gestalten sehr oft hinter undurchsichtigen Masken verborgen blieben, ungeschminkt zeigen, es soll dem Leser darlegen, welche Sorgen und Nöte, welche Vorlieben und Schwächen, aber auch welche zwischenmenschliche Probleme sie plagten. Mit einigen von ihnen hatte es das Schicksal gut gemeint, denn sie fanden in den von den Eltern arrangierten Ehen Glück und Zufriedenheit. Dabei war persönliche Sympathie, ja Liebe kein Aspekt, nach dem dynastische Verbindungen beschlossen wurden. Einzig und allein politische Dimensionen, Landgewinn, wirtschaftliche Besserstellung, Übereinstimmung der Religion oder Allianzen, die durch die privaten Beziehungen leichter zustande kommen konnten, zählten. Keiner dachte dabei an die beiden Menschen, die ein Leben miteinander verbringen sollten. Schreckliche Überraschungen standen deshalb auf der Tagesordnung, wenn sich ein hübsches, blutjunges Mädchen bei der Trauung plötzlich einem völlig unattraktiven, ältlichen Manne gegenübersah, mit dem es in den nächsten Stunden das Bett teilen sollte. Kaum ein Chronist fand sich, der die Gefühle, die Enttäuschungen und die Tränen der Betroffenen aufzeichnete.

Das Leben der Herrscher und ihrer Frauen war geprägt von Freud und Leid, von Liebe und Tod. Denn allzu oft zerstörte ein früher Tod gerade die Ehen, die scheinbar im Himmel begonnen hatten wie bei Kaiser Maximilian I., der seine junge schöne Gemahlin Maria von Burgund über alles liebte und schon nach wenigen Jahren verlor. Selten überlebte eine Frau ihren Mann, ihr Tod in jungen Jahren war durch das alljährliche Kinderkriegen gleichsam vorprogrammiert.

Jahrhundertelang war das Leben der Herrscher unstet. Das immerwährende Herumziehen innerhalb der vielen habsburgischen Besitzungen brachte täglich neue Probleme mit sich. Karl V., in dessen Reich die Sonne nicht unterging, kannte keine eigentliche Residenzstadt. Er war ständig unterwegs, den Unbilden der Natur ausgesetzt und schon in jungen Jahren von einem Bündel von Krankheiten und Schmerzen geplagt. Gicht und Nierensteine, offene Beine und ein Rückenleiden machten ihm das Leben zur Hölle. Niemand konnte ihm helfen, die Ärzte standen ihm zwar mit guten Ratschlägen zur Seite und verordneten ihm Mixturen oder ließen ihn zur Ader, aber wirkliche Linderung seiner vielfältigen Leiden verschaffte ihm niemand. Daß dieser gepeinigte Mann Entscheidungen, die man ihm in einer von anhaltenden Religionsstreitigkeiten durchsetzten Zeit abverlangte, nicht immer zum Wohle aller traf, begreift man, wenn man seine körperliche Verfassung mitberücksichtigt.

In dem vorliegenden Buch wurde versucht, die menschliche Seite in der Geschichte dem Leser vor Augen zu führen. Dabei stand das Bemühen im Vordergrund, aus den oft blassen historischen Figuren Menschen aus Fleisch und Blut zu schaffen und ihnen Leben einzuhauchen, damit sie als leibhaftige Gestalten uns Heutigen erscheinen. Nur so wird es uns möglich sein, sie besser zu verstehen und ihre Taten in anderem Licht zu sehen.

Großgmain, September 1998 *Sigrid-Maria Größing*

»Wir hätten in einem Rosengarten sitzen können ...«

MAXIMILIAN I. UND MARIA VON BURGUND

Karl der Kühne, der reiche und mächtige Herzog von Burgund, hatte nur eine einzige Tochter; die aber war sein ganzer Stolz. Auf Maria ruhte seine Hoffnung für die Zukunft, sie galt es, gewinnbringend zu verheiraten. Viele Freier waren im Laufe der Jahre aufgetaucht, die sich um die Hand der schönen Herzogstochter bewarben. Die große Mitgift, die Länder Burgunds mit ihren unendlich reichen Handelsstädten im Westen, hätte mancher gern als Morgengabe gesehen. Aber Maria hatte ihren eigenen Kopf und ganz bestimmte Vorstellungen von ihrem zukünftigen Gemahl, und so hatte sich auch der Vater noch nicht festgelegt, als ihn die Werbung des römisch-deutschen Kaisers erreichte, der Maria als Gemahlin für seinen Sohn Maximilian haben wollte.

Die Erkundigungen, die der burgundische Herzog über den Prinzen einziehen ließ, waren nur zu erfreulich. Man schilderte Maximilian in den schönsten Farben, als echten Ritter, der weder Tod noch Teufel fürchte, sich in jedem Turnier als tapferer und kühner Streiter erweise, der aber auch auffallend gut aussehen solle, blond, mit strahlendblauen Augen und einer männlichen Gestalt. Zudem gelte er als besonders charmant und liebenswürdig, so daß er die Herzen der Damen im Nu erobere.

So hatte sich Maria den Helden ihrer Träume vorgestellt, den Mann, mit dem sie ein ganzes Leben verbunden sein wollte. Freudig stimmte sie daher dem Wunsch ihres Vaters zu, dem Werben des Kaisers nachzugeben. Natürlich mußte man sich zunächst etwas zieren und durfte die Karten nicht offen auf den Tisch legen, denn allzu leicht hätte dies den Anschein erweckt, als wäre man froh, die Tochter möglichst schnell loszuwerden.

Daß Maria von Burgund mit Maximilian glücklich werden würde, war ihr nach Meinung ihres Schwiegervaters schon durch die Konstellation der Sterne vorherbestimmt. Denn wie immer bei wichtigen Angelegenheiten hatte Friedrich III. nach der Geburt Maximilians seine Hofastrologen gebeten, für seinen neugeborenen Sohn das Horoskop zu erstellen. Dieses versprach viel Gutes, obwohl auch ein dunkler, geheimnisvoller Aspekt zu vermerken war, und Maximilian wies bei den vielen Schicksalsschlägen, die er später erlebte, immer wieder auf diesen »dunklen Stern« hin. Ganz konnte er sich nie von der Vorstellung befreien, daß es die Gestirne eigentlich nicht gut mit ihm gemeint hatten, obwohl der Mathematiker und Astronom Johannes Regiomontanus, dem man die Erstellung des Horoskopes zuschreibt, den Lauf der Gestirne bestimmt nicht schlecht interpretiert hat.

Maximilian hatte nicht nur Habsburger Blut in den Adern, das ohnedies in den letzten Jahrhunderten durch die vielen Heiraten vermischt worden war. Seine Großmutter stammte aus Masovien und brachte polnisch-litauische Elemente in die Familie, daneben hatten die Habsburger immer wieder nach Deutschland, Italien und Böhmen geheiratet, so daß keine eindeutige Abstammung mehr festzustellen war. Habsburger Blut, was war das eigentlich? Viel eher ließ sich die Mutter Maximilians charakterisieren; sie hatte das leichte portugiesische Wesen, das die Kinder an ihr besonders liebten, ihre Heiterkeit und Fröhlichkeit hatte sie auch bei dem griesgrämigen Gatten und am langweiligen, finsteren Hof in Wiener Neustadt nicht verloren. Sie war ein Lichtblick für Maximilian, wenn er auch schon als Kind feststellen mußte, daß es zwischen den Eltern immer wieder Auseinandersetzungen wegen der Erziehungsrichtlinien gab.

Warum die schöne, lebenslustige und verwöhnte portugiesische Königstochter Eleonore sich damals freiwillig für den skurrilen Junggesellen Friedrich entschieden hatte, wußte sie wohl selbst nicht mehr ganz genau. Denn das fünfzehnjährige Mädchen hatte mit fester Stimme erklärt, sie wolle den (Friedrich) und sonst keinen! Vielleicht hatte die junge Prinzessin der Gedanke gereizt, einmal Kaiserin zu werden, vielleicht hatte sie auch ganz andere Vorstellungen vom Leben am Kaiserhof und von ihrem zukünftigen Gatten gehabt. Eleonore war an einem der luxuriösesten Höfe Europas aufgewachsen, war kostbare Teppiche, Seidentapeten und wohlige Wärme gewöhnt und konnte sich wahrscheinlich gar nicht vorstellen, daß es all dies im kalten und finsteren Österreich nicht gab.

Auch vor seiner Werbung um Eleonore hatte Friedrich seinen Hofastrologen beauftragt, die Sterne über die Braut zu befragen. Der mittlerweile 32jährige Herrscher war von Natur aus äußerst mißtrauisch, alles, was an ihn herangetragen wurde, prüfte er sehr genau, und erst wenn er keine Fußangeln erkennen konnte, entschloß er sich, zu handeln.

Aber die Auskunft seines Astrologen war durchaus zufriedenstellend. Auch die übrigen Erkundigungen, die Friedrich einziehen ließ, bestärkten ihn in dem Entschluß, eine Ehe mit der portugiesischen Prinzessin anzustreben. Ihre Porträtmedaillons betrachtete er allerdings mit großer Skepsis; zu schön war das Konterfei, das ihm entgegenblickte. Aber Eleonore mußten die Maler nicht schmeicheln; sie war ein anmutiges Mädchen, mit makelloser Haut und vollem braunem Haar, vielleicht etwas zu grazil, fast zerbrechlich. Man bevorzugte robustere Frauen, um auf jeden Fall mit reichlichem Kindersegen rechnen zu können.

Friedrich und Eleonore waren ein äußerlich und charakterlich ungleiches Paar. Er galt für die damalige Zeit als ungewöhnlich groß, 1,80 Meter, hatte fahles blondes Haar und eine markante lange Nase. Alles an Friedrich erinnerte an einen Asketen. Für ihn gab es nicht Saus und Braus beim Essen und Trinken, er hielt Maß und achtete in seiner engeren Umgebung streng darauf, daß keiner über die Stränge schlug. Gähnende Langeweile machte sich in seiner Gegenwart breit, er verstand es nicht, interessante Unterhaltungen zu führen, und jeder Gast war froh, wenn er in Gnaden wieder entlassen war.

Für die temperamentvolle portugiesische Prinzessin bedeutete die Abreise aus ihrer Heimat das Ende ihres unbeschwerten Lebens. Schon die Fahrt übers weite Meer, während der das Schiff von Piraten und heftigen Stürmen bedroht wurde, war für Eleonore ein einziges Schrecknis. An der italienischen Küste erwartete sie dann ihr zukünftiger Gemahl. Aber Friedrich war nicht aus dem Holz geschnitzt, einer Frau leichten Herzens gegenüberzutreten. Als er sie zum ersten Mal sah, begann er am ganzen Leibe zu zittern und benahm sich in seiner Verlegenheit ausgesprochen linkisch. Nur die italienische Bevölkerung, die dem deutschen König stets mißtrauisch, ja feindselig begegnet war, begrüßte die Prinzessin mit lauten Jubelrufen, ihr öffneten sich die Herzen, die Friedrich verschlossen geblieben waren.

Anders als jeder normale Bräutigam suchte Friedrich immer wieder einen Grund, um nicht mit seiner Braut allein sein zu müssen. Eleonore war allerdings von der italienischen Zauberwelt so gefangen, daß sie Friedrich nirgends vermißte. Auch als er sich nach der feierlichen Trauung durch den Papst in Rom sofort in seine Gemächer zurückzog, sah Eleonore in seinem Verhalten nichts Ungewöhnliches. Sie genoß die schönen Tage in der alten Stadt und nahm von Rom und seinem Volk nur schwer Abschied, als man in Richtung Neapel aufbrach, wo ein Onkel Eleonores residierte, der alles daran setzte, das Paar mit jedwedem Luxus, den man aufbieten konnte, zu verwöhnen. Glanzvolle Bankette wechselten mit Schauspielen ab, dann wieder maß man sich bei Turnieren und sportlichen Wettkämpfen in Geschicklichkeit und Kampfesmut. Der Wein floß in Strömen, aber Friedrich war all der Trubel zuviel, er stand als Griesgram inmitten der Lebensfreude, argwöhnisch und mißtrauisch. Wo er nur konnte, ging er seiner Frau aus dem Weg. Allmählich wurde Eleonores Onkel auf die Haltung Friedrichs aufmerksam und stellte mit Erstaunen fest, daß dieser das Beilager mit seiner schönen Frau noch nicht vollzogen hatte. Wenigstens pro forma sollte dies stattfinden, ließ Alfonso seinen angeheirateten Neffen wissen. So sehr sich Friedrich auch sträubte, er konnte nicht mehr anders, als mit seiner Frau vor versammeltem Hof ein breites Bett zu besteigen. Beide waren bis zum Hals bekleidet. Dann zog Friedrich kurz die Decke über den Kopf, gab Eleonore einen Kuß, und die Ehe war offiziell vollzogen.

Man begann die junge Frau zu bedauern, und die Hofdamen bemühten sich durch alle möglichen Tricks, den Kaiser in das Ehebett zu locken. Die Bettwäsche wurde mit Weihwasser und Parfüm beträufelt, Liebeslieder klangen durch den weiten Palast, aber immer noch weigerte sich Friedrich, mit seiner Frau zu schlafen. Viel zu groß war seine Angst, hier in Italien einen »welschen Bastard« zu zeugen. Vor allem vor der Amme Eleonores fürchtete sich Friedrich, sie sah er als unheimliche Hexe an, die sicherlich das

Bett verwünscht hatte. So befahl er seiner Gemahlin, ihm auf sein Zimmer zu folgen. Wie der Vertraute des Kaisers, Enea Silvio Piccolomini, der spätere Papst Pius II., berichtete, konnte der blutleere Friedrich aber dann doch, als sie allein waren, den Verlockungen des jungen, schönen Körpers seiner Frau nicht widerstehen.

Einen »welschen Bastard« hatte Friedrich allerdings nicht gezeugt. Denn schon auf der Weiterreise wählte man getrennte Wege, und erst drei Jahre nach der Eheschließung wurde der erste Sohn geboren, so daß böse Zungen nicht verstummen wollten, die behaupteten, daß Friedrich gar nicht der Vater seiner Kinder sei.

Wie nicht anders zu erwarten, hatte Friedrich auch zu seinen Kindern keinen übermäßig guten Kontakt, er war vor allem Respektsperson, ihm mußten sie blind gehorchen. So wurde auch Maximilian erzogen. Da der Vater sich den Kindern selten zeigte, kümmerte sich die Mutter um so liebevoller um sie. Sie war Maximilians ein und alles, und Eleonores früher Tod war der schwerste Schlag im Leben des Kindes.

Maximilian war ganz der Sohn seiner Mutter und hatte nur wenige Eigenschaften von seinem Vater geerbt. Die große Weltoffenheit, der Hang zu Kunst und Wissenschaft, aber auch eine gewisse Unstetigkeit gehen auf das mütterliche Erbe zurück. Natürlich war sein Vater, wahrscheinlich auch durch die schwierige politische Situation, in der er sich immer befand und in die er manchmal ohne sein Zutun geraten war, verbittert und erstarrt. Er sollte an allen Ecken und Enden kämpfen und hätte sich doch lieber in seine Privaträume zurückgezogen, um sich der Magie und Alchemie hinzugeben.

Demütigende Erlebnisse für die Familie gab es genug. In Wien wurde sie von Wiener Bürgern wochenlang belagert, und einer der Rädelsführer war der eigene Bruder des Kaisers, Albrecht VI. Der Bruderzwist schwelte lange, die beiden gegensätzlichen Habsburger konnten keinen Ausgleich finden, vor allem deshalb, weil Albrecht aufgrund seines Wesens und Auftretens eine große Anhängerschar in Österreich besaß, die es lieber gesehen hätte, wäre er anstelle seines Bruders Kaiser geworden. Albrecht war ein aufgeschlossener Fürst und hätte das Ruder der Politik wohl besser führen können als sein zaghafter Bruder. Als Freund der Wissenschaft und der Kunst gründete er die Universität Freiburg, er war ein Mann der Tat, der alles begehrte, und wenn er es bekam, zugleich wieder verschleuderte, um es an anderer Stelle mit brutaler Gewalt wieder zu nehmen – eine schillernde Gestalt in dieser bewegten Zeit.

Das Verhältnis Friedrichs zu Maximilian war nicht gut. Die Kindheit des Prinzen war überschattet von Auseinandersetzungen zwischen den Eltern. Der Kaiser suchte die Erzieher seiner Kinder selbst aus, ihre Ausbildung war ihm ein wichtiges Anliegen, und die besten Lehrer – oder was er darunter verstand – waren gerade gut genug. Die Erziehungsmethoden allerdings entsprachen ganz und gar nicht dem Naturell des Kindes. Hätte die Mutter noch gelebt, so wäre vielleicht einiges anders verlaufen. Sie hatte noch die Humanisten Johannes Hinderbach und Enea Silvio Piccolomini als Lehrer für ihren Sohn bestellt, Friedrich III. aber wollte Männer der alten Schule, den Steirer Jakob von Fladnitz und den harten Peter Engelbrecht von Passail. Beide glaubten, sie müßten ihr Wissen, vor allem aber die lateinische Grammatik, dem Prinzen mit körperlichen Züchtigungen buchstäblich einbleuen. Die Reaktion des Kindes war natürlich, daß es sich bockig und stur stellte, so daß der Vater auf den Gedanken kam, sein Sohn sei ein Idiot, wie er wortwörtlich gesagt haben soll. Daß aber das begabte Kind nur eine entsprechende Motivation gebraucht hätte, auf eine solche Idee kam niemand. Hätte der Kaiser wirklich auf seinen Astrologen gehört, so hätte er sehr bald wissen müssen, daß sein Sohn ein ungewöhnlich intelligenter Mensch war, für alles Neue aufnahmefähig und an Wissenschaft und Kunst ein Leben lang interessiert. (Für Liebhaber der Astrologie: Die Sonne im siebenten Haus deutete auf die hervorragende Begabung Maximilians.)

Der Prinz liebte die Jagd und die ritterlichen Disziplinen. Auch als Reiter übertraf er alle seine Altersgenossen, mit denen er gern und viel beisammen war und die den jungen Kaisersohn wegen seines heiteren, unkomplizierten Wesens schätzten und liebten. Es lag ganz im Sinne der Zeit, daß auch der eher einsiedlerisch veranlagte Friedrich seinen Sohn als echten Prinzen erziehen ließ. Dabei hielt er sich auch an die Regeln, die in der Goldenen Bulle, jenem von Kaiser Karl IV. im Jahre 1356 erlassenen Grundgesetz für das

14

Heilige Römische Reich, festgelegt waren. Dort wurden nicht nur die Richtlinien für die deutsche Königswahl fixiert, sondern auch genau beschrieben, welche Rechte und Pflichten die Gemahlin des Königs oder Kaisers habe und wie die Söhne zu erziehen seien. So sollten die Knaben vom siebenten bis zum vierzehnten Lebensjahr in der lateinischen Sprache, vor allem in der Grammatik, unterrichtet werden (was, sehr zum Leidwesen Maximilians, auch geschah), daneben sollten sie Italienisch und eine slawische Sprache erlernen. In der Goldenen Bulle findet man ferner einen interessanten Passus, worin es den Eltern freigestellt war, die Söhne auf Reisen zu schicken, damit sie sich die fremden Sprachen im Ausland aneigneten, oder sie diese zu Hause lernen zu lassen. Friedrich hielt wahrscheinlich nicht allzu viel vom Reisen, und so mußte Maximilian wohl oder übel am Hof von Wiener Neustadt in den sauren Apfel beißen und die strengen Schulstunden über sich ergehen lassen.

Ab und zu aber durfte er nach Augsburg ziehen, um sich dort in den ritterlichen Disziplinen weiter auszubilden. Für den jungen Prinzen waren das glückliche Zeiten, in denen er nach Herzenslust auf die Jagd gehen, reiten und sich mit den Altersgenossen im fairen Kampf messen durfte. So entwickelte er im Laufe der Zeit eine besondere Vorliebe für diese Stadt, es war für ihn jedesmal ein Fest, wenn er durch die Tore zog und den Jubel der Bevölkerung hörte.

Zu Augsburg gab es in Maximilians späterem Leben noch eine andere Beziehung. Immer in Geldnöten, holte er sich die Gulden, wo er konnte, oft mit rücksichtslosen Mitteln, so daß er in manchen Städten fast gefürchtet war und man schnell die Tore schloß, wenn der Kaiser mit seinem Gefolge angekündigt war. Auch pflegte er immer öfter seine Schulden nicht zu bezahlen, nahm Kredite auf, von denen er wußte, daß er sie in diesem Leben niemals zurückzahlen konnte und verpfändete ganze Gegenden an die Fugger und Welser in Augsburg. Trotzdem war er streng religiös und hatte vor allem nach dem frühen Tod seiner Mutter eine tiefe Frömmigkeit entwickelt, rief immer wieder die Heiligen an, besuchte täglich den Gottesdienst und schickte regelmäßig dreimal am Tag seine Gebete zum Himmel. Daß daneben auch der Aberglauben seinen Platz im Denken des Kaisersohnes hatte, ist bei-

15

nahe natürlich. Er versuchte die Himmelszeichen zu deuten, beschäftigte sich mit Naturerscheinungen, von denen man nicht wußte, wie man sie interpretieren sollte, trug stets Reliquien bei sich und glaubte an einen besonderen Schutzzauber. Von den alchemistischen Versuchen seines Vaters beeindruckte Maximilian vor allem die Vorstellung, Edelsteine herstellen zu können, denn er liebte die Kleinodien mit ihrem verwirrenden Glanz genauso wie sein Vater. Auch er träumte davon, das Geheimnis ihrer Herstellung zu ergründen.

Der jugendliche Prinz, der sich bis zur Erschöpfung durch körperliche Anstrengungen verausgaben konnte, entdeckte damals eine besondere Vorliebe, die in dieser Zeit unüblich war: Er stieg gerne und oft auf die Berge seiner Heimat und setzte sich dabei auch extremen Gefahren aus. Besonders die Berge in der Gegend von Innsbruck hatten es ihm angetan, und sooft es ihm möglich war, kletterte er in den steilen Felswänden herum. Dabei überhörte er geflissentlich die Warnungen der einheimischen Bevölkerung, die noch daran glaubte, daß die Berge Sitz von Göttern seien, die man nicht stören durfte, wollte man sich nicht ihren Fluch zuziehen.

Maximilian entwickelte sich allmählich zu einem strahlenden jungen Mann, der die Blicke aller, vor allem aber der Mädchen, auf sich zog. Mit seinem leidenschaftlichen Temperament entfachte er die Sinne so mancher Schönen, und es konnte nicht ausbleiben, daß er viele Herzen im Sturm eroberte. Die Kunde von dem »minniglichen Prinzen« verbreitete sich weit über die Grenzen der Länder seines Vaters und erregte die Phantasie vieler heiratsfähiger Prinzessinnen. Er war der Liebling aller, keiner konnte ihm widerstehen, Männer und Frauen zog er in seinen Bann mit seinem Temperament, seinem Charme und seiner Redegabe. Die Worte flossen ihm von den Lippen wie »geschmolzenes Gold«, und wenn er die lateinische Sprache, die Sprache der Gebildeten, in der man sich damals in der vornehmen Gesellschaft zu unterhalten pflegte, auch nur als barbarisches Küchenlatein beherrschte, wie er seiner Tochter Margarete später gestand, so wußte er doch alle Register zu ziehen, um die Zuhörer an sich zu fesseln. Dazu war er liebenswürdig und humorvoll, mutig und kühn, konnte über einen Scherz von ganzem Herzen lachen und nahm nichts auf der Welt allzu schwer.

Der Augenblick regierte ihn, und er gab sich diesem Glück, das er momentan fassen wollte, ganz hin.

Maximilian hat viel begonnen, hatte zeitlebens große Pläne, aber er konnte wenig davon wirklich vollenden. Er war spontan, wo er ausdauernd und geduldig hätte sein müssen. Manchmal widerrief er Entschlüsse, die er am Morgen gefaßt hatte und von denen er felsenfest glaubte, daß sie richtig wären, noch am selben Abend. Seine Phantasie war grenzenlos, und in dieser Welt lebte er, von ihr ließ er sich beherrschen und treiben. Selbstbeschränkung und Zweifel an sich selbst kannte er nicht, und in seinem Bestreben, hunderterlei auf einmal zu machen, überließ er kaum etwas seinen Ratgebern, einerseits, weil er von seinem Vater gelernt hatte, wenigen zu trauen, andererseits, weil ihn alles, was zu tun war, selber interessierte und faszinierte. Er überdachte die Dinge zu wenig, er war das Gegenteil seines Vaters, der ewig zauderte und zögerte, ständig von Zweifeln geplagt war. Ein Diplomat aus Florenz berichtete über den jungen Maximilian an Machiavelli, daß sich der Erzherzog in beständiger körperlicher und geistiger Aufregung befinde.

Vielleicht hat ihn dieser ununterbrochene Trubel, die andauernde Anspannung aber auch jung und vital erhalten, denn viele Zeitgenossen erzählen, daß der spätere Kaiser stets ein jugendliches Aussehen gehabt habe und ihm sein Alter nie anzumerken gewesen sei.

Diesen Mann also sollte Maria von Burgund zum Gemahl bekommen. Ihr Vater, Karl der Kühne, der das im Laufe der Jahrhunderte aus den verschiedensten Teilen zusammengestückelte Land – Teile der heutigen Niederlande, Flandern, Brabant, Brügge, Teile des späteren Frankreich, ohne einheitliche Sprache – beherrschte, hatte es verstanden, den Reichtum und die Kultur seiner Gebiete als einigendes Band um das Land zu schlingen. Neidisch blickte der König von Frankreich, Ludwig XI., auf seinen Nachbarn und hätte gerne teilgehabt an all dem, was der Burgunderherzog sein eigen nannte. Maria wäre auch für seinen Sohn Karl eine begehrenswerte Partie gewesen, sollte doch das reiche Land eines Tages an sie fallen. Karl der Kühne aber suchte einen mächtigen Schwiegersohn, der seine Stellung aufwerten konnte, der ihm vielleicht sogar den Königstitel verschaffen und – so weit plante Karl der Kühne voraus – nach einer eventuellen ehelichen Verbindung seiner Tochter mit dem Kaisersohn sich dafür einsetzen konnte, daß Karl die Kaiserwürde über das Gesamtreich übertragen bekam. In dem kraftlosen Friedrich vermutete er einen geeigneten Gesprächs- und Verhandlungspartner, dem er mit Pomp und Reichtum zu imponieren strebte.

Die beiden Herrscher trafen im September 1473 in Trier zusammen. Auch Maximilian war mit dem Vater gen Westen gereist, um den reichen Herzog von Burgund selber kennenzulernen. Alles, was der junge Mann bisher an Prunk und Pracht gesehen hatte, wurde hier in der alten Römerstadt in den Schatten gestellt. Der Herzog war mit vierhundert Wagen in Trier erschienen, die seinen gesamten Hausschatz zur Schau stellen sollten. Maximilian konnte sich kaum fassen, als er das Gold- und Silbergeschirr Karls bewunderte, seine Tapisserien, die Sakralgeräte aus feinstem Gold mit kostbaren Edelsteinen. Welch eine Welt tat sich hier auf! Niemals hatte Maximilian solch reiche und üppige Kleider aus Samt und Seide gesehen, niemals so glänzende Ritter in Prunkrüstungen, eine kunstvoller als die andere.

Die Verhandlungen mit dem Kaiser gestalteten sich langwierig und zäh. Zwar willigte Friedrich III. in eine Verbindung der beiden jungen Leute ein, die Königs- oder gar Kaiserpläne Karls lehnte er aber rundweg ab und sicherte sich bei dieser Ablehnung auch die Zustimmung der deutschen Kurfürsten. Karl aber war nicht der Mensch, schnell und ohne Widerstand die Flinte ins Korn zu werfen, er wiegelte Städte gegen den Kaiser auf, so daß es zu kriegerischen Auseinandersetzungen zwischen Karl und den Kaisertreuen kam, und versuchte, sein Gebiet noch nach Süden auszudehnen, indem er die Eidgenossen und Lothringen angriff. Dieser Krieg wurde ihm persönlich zum Verhängnis; bei Nancy 1477 verlor er nicht nur eine Schlacht, sondern auch sein Leben. So glanzvoll er gelebt hatte, so schmachvoll und tragisch war sein Ende. Schwer verwundet wurde er in einem Wald liegen gelassen, niemand kümmerte sich um den Sterbenden, und als seine Getreuen ihn schließlich fanden, war die Leiche schon von Wölfen und Raben angefressen.

Maximilian brachte dem toten Schwiegervater stets Verehrung entgegen, er sah in ihm einen großen, tatkräftigen Herrscher, vielleicht weil sein eigener Vater so ganz anders geartet gewesen war, und oft hörte man von ihm die bedauernden Worte: »Wenn nur Herzog Karl noch lebte!«

Die junge Maria, noch nicht zwanzig Jahre alt, stand also plötzlich allein auf der Welt, die sich ihr an allen Ecken und Enden feindlich zeigte. Karl hatte die niederländischen Städte, die stets um ihre eigenen Rechte kämpften, mit Gewalt niedergehalten, jetzt sahen sie den Zeitpunkt gekommen, selbständig und unabhängig zu werden. In Gent, Brüssel und Brügge bildeten sich Parteien, die nur den einzigen Wunsch hegten, möglichst großen Gewinn zu erzielen und diesen in ihren Geldtruhen verschwinden zu lassen. Was konnte ein junges Mädchen dagegen ausrichten? An den Grenzen lauerte »die Spinne Europas«, Ludwig XI. von Frankreich, der alles unternahm, um Maria als Braut für seinen schwächlichen, erst siebenjährigen Sohn Karl in seine Gewalt zu bekommen.

In dieser verzweifelten Situation erinnerte man sich plötzlich daran, daß Maria offiziell mit dem Kaisersohn verlobt war: Insgeheim hofften die Niederländer vielleicht auch darauf, daß der Sohn des tatenlosen Kaisers wohl auch nicht gewillt sein würde, sich allzu sehr in die niederländischen Angelegenheiten einzumischen. Zumindest waren die Habsburger weiter weg als Ludwig und schienen daher für die handelspolitischen Interessen der Niederländer weniger gefährlich. In aller Eile wurden Kuriere nach Osten geschickt, um Maximilian aufzufordern, ja ihn geradezu zu bitten, nach Gent zu kommen, um die elternlose Maria zu heiraten.

Der Erzherzog konnte sich natürlich nicht wie irgendein gewöhnlicher junger Mann aufs Pferd schwingen und einfach nach Westen reiten, um seine Braut in die Arme zu schließen. Er mußte, wie es die Etikette vorschrieb, wie ein Prinz freien, auf seinem Zug durch das Reich Prunk und Pomp demonstrieren. Friedrich III. kratzte alles Geld zusammen, das er entbehren konnte, aber bei seiner Knauserigkeit war das nicht eben viel. Maximilian wäre wahrscheinlich gar nicht bis Burgund gekommen, hätten nicht einige Städte, in denen er in hohem Ansehen stand, beschlossen, dem Sohn des Kaisers zu helfen. Die Stadt Augsburg öffnete nicht nur ihre Stadttore, um Maximilian mit seinem Gefolge zu begrüßen, sondern auch großzügig die Kassen, so daß der Erzherzog für die weitere Brautfahrt wenigstens einigermaßen ausgerüstet war. Ein mit Dukaten gefüllter Pokal war ein beruhigender finanzieller Hintergrund.

Aber die lange Reise kostete mehr, als alle angenommen hatten. In jeder Stadt, durch die der Prinz zog, mußten üppige Feste gegeben werden, und wenn auch vieles von den Bürgern bezahlt wurde, so blieben doch große Summen, die der Kaisersohn aus der eigenen Tasche ziehen mußte. Als er die Stadt Köln erreichte, waren seine Vorräte wieder aufgebraucht, und Maximilian konnte nur auf ein Wunder hoffen, sonst hätte er aus der Ferne zuschauen können, wie der Dauphin von Frankreich ihm seine Braut vor der Nase wegschnappte, die schon verzweifelt auf den Retter wartete.

Ein guter Engel kam den beiden jungen Leuten zu Hilfe: Margarete von York, Schwester des englischen Königs Edward IV., zweite Gemahlin Karls des Kühnen und also Stiefmutter Marias. Instinktiv erkannte sie die mißliche Lage des jungen Mannes und ahnte, warum er nicht schon längst angekommen war. Sie schickte aus ihrer Privatschatulle kurzerhand eine ansehnliche Summe nach Köln und bat den Freier ihrer Stieftochter, doch rasch dem Pferd die Sporen zu geben und Maria zum Altar zu führen. Als die Stadtväter von Köln von dem großzügigen Geschenk erfuhren, legten auch sie noch einen Teil dazu, und der Erzherzog konnte endlich seinen Weg fortsetzen.

Maria erwartete ihren künftigen Gemahl in Gent, in einem riesigen Palast, wo alles für seine Ankunft vorbereitet war. Um elf Uhr nachts ritt Maximilian endlich ein. An der Treppe, die zum Großen Saal führte, stand Maria …

Vergessen war für Maximilian seine heiße Jugendliebe Rosina von Cray, vergessen waren die Strapazen und Enttäuschungen seiner langen Reise nach Burgund; endlich war er am Ziel seiner Wünsche. Vor sich sah er ein ungewöhnlich anziehendes junges Mädchen, das leicht errötete, als es die Blicke des schönen Prinzen auf sich gerichtet fühlte. Maximilian folgte einem Brauch des Landes und küßte die anwesenden Damen, eine nach der anderen, wobei er kein Auge von Maria ließ. Dann begann er mit zitternden Fingern nach einer Blume zu suchen, die sie nach einer burgundischen Sitte an sich verborgen trug. Man hatte ihm bedeutet, daß der Bräutigam dieses Zeichen der Liebe finden sollte. Erst nachdem er Marias Gewand geöffnet hatte, fand er eine Nelke. Beide standen sich stumm gegenüber, in den Anblick des anderen versunken. Sie hätten sich so viel zu sagen gehabt, aber Maria verstand nicht die deutsche Sprache, und Maximilian war weder im Französischen noch im Flämischen bewandert. Aber auch ohne Worte verstanden sie einander vom ersten Augenblick an und wußten, daß sie füreinander bestimmt waren.

Im Ehekontrakt wurden alle Rechte und Pflichten des künftigen Herzogs von Burgund festgelegt, auch die Stellung der zu erwartenden Nachkommen. Dann überreichte Maximilian seiner Braut das Hochzeitsgeschenk, das alle überraschte, die von den Geldnöten des Erzherzogs wußten. Das kostbare Schmuckstück war auf viertausend Gulden geschätzt worden und stammte wahrscheinlich aus der Edelsteinsammlung Friedrichs III. Der Kaiser war ein Sammler von wertvollen Pretiosen, die er zum Teil selbst aus dem Orient mitgebracht hatte. Und obwohl er sich beinahe nie von einem seiner Stücke trennte, war die burgundische Hochzeit seines Sohnes doch Anlaß genug. Das Festbankett war für Punkt Mitternacht angesetzt, es dauerte aber nur eine Stunde, da sich Braut und Bräutigam bald zurückzogen, worauf auch die übrigen Gäste keine besondere Lust mehr hatten, die Feiern fortzusetzen.

Es existieren (zunächst heimlich aufgezeichnete) Berichte, wonach das Verlangen und die Leidenschaft des Brautpaares nicht durch kirchliche Vorschriften aufzuhalten gewesen seien und sie sich noch in der gleichen Nacht angehört hätten, ohne auf den Segen der Kirche zu warten. Freilich hätten in einem solchen Fall nur wenige Getreue davon wissen können, denn die offiziellen Hochzeitsfeierlichkeiten waren in allen Details geplant und mußten in aller Form durchgeführt werden.

Schon sehr früh am Morgen des nächsten Tages, am 19. August 1477, fand die kirchliche Trauung statt. In der Burgkapelle legte der Legat die Hände der beiden jungen Leute ineinander, so wie es die Sitte seit alters her vorschrieb. Dann übergab Maximilian der Braut dreizehn Goldstücke, die symbolisieren sollten, daß er immer für sie sorgen wolle. Nach diesen Förmlichkeiten schritten beide zur Hochzeitsmesse, Maximilian in glänzender silberner Rüstung, jung, schön, stark, ein echter Ritter eines sterbenden Zeitalters, und Maria im goldbestickten Damastkleid, mit einem edelsteinblitzenden Gürtel, an dem ein Geldbeutel hing, einen Hermelinmantel um die Schultern, die Krone Burgunds auf den braunen Locken. Vor dem Altar knieten sie nieder und erflehten, jeder in seiner Sprache, den Segen des Himmels für die gemeinsame Zukunft. Alle geladenen Hochzeitsgäste, Niederländer und das österreichische Gefolge des Kaisersohnes, waren gerührt von dem Anblick der beiden jungen Menschen, die einander verliebt und glücklich ansahen. Nach dem Ja-Wort küßte der Legat Maximilian, und der Bräutigam gab diesen Kuß an Maria weiter. Am Ende der Messe wurde dem Legaten nach altem Brauch eine Semmel gebracht, von der er ein Stück abbiß, worauf sich das Brautpaar den Rest teilte und ebenfalls verzehrte. Auch ein Becher Wein durfte nicht fehlen, aus dem Maximilian und Maria je einen Schluck nahmen.

Damit war die Trauung zu Ende, aber Maximilian und Maria waren fast nicht in der Lage, die Kirche zu verlassen. Sie hielten sich fest umschlungen und waren beide vor Aufregung blaß; man mußte vor der Kirche auf sie warten.

Es folgte ein prunkvolles Hochzeitsfest nach den Sitten des Landes. Die Tische bogen sich von feinstem Silber, Damastdecken und den erlesensten Genüssen aus der damals bekannten Welt. Den ganzen Tag währte die Ausgelassenheit und Fröhlichkeit, und als man genug getrunken hatte, begann der Tanz bis spät in die Nacht hinein. Erst als Maximilian und Maria von ihren Rittern und Edelfrauen zu ihrem Schlafgemach geleitet wurden, begann sich die Hochzeitsgesellschaft zu zerstreuen. »Wie es da gangen ist, wais ich nit«, meinte ein Ritter aus Maximilians Gefolge später. Im Brautgemach war das Paar allein, aber obwohl die Chronisten nur diskrete Andeutungen machen, kamen die Ritter und Edelfrauen, die zumindest im Nebenraum Zeugen dieser – vielleicht zweiten – Hochzeitsnacht wurden, doch auf ihre Rechnung, denn Maximilian war kein unbedarfter Liebhaber und hatte in seiner Heimat schon reichlich Erfahrung gesammelt. So erzählte man sich am burgundischen Hof bald pikante Geschichten von der Manneskraft des jungen Habsburgers, und er wurde weithin im Lande als »Begatter und richtiger Mann« bezeichnet.

Das junge Paar verbrachte abwechslungsreiche Tage und leidenschaftliche Nächte miteinander, und bald sprach sich die Kunde herum, daß Maria ein Kind erwarte.

Maximilian mußte sich hier in Gent wie im Schlaraffenland fühlen, er, der als Kind Hunger und Not kennengelernt hatte, lebte nun in einem unvorstellbaren Überfluß, der sich von Tag zu Tag noch steigerte. Seine Frau wurde nicht müde, ihren geliebten Mann mit immer phantastischeren Kostbarkeiten zu überraschen, sie ließ prachtvolle Kleider in ihre Privaträume bringen. Die Seiden- und Samtstoffe waren eigens aus Florenz gekommen, und oft geschah es, daß Maximilian morgens erwachte und auf seinem Bett diese schönen Dinge fand. Die Tische waren überreich gedeckt, und Maria befahl, Leckerbissen aufzutragen, von denen Maximilian nicht einmal den Namen kannte. Tanz und Spiel unterhielten das junge Paar und sein Gefolge bis spät in die Nacht hinein, und Maximilian, der eine bekannt schöne Stimme hatte, trat als viel gefeierter Sänger auf, dem man besonders applaudierte, wenn er ein Lied aus seiner österreichischen Heimat vortrug.

An manchen Tagen fanden Scharaden statt, man verkleidete sich, um dann unter lautem Jubel doch erkannt zu werden. Maria und Maximilian waren die Hauptpersonen in all den Stücken, und man wurde nicht müde, sich immer neue allegorische Figuren einfallen zu lassen. Einen Abend lang wurde die römische Geschichte lebendig, Cäsar und Cleopatra zogen durch den Palast, gefolgt von Titus und Nero.

Vieles, was zum Wohl des jungen Paares beitragen sollte, bestimmte schon das burgundische Hofzeremoniell. Hier waren die einzelnen Handgriffe für jeden Diener genau festgelegt. So entstand im Laufe der Zeit eine unübersehbare Schar von dienstbaren Geistern, die alle für die beiden jungen Leute zu sorgen hatten. Freilich waren die Vorschriften noch nicht so erstarrt und streng wie später im spanischen Hofzeremoniell, denn in Gent war es vielen erlaubt, auch unangemeldet das Herzogspaar aufzusuchen, was in späteren Zeiten undenkbar gewesen wäre.

Maximilian mußte sich erst an das Heer von Dienern gewöhnen: So gab es einen, der am Morgen die Vorhänge zum Himmelbett zurückzog, einen anderen, der die Pantoffeln reichte, ein dritter sorgte für genügend Licht, und so stand den ganzen Tag einer bereit, um dem Herzogspaar jeden Wunsch von den Augen abzulesen, bis ein letzter am Abend die Vorhänge des Bettes wieder zuzog.

Maximilian und Maria genossen die traute Zweisamkeit wie ein Geschenk, als hätten sie geahnt, daß das gemeinsame Leben nur kurz sein würde. Sie konnten lange am Abend beisammensitzen, um Sagen und Geschichten zu hören oder zu lesen. Beide waren an den Erzählungen von Troja, an den Sagen von König Artus und der Tafelrunde oder von Parzival interessiert. Jeder hatte begonnen, die Sprache des anderen zu lernen; Abende lang wiederholten sie die Worte, die der Partner sprach, um sie nie mehr zu vergessen. Maximilian lernte schnell und viel, er war ein sprachbegabter junger Mann, der außer dem Französischen, das ihm Maria liebevoll beibrachte, auch noch von einer Hofdame Flämisch lernte.

Der junge Herzog lernte in Wort und Bild, denn was er aus den Büchern und Anleitungen nicht verstand, das konnte er, wenn die Texte von Sagen handelten, auch aus den prachtvollen Tapisserien ablesen, die an den Wänden hingen. Die riesigen Gobelins, die die Räume zierten, stellen vielfach mythologische Motive dar und faszinierten den jungen Mann besonders. Vielleicht erinnerte sich Maximilian, als er die Geschichte des trojanischen Königs Priamus betrachtete, an die Versuche seines Vaters, das Geschlecht der Habsburger bis auf diesen König zurückzuführen. Viel später, als Maximilian schon ruhelos durch Europa zog und den Beinamen »der Kaiser mit den fliehenden Sohlen« trug, beschäftigte er selbst einen ganzen Stab von Gelehrten, die ebenfalls nachweisen sollten, daß sich die Habsburger bis zu den Wurzeln der Menschheit zurückverfolgen ließen.

Maria und Maximilian liebten besonders die traulichen Abende am flackernden Kamin, wenn draußen schon leise die Flocken fielen und nur ab und zu die Ankündigung eines Zuges beim Schachspiel die Stille unterbrach. Beide hatten das Spiel der Könige schon in früher Jugend gelernt, und so war einer dem anderen ein idealer Partner im Kampf um die Macht auf dem karierten Brett. Sie fanden sich nicht nur im Gleichklang der Charaktere, sie entdeckten auch, daß ihre Interessen wunderbar übereinstimmten. Maximilian hatte von klein auf eine besondere Vorliebe für die Jagd entwickelt, und Maria galt im ganzen Land als ausdauernde und exzellente Reiterin und Jägerin. Sie war mit den schnellsten Pferden und den kräftigsten Hunden vertraut, damals keine Seltenheit für ein Mädchen. Karl der Kühne hatte seine einzige Tochter schon als Kind auf Treibjagden mitgenommen, und sie war es gewohnt, den Wildschweinen nachzuhetzen, über Gräben zu springen und die Reiher im Flug zu erlegen. Sie stand ihrem Mann in nichts nach, und Maximilian war glücklich, wenn Maria ihn begleitete. Er allerdings konnte es seiner Frau nicht gleichtun, denn in einer sportlichen Disziplin war sie ihm bei weitem überlegen: im Schlittschuhlaufen. So sehr sich Maximilian auch bemühte, auf den schmalen Kufen anmutig übers Eis zu gleiten, er mußte bald erkennen, daß er kein großes Talent dazu hatte. Aber er gab die Hoffnung nicht auf, den Volkssport der Niederländer zu erlernen, und Maria war eine geduldige Lehrmeisterin. Kaum hatte sich Eis auf den Kanälen und kleinen Seen gebildet, zog die ganze Hofgesellschaft hinaus, und unter lautem Gelächter wurde der Herzog übers Eis geschleppt.

Trotz dieser fröhlichen Abenteuer trieb es Maximilian immer mehr hinaus, wo sich in den Büschen das Wild versteckt hielt. Schon der Vater Marias war ein begeisterter Jäger gewesen, der neben den Jagdfalken auch noch um die viertausend Jagdhunde am Hofe hielt, daneben eine Unzahl von Falken, hervorragenden Pferden und versierten Treibern. Wann immer es möglich war, wurde zum Halali geblasen, und Maria war stets mit von der Partie. Selbst als sie ihre Kinder erwartete, schonte sie sich nicht.

Doch die schönen Tage in Gent waren bald vorüber, und Maximilian mußte erkennen, daß er mit der Erbin Burgunds auch die Probleme des Zwischenreiches geheiratet hatte. Der böse Nachbar im Westen zögerte nicht, dem jungen Mann das Leben schwer zu machen. Ludwig spekulierte zunächst richtig, als er sich vorstellte, der junge, verliebte Ehemann würde kein großes Interesse an der Politik zeigen. Er intrigierte in den Niederlanden, wo er nur konnte, und fand in einigen Städten bereitwillige Zuhörer, obwohl man sich zunächst noch nicht gegen den Habsburger stellen wollte. Aber die Keime für spätere Auseinandersetzungen waren schon gesät, und es mußte nur die richtige Zeit kommen, damit sie aufgehen konnten.

Heimtückisch griff Ludwig XI. das burgundische Reich an, brandschatzte und zerstörte, und wenn Maximilian im Süden kämpfte, hetzte er die Städte im Norden auf. Nicht nur einmal lief der arglose Kaisersohn dem raffinierten Gegner ins offene Messer. Aber immer wieder gelang es Maximilian mit persönlicher Tapferkeit, seine Leute mitzureißen, und so manches Mal kam er nur aufgrund seiner Kühnheit aus den mißlichsten Lagen.

Zwölf Jahre sollte der immer wieder aufflackernde Krieg gegen Frankreich das Schicksal Maximilians bestimmen, er kostete Unsummen, und sogar der burgundische Hausschatz mußte dafür verpfändet werden. Der junge Herzog versuchte in ganz Europa, Hilfe gegen den französischen König zu finden, und es gelang ihm auch, ein Bündnissystem gegen Frankreich aufzubauen, das für die Zukunft die Politik Europas prägen sollte. In England, seit langem verfeindet mit Frankreich, fand er offene Ohren für seine Probleme, und Spanien haßte Frankreich ebenso wie der Herzog der Bretagne. Durch geschicktes Taktieren gelang es Maximilian schließlich, Frankreich einzukreisen, und nach der verlorenen Schlacht bei Guinegate im August 1479 sah sich Ludwig XI. gezwungen, wenigstens vorübergehend den Frieden einzuhalten. Dabei war die Situation für Maximilian bei Guinegate keineswegs eindeutig gewesen, denn nach dem ersten Zusammenstoß flohen seine Reiter Hals über Kopf. Als Maximilian die aussichtslose Lage erkannte, ließ er nach »österreichischer und böhmischer Art« die Wagen vorziehen, um eine Art Wagenburg zu errichten, in deren Schutz er sich mit seinen Fußtruppen behaupten konnte. Das Blatt wendete sich, und Maximilian errang mit den Österreichern und Niederländern einen glänzenden Sieg, der sich wie ein Lauffeuer im ganzen Land herumsprach und ihm große Sympathien unter der Bevölkerung einbrachte. Jetzt hatte man einen Herrscher, der die Interessen des Landes wahren würde, einen, der stark und fähig war, die Gefahr, die immer wieder aus dem Westen drohte, abzuwehren. Überall, wo Maximilian auftauchte, scholl ihm Jubel entgegen, und er genoß es, wenn im Volk der Ruf laut wurde, er solle zeigen, wie er schießen könne: Dann ging er zu den Schießständen der Bürger und schoß die Figuren der Reihe nach von der Stange, so daß es bald im ganzen Land hieß: »Österreich schoß den Vogel ab, das den Franzosen groß Verdrießen gab.«

Auch das private Glück Maximilians war an einem Höhepunkt angelangt, als Maria im Juli 1478 einem Knaben, Philipp, das Leben schenkte. Und selbst in dieser Situation versuchte Ludwig XI., durch eine perfide Lüge die Freude des jungen Vaters zu trüben. Maximilian war bei der Geburt seines ersten Kindes nicht im Land, und so ließ der König von Frankreich überall das Gerücht verbreiten, daß der Knabe in Wirklichkeit ein Mädchen wäre. Geschickt verteilte er seine Einflüsterer in den niederländischen Städten, so daß die Bevölkerung allmählich mißtrauisch wurde und zu glauben anfing, was der König von Frankreich sagte. Als die Taufpatin des Kindes, die Stiefmutter Marias, Margarete von York, von diesen Intrigen hörte, wickelte sie, resolut und lebensnah wie sie war, kurzerhand das Kind aus den Windeln und zeigte dem Volk, daß es unverkennbar männlichen Geschlechts sei.

So schnell Maximilian konnte, eilte er nach Gent, wo ihn Maria mit dem Kind auf dem Arm am Stadttor erwartete. Er sprang vom Pferd, umarmte seine Gemahlin und trug seinen Sohn durch die Straßen der Stadt bis zum Palast. Gerührt jubelten die Menschen dem glückstrahlenden Vater zu, und auch die Stadtväter konnten sich der allgemeinen Freude nicht entziehen und machten dem jungen Prinzen ein fürstliches Taufgeschenk von 14 000 Gulden.

Im folgenden Jahr brachte Maria ein Mädchen zur Welt, das nach ihrer Stiefmutter Margarete benannt wurde; der zweite Sohn Franz starb schon nach ein paar Wochen.

Das Schicksal Maximilians an der Seite Marias hatte sich beinahe erfüllt. Einen einzigen Sohn hatten ihm die Sterne prophezeit, und die frühe Trennung von einer geliebten Person. Und so geschah es auch: Nach wenigen kurzen Jahren des größten Glücks verlor er seine Frau, seine Kinder und auch das Land. Mitten in den Freuden des Lebens traf ihn der härteste Schlag, den er sein Lebtag nicht mehr verwinden konnte.

Im März des Jahres 1482 war Maria wieder guter Hoffnung. Trotzdem ließ sie sich nicht davon abhalten, an der Reiherjagd teilzunehmen. Sie ließ sich aufs Pferd heben, setzte ihren Lieblingsfalken auf den Arm, gab dem Pferd die Sporen und sprengte drauflos. Plötzlich flog ein Reiher vor ihr auf: Maria wollte den Falken loslassen, achtete dabei nicht auf das Gelände, und ihr Pferd strauchelte. In hohem Bogen flog die junge Frau durch die Luft, landete in einem Graben, und im nächsten Moment fiel das Pferd auf sie. Schwerverletzt blieb Maria liegen.

Ihre Getreuen und auch Maximilian waren wie gelähmt vor Schreck. Man hob sie vorsichtig auf, aber erst am nächsten Tag konnte sie ins Schloß gebracht werden, da sie zu starke Schmerzen hatte. Die herbeigerufenen Ärzte stellten schwere Rippenbrüche fest, aber auch innere Blutungen infolge der fortgeschrittenen Schwangerschaft. Maria weigerte sich, schamhaft wie sie war, eine Untersuchung der Ärzte in jenen Körperregionen vornehmen zu lassen, die für andere Männer tabu waren. So verblutete sie langsam: Es dauerte Tage, in denen sie elend dahinstarb. Maximilian konnte sich in seiner Verzweiflung kaum fassen, er lief mit Asche auf dem Haupt herum, ließ eine Messe nach der anderen für die geliebte Frau lesen und konnte trotzdem nur zusehen, wie der Tod unerbittlich den Sand durch das Stundenglas rinnen ließ.

Maria war hoffnungslos verloren. In einem lichten Augenblick, in dem sie merkte, daß sie allmählich in eine andere Welt hinüberglitt, verabschiedete sie sich von dem geliebten Mann und den kleinen Kindern. Dann schickte sie die Familie mit den Worten hinaus: »Bald, ach, werden wir voneinander getrennt sein!« Auch den Rittern des burgundischen Hausordens, des Goldenen Vlieses, und ihren Ratgebern sagte sie Lebewohl und bat alle um Vergebung, wenn sie irgendeinem jemals Unrecht getan haben sollte. Dann schloß sie die Augen für immer. Zurück blieben ein unglücklicher, schluchzender Mann und zwei kleine Kinder in einer feindlichen Welt.

Von dieser Zeit an trugen die Rosen für Maximilian nur noch Dornen. Von einem Tag zum anderen war sein ganzes Glück gewichen. Ein ganzes Leben lang trauerte der Erzherzog und spätere Kaiser um seine erste Gemahlin, und keine andere konnte sie ihm jemals ersetzen.

Die Liebe brachte sie um den Verstand

PHILIPP DER SCHÖNE UND JOHANNA
DIE WAHNSINNIGE

Wo immer er auftauchte, brach er die Herzen der Frauen im Sturm: groß, blond, mit strahlendblauen Augen und einer athletischen Figur betörte Philipp, der einzige Sohn Maximilians I. und Marias von Burgund, die Frauen im Reich seines Vaters. So sehr sich Philipp, dem schon die Zeitgenossen den Beinamen »der Schöne« verliehen, auch zur holden Weiblichkeit hingezogen fühlte, so wenig hielt er allerdings von den Plänen seines Vaters, der ihn aus Gründen der hohen Politik mit einer spanischen Prinzessin verheiraten wollte. Der Prinz sträubte sich zwar gegen eine eheliche Verbindung mit der bigotten Spanierin, er konnte aber nicht verhindern, daß der Kaiser intensive Kontakte zu den katholischen Majestäten Isabella von Kastilien und Ferdinand von Aragon aufnahm, um für seinen Sohn und Erben eine der Töchter des Königspaares als Braut zu bestimmen. Dem Kaiser war an einer verwandtschaftlichen Beziehung zum spanischen Königshaus viel gelegen, da die Spanier ebenfalls keine Freunde des französischen Königs waren und Maximilian auf Unterstützung im Kampf gegen Frankreich hoffte.

Als die Abgesandten des Kaisers in Spanien um die Hand einer Tochter des Königspaares anhielten, war man hocherfreut und fühlte sich geehrt. Allerdings waren zwei Mädchen schon fest versprochen: Die Älteste sollte den König von Portugal heiraten und die zweite, Catalina, war mit dem Thronfolger von England, Arthur, verlobt. So blieb nur die Jüngste Tochter Juana übrig, die man dem Kaiser und seinem Sohn anbot. Für Maximilian wäre selbstverständlich die älteste Tochter Isabel als Schwiegertochter willkommener gewesen, hätte er doch – und so überlegte man in diesen Zeiten stets – bei einem frühen Tod des spanischen Infanten für seinen Sohn Aussicht auf die spanischen Gebiete mit den überseeischen Kolonien gehabt. Für alle Herrscher war die Mitgift eine wesentliche Sache, und der Kaiser wußte, daß die spanischen Prinzessinnen gut ausgestattet waren.

Die Tragik des Schicksals wollte es, daß ausgerechnet Juana die Auserwählte für den Habsburgerprinzen war, ein Mädchen, das schon in seiner Jugendzeit durch Introvertiertheit und Zurückgezogenheit aufgefallen war, das nichts von seinen dynamischen Eltern geerbt hatte. Isabella von Kastilien und Ferdinand von Aragon galten als das ideale Paar auf dem Königsthron, beide zusammen hatten es fertiggebracht, Spanien zu einigen, die spanischen Granden davon zu überzeugen, daß nur ein einiges Land stark sein konnte im europäischen Konzert der Mächte, daß aber zu einer politischen Einheit auch die religiöse vonnöten war. Und so hatten sie von allen Seiten starke Unterstützung erhalten, als vor allem Isabella begann, gegen die Mauren und Juden in Südspanien vorzugehen und versuchte, das Kalifat von Granada zu stürzen. Im Jahre 1492 war es dann endlich soweit, die letzten Mauren, die die schweren Kämpfe überlebt hatten, wurden vor die Wahl gestellt, entweder die katholische Religion anzunehmen oder das Land zu verlassen. Grausam ging man auch gegen die Juden vor, denen man Geschäftemacherei und Wucher vorwarf. Die katholischen Majestäten zeigten wenig christliche Nächstenliebe, sondern hielten Feuer und Schwert für probate Mittel im Kampf gegen die Andersgläubigen.

Aber sie hatten Erfolg: Ein einiges Spanien war ihr Ziel gewesen, und das hatten sie erreicht. Und Isabella war es auch, die mit ihrem Weitblick die Fähigkeiten eines Christoph Kolumbus erkannt hatte, die dem Genuesen, der schon überall abgewiesen worden war, drei Schiffe zur Verfügung stellte, mit denen er neue Länder für die spanische Krone entdecken konnte.

Ferdinand hingegen stand, solange seine Frau am Leben war, fast in ihrem Schatten, und viele bezeichneten ihn gar als einen Pantoffelhelden, der seine Talente erst zeigen konnte, als Isabella ihr Reich Kastilien ihrer Tochter Juana vererbt hatte.

Maximilian hatte bei der Wahl der spanischen Prinzessin natürlich angenommen, daß eine Tochter aus einem solchen Elternhaus sicherlich auch besondere Begabungen besitzen müsse. Er wußte wenig über die spanischen Prinzessinnen, nur so viel, daß die jüngste Tochter nicht ohne Reiz war, und das war wichtig für seinen liebesdurstigen Sohn Philipp.

Juana, die im November 1479 das Licht der Welt erblickt hatte, war schon als kleines Kind anders als ihre Geschwister; sie spielte am liebsten allein in den weiten Parkanlagen, las, sobald sie konnte, Bücher, die eigentlich nicht ihrem Alter entsprachen und war von großem Ernst. Außerdem war das Kind ungewöhnlich fleißig und sprachbegabt, es dauerte nicht lange, und sie konnte sich mit ihren Lehrern in den Sprachen unterhalten, die eben unterrichtet worden waren. So sprach sie fließend Latein, außerdem natürlich Spanisch, Portugiesisch, Französisch und später Flämisch. Für Politik allerdings interessierte sich Juana überhaupt nicht, sehr zum Leidwesen ihrer Mutter, die immer wieder versuchte, sie in politische Dinge einzuweihen. Das Mädchen hörte gar nicht erst zu, wenn die Mutter es belehren wollte, es beschäftigte sich nur mit den Dingen, für die es Interesse hatte, und Politik gehörte nicht dazu.

Ganz anders war es mit der Religion. Juana war durch ihre Eltern fest im Glauben erzogen worden und befolgte alle Regeln genau. So wurde mindestens dreimal am Tag gebetet, sämtliche religiösen Feiertage wurden mit allen vorgeschriebenen Zeremonien begangen, und Juana dachte und tat nichts, was Priester und Bischöfe verboten hatten. Sie war in allem eine typische Spanierin, auch äußerlich. Dunkles Haar umrahmte ein ungewöhnlich apartes Gesicht, in dem die merkwürdig grünen Augen als Besonderheit auffielen und auf alle, die sie sahen, faszinierend wirkten. Sie sah ihrer Großmutter väterlicherseits, Johanna von Kastilien, sehr ähnlich, und ihre Mutter Isabella nannte sie manchmal scherzhaft »Schwiegermutter«. Sittenstreng, wie Juana erzogen worden war, fügte sie sich auch ganz dem Wunsch ihrer Eltern, als sie hörte, daß sie Philipp, den Sohn des Kaisers, heiraten sollte.

Ob Juana von Philipp vorher schon etwas gehört hatte, ist nicht bekannt; jedenfalls soll sie von seinem Anblick entzückt gewesen sein, als die Gesandten des Kaisers ihr ein Medaillon mit dem Bildnis des Bräutigams überreichten. Man mußte dem jungen Prinzen nicht schmeicheln, wie das die Maler gerne taten, die im Auftrag eines Herrschers ein Konterfei herstellten, das dann dem zukünftigen Ehepartner übersandt werden sollte: Er war ein makelloser junger Mann, und die unerfahrene spanische Prinzessin verliebte sich auf den ersten Blick in ihn. Philipp hingegen war nicht gerade begeistert, als der Hochzeitstermin immer näher kam, erkannte er doch, daß er sein lustiges Leben zumindest vorübergehend aufgeben mußte, und das war etwas, woran er nicht einmal denken mochte. Von frühester Jugend auf war er an allerhand Abwechslungen gewöhnt, die sich ihm in den Niederlanden und im Reich boten. Dazu gehörten nicht nur seine vielfältigen Liebesabenteuer (die manchmal dazu führten, daß der kaiserliche Prinz im letzten Moment aus dem Fenster eines Hauses springen mußte, wenn er den gehörnten Ehemann die Treppen heraufkommen hörte), sondern auch die rauschenden Feste, auf denen er nächtelang tanzte und den Wein in vollen Zügen genoß. Das Leben war bunt und schön für einen freien Mann in Flandern, und Philipp dachte mit Schaudern an die Fesseln, die ihm sein Vater anlegen wollte. Außerdem hörte er, daß seine Braut sehr sittenstreng erzogen worden war, daß sie sich kasteite, wenn die Fastengebote dies verlangten, daß sie streng nach dem katholischen Glauben lebte. All dies war nicht dazu angetan, ihn mit Freude an die Zukunft denken zu lassen. So beschloß er, wenigstens die letzten Monate vor der Hochzeit noch ausgiebig zu genießen. Er verließ die Niederlande, um im Auftrag seines Vaters im Reich nach dem Rechten zu sehen und sich dort, oft vor den Augen der Öffentlichkeit, noch ausführlich zu amüsieren. Mit Philipp trauerte eine Unzahl schöner Mädchen, denen der Prinz die Gunst einer Nacht gewährt hatte, und von denen jede einzelne hoffte, daß er doch einmal zurückkehren würde.

Philipp war achtzehn Jahre jung, als er heiraten sollte, aber ein Mann mit reicher Erfahrung, was die Frauen betraf. Hinter vorgehaltener Hand flüsterte man auch am spanischen Hof über sein ausschweifendes Liebesleben, und Juana hörte den Erzählungen der Hofdamen fasziniert und abgestoßen zugleich zu.

Der Tag der offiziellen Hochzeit wurde festgesetzt; zur gleichen Zeit sollte der Bruder Juanas, der Infant von Spanien Juan, Philipps Schwester Margarete heiraten. Wie es zur damaligen Zeit üblich war, wurde die Hochzeit durch Stellvertreter durchgeführt, »per procurationem«; zu Beginn des Jahres 1496 fand die Trauung Juanas in Valladolid statt. Philipp, der nicht anwesend sein konnte, hatte den

Bastard von Burgund geschickt, der den Platz des Bräutigams in der Kirche einnehmen sollte. Zuvor hatte man noch in Antwerpen einen offiziellen Vertrag aufgesetzt, in dem die Ziele der Eheschließung genau dargelegt waren und der in Anwesenheit vieler illustrer Persönlichkeiten von Philipp und dem Kaiser unterzeichnet worden war. Die habsburgischen und spanischen politischen Interessen kamen hier klar zutage, und nicht nur die Eingeweihten wußten, daß die Politik der beiden Großmächte eindeutig gegen Frankreich gerichtet war. Der Erzfeind sollte durch diese Einkreisungstaktik endgültig in die Knie gezwungen werden. Daß der junge Philipp dem französischen König gar nicht so schlecht gesonnen war, erkannte der Kaiser zwar mit großem Widerwillen, er hoffte aber, daß sein Sohn allmählich seine Meinung ändern würde.

Nachdem die ersten Formalitäten vorüber waren und Maximilian sich mit Isabella und Ferdinand verständigt hatte, sollte die kirchliche Eheschließung mit großem Pomp und Prunk in Flandern stattfinden. Von Tag zu Tag wurde Juana aufgeregter, als die Abreise näherrückte. Am meisten fürchtete sie sich vor dem Abschied von ihrem Vater. Obwohl Ferdinand sich nie besonders um seine jüngste Tochter gekümmert hatte, hatte diese doch im Laufe der Jahre eine innige Liebe zu ihm entwickelt, während sie die Mutter eher wie eine Außenstehende betrachtete. Die beiden Frauen hatten einander wenig zu sagen, und so sehr sich Isabella immer wieder um die Tochter bemühte, sie stieß nur auf kühle Ablehnung.

Tag und Nacht war die Königin in den nächsten Monaten tätig, um die Abreise ihrer Tochter nach Flandern zu planen. Es sollten mehrere Schiffe ausgerüstet werden, um die Mitgift und Aussteuer Juanas zu befördern. Außerdem wurde der Prinzessin ein eigener Hofstaat aus spanischen Bediensteten mitgegeben, deren Zahl nicht genau bekannt ist. Isabella wußte, daß ihrer Tochter ein ungewisses Abenteuer bevorstand. Eine Seefahrt zu dieser Zeit bedeutete für alle ein großes Risiko, denn die Segelschiffe, die nach Norden reisten, waren den Stürmen und haushohen Wellen oft nicht gewachsen. Daher sollten viele Schiffe nach Flandern segeln, um die Gefahr für Juana möglichst gering zu halten. Lebensmittel und Hausgeräte wurden auf die Lastschiffe geladen, allein 85 000 Pfund geräuchertes Fleisch, 150 000 Heringe, 1 000 durcheinander gackernde Hühner, 10 000 Eier, 2 000 Gallonen Essig und 400 Fässer Wein, damit die Spanier in den Niederlanden nicht auf ihr gewohntes Getränk verzichten mußten.

Bei dem Gedanken an die schwere niederländische Kost, die fast immer auch am Hofe von Gent serviert wurde, erschauerte so mancher Spanier in Juanas Gefolge. Hier im Süden vermied man fettes Schweinefleisch, derbe Gemüse und Hülsenfrüchte, und vor allem trank man Wein statt Bier. Alle hatten schon längst von dem für spanische Begriffe liederlichen Lebenswandel der flämischen Bevölkerung gehört, auch in den besten und angesehensten Kreisen, daß man nächtelang aß und trank und schließlich in irgendein Bett fiel, meist nicht in das eigene. Angeblich schleppten die Frauen oder leichten Mädchen die stocktrunkenen Männer im Morgengrauen nach Hause, und es dauerte einen halben Tag, bis die vom Bier Berauschten wieder fähig waren zu erkennen, wo sie sich eigentlich befanden. Für einen Spanier waren solche Sitten unvorstellbar, hier achtete man die Gesetze der Moral, und obgleich so mancher im geheimen neugierig war auf dieses Leben, verabscheute er es doch nach außen hin.

Das Gefolge, das die Königstochter in die Niederlande begleiten sollte, bestand schließlich aus 22 000 Personen. Immer mehr Schiffe vergrößerten die Flotte, und schließlich machten sich 130 Segler bereit, in See zu stechen. Isabella hatte die Damen und Herren, die Juana begleiten sollten, sorgfältig ausgewählt, es waren gebildete Angehörige des spanischen Hochadels, die Juana das Leben in der Fremde erleichtern sollten. Sie konnte nicht voraussehen, daß diese Getreuen bald ihren Einfluß verlieren und von Philipp systematisch entmachtet werden sollten.

Die Abreise im Sommer 1496 gestaltete sich zu einem Fest. Von weit und breit war das Volk herbeigeeilt, um der scheidenden Prinzessin, die bis dahin beinahe niemand gekannt hatte, ein letztes Lebewohl zu sagen. Man hatte gehört, welch hohe Aufgabe ihr einmal zukommen sollte und sah in ihr schon die zukünftige Kaiserin. Unter dem Jubel der Bevölkerung lichtete man die Anker. Schwer stachen die völlig überladenen Schiffe in See, im letzten Moment hatten die Granden, die Juana begleiten sollten, noch ihr Gefolge mitgebracht. Allein der Admiral brauchte 450 Bedienstete, so daß die Schiffe aussahen, als würden sie im nächsten Augenblick in den blauen Fluten des Atlantiks versinken. Den ersten Versuch, die Seefahrt zu beginnen, mußte man bald abbrechen, denn kaum waren die Schiffe aus dem schützenden Hafen ausgelaufen, als sich das Wetter als äußerst ungünstig erwies und man es vorzog, noch ein paar Tage im Hafen abzuwarten.

Endlich war es soweit; der Admiral gab das Kommando zum Aufbruch, und die Segel der Schiffe flatterten im Wind, der sich allerdings allmählich zum Sturm entwickelte. Eine Fahrt im Herbst durch den Golf von Biskaya war schon immer ein schwieriges Unterfangen gewesen, und auch der Segen der Kirche, mit dem die Flotte ausgestattet worden war, konnte nicht verhindern, daß die gefürchteten »temporales« über die Schiffe herfielen, die Segel wie Zunder zerfetzten und die Segler wie Nußschalen hin- und herwarfen. Tagelang tobte der Sturm, haushohe Wellen überrollten die Planken, Menschen und Tiere wurden fortgeschwemmt und versanken in den Fluten. Unter Deck warfen sich die Männer und Frauen zu Boden und flehten alle Heiligen an, doch endlich den Winden Einhalt zu gebieten und dem Wüten der Elemente ein Ende zu machen.

Als der Sturm endlich nachließ, war die Hälfte der Flotte ein Opfer des Sturmes geworden. Juana hatte man im letzten Moment, bevor ihr Schiff zu versinken drohte, unter größten Gefahren auf einen anderen Segler gebracht.

Es war ein trauriger Anblick, als die spanischen Schiffe, die von der stolzen Flotte übriggeblieben waren, mit zerfetzten Segeln und schwerer Schlagseite an der Küste von Zeeland vor Anker gingen. Völlig durchnäßt – sie hatte schon seit Tagen keine trockene Kleidung am Leib gehabt –, hustend und niesend betrat die zukünftige Herzogin von Burgund und spätere Königin den niederländischen Boden. Ein Teil ihres Heiratsgutes war genauso wie viele Spanier ihres Gefolges ein Raub der Wellen geworden, und Juana hatte nur den einen Wunsch, in den nächsten Monaten das Meer nicht mehr sehen zu müssen.

Als die knapp sechzehnjährige Prinzessin das Land ihres Bräutigams betrat, war ihre Enttäuschung riesengroß. Hier stand kein Philipp, der auf sie wartete und das völlig erschöpfte junge

Mädchen liebevoll in die Arme schloß. Der Prinz war nicht in Flandern; er hatte zwar gehört, daß seine Braut übers Meer fuhr, aber er wollte von ihr so lange nichts wissen, so lange es nur irgend möglich war. Er hatte sich noch immer nicht mit dem Gedanken abgefunden, sein freies Junggesellendasein aufgeben zu müssen. So kam ihm der Auftrag des Kaisers gerade recht, ihn in Deutschland zu vertreten.

Die Enttäuschung Juanas wich ein wenig, als ihr von den Niederländern ein begeisterter Empfang bereitet wurde. Neugierig und gespannt hatte die Bevölkerung in Flandern auf die Braut ihres Prinzen gewartet, und alles war auf den Beinen und wollte die Prinzessin sehen. Wo immer sie sich zeigte, brauste Jubel auf, man warf ihr Blumen entgegen und feierte sie »wie eine Königin«. Mit großem Pomp zog sie in Antwerpen ein, Kinderchöre sangen in den Straßen, durch die der festliche Zug kam, man schrie und klatschte, als man die junge Braut sah, Girlanden schmückten die mächtigen, spitzgiebeligen Häuser, die Fenster waren weit geöffnet, und wo die Blumen den Schaulustigen noch Platz ließen, konnte man dicht gedrängt die Menschen sehen, die der jungen Prinzessin zujubeln wollten. Juana sah bezaubernd aus in ihrem golddurchwirkten Kleid, mit dem dunklen Haar, ihrer makellosen olivfarbenen Haut und den meergrünen Augen, sechzehn Jahre jung, lächelnd, winkend, strahlend.

Margarete, die Schwester Philipps, hatte es übernommen, die Hochzeitsfeierlichkeiten genau festzulegen und die Trauung in allen Einzelheiten zu planen. Sie war Juana mit besonderer Herzlichkeit entgegengekommen und hatte das verschlossene Mädchen sofort für sich eingenommen.

Die Hochzeitsfeierlichkeiten waren für den 20. Oktober 1496 festgesetzt worden. Je näher dieser Zeitpunkt rückte, desto neugieriger wurde nun auch Philipp auf seine spanische Braut. Endlich traf er in Lier ein, wo Juana auf ihn wartete. Philipp war früher als angekündigt gekommen, und als die Prinzessin den Hufschlag seines Pferdes im Hofe hörte, begann ihr Herz wild zu klopfen. Im nächsten Augenblick wurden die Türen aufgerissen, und Philipp stand vor ihr, jung, mit wehendem Haar, verschwitzt, aber dennoch strahlend, hinreißend. Juana sah ihn, und es war um sie geschehen.

Aber auch Philipp war von ihrem Anblick überwältigt. Die Prinzessin war so ganz anders als die Mädchen, die er bisher gekannt hatte. Sie faszinierte ihn so sehr, daß er alles Protokoll über den Haufen warf; er mußte sie sofort haben, er wollte nicht warten, bis die offiziellen Trauungszeremonien vorüber waren. Zufällig war ein Geistlicher im Raum, dem Philipp bedeutete, er möge sie jetzt und auf der Stelle trauen. Der Priester, ein Spanier, verstand nicht sofort; Juana aber deutete instinktiv die Blicke, die Philipp unverwandt auf ihr ruhen ließ, richtig und gab dem Priester den Befehl, sie sofort im christlichen Sinne zu verbinden. Beide knieten kurz nieder, Philipp hielt die Hand Juanas, der Geistliche sprach einige Worte, die beide kaum hörten, dann verließen die jungen Leute fluchtartig den Raum. Philipp zerrte Juana in einen Saal des Palastes, in dem ein breites Himmelbett stand, über dem schnell eine Dienerin ein Kruzifix angebracht hatte, dann warfen sie sich aufs Bett und rissen sich gegenseitig die Kleider vom Leib. Für Juana begann die Liebesraserei, die sie um den Verstand bringen sollte.

Die formellen Hochzeitsfeierlichkeiten am darauffolgenden Tag ließen die beiden bloß noch über sich ergehen: Für die Bevölkerung des Landes aber waren sie ein Fest. In den Straßen wurde getanzt und gesungen, farbig gekleidete Menschen und bunte Blumen bildeten den festlichen Rahmen, Musik spielte auf, und man jubelte dem jungen Paar zu, wo immer es sich zeigte. Sie waren ein Brautpaar wie aus dem Bilderbuch, der Prinz groß und blond, strotzend vor Kraft und Gesundheit, die Prinzessin zierlich, beinahe zerbrechlich, dunkel, geheimnisvoll. Philipp und Juana waren wie in Trance, als die Trompeten den Einzug der Brautleute in der Kollegienkirche von Cambrai ankündigten. Sie schritten durch ein Spalier von begeisterten Menschen zum Altar, wo der Bischof feierlich die offizielle Trauung der beiden Königskinder vornahm.

Der Hochzeitsschmaus wurde im alten Palast der Herzöge von Brabant eingenommen, aber es stellte sich bald heraus, daß die Räumlichkeiten für die vielen geladenen Gäste zu klein waren. So wandelte man in aller Eile einen in der Nähe gelegenen Getreidespeicher zum Bankettsaal um, Tische und Bänke wurden hereingeschleppt, einige Teppiche eilig aufgelegt, um den kahlen Raum etwas gemütlicher zu gestalten, und dann flossen Wein und Bier in

Strömen. Alles, was Küche und Keller zu bieten hatten, wurde aufgetragen, die Silberschüsseln gingen über von all den Köstlichkeiten, die Hunderte von Köchen zubereitet hatten. Juana und Philipp saßen inmitten der fröhlichen Schar und warteten nur auf den Augenblick, in dem sie sich ungesehen zurückziehen konnten. Die Prinzessin war kaum fähig, ein paar Bissen zu sich zu nehmen, und auch Philipp lehnte dankend die ihm angebotenen Becher Weines ab. Das Feuer der Liebe und Begierde brannte in ihnen beiden lichterloh, und das konnte kein Wein löschen. Juana war wie in einem Bann, ihre Zurückhaltung und Schüchternheit waren einer rauschhaften Leidenschaft und Besitzgier gewichen, die für die Zukunft nichts Gutes versprachen. Die Flammen, die sie beide zu Beginn ihrer Ehe verzehrten, mußten sie im Laufe der Zeit verbrennen.

Noch war Philipp an Juana interessiert, noch konnte sie ihn durch ihre Leidenschaft verzaubern, und er glaubte sogar, das feurige Mädchen für alle Zeit zu lieben. Er verwechselte Leidenschaft mit Liebe, da er aber die wahre Liebe nicht kannte, glaubte er sie nun gefunden zu haben.

Aber Philipp war kein Mann fürs Leben, kein Ehemann, den man an sich binden konnte, der zu Hause blieb und keine andere mehr ansah. Dazu hatte er zu leichtes Blut in den Adern und zu viele Erfahrungen mit anderen Frauen hinter sich. So konnte es nicht ausbleiben, daß er sich bald nach der Hochzeit eingesperrt, eingeengt und umklammert fühlte und sich mit allen Mitteln zu befreien suchte. Es kam zu lautstarken Auseinandersetzungen zwischen den beiden, zu Vorwürfen, Ausflüchten, Versprechungen und Tränen. Und danach stürzte man gemeinsam ins Bett und feierte ausgiebig Versöhnung. Dabei verstand es Philipp meisterlich, die Sehnsüchte und Zweifel seiner jungen Gemahlin zu zerstreuen.

Aber allmählich wurde selbst dem liebesdurstigen Philipp die Raserei seiner Frau zuviel, und er bemerkte wieder, daß es außer Juana nach wie vor auch andere schöne Mädchen gab, die er, wenn sie ihn nicht beobachtete, wohlgefällig betrachtete. Und er wußte, daß die blonden und blauäugigen flandrischen Frauen für ihn jederzeit zu haben waren und daß sie ihn nach einer gemeinsam verbrachten Nacht nicht an sich ketten wollten. Juana erkannte instinktiv diese Gefahr und wachte eifersüchtig darüber, daß an ihrem Hof kein hübsches weibliches Wesen zu finden war. Sie bedachte dabei allerdings nicht, daß sie Philipp auf diese Weise noch eher aus dem Haus treiben würde. Er hatte immer wieder andere Vorwände, um den Palast zu verlassen: Einmal war es eine Jagd mit Freunden, das nächste Mal ein ritterlicher Wettkampf, zu dem nur die Männer geladen waren. Dazu kam, daß Juana schon bald ein Kind erwartete, so daß ihr beschwerliche Reisen nicht zuzumuten waren. Der Prinz war froh und glücklich, wenn er sich im Kreise seiner alten Freunde aufhalten konnte, die lustigen Zeiten waren noch lange nicht vorüber, und meist endeten diese Ausflüge im Bett eines schönen Mädchens. Der spanische Gesandte Gomez de Fuersalida schilderte den jungen Habsburger: »Er ist ein guter Mensch, aber willensschwach, ist ganz und gar seinen Gelüsten ausgeliefert, die ihn im Trubel eines leichtfertigen Lebens von Bankett zu Bankett, von einem Weib zum anderen schleppen ...«

Es konnte Juana nicht verborgen bleiben, wo sich Philipp tage- und wochenlang aufhielt, sie hatte ihre Informanten, die ihr von den amourösen Abenteuern ihres Mannes berichteten. Kehrte er dann zu ihr zurück, kam es zu den häßlichsten Eifersuchtsszenen, die darin gipfelten, daß er Juana auf seine Art strafte und nicht mit ihr schlief. Er ließ sich von seinen Dienern ein eigenes Zimmer für die Nacht zurechtmachen und zog sich unter dem lauten Geschrei seiner liebesdurstigen Frau dorthin zurück.

Wahrscheinlich wäre das Leben beider in anderen Bahnen verlaufen, hätte Juana Philipp nicht ständig auf Schritt und Tritt bewachen lassen und versucht, Toleranz zu üben, wäre sie ein wenig gelassener und großzügiger gewesen. So aber trieb sie ihn mit ihrer Eifersucht aus dem Haus. Wenn er sich dann heimlich zurückschlich und versuchte, abseits von ihren Räumlichkeiten in Ruhe die Nacht zu verbringen, bezog Juana, kaum hatte sie von seiner Rückkehr erfahren, ein Zimmer im Stockwerk über seinem Raum und begann mit den Fäusten auf den Boden zu trommeln und immerfort seinen Namen zu rufen. Als Philipp einmal nicht reagierte, begann sie die Bretter des Fußbodens herauszureißen und flehte ihn weinend an, doch zu ihr zu kommen. Philipp blieb in seinem Raum und machte ihr nach dieser schlaflosen Nacht am nächsten Tag vor sämtlichen Dienern und Gefolgsleuten eine fürchterliche Szene.

Aus der leidenschaftlichen Liebe war ein schrecklicher Kampf geworden. Und je mehr Juana sich Philipp unterwarf, desto mehr fühlte er sich von ihr abgestoßen, je leidenschaftlicher sie ihn umarmte, desto mehr erkaltete er in ihren Armen.

In jeder Frau, in jedem Mädchen, das in die Nähe Philipps kam, erblickte Juana eine mögliche Rivalin, die sie mit dem größten Mißtrauen verfolgte. Einmal beobachtete sie ein blondes Mädchen, das einen Brief für Philipp in Händen hielt. Juana stürzte sich auf das Mädchen und versuchte ihm den Brief zu entreißen. Wahrscheinlich war es auch wirklich ein Liebesbrief, denn die Besucherin zerriß das Schreiben vor den Augen Juanas und schluckte die Papierfetzen hinunter. Das war zuviel für die rasende Frau, es war ein Eingeständnis und mußte schwer bestraft werden. Juana lief ins nächste Zimmer, ergriff eine Schere und stürzte sich auf die Ahnungslose. Vor den Augen aller schnitt sie dem Mädchen das lange, blonde Haar bis zur Kopfhaut ab und begann es mit Fäusten ins Gesicht zu schlagen. Philipp war durch den Lärm aufmerksam geworden, entriß Juana die Schere und versuchte die beiden Frauen zu trennen. Als Juana nicht von dem Mädchen lassen wollte und es mit Fußtritten attackierte, schrie der Prinz seine Frau an und versetzte ihr mehrere Hiebe, dazu schleuderte er ihr unflätige Worte ins Gesicht. Der Skandal war perfekt.

Wochen der Trennung folgten, die schlimmste Strafe, die Philipp seiner Frau antun konnte. Nachdem ihr Zorn verraucht war, versuchte Juana jedes Mittel, um die Aufmerksamkeit ihres Gemahls wieder zu erringen. Das war nun doppelt schwer, da sie fast ständig schwanger war und in diesem körperlichen Zustand einen Mann wie Philipp kaum reizen konnte. Juana gebar ihrem Mann im Laufe ihrer Ehe sechs Kinder, aber auch diese schufen keine Verbindung mehr zwischen den beiden; ebenso wie Philipp betrachtete Juana die Söhne und Töchter bloß als Notwendigkeit für den Fortbestand der Dynastie, entwickelte aber keine besondere Beziehung zu ihnen (außer zu ihrer jüngsten Tochter Katharina).

Es gab niemanden in den Niederlanden, dem Juana wirkliches Vertrauen schenkte. Sie war einsam in dem fremden Land, das düster und kalt geworden war und ihr feindselig vorkam. Daß sie selber durch ihr Wesen und ihren Charakter die Bevölkerung gegen sich aufbrachte, kam ihr nicht in den Sinn. In ihrer schwarzen Tracht, die sie schon in jungen Jahren bevorzugte, wirkte sie auf die lebensfrohen Niederländer, die sich gerne farbenprächtig kleideten, wie das leibhaftige schlechte Gewissen, die personifizierte ewige Mahnung. Alle, die sie sahen, wichen vor ihr zurück, vor ihrem flackernden Blick und den hastigen Gesten. Man fand die junge Frau unheimlich und konnte Philipp gut verstehen, wenn er sie mied. Es dauerte nicht lange, da tauchte das Gerücht auf, Juanas Großmutter sei im Wahnsinn gestorben. War etwa sie auch …?

Philipp versuchte, wo es nur ging, seine Frau zurückzulassen, wenn er verreiste; von Zeit zu Zeit aber mußte er sie aus politischen Rücksichten wohl oder übel mitnehmen, so auch bei einer Reise nach Spanien, während der er seine Schwiegereltern kennenlernen und sich ein Bild der Lage verschaffen wollte. Es galt, Thronforderungen geschickt anzumelden.

Da sich Philipp zeit seines Lebens vor Seereisen fürchtete, beschloß er, den Weg durch Frankreich zu nehmen. Dieser Plan erregte ungeheures Aufsehen, war sein Vater, der Kaiser, doch jahrzehntelang aus politischen und persönlichen Gründen mit dem französischen Königshaus verfeindet gewesen, und auch die katholischen Majestäten Ferdinand und Isabella betrachteten Frankreich als Erbfeind. Und jetzt wollte der junge Prinz die Traditionen brechen und in Freundschaft das französische Königspaar aufsuchen! Aber Philipp hatte ganz andere Absichten für die Zukunft, er wollte nicht den dauernden Krieg, er wollte Annäherung und Ausgleich.

Juana wehrte sich, so gut sie konnte, gegen die Absicht ihres Mannes, den König von Frankreich aufzusuchen. Sie hatte von Kindheit an gehört, wie verderbt und verworfen die französischen Könige wären und wollte unter keinen Umständen den Hof Ludwigs in Blois betreten.

In Frankreich war man entzückt von der Aussicht, Maximilians Sohn begrüßen zu können. Die Intrige konnte perfekt werden, wenn es gelang, Philipp den Aufenthalt am Hof so angenehm wie möglich zu gestalten. Und man wußte, was zu tun war, man hatte von den Vorlieben des jungen Mannes gehört und bereitete alles vor, was das Herz Philipps erfreuen konnte. Dabei war man sich aber auch im klaren darüber, daß seine eigene Frau all diesen Zielen im Wege stand, daß Juana als Feindin Frankreichs kommen würde. Sie sollte also von ihrem Mann getrennt und isoliert werden, so gut es ging.

Die Begrüßung Philipps am Hofe von Blois fiel ungemein herzlich aus. Der König, erst vor kurzem mit seinen vierzig Jahren zum ersten Mal Vater geworden, war bester Laune. Als er Philipp erblickte, rief er aus: »Voilà un beau prince!« Nachdem der Kaisersohn drei Bücklinge vor dem französischen König gemacht hatte, erhob sich Ludwig und umarmte Philipp freundschaftlich. Juana hatte man im Vorzimmer zurückgehalten, und erst als die Begrüßung der beiden Männer zu Ende war, öffnete sich die Tür für die spanische Prinzessin, die mit finsterer Miene auf den König zuschritt. Louis erkannte sofort, daß Juana nicht freiwillig gekommen war, umarmte sie aber trotzdem und gab ihr einen Kuß auf beide Wangen. Entsetzt wich Juana zurück; nach der spanischen Etikette war diese Vertraulichkeit ihr gegenüber unerhört. Die weitere Unterhaltung war sehr kurz, keiner wußte so recht, was er mit der düster dreinblickenden jungen Frau reden sollte, und so verabschiedete sie der König in großer Eile und sagte Juana, die Königin brenne darauf, sie kennenzulernen.

Anne de Bretagne war den Habsburgern wohlbekannt, sie hatte vor Jahren mit dem Kaiser ein undurchsichtiges Spiel gespielt und der Schwester Philipps, Margarete, den Mann (Karl VIII.) weggeheiratet. Nun war sie die zweite Gemahlin Ludwigs XII. Philipp hatte diese Schmach für die Familie längst vergessen, nicht aber seine Frau. Für sie war Anne eine intrigante Person, und es schien, als sollte sie recht behalten. Als sie zu Anne ins Schlafgemach geführt wurde, versetzte man ihr, gerade als sie sich vor der Königin verneigen wollte, einen kräftigen Stoß, so daß sie hinfiel und auf den Knien vor der Königin von Frankreich lag. Wut und Scham stiegen in ihr auf, und sie flüchtete beinahe aus dem Zimmer Annes.

Für Philipp waren die Tage am französischen Hof amüsant und kurzweilig. Vormittags vergnügte man sich beim Ballspiel, am Nachmittag traf man zu einer Kartenpartie oder zum Schachspiel zusammen, während Juana von den Damen in Beschlag genommen wurde, die die fromme spanische Prinzessin von einer Messe zur anderen schleppten. Juana wußte nicht, wie sie der Damengesellschaft entkommen sollte, die sie über alle Maßen langweilte.

Von den abendlichen Gesellschaften suchte man sie mit allen Mitteln fernzuhalten. Einmal kredenzte man ihr im Übermaß Süßigkeiten, von denen ihr übel wurde, ein anderes Mal war sie vom Aufenthalt in den ungeheizten Kirchen so durchfroren, daß sie nur noch die Wärme ihres Bettes suchte. Die Privatgemächer Juanas waren mit allem erdenklichen Luxus ausgestattet, die Wände glänzten von goldenem Stoff und weißem Satin, überall lagen Kissen im Raum verstreut, und feinste Teppiche bedeckten die Böden. Hunderte Kerzen brannten in silbernen Kandelabern, im Kamin prasselte das Feuer und verbreitete Wärme und Behaglichkeit. All dieser Komfort sollte dazu beitragen, sie in ihrem Zimmer festzuhalten. Sechs kleine Pagen kamen, von denen jeder einen silbernen Leuchter trug, danach klopfte die Herzogin von Bourbon an die Tür und brachte ein goldenes Kästchen mit Konfekt, eine andere Herzogin bot kandierte Früchte an, in einer grünsamtenen Schatulle befanden sich Spiegel, Waschzeug, Kerzen, Kleiderbürsten, Kämme und Nachthauben: Kurz, man setzte alles daran, daß sich Juana wohlfühlte. Nur einen brachte man ihr nicht: den Mann, nach dem ihr Herz begehrte. Der vergnügte sich unterdessen an der Tafel des französischen Königs mit allerlei schönen Damen und vermißte seine eifersüchtige Frau nicht im geringsten, im Gegenteil, er hatte Auftrag gegeben, Juana möglichst weit weg von ihm unterzubringen.

Juana sehnte sich nach Spanien. Aber auch dort sollte sie nicht die erhoffte Erholung finden, denn schon bald nach ihrer Ankunft bemerkte sie, daß es zwischen Philipp und ihren Eltern keine Gesprächsbasis gab, sobald diese den Schwiegersohn einmal durchschaut hatten. Die spanische Krone in den Händen eines jungen Mannes, dem Sitte und Moral unbekannt waren! Das war eine Vorstellung, die Ferdinand und Isabella sehr unangenehm sein mußte.

Philipp hatte auf äußerst ungeschickte Art die Schwiegereltern zu beeinflussen gesucht, ihm für die Zukunft Erbansprüche auf Spanien zuzusichern. Dabei stellte er seine Frau als geistig labil und wankelmütig hin, obwohl Juana gerade während dieses Aufenthaltes in Spanien noch sehr klare Entscheidungen traf. Der

Schwiegersohn reiste schließlich vorzeitig ab, ohne Juana, die ein Kind erwartete. Erst als Philipp nach dem überraschenden Tod des spanischen Infanten Juan erkannte, daß seine Chancen auf den spanischen Thron wieder gestiegen waren, schrieb er eilends Briefe an seine Frau und bat sie, möglichst bald zu ihm zurückzukehren, obwohl er sich vorher kaum um sie gekümmert hatte.

Mit sicherem Instinkt hatte Isabella ihren Schwiegersohn erkannt und suchte, soweit ihr dies möglich war, zu verhindern, daß er Juana ausschalten konnte. Andererseits wußte auch sie, wie problematisch ihre eigene Tochter sein konnte und wieviel Energie sie aufwenden müsse, um das Volk davon zu überzeugen, daß Juana durchaus in der Lage war, zum Wohle des Landes zu regieren. Immer neue Meldungen über das eigenartige Verhalten ihrer Tochter machten die Runde unter den Adeligen. Philipp war ein Meister im Ausstreuen von Gerüchten über seine Frau, so daß sich Isabella ernsthaft überlegte, wie sie die Frage der Nachfolge um den Thron von Kastilien lösen sollte. Und sie setzte deshalb in ihrem Testament fest, daß bis zum Eintreffen Juanas Ferdinand die Regierungsgeschäfte erledigen sollte.

Als Isabella von Kastilien 1504 im Alter von nur 53 Jahren starb, erfuhr Philipp von diesen Bestimmungen. Trotz seiner Empörung unternahm Juana nichts, um den Vater von diesen Aufgaben zu entbinden. Im Gegenteil, es schien, als sei sie froh, auf diese Weise einen letzten Trumpf, die spanische Krone, in Händen zu haben. Philipp hatte einiges unternommen, um Juana zu einer Verzichtserklärung zu veranlassen, aber alles, was sie unter Druck oder plumpen Schmeicheleien unterschrieben hatte, widerrief sie schon Stunden später, wenn Philipp die Maske fallen ließ und wieder sein brutales Alltagsgesicht zeigte. Als der Habsburger sah, daß er nichts erreichte, änderte er seine Taktik noch einmal von Grund auf. Er spielte plötzlich wieder den Verliebten und lockte Juana, wann immer es ging, ins gemeinsame Bett. Aber sie war nicht mehr zu täuschen. Wenn Philipp sich ihr scheinbar liebevoll näherte, begann sie zu schreien und zu toben und lieferte damit ihren Gegnern neue Gründe, ihre geistige Gesundheit anzuzweifeln. Im geheimen hatte Philipp das Tagebuch, das Juana über ihr Leben und ihre Einsamkeit am flandrischen Hof verfaßt hatte, abschreiben lassen, um diese verzweifelten und manchmal wirren Aufzeichnungen in Spanien gegen sie zu verwenden. Als die Zeit reif war, ließ er die Zeilen Juanas öffentlich vorlesen und die Zuhörer darüber urteilen, ob eine Frau, die derlei Dinge einem Tagebuch anvertraute, sich im Vollbesitz ihrer Geisteskräfte befinde.

Noch heute erschüttert die Tragik von Juanas Schicksal: Wie sie systematisch in das politische und menschliche Abseits gedrängt wurde, wie durch ihre eigene Leidenschaft und durch die Gleichgültigkeit ihres Mannes dunkle Züge in ihrem Wesen die Oberhand gewannen.

Nach dem Tode Isabellas beschloß Philipp, mit Juana nach Spanien zu fahren, um die Dinge in seinem Sinne zu ordnen. Und obwohl ihm die Anwesenheit seiner Frau eher zuwider war, konnte er nicht umhin, sie mitzunehmen. Er ließ eine Flotte ausrichten, die den Stürmen und Wellen trotzen sollte. Unter dem großen Gefolge, das das Paar begleiten sollte, befanden sich auch Hunderte Dirnen, die Philipp auf ein eigenes Schiff bringen ließ. Juana schrie laut auf vor Empörung, als sie die leichten Mädchen mit ihren bunten Kleidern und bemalten Gesichtern sah und bestand darauf, daß die Frauen sofort von Bord gehen müßten, andernfalls würde sie selbst nie den Fuß auf ein Schiff setzen. Philipp schäumte vor Wut, mußte sich aber ihrem Willen fügen, da er seine Gemahlin vor den spanischen Cortes unbedingt brauchte. Allerdings wußte er einen Ausweg: In der Nacht ließ er die unliebsamen Passagiere wieder auf das Schiff bringen, so daß für geeignete Unterhaltung während der Seereise gesorgt war.

Kaum war man aus dem schützenden Hafen ausgelaufen, als Sturm aufkam und die Schiffe kaum noch gesteuert werden konnten. Die Wellen türmten sich haushoch, seekrank und triefend naß lagen die Reisenden im Schiffsrumpf und sahen sich schon als Raub des Meeres. Auch Philipp war schwer angeschlagen, er jammerte und beklagte sein Schicksal und wäre beinahe von einer riesigen Welle über Bord gespült worden, hätten ihn seine Diener nicht im letzten Moment zurückgerissen. Seine Getreuen nähten ihn in einen Ledersack ein, den sie mit Luft aufbliesen. Auf der Außenseite schrieben sie mit großen Lettern: El Rey Don Felipe. Falls der König über Bord ging und hilflos im Meer trieb, so sollten doch die Fischer, die ihn irgendwo herauszogen, wissen, welch großer Fisch in ihre Netze gelangt sei.

Juana stand dabei und sah zu, wie man ihren Mann, der bis dahin als Held gegolten hatte, in den Sack einnähte. Alle wunderten sich über ihren Gleichmut und ihre Furchtlosigkeit, und als man sie nach dem Grund ihres Verhaltens fragte, antwortete sie: Sie habe noch nie von einem König gehört, der im Meer ertrunken sei. Sie selbst zog ihr schönstes Kleid an, niemand mußte ihr dabei Beistand leisten, da alle ihre Dienerinnen seekrank waren und selbst der Hilfe bedurft hätten. Dann suchte sie einen Beutel mit Dukaten hervor und stieg damit an Deck. Als man die Königin sah, bat man sie um eine Opfergabe, denn man hoffte, den Himmel durch eine Kollekte gnädig zu stimmen. Alle hatten viel von ihrem Vermögen geopfert, und als nun Juana auch ihr Scherflein beitragen sollte, kramte sie lange in ihrem Beutel herum und legte schließlich die kleinste Münze auf den Opferteller. Es sei genug, meinte sie, die Unwetter würden auch ohne Geldspenden aufhören. Ihre Reaktion wurde natürlich wieder mißverstanden, man sah in ihr nicht die furchtlose Frau, sondern glaubte, daß nur jemand, der daran war, den Verstand zu verlieren, angesichts des drohenden Todes so reagieren konnte.

Nach den Tagen und Nächten des Grauens wurden die niederländischen Schiffe schließlich an die Küste von England verschlagen, wo ihnen der König, Heinrich VII., freundschaftlich Schutz und Hilfe anbot. Philipp nahm die Einladung des Königs nur zu gerne an, einige Wochen bei ihm als Gast zu bleiben, Juana hoffte darauf, ihre Schwester Catalina (Katharina von Aragon) zu treffen, die Witwe des Thronfolgers Arthur, der zwei Jahre zuvor gestorben war. (Später sollte sie dessen Bruder Heinrich ehelichen, der sie dann wegen Anna Boleyn verstieß.)

Kaum war das Gefolge Heinrichs VII. an der Küste eingetroffen und hatte die Einladung seines Herrn überbracht, als sich Philipp schon auf ein Pferd schwang und auf und davon ritt. Im Schloß des Königs wurde alles vorbereitet, um dem Sohn des Kaisers den Aufenthalt so angenehm wie möglich zu gestalten. Niemand fragte sich, was eigentlich mit Juana geschehen sollte. Man wußte aus Erzählungen, daß die Ehe der beiden beinahe am Ende war. Ein Fest jagte das andere, die Nächte wurden zum Tag gemacht, dazwischen gab es Turniere und Treibjagden. Alles, was Philipp liebte, wurde ihm hier am englischen Hof geboten, die köstlichsten Speisen, die erlesensten Weine und die schönsten Frauen. Erst nach Wochen entsann sich Philipp seiner Gemahlin, die immer noch in einem feuchten Schloß an der Küste darauf wartete, entweder als Gast des Königs bewirtet zu werden oder ihre Reise nach Spanien fortsetzen zu können. Endlich kam ein Bote, der eine Einladung Heinrichs nach Windsor überbrachte. Und jetzt hatte es Juana nicht mehr eilig. Sie ließ sich Zeit. Als sie schließlich in Windsor ankam, war es, als würde ein Eishauch auf die fröhliche Gesellschaft fallen. Sie erschien in schwarzer Tracht, das Haar streng zurückgekämmt, wie eine Rächerin. Vorbei war es mit Gesang und Tanz, und auch der König erkannte, daß es an der Zeit sei, sich von den Gästen zu verabschieden. Und Philipp beschloß, mit seiner Frau an die Küste zurückzukehren und dort zu warten, bis die schwer mitgenommenen Fregatten wieder in Ordnung gebracht waren.

Juana hatte wieder einmal alle Frauen und Mädchen aus ihrer Nähe verbannt, so daß sie das einzige weibliche Wesen war, das Philipp zu sehen bekam. Nur so ist es wahrscheinlich zu erklären, daß er die Nächte in diesen Tagen ausschließlich mit seiner eigenen Frau verbrachte; mied er auch am Tage Juana, so fiel er doch jede Nacht in ihre offenen Arme.

Es waren die letzten gemeinsamen Stunden, die Juana und Philipp miteinander verbrachten. Als sie die endlich wieder seetüchtigen Schiffe bestiegen, waren sie einander nicht mehr als zwei Fremde, von denen einer den anderen haßte. Juana ahnte, daß es Philipps einziges Ziel war, ihr die Krone von Kastilien zu entreißen, und sie wußte nicht, wem sie in ihrer Not mehr mißtrauen sollte, ihrem Mann oder ihrem eigenen Vater. Aus Gerüchten hatte sie erfahren müssen, daß auch Ferdinand daran interessiert war, die Tochter vom kastilischen Thron zu verdrängen.

Philipp hatte in Spanien gut vorgearbeitet, seine Helfershelfer hatten die mächtigen Adeligen Spaniens überzeugen können, daß ein junger, dynamischer König mehr für das aufstrebende Land erreichen könne als ein Herrscher, der bis dahin jahrzehntelang unter dem Pantoffel seiner Frau gestanden sei. Daß der junge Monarch ein Habsburger war, störte die Landesfürsten kaum, im Gegenteil, wenn Philipp nach seinem Vater die Kaiserkrone erbte, würde er selten Spanien besuchen, dachten sie, und jeder könnte in die eigene Tasche arbeiten, ohne fürchten zu müssen, vom König überwacht zu werden.

Juana und Philipp hatten kaum spanischen Boden betreten, als es zum offenen Konflikt aller gegen alle kam. Juana wollte die Huldigung der Cortes entgegennehmen, aber Philipp hatte dies geschickt zu verhindern gewußt. Alles verzögerte sich, und niemand wußte, was eigentlich in den nächsten Wochen passieren würde. Dazu kam, daß Ferdinand noch einmal geheiratet hatte, eine französische Prinzessin, die weder schön noch gescheit war, aber ihrem Gemahl half, seine Beziehungen zu Frankreich zu verbessern. Im Lande allerdings hatte er sich durch diese Heirat Sympathien verscherzt, da seine erste Frau über alle Maßen beliebt gewesen war.

Philipp und Juana zogen zunächst im Land hin und her, ohne Ferdinand zu treffen. Beide Männer vermieden die offene Konfrontation. Aber Philipp war gezwungen zu handeln, bevor es zu spät war. Sollte die neue Frau dem alternden Ferdinand einen Sohn schenken, war alles verloren und Juanas Anspruch null und nichtig. Und Ferdinand tat auch alles, um noch einen Thronerben zu zeugen, er versäumte keine Gelegenheit, um mit der unattraktiven Germaine die Nächte zu verbringen, es war ihm kein Lager zu schlecht, um es nicht unterwegs mit ihr zu teilen. Auch Germaine ließ kein Mittel unversucht, um den König aufzupeitschen, sie braute aus geheimnisvollen Kräutern und aus den Hoden eines Bullen Liebestränke, die sie unter Beschwörungsformeln ihrem liebesmüden Gatten einflößte.

Sie hätte sich gar nicht so sehr abmühen müssen, denn der Tod übernahm die Rolle des Richters in diesem unseligen Streit. Philipp war schon kurze Zeit, nachdem er den Boden Spaniens betreten hatte, von düsteren Ahnungen befallen worden. Ein altes Weib hatte ihm in Galicien aus der Hand gelesen und ihm prophezeit, er werde als Toter größere Strecken in Spanien zurücklegen denn als Lebender. Hastig hatte Philipp seine Hand zurückgezogen und laut aufgelacht, aber sein Lachen klang gezwungen, und die Umstehenden, die es hörten, schauderten. Wenige Wochen später sah man einen Kometen am Himmel aufflammen, drei Nächte hintereinander. Philipp befragte die Gelehrten nach der Ursache und bekam zur Antwort, daß das Erscheinen des Himmelskörpers entweder Pestilenz oder Fürstentod bedeute. In der brütenden Hitze, die über dem Land lag, vermeinte man den Hauch des Todes leibhaftig zu spüren.

Drückend und schwer hing die Luft über Valladolid, als Philipp mit seinem Gefolge in der Stadt einritt. Juana war die einzige Frau in dem Zug, mit starrem Gesicht und im fünften Monat schwanger ritt sie allein unter den Männern, sie hatte jeder Frau untersagt, im Gefolge Philipps zu verweilen. Ihr genügten schon die jungen Mädchen auf den Balkonen, die einen Blick des schönen Philipp auffangen wollten, was Juana nicht verhindern konnte. Das Paar nahm in Valladolid getrenntes Quartier. Hier in dieser Stadt wollte Philipp ein Exempel statuieren, das beispielhaft für das übrige Spanien sein sollte. Er beantragte vor den versammelten Cortes, daß Juana aufgrund ihres Geisteszustandes für regierungsunfähig erklärt werden solle. Die Cortes sollten ihm, Philipp, stellvertretend sämtliche Rechte übertragen. Aber Juana hatte immer noch Fürsprecher in Spanien, und wütend mußte ihr Mann erkennen, daß es ein diplomatischer Fehler gewesen war, die Katze endgültig aus dem Sack zu lassen und sein wahres Gesicht zu zeigen. Jetzt wartete er nur noch auf die Stunde, da er sich endgültig Juanas entledigen konnte. Er hatte den festen Plan, sie in ein Kloster zu stecken und entmündigen zu lassen. Aber er kam nicht mehr dazu, all dies auszuführen. Der Tod wartete schon auf ihn.

Nach einem Bankett, bei dem Philipp in lustiger Runde gegessen und getrunken hatte, stand eine Partie Pelota auf dem Programm. Alle wußten, daß Philipp ein hervorragender Spieler war, daß keiner so behend und schnell war wie er. Obwohl der König sich den ganzen Tag über nicht wohl gefühlt hatte, wollte er dennoch seine körperliche Schwäche nicht zu erkennen geben und verausgabte sich bis zur völligen Erschöpfung. Außer Atem und schweißüberströmt verlangte er nach einem Krug kalten Wassers, das er hastig und ohne abzusetzen in einem Zug hinunterstürzte.

Am nächsten Tag wurde er von Schüttelfrost befallen. Er konnte sich kaum auf den Beinen halten, und am Abend stellte sich Fie-

49

ber ein. Aber Philipp wollte die Anzeichen der Krankheit nicht beachten, da für den nächsten Tag eine Jagd angesetzt war. Einen Tag schleppte er sich dahin, ohne irgend jemandem gegenüber eine Andeutung zu machen. Erst am darauffolgenden Tag ließ er die Ärzte holen, die sofort alle Mittel, die sie zur Verfügung hatten, an Philipp ausprobierten. Auch das Allheilmittel der damaligen Zeit wendeten sie an und ließen den Prinzen ausgiebig zur Ader, um ihn von den »schlechten Säften«, die ihrer Meinung nach das hohe Fieber verursachten, zu befreien. Aber Philipps Zustand verschlechterte sich von Stunde zu Stunde. Juana wich nicht von seinem Bett, wischte ihm den Schweiß ab und versuchte alles zu tun, damit Philipp wieder zu Kräften käme. Mit Entsetzen bemerkte sie, daß er plötzlich Blut zu spucken begann. Die Ärzte setzten Schröpfköpfe an, die aber das Befinden des Kranken nicht besserten. Die Kehle schwoll an, so daß er weder sprechen noch Nahrung zu sich nehmen konnte, dazu kam am sechsten Tag seiner Krankheit Durchfall, der ihn völlig entkräftete.

Die Ärzte am Hofe wußten sich keinen Rat mehr und schickten nach Salamanca, wo der berühmte Doktor Parra praktizierte. Man bat ihn, in aller Eile zu kommen. Kaum war Parra eingetroffen, als ein heftiger Streit über die Behandlungsmethoden entbrannte. Man diskutierte am Bett, während Philipp vor den Augen seiner schwangeren Frau ins Koma fiel. Sein einstmals so schöner Körper war mit roten und schwarzen Flecken übersät. Der Sohn des Kaisers war unrettbar verloren, jede Hilfe war zu spät gekommen. Noch in derselben Nacht, am 25. September 1506, verschied er in den Armen seiner Frau.

Juana war am Bett des Toten zusammengebrochen, und niemand konnte sie dazu bewegen, ihren Gemahl zu verlassen. Als die Höflinge kamen, um den Toten in einen hermelingefütterten Königsmantel zu hüllen, ihm eine schwarze Samtkappe auf die blonden Locken setzten und ihn mit flämischen Tapisserien umgaben, da konnte man ein fast stummes Schluchzen zwischen den Miserere-Gesängen hören. Die ganze Nacht zogen die Würdenträger des Landes durch die Räume, an dem toten Prinzen vorbei, um ihm die letzte Ehre zu erweisen.

Am nächsten Tag wurde Philipp vom Thron herabgeholt, und

in Anwesenheit Juanas begannen die Ärzte ihr grausiges Werk. Die Leiche wurde ausgezogen, dann wurde der Schädel geöffnet und das Gehirn herausgenommen. Den Körper schlitzte man von oben bis unten auf, entfernte das Herz und legte es in eine goldene Kapsel, um es nach Flandern bringen zu lassen. Die Gedärme und Eingeweide wurden verbrannt, aus den übrigen Körperteilen preßte man das Blut, damit die Verwesung nicht so schnell fortschreiten konnte. Weil man nicht die Möglichkeit hatte, den Körper einzubalsamieren, pumpte man Parfüm in die Adern. Anschließend wurde Philipp, oder was noch von ihm übrig war, wieder zusammengenäht und in gelöschten Kalk gebettet. So wurde der königliche Leichnam in einem Sarg aus Holz, in dem sich ein Sarg aus Blei befand, zum offiziellen Begräbnis in den Dom gebracht.

Hatte der lebende Philipp Juana schon beinahe verrückt gemacht, so verlor sie nun vollends den Verstand. Sie verfiel in dumpfes Brüten, starrte tagelang vor sich hin und untersagte es, daß die Leiche Philipps nach alter Sitte beigesetzt wurde. Sie weigerte sich, den Sarg herauszugeben, sie wollte den toten Gemahl immer und überall bei sich haben. War es ihr schon zu Philipps Lebzeiten nicht vergönnt gewesen, ihren Mann ganz für sich alleine zu haben, so sollte ihr wenigstens der Tote nicht entgehen. Bald kursierten im ganzen Land die schauerlichsten Geschichten, daß Juana immer wieder den Sarg öffnen lasse, den Toten streichle und liebkose, zu ihm die zärtlichsten Worte spreche, wie sie Philipp neben sich zu Tische setzen lasse und ihn neben sich ins Bett lege. Ob all diese Gerüchte auch tatsächlich wahr waren oder ob ihr eigener Vater sie verbreiten ließ, um die Tochter im Lande in Mißkredit zu bringen, ist nicht sicher. Aber eines war deutlich zu erkennen: Juana zeigte nach dem plötzlichen Tod Philipps nicht mehr das Verhalten eines normalen Menschen. Sie gebärdete sich wie eine Rasende, wenn man versuchte, ihr den Sarg wegzunehmen und sie überreden wollte, Philipp doch endlich beisetzen zu lassen. Dazu kam, daß sie mit einem Mönch gesprochen hatte, der ihr erzählte, wie ein verstorbener König nach vierzehn Jahren wieder zum Leben erwacht sei. An diesen Gedanken klammerte sie sich mit all den Geisteskräften, die ihr noch geblieben waren. Sie war felsenfest überzeugt, daß auch Philipp nach dieser

Zeit auferstehen würde. Vor versammelten Adeligen ließ Juana immer wieder den Sarg öffnen, und alle mußten ihr, bei dem schaurigen Anblick, den die Leiche bot, bestätigen, daß Philipp nur schlafe.

Ein Jahr nach seinem so plötzlichen Tod erschien in Deutschland ein Gedenkblatt, in dem ausgesprochen wurde, was viele Gemüter bewegte. Wie konnte es sein, daß ein junger kräftiger König, ein Bild von einem Mann, so plötzlich, von einem Tag auf den anderen, von einer tödlichen Krankheit befallen worden war? Konnte da nicht etwas anderes, etwa Gift, im Spiel sein? Der Spanierin traute man allmählich alle Schlechtigkeiten zu. War es nicht möglich, daß sie in ihrem Eifersuchtswahn den Gatten selbst ermordet hatte, um ihn endlich, wenn auch nur als Toten, ganz für sich allein zu haben? Hatte sie nicht durch ihre vielen gräßlichen Eskapaden schon bewiesen, wozu sie fähig war?

In dem Gedenkblatt war nachzulesen:

»In seinem Hals fand man ein gswer
Darab gestorben was der herr.
Als landes fürsten und doctor
Sagen uns gantz furwor,
das es war ein vergifft feber,
Das do entspringt von der leber,
daran er etlich tage lag,
Und man gros rates hilfe pflag.
Es möcht aber alles gehelfen nit,
Es must des lebens werden quidt.«

Allmählich wandten sich auch die letzten Getreuen von Juana ab, sie hatte die Nerven derjenigen zu sehr strapaziert, die sie bedauert und mit ihr geweint hatten. Sie war in ihrem Wahn nicht mehr zu ertragen. Man versuchte wieder einmal, ihr den Leichnam wegzunehmen, aber bei diesem Unterfangen schrie sie laut und schlug wild um sich, spuckte und geiferte. Alles, was durch Jahre hindurch an Absonderlichem, Merkwürdigem, beinahe Verrücktem in ihr geschlummert hatte, brach mit solcher Heftigkeit aus ihr hervor, daß alle, die sie sahen, auch ihr eigener Vater Ferdinand, von Grauen gepackt wurden.

In ihrem eigenen Interesse und zum Wohle des Staates gab es nur eine einzige Lösung: Man mußte sie in Gewahrsam nehmen. Sie wurde nach Tordesillas gebracht und dort für ihr weiteres Leben von den Mitmenschen abgesondert. In einem Tag und Nacht bewachten, versperrten Zimmer dämmerte sie dahin, wusch sich nicht, nahm kaum Nahrung zu sich und lag wirr und mit zerzaustem Haar, völlig verwahrlost, auf dem Fußboden wie ein wildes Tier. So erblickte ihr junger Sohn Karl, der Kaiser, zum erstenmal Juana, als er sie auf seiner Spanienreise besuchte. Entsetzen ergriff ihn, als er sehen mußte, wer seine Mutter war.

Völlig vergessen von der Welt starb Juana im Jahre 1555, eine Frau, die ihr Leben durch zügellose Leidenschaft selbst zerstört hatte. Ihr eigener Mann hatte sie um den Verstand gebracht.

»Andere mögen Kriege führen,
du, glückliches Österreich, heirate!«

Lange Schatten warf die Zukunft voraus. Das Weltbild der Menschen, die sich bis dahin im Schoße der Kirche geborgen gefühlt hatten, wankte. Christoph Kolumbus, der seefahrende Genuese, hatte Amerika entdeckt, und überall waren Abenteurer und Glückssucher unterwegs, um den Menschen des 16. Jahrhunderts neue Möglichkeiten zu zeigen, ihren Blick auf ferne Länder zu richten und alle bisher geglaubten Theorien in Frage zu stellen. Astronomen, Astrologen, Alchemisten, Philosophen forschten nach dem Unbekannten in der Natur, das nur darauf wartete, ans Licht geholt zu werden.

Aber auch im Inneren der Menschen selbst gärte es. Zweifel kamen auf, ob das, was die Kirche jahrhundertelang als absolute Wahrheit verkündet hatte, der einzig richtige Weg zum ewigen Heil sein sollte. Männer traten auf und wiesen neue Bahnen, beunruhigten mit ihren Theorien nicht nur den einfachen Christen, sondern auch den Kaiser. Es war schwierig, in diesen Tagen Herrscher zu sein; nur ein ungewöhnlicher Geist konnte die Probleme der Zeit erkennen und eine Lösung suchen.

Maximilian I. hätte die Fähigkeiten gehabt, der neuen Zeit die Stirn zu bieten, er war aufgeschlossen in allen Bereichen des Lebens und der Politik. Alles, was ihm fehlte, war das nötige Geld, um seine Interessen auch gebührend durchsetzen zu können. So sehr er auch stets versuchte, seine finanziellen Verhältnisse zu verbessern, so schwierig war es für ihn, Geldgeber zu finden. Er hatte keine glückliche Hand in diesen Dingen. Mehr Geschick bewies er, wenn es galt, günstige Heiraten abzuschließen, eine Voraussetzung, um die Vormachtstellung des Hauses Habsburg für die Zukunft zu sichern. Seine beiden Kinder Philipp und Margarete hatte er nach Spanien verheiratet, seine Enkel sollten verwandtschaftliche Beziehungen zu halb Europa knüpfen. »Andere mögen Kriege führen, du, glückliches Österreich, heirate!« Ein Motto, das über den letzten Lebensjahren Maximilians geschrieben stand. Gelang es ihm, seine beiden Enkel Karl und Ferdinand günstig zu verheiraten, so konnten sie das Riesenreich noch vergrößern.

Schon Maximilian selbst hatte durch seine erste Gemahlin einen reichen Gebietszuwachs – Burgund mit seinen Nebenländern – erzielt. Sein Sohn Philipp erbte durch eine unvorhergesehene Fügung des Schicksals Spanien, Neapel, Sizilien und damit auch die neu entdeckten Länder, die zur spanischen Krone gehörten. Nach dem frühen Tod Philipps waren minderjährige Kinder und eine geisteskranke Witwe zurückgeblieben. Maximilian als Haupt der Großfamilie traf weiterhin alle wichtigen Entscheidungen selbst. Das Weltreich, das in den Händen Juanas lag, war zuviel für einen einzelnen Menschen, nicht beherrschbar für einen Mann, eine Unmöglichkeit für eine gemütskranke Frau.

Der älteste Sohn Philipps, Karl, der in den Niederlanden aufgewachsen war, sollte Maximilians Erbe als Kaiser antreten. Karl hatte man bewußt in den Niederlanden erzogen, um aus ihm, in dessen Adern spanisches, burgundisches und österreichisches Blut floß, einen populären Herrscher zu machen. In seiner grüblerischen, bigotten Art hätte Karl aber wohl besser nach Spanien gepaßt, wo sein Bruder Ferdinand als Spanier erzogen werden sollte, der aber in den Niederlanden eher am Platze gewesen wäre. Dem vierten Kind aus der leidenschaftlichen Ehe zwischen Philipp dem Schönen und Johanna der Wahnsinnigen, dem jungen Ferdinand, schenkte man auch im Reich besondere Aufmerksamkeit. Im allgemeinen waren zwar später geborene Kinder nicht so interessant wie die Erstgeborenen, aber Philipp hatte nur diese beiden Söhne, so daß man immer zittern mußte, ob nicht einer eines plötzlichen Todes starb. Dann würde der andere in die Fußstapfen des Bruders treten müssen.

Ferdinand war am 10. März 1503 im spanischen Schloß Alcalá de Henares bei Madrid geboren worden und blieb lange Zeit zusammen mit seiner jüngsten Schwester Katharina in Spanien. Das fröhliche Kind war der Liebling seines Großvaters mütterlicherseits, nach dem er auch getauft worden war. Ferdinand von Aragon hatte keine besonders gute Beziehung zu seinem schönen Schwiegersohn gehabt, gar bald hatte er erkannt, daß Philipp ein machtgieriger, ziemlich rücksichtsloser, vor allem auf seinen Vorteil bedachter junger Mann war. Daß die Ehe seiner Tochter Juana nicht zum besten stand, war auch nicht zu übersehen.

Auch hier hatte der Tod Philipps so manchen Konflikt gelöst, bevor er zum Ausbruch gekommen war. Ferdinand sah deutlich, daß Juana auf keinen Fall die Regentschaft über Spanien antreten konnte. Einer der Söhne mußte der zukünftige König von Spanien sein. Für den Kaiser war es klar, daß der älteste Sohn Karl alle Macht in seinen Händen vereinigen würde, Ferdinand von Aragon allerdings hoffte auf seinen jüngeren Enkel.

Zunächst hatte man den kleinen Sohn und seine Schwester bei der Mutter gelassen, um ihr einen Trost zu gönnen. Als man aber sah, wie sehr sich Juana geistig und körperlich vernachlässigte, mußte man eine neue Obhut für die Kinder suchen.

Der junge Ferdinand wurde ganz im spanischen Sinn erzogen, er lernte Spanisch, Französisch, Italienisch und Flämisch. Schon bald erkannte man die große Aufgeschlossenheit des Knaben, der sich für Literatur und die schönen Künste interessierte. Dazu kam sein heiteres, sonniges Wesen, das im Gegensatz zu der eher mißtrauischen, verschlossenen Art seines älteren Bruders stand. Es gab Pläne, ihn mit einer französischen Prinzessin zu verloben, der Kaiser aber hatte anderes vor. Maximilian war mit dem Jagiellonenkönig Wladislaw II. von Ungarn (als König von Böhmen Wladislaw V.) übereingekommen, dessen Tochter Anna mit einem habsburgischen Prinzen zu vermählen; Maria, die Enkelin Maximilians I., sollte den jungen Ludwig, den Sohn Wladislaws, heiraten. Nach intensiven Verhandlungen von beiden Seiten wurde beschlossen, daß Maximilian stellvertretend für einen seiner Enkel die blutjunge Anna zum Altar führen, während ihr Bruder Ludwig Maria sein Ja-Wort geben sollte. Der Kaiser wußte nämlich zu dieser Zeit, man schrieb das Jahr 1514, noch nicht, welcher seiner Enkel die ungarische Prinzessin zur Frau bekommen sollte. Wladislaw setzte zwar alles daran, daß der zukünftige Kaiser Karl seine Tochter ehelichen sollte, aber Maximilian wollte noch einige Zeit verstreichen lassen, um die politischen Konstellationen abzuwarten und dann erst eine endgültige Entscheidung zu treffen.

Nachdem sich die beiden Herrscher geeinigt hatten, zog man

mit großem Gefolge nach Wien, um dort 1515 die Doppelhochzeit zu feiern. Dieses Ereignis sollte als der erste Wiener Kongreß in die Geschichte eingehen. Die Chronisten berichteten von einem riesigen Fest, das mit eindrucksvollem Gepränge abgehalten wurde. Man verstand in dieser Zeit zu feiern, und die Lustbarkeiten dehnten sich über viele Wochen aus. In den Quellen findet man ausführliche und anschauliche Berichte über die Hochzeitsfeierlichkeiten: Der enge Vertraute Maximilians, Johann Spießhammer, der im Stil der Zeit seinen Namen latinisiert hatte und sich als Chronist Cuspinianus nannte, schildert in anschaulichen Worten das große Ereignis, das zu einem einmaligen Fest für Wien und den Kaiser werden sollte. Es war ein Treffen von drei mächtigen Herrschern, hinter dem das Ziel des Kaisers stand, die drei Länder Böhmen, Ungarn und Österreich durch ein Ehebündnis zu vereinen.

Die Könige aus Ungarn und Polen zogen zum Schloß Trauttmansdorff in der Nähe von Wien, wo die erste Zusammenkunft stattfinden sollte. König Wladislaw war schon sechzig Jahre alt und ließ sich in einer Sänfte tragen, während Anna in einem von sechs Schimmeln gezogenen Prunkwagen beim Schloß vorfuhr. Der polnische König hingegen, der Bruder Wladislaws, dem man Lebenslust und Frohsinn ansah, ritt auf einem edlen Roß, dessen Geschirr von Gold und Edelsteinen strotzte. Auch der junge Ludwig kam zu Pferde, umgeben von den Mächtigen des Reiches. Alles erwartete die Ankunft des Kaisers, viel Volk war gekommen, um das Schauspiel mit eigenen Augen sehen zu können, man hatte den weiten Weg aus Böhmen, Ungarn und Polen, ja selbst aus der Tartarei nicht gescheut, um das einmalige Fest miterleben zu können. Gaukler und Taschenspieler, Traumdeuter und Handleserinnen tummelten sich hier und unterhielten die Wartenden mit ihrer Kunst. Endlich ertönte von ferne heitere Musik, glänzende Reiter in blinkenden Rüstungen galoppierten heran, und dann sah man auch ihn, den Kaiser.

Maximilian war nicht mehr jung, als er zum glanzvollsten Fest des Jahrhunderts nach Wien kam. Er war sechsundfünfzig, und die Jahre hatten tiefe Furchen in seinem einstmals männlich schönen Gesicht hinterlassen. Jetzt aber strahlte er, als er seiner mit Gold und Purpur verzierten Sänfte entstieg. Er stand auf dem Höhepunkt seiner Macht, nach einem Leben voller Geldsorgen, voller Auseinandersetzungen mit dem französischen König, mit Bürgern und Bauern. Alles schien jetzt vergessen. Die Gesandten der mächtigsten Staaten Europas waren nach Wien gekommen, um ihm zu huldigen und die Hochzeit seiner Enkelin zu verschönern. Die Abgesandten Spaniens, Englands, Bayerns, Württembergs, Mecklenburgs und anderer Länder gaben dem Fest durch ihre Anwesenheit ein feierliches Gepräge. Dazu kamen noch die Adeligen aus dem Reich und aus Österreich, die es nicht versäumen wollten, hier in Wien dem Kaiser die Ehre zu erweisen.

Nachdem Maximilian seiner Sänfte entstiegen war, ging er auf die Kinder zu und reichte ihnen freundlich die Hand. In lateinischer Sprache rief er laut aus: »Dies ist der Tag, den der Herr gesendet. Lasset uns freudig und fröhlich sein.« Als die große Menge des Volkes die Worte des Kaisers hörte, brach ein unwahrscheinlicher Jubel aus, die Kinder schmiegten sich an Maximilian, und Wladislaw konnte vor Rührung kein Wort herausbringen. Man war sich der bedeutungsvollen Stunde bewußt, die Zeichen der Zeit standen gut für eine endgültige Vereinigung der drei Länder im Osten. Freilich konnten die Anwesenden damals noch nicht erahnen, wie eng Böhmen und Ungarn in den nächsten vier Jahrhunderten mit dem Schicksal Österreichs verknüpft sein sollten. Die Weichen hiezu wurden bei der Wiener Doppelhochzeit gestellt.

Heiraten, bei denen die zukünftigen Eheleute gar nicht anwesend waren, entsprachen ganz dem Stil der Zeit. Wenn man bedenkt, daß es in den bedeutenden europäischen Herrscherfamilien durchaus üblich war, Söhne und Töchter im Kleinkinderalter zu verheiraten, kann man sich vorstellen, daß diese Eheschließungen immer durch Stellvertreter vorgenommen wurden. Die Kinder wuchsen heran, und erst wenn sie in der Lage waren, die Ehe tatsächlich zu vollziehen, machte man sie miteinander bekannt. Die betreffenden jungen Eheleute hatten dann überhaupt kein Einspruchsrecht mehr. Viele der Töchter wurden förmlich als Heiratsgut verschachert. Was spielte es schon für eine Rolle, wie die Brautleute aussahen oder ob sie zueinander paßten! Erstaunlicherweise gab es aber doch genügend junge Leute, die sich aneinander gewöhnten und sich in gewissem Maße auch sympathisch waren.

Die Doppelhochzeit von Wien war unter den gleichen Voraussetzungen vereinbart worden. Aber ein glücklicher Zufall wollte es, daß die zwölfjährige Anna zwar vorerst stellvertretend mit dem Kaiser selbst verheiratet wurde, dann aber einen Mann bekam, der im Alter gut zu ihr paßte. Zunächst aber mußten alle in Wien die langen und überaus prächtigen Zeremonien über sich ergehen lassen, und die wenigsten der Zuschauer dachten bei dem eindrucksvollen Schauspiel an die Menschen, die hier für ein Leben lang miteinander verbunden wurden. Nach der ersten Unterredung im Schloß Trauttmansdorff, die über eine Stunde gedauert hatte, zog sich Maximilian nach Laxenburg zurück, während der König von Polen in Enzersdorf übernachtete. Der ungarische König blieb mit seinen Kindern in Trauttmansdorff. Am 17. Juli wurde in Schwechat eine Zusammenkunft angesetzt, dann erst zog man mit großem Gepränge in Wien ein. Cuspinianus berichtet:

»Aus der Stadt zogen dem Kaiser und den Königen auf eine Viertelmeile des Weges entgegen an tausend fünfhundert Bürger und Bürgersöhne, alle in Scharlach gekleidet; vor ihnen her ritten sechs mit ritterlicher Würde geschmückte Ratsherren in silbernem Harnisch, um die Fürsten im Namen der Stadt mit Gruß und Geschenken zu bewillkommnen. Nach diesen kamen fünfhundert deutsche Landsknechte mit langen Spießen und Handröhren, alle schön und gleich gekleidet. Bis an die steinerne Brücke vor dem Stubentor giengen sämmtliche Ordensgeistliche, die alle Heiligthümer ihrer Kirchen mit sich trugen. Diesen folgten Schulknaben in großer Menge, deren jeder ein mit dem ungarischen, polnischen und österreichischen Wappen bemaltes Fähnlein trug. Hierauf kam die übrige Clerisei von Wien, dann alle Studenten, Professoren und Doctoren der Universität, endlich die Zechen oder Handwerkszünfte mit ihren Fahnen, sechzig an der Zahl.«

Macht und Ansehen des Kaisers waren auf ihrem Höhepunkt angelangt. Maximilian empfing nun den Lohn für sein jahrzehntelanges Bemühen, das Habsburgerreich nach bestem Wissen und Gewissen zu beherrschen, Recht und Ordnung walten zu lassen und trotzdem der neuen Zeit, wenn auch nur in geringem Ausmaß, die Türen zu öffnen.

Nach den Vertretern des Volkes, des Adels, der Universität und der Handwerksleute folgten in dem farbenprächtigen Zug die Reitereien der verschiedenen Völker, Ungarn, Böhmen, Polen, Mährer, alle von ihrer Musik begleitet. Der österreichische Adel ließ es sich nicht nehmen, dem Kaiser die Ehre zu erweisen und war vollzählig erschienen, ebenso wie die Räte und Berater des Kaisers und der Könige. Der Kaiser und der König von Ungarn wurden in Sänften getragen, der König von Polen und Ludwig zogen es vor, auf prachtvollen Pferden durch das jubelnde Volk zu reiten. Die Damen, Anna von Ungarn, und Maria, die Enkelin Maximilians, fuhren in prächtigen Kutschen zum Stephansdom, wo der Bischof von Wien, Georg von Slatkonia, über die Anwesenden den Segen sprach. Danach zogen sich alle in ihre Palais zurück, Maximilian, Wladislaw und die Kinder wohnten in der Burg, wo man sich von den Strapazen bei köstlichem Essen, einem edlen Tropfen und fröhlicher Musik erholte.

Am 22. Juli 1515 fand die eigentliche Vermählung im Stephansdom statt. Es war eine eindrucksvolle Feier, ganz nach den Vorstellungen der Zeit. Der Kaiser, die Könige Wladislaw und Siegmund von Polen sowie der junge Ludwig waren in golddurchwirkten Brokat gekleidet. Sie standen auf der rechten Seite, die beiden Bräute nahmen in der Mitte Platz. Als apostolischer Legat war der Kardinal von Gran gekommen, der päpstliche Nuntius, der Kardinal von Gurk und weitere vierzehn Bischöfe und Prälaten sollten den Segen Gottes für die beiden Ehepaare erflehen. Die Kirche war prachtvoll mit Blumen und Teppichen geschmückt, Kerzen erhellten das dunkle Gemäuer. Nachdem Maximilian vor dem Grabmal seines Vaters, Friedrichs III., den kaiserlichen Ornat übergezogen hatte, den man auf eine Million Gulden schätzte, ließ er sich mit der kleinen Anna von Ungarn trauen, stellvertretend für einen seiner Enkel.

Als Anna ihm einen kostbaren Blumenstrauß aus künstlichen Blüten überreichte, richtete der Kaiser folgende Worte an sie:

»Wiewohl Wir itzt Euer Liebden das Wort gegeben, daß Ihr Unser Gemahlin seyn sollet, so ist doch solches geschehen im Namen Unserer beiden abwesenden Enkel und in der Meinung, Euer Liebden an einen von denselben zu vermählen, den Wir auch hiermit Euch ehelich versprechen. Und weil mein Enkel Carl die Königreiche Castillien und Arragonien, sein Bruder Ferdinand aber das Königreich Neapel zu erben und zu erwarten hat, so erklären und nennen Wir hiemit Euer Liebden eine Königin, und wollen Euch zu einer solchen gekrönet haben!«

Nach diesen Worten setzte Maximilian der jungen Anna die Krone auf.

Anschließend wurden Ludwig von Ungarn und Maria getraut. Ein allgemeines Lob des allmächtigen Gottes beschloß die Feier, bei der auch noch zweihundert Jünglinge zum Ritter geschlagen wurden.

Noch eine weitere Heirat wurde an diesem Tage feierlich begangen: Der besondere Liebling des Kaisers, Siegmund von Dietrichstein, heiratete die schöne Barbara von Rottal. Der Kaiser selbst und der ungarische König führten die Braut zum Altar.

Das Fest der Vermählung war zwar vorüber, aber die Zeit der Feiern und Turniere noch lange nicht. Tagelang wurde gegessen und getrunken, mehr als dreihundert Speisen aufgetragen, der Wein floß in Strömen und die goldenen, mit Edelsteinen besetzten Pokale wurden nie leer. Erst am 29. Juli trennte man sich in herzlichster Freundschaft. Am 3. August wurde in Neustadt ein offizieller Freundschaftsbund besiegelt.

Maximilian und Wladislaw sollten sich nicht mehr wiedersehen, denn schon ein Jahr später raffte der Tod den Ungarnkönig dahin. Sein Sohn Ludwig folgte ihm auf den Thron. Für den jungen König standen schwere Zeiten bevor, er hatte in einer verworrenen, unruhigen Zeit das Erbe seines Vaters angetreten. Die Türken stießen immer heftiger nach Westen vor, und jeder, der auf dem ungarischen Thron saß, wurde über kurz oder lang mit diesem gewaltigen Problem konfrontiert.

Die schönen Tage von Wien waren auch für die jungen Mädchen vorbei. Anna wurde nach Innsbruck gebracht, um sich auf die Ehe mit einem der Kaiserenkel vorzubereiten. Noch hoffte sie im geheimen auf Karl als Gemahl; von Ferdinand hatte sie bis jetzt nur wenig vernommen. Sie stellte sich ganz auf Karl ein, und ihr Bruder, König Ludwig II. von Ungarn, forderte geradezu die Einlösung des »Versprechens« von Wien. Seine Schwester sollte Karl, den Kaiser heiraten! Für beide, für Ludwig und Anna war es zunächst eine große Enttäuschung, als sie erfahren mußten, daß man für den jungen Kaiser eine andere Frau vorgezogen hatte. Anna wußte natürlich nicht, daß sie mit dem jüngeren Bruder eigentlich das große Los gezogen hatte, denn Ferdinand hatte nicht nur ein fröhliches und gewinnendes Wesen, er war zudem äußerst gebildet und fähig, eine Frau von ganzem Herzen zu lieben. Außerdem führte er ein wesentlich ruhigeres Leben als sein Bruder, der ständig in dem riesigen Reich unterwegs war, alle Unbilden des Reisens auf sich nehmen mußte und dabei schon in jungen Jahren seine Gesundheit einbüßte.

Ferdinand war von frühester Jugend auf gewöhnt, sich mit Büchern und Musik zu beschäftigen. Von seinem großen Lehrmeister Erasmus von Rotterdam hatte der junge Prinz viele Lebensweisheiten übernommen. Dazu kam ein reges Interesse an der Archäologie, der Geschichte und an allem, was seine Vorfahren betraf. Er stellte eine Münzsammlung zusammen und begann nach Kunstschätzen, die im Besitz der Familie waren, Ausschau zu halten, um sie im geeigneten Rahmen aufzubewahren. Er war ein in weiten Dimensionen denkender junger Mann, ganz im Stil der Renaissance, ohne allerdings persönlich in den lockeren Lebenswandel, der damals herrschte, zu verfallen. Sein Leben war eher asketisch, Schwelgereien und vor allem Völlerei, an der sein Bruder beinahe zugrunde ging, verachtete er zutiefst. War Karl V. ein ungewöhnlich großer Esser und Trinker, der die auserlesensten Leckerbissen liebte und selbst noch in der Einsiedelei des Klosters St. Yuste in Spanien, die er selbst gewählt hatte, täglich die raffiniertesten Speisen genoß, so pflegte Ferdinand nur einmal am Tag zu essen. Obwohl er schon sehr früh sein Tagwerk begann – er stand im Morgengrauen auf –, aß und trank er nichts bis zu Mittag. Dann wurden ihm einfache Speisen serviert, denen er aber auch nur mäßig zusprach. Allerdings war Ferdinand ein toleranter Mensch und achtete die Gewohnheiten anderer. In persönlichen Dingen zwang er niemandem seinen Willen auf, er forderte auch nicht von seiner Familie dieses Maßhalten im Essen und Trinken. Sein zweiter Sohn, der den Namen des Vaters trug, war eher ein Genießer, der manchmal so lange aß und trank, daß ihn seine heilkundige Frau Philippine Welser anschließend kurieren mußte.

Ferdinand I. war wohl eine Ausnahme in einer lebensfrohen und sinnenfreudigen Zeit. Er wußte, daß er mit Anna von Ungarn versprochen war, und er hielt sich daran. Wenn andere Söhne aus allen Adelsschichten ihre galanten Abenteuer hatten – auch sein Bruder Karl –, so lebte der junge Prinz in völliger Keuschheit, was viele seiner Zeitgenossen nicht verstehen konnten. Die Renaissance hatte den menschlichen Körper wiederentdeckt; in Kunst und Literatur, in Liedern und Schwänken stand der Leib in seiner Schönheit, aber auch mit seinen Schwächen im Mittelpunkt. Man wollte auf der Erde, im Diesseits, alles erleben, was die Kirche den Gläubigen für das Jenseits versprach. Sitte und Moral waren in der Denkweise dieser Zeit überkommene Begriffe, man machte sich die Moralgesetze selber. Gut war, was einem gut tat. So lebte nicht nur der Adel, auch das Bürgertum und selbst die Bauern hatten nicht mehr den drohenden Finger der Geistlichen vor Augen, man versuchte, so viel wie möglich an irdischem Genuß zu erhaschen. Die Städte waren Zentren der Lebenslust, und es galt für Bürger und Bürgerinnen nicht verwerflich, möglichst viele Liebhaber zu besitzen. Man sah nichts Schändliches in der Fleischeslust, im Gegenteil, die Literatur der Zeit rühmte geradezu besonders begehrenswerte junge Männer und Mädchen, die in der Liebeskunst erfahren waren. Man gestattete nicht nur den Männern ungewöhnlich viele Freiheiten, auch die Frauen mußten nicht mehr züchtig zu Hause sitzen und die Kinder hüten, auch sie genossen, wo immer und wann immer sich eine Gelegenheit bot.

In dieser turbulenten Zeit wuchs der junge Ferdinand heran, ohne sich vom Strudel der Sinnlichkeit mitreißen zu lassen, obwohl er, wie sich später herausstellte, durchaus zu großer Leidenschaftlichkeit fähig war. Aber das Mädchen seines Herzens war noch nicht gekommen, er vermißte nichts, wenn er sich nicht für die Frauen am spanischen Hof oder in den Niederlanden interessierte.

Karl und Ferdinand sollten sich erst im November 1517 in dem spanischen Dorf Mojados westlich von Valladolid persönlich kennenlernen. Man kann nicht sagen, daß sich die Brüder von Anfang an nahestanden. Es war Ferdinand, der den Bann brach, indem er seinem älteren Bruder, als sich dieser die Hände wusch, spontan ein Handtuch reichte. Es war nur eine Geste, zeigte aber doch, daß der Jüngere dem Älteren mit der Ehrfurcht entgegenkam, die ihm vom Alter und von seiner Position als zukünftiger Kaiser her gebührte.

Dabei stand es zu dieser Zeit noch nicht einmal fest, daß Karl wirklich als Nachfolger Maximilians Kaiser werden sollte. Die Sympathien einiger Mächtiger galten dem jüngeren Ferdinand. So versuchte auch Margarete, Karl dazu zu bewegen, zugunsten seines jüngeren Bruders auf den Thron zu verzichten. Ob dies der Grund dafür war, daß sich Karl innerlich von seiner Tante zurückzog, obwohl sie für ihn, solange er denken konnte, Ersatzmutter gewesen war, wissen wir nicht.

Natürlich versuchte auch Ferdinand von Aragon, der den jüngeren Enkel über alles liebte, seinen Einfluß geltend zu machen. Karl gab aber sehr deutlich zu erkennen, daß er unter gar keinen Umständen willens war, auf die Kaiserwürde zu verzichten, und auch Ferdinand akzeptierte die Einstellung des Bruders, vielleicht auch deshalb, weil er wissen mußte, daß er im Spiel um die Macht nicht ganz leer ausgehen würde. Schon Maximilian hatte eine Teilung des Reiches vorgeschwebt, er hatte erkannt, daß Gebiete von solch riesigem Ausmaß niemals von einer Person regiert werden konnten. Obwohl er sich seinen Enkeln gegenüber wahrscheinlich nicht äußerte, gibt es genügend Hinweise dafür, daß er der Ansicht war, beide Enkel sollten das Weltreich erben, jeder nach seinen Ambitionen. Merkwürdigerweise war es für Karl selbstverständlich, daß er über Spanien und die überseeischen Gebiete regieren wollte; er hatte aber nicht die Absicht, auf Teile des heutigen österreichischen Gebietes zu verzichten. So wollte er vor allem die Herrschaft über Tirol ausüben, ein Land, das durch seine Silbervorkommen zu den reichsten Gebieten im Alpenraum gehörte. Freilich konnte Karl mit dem Silber kaum rechnen, obwohl er an allen Ecken und Enden Geld brauchte, um seine Wahl zum Kaiser gegen den König von Frankreich durchzusetzen, denn seit den Tagen Maximilians waren die Silberminen von Schwaz an die Fugger verpfändet, die jährlich 200 000 Gulden Einnahmen daraus bezogen. Der Schuldenberg, den Kaiser Maximilian hinterlassen hatte, war unübersehbar hoch, und weder Karl noch Ferdinand wußten, wie sie jemals die Gläubiger befriedigen sollten. Nur guter Wille und verschiedene Privilegien konnten vor größeren Unruhen bewahren.

Die Brüder einigten sich relativ rasch, welche Aufgaben sie in dem Weltreich übernehmen wollten, das ihnen der Großvater hinterlassen hatte. Ferdinand anerkannte Karl als Kaiser, und dieser teilte das Reich im Vertrag von Brüssel, 1522. Ferdinand wurde außerdem als Statthalter eingesetzt, das heißt, als Vertreter des Kaisers, wenn dieser außer Landes oder auf Kriegszügen war. Dadurch erhielt der jüngere Bruder eine Fülle von Macht, denn die österreichischen Gebiete des Reiches waren sprachlich ein geschlossenes Gebiet, das die Habsburger seit Generationen regierten. Karl hatte dem Bruder schließlich auch Tirol und die Vorlande übertragen; daß Böhmen und Ungarn das Reich im Osten abrunden würden, war im Jahr 1522 noch nicht vorherzusehen.

Freilich hatte Ferdinand nicht nur Länder übernommen, er war mit einer Bürde von weltgeschichtlicher Bedeutung beladen worden: mit dem Kampf gegen die Türken, den noch seine Kinder und Kindeskinder fortführen mußten. Viel Geld und noch mehr Blut kostete der Krieg gegen die Osmanen, die sich in ihrem Drang nach dem Westen von niemandem aufhalten lassen wollten. Der junge König von Ungarn, Ludwig II., der als König keine eindrucksvolle Rolle spielte, da er zum Spielball zweier machthungriger Parteien geworden war und sich nie eindeutig entscheiden konnte, für wen er eigentlich war, verlor auf dem Schlachtfeld von Mohács 1526 sein Leben, ohne einen Erben zu hinterlassen. Seine junge Witwe Maria, die Schwester Karls und Ferdinands, versuchte in Ungarn noch einige Zeit mit geschickter Hand die habsburgischen Interessen zu vertreten, ohne es natürlich verhindern zu können, daß die Türken immer weiter nach Westen vorrückten und nur durch ein mächtiges Heer aufzuhalten waren.

Durch den Tod Ludwigs wurde der alte Traum der Habsburger, Ungarn und Böhmen zu erwerben, wahr, und gleichzeitig erfüllte sich auch menschliches Glück. Denn so sehr sich Anna, wahrscheinlich unter dem Einfluß ihres ehrgeizigen Bruders, gegen Ferdinand als Gemahl gestellt hatte, so glücklich wurde die Verbindung ein Leben lang.

Sie paßten gut zusammen, der eher zierliche, nicht allzu große Ferdinand mit seiner ausgeprägten Unterlippe, dem blonden Haar und den lebhaften, fröhlich dreinblickenden Augen, die Lebensmut und Güte ausstrahlten, und die kleine Königstochter. Die Zeitgenossen überbieten sich geradezu in der Lobpreisung ihrer äußeren Schönheit, und ein venezianischer Gesandter beschreibt sie als »bellissima, onestissima«. Ein Porträt aus dem Jahre 1521 zeigt ein zartes, rundliches Mädchengesicht mit einem kleinen, schönen Mund. Das rötlichblonde Haar und die blauen Augen, für eine ungarische Königstochter eher ungewöhnlich, hatte Anna von ihrer romanischen Mutter geerbt. Sie war auch nicht allzu groß, und so bildeten Ferdinand und sie ein ausgewogenes Paar.

Auch auf ihre geistige Ausbildung hatte schon ihr Vater Wladislaw Wert gelegt, und als Anna nach dem ersten Wiener Kongreß in Innsbruck weiter erzogen wurde, achtete man darauf, daß sie neben anderen weiblichen Fertigkeiten wie Handarbeiten und Sticken auch geistige Interessen pflegte. Ferdinand schätzte ihre politische Umsicht und ihr Geschick, im richtigen Augenblick das Richtige zu tun, ein Leben lang, er hörte gern auf ihren Rat, setzte sie, wenn er außer Landes war, als seine Vertreterin ein und betraute sie mit der Regentschaft, eine Auszeichnung, die nur wenigen Frauen von Herrschern zuteil werden sollte.

Nach den Jahren des Erwachsenwerdens in Tirol, die sie mit ihrer zukünftigen Schwägerin Maria verbracht hatte, mit der sie ihr ganzes Leben hindurch eine innige Freundschaft verbinden sollte, feierten Ferdinand und Anna im Jahre 1521 endlich wirklich Hochzeit. Die Stadt Linz war dazu ausersehen, den festlichen Rahmen für dieses große Ereignis zu bilden. Linz sollte auch in Hinkunft immer eine besondere Rolle im Leben Ferdinands spielen.

Anna wurde in feierlichem Zuge aus Tirol nach Linz gebracht, sehr zum Mißfallen der Tiroler, denn die Innsbrucker hatten sich von der Hochzeit des Kaiserenkels mit der Königstochter großen finanziellen Gewinn erhofft. Der Bräutigam brach aus dem Rheinland auf und nahm mit seinem Gefolge den Weg über Heidelberg nach Augsburg. Er reiste in erlauchter Begleitung; der Salzburger Erzbischof Matthäus Lang und Herzog Ludwig von Bayern gaben ihm die Ehre. In Augsburg veranstaltete Jakob Fugger für die hohen Herrschaften ein rauschendes Fest. Die Fugger hatten längst eine besondere Beziehung zu den Habsburgern, die auf Gegenseitigkeit beruhte: Das Geld spielte hier wie dort die Hauptrolle. Danach zogen der Bräutigam und seine Getreuen weiter nach Regensburg, wo sie als Gäste des Bischofs verweilten. Zu Schiff setzten sie ihren Weg fort gen Linz und kamen am Dreifaltigkeitssonntag an.

Dicht gedrängt standen die Menschen am Ufer der Donau, um den Kaiserenkel zu begrüßen. Bischof Georg Slatkonia, der schon die Trauung in Wien vorgenommen hatte, holte den achtzehnjährigen Prinzen und seine Begleiter ab. Eine schier endlose Zahl von weltlichen und geistlichen Würdenträgern hatte den oft weiten Weg nach Linz nicht gescheut, um durch ihre Anwesenheit das Hochzeitsfest zu verschönern. So sah man unter den Gästen den Kardinal und Bischof von Trient, Bernhard von Cles, den Bischof von Laibach, Bischof Berthold Pistinger von Chiemsee, Johann von Brandenburg, Herzog Ernst von Bayern, seinen Bruder Herzog Wilhelm, Kasimir von Brandenburg, den kaiserlichen Gesandten Andreas de Burgo, den Probst von Preßburg, Hieronymus Balbi, der sich schon als Unterhändler bei den Heiratsplänen Karls V. einen Namen gemacht hatte, die Grafen von Gradisca und Siegmund Herberstein. Der Bruder der Braut, König Ludwig von Ungarn, war nicht erschienen, und auch seine Vertreter hatten nur zögernd den Weg nach Linz angetreten, brachten aber um so reichlichere Hochzeitsgeschenke mit. Der ungarische Adel stattete die Braut überreichlich mit Gold, Silber und Seidenballen, Perlen und Juwelen aus. Allein das Geschenk des Bischofs von Fünfkirchen soll einen Wert von 10000 Dukaten besessen haben. Ferdinand hatte mit Anna nicht nur eine schöne, junge, liebenswürdige Braut bekommen, auch ihre Aussteuer konnte sich sehen lassen und besserte die beinahe leeren Kassen des Bräutigams gehörig auf. Ferdinand und sein Bruder Karl hatten ja noch für Jahre an den Schulden des Großvaters zu tragen.

Schon am Tag nach dem ersten Zusammentreffen der beiden jungen Leute – auch die Braut zählte achtzehn Lenze – nahm der Erzbischof von Salzburg, Matthäus Lang, die Trauung in der Pfarrkirche von Linz vor. Als hätte die Stadt das große Ereignis schon Jahre vorher geahnt, hatte man die Pfarrkirche nach dem großen Brand von 1509 vollkommen erneuern lassen, die dreischiffige Basilika erstrahlte in vollem Glanz.

Vielleicht war es Liebe auf den ersten Blick, was die Königskinder zusammenführte, und diese Liebe hielt bei beiden ein Leben lang an. Obwohl Ferdinand vorher keine besonderen Beziehungen zu Mädchen oder jungen Damen aus dem Adel gehabt hatte, war er von Anna vom ersten Augenblick an fasziniert. Was ihre Väter und Großväter als politische Eheschließung gedacht hatten, wurde zu einer echten Liebesheirat und im Laufe der Jahre zu einer der glücklichsten Ehen im Hause Habsburg. Auf die Vorhaltungen seiner Ratgeber, die Ferdinand überreden wollten, nicht ohne sexuelle Erfahrungen in die Ehe zu gehen, hatte der Prinz nur kurzerhand geantwortet: »Natura sagax satis docebit« (Die weise Natur weiß sich zu helfen). Und er sollte recht behalten, er brauchte keine vorehelichen Abenteuer, um mit seiner Anna glücklich zu werden. Im Laufe der Zeit schenkte ihm seine Gemahlin fünfzehn Kinder, die alle (bis auf zwei, die im Kindesalter starben) in einer harmonischen Familie aufwuchsen, weil die Eltern einander liebten.

Drei Tage lang wurde ununterbrochen gefeiert, eine Lustbarkeit löste die andere ab, und der Wein floß in Strömen. Die erlesensten Delikatessen waren nach Linz gebracht worden, um auch die verwöhnten Spanier aus Ferdinands Gefolge zufriedenzustellen. Alles hatte man bei den Speiseplänen bedacht, nur nicht, daß das Geschirr knapp werden könnte: Es gab eine solche Menge von Köstlichkeiten für die riesige Zahl von Gefolgsleuten und geladenen Gästen, daß man sich aus dem benachbarten Steyr 200 Zinnschüsseln ausleihen mußte.

Nach dem üppigen Essen und reichlichen Trinken ergötzte man sich an vielfältigen Ritterspielen. Der Erzherzog war in dieser Kunst ein besonderer Experte. Er hatte nicht nur am spanischen Hof eine ganze Anzahl von ritterlichen Turnieren gesehen und selbst daran teilgenommen; in Burgund war er ein begeisterter Mitstreiter gewesen, und auch im deutschen Raum galt er als hervorragender Ritter. Am Linzer Hauptplatz waren Tribünen für die adeligen Herren und Damen errichtet worden, um die Turniere gut beobachten zu können. Schon damals galt der Hauptplatz von

Linz, der sich fast bis zu den Ufern der Donau zog, als einer der schönsten in den österreichischen Ländern. Von der Schmalseite her ritten nun in bunter Folge die Kämpfer auf ihren prächtig geschmückten Pferden ein. Der Jubel kannte keine Grenzen, wenn ein siegreicher Ritter sich vor den Ehrengästen verneigte. Aber der Wein, den sowohl die Gäste als auch die Österreicher wie Wasser in sich hineingegossen hatten, hätte das prunkvolle Fest beinahe zu einer Bluthochzeit werden lassen. Vielleicht unterschätzten die Spanier, die mit Ferdinand gekommen waren, die österreichische Mentalität und glaubten sie weniger hitzig als das südländische Temperament: Mitten in den Festlichkeiten begannen einige Spanier ihre österreichischen Gastgeber zu provozieren und zum Kampf auf Leib und Leben herauszufordern. Sie ließen ihr Ansinnen öffentlich am Rathaus anschlagen, und als die österreichischen Kontrahenten auf diese Aufforderung nicht reagierten, um die fröhlichen Feiern nicht durch einen blutigen Kampf zu stören, schmähten die Spanier die Österreicher und bezichtigten sie der Feigheit.

Nun mußten die Einheimischen, ob sie wollten oder nicht, handeln. Sebastian von Losenstein wurde dazu ausersehen, die Ehre seiner Landsleute wiederherzustellen und den Kampf aufzunehmen. Er wich mit geschickter Taktik den Attacken seines Gegners so lange aus, bis der Südländer Anzeichen von Müdigkeit zeigte. Dann schlug Losenstein zu, gab seinem Pferd die Sporen, daß das Tier ganz nahe an das Roß des Spaniers herankam. Das Pferd Losensteins war abgerichtet und verbiß sich sofort in das des Spaniers. Losenstein selbst schwang einen Bihänder (ein langes, schweres Schwert) mit solcher Wucht auf den Helm des Gegners, daß das Metall wie Zunder zerbrach. Mit dem nächsten Schlag hätte der Österreicher dem Gegner den Kopf vom Leibe getrennt, wäre nicht Ferdinand schnell dazwischengesprungen. Die Spanier wußten nun, daß sie sich nicht als großmäulige Fremde aufzuführen hatten, daß sie, wollten sie nicht nach der Hochzeit mit Gewalt aus der Stadt gejagt werden, sich wie Gäste zu verhalten hatten und das Gastrecht nicht mißbrauchen durften. Auch den Österreichern war durch die Tat Losensteins Genugtuung gegeben.

Auf die Hochzeitsfeierlichkeiten von Linz folgten unruhige Zeiten für den jungen Ehemann. Die Türken bedrohten erneut die

Ostgrenze des Reiches. Nach dem Fall von Belgrad wandte sich Ludwig von Ungarn hilfesuchend an seinen Schwager, aber der Kaiser hatte weder Truppen noch Geld, um ein schlagkräftiges Heer gegen den Feind aufstellen zu können. In ganz Europa verkannte man die Gefahr, die von den Osmanen drohte, und nach Aussagen eines Zeitgenossen gab es keine Hoffnung, denn ein jeder wartete, bis ihm »selbst die Wand heiß« wurde.

Für Ferdinand sollte der Kampf gegen die Türken zur Lebensaufgabe werden, die ihn aber zugleich seinen Ländern, in die er als Fremder gekommen war, näherbrachte. Er sah seine Bestimmung darin, die österreichischen Gebiete und damit letztlich das ganze Abendland vor diesen Feinden zu schützen und versuchte sein Bestes, um seinen neuen Staat zur Zufriedenheit aller zu regieren.

Seine Frau Anna stand ihm, wo immer es ging, mit Rat und Tat zur Seite. Er trennte sich selten von ihr, nur wenn es unumgänglich notwendig war. Selbst auf schwierigen und gefahrvollen Reisen begleitete sie ihn, und allen kam dies so ungewöhnlich vor, daß verschiedene Ratgeber des Erzherzogs und späteren Kaisers ihren Herrn daraufhin ansprachen. Man meinte, es sei eine teure Angelegenheit, wenn die Gemahlin des Herrschers ihrem Mann immer Gesellschaft leiste. Denn Anna reiste selbstverständlich nicht allein, ihre Kammerfrauen und Bediensteten bildeten ein umfangreiches Gefolge. In einer Zeit, die den Reisenden wenig Annehmlichkeiten bot, vor allem einer jungen Frau, die beinahe immer in gesegneten Umständen war, war es notwendig, daß wenigstens die Diener und Dienerinnen mitzogen. Natürlich kostete dies alles Geld, und die Kassen Ferdinands waren meist bedenklich leer. Aber er nahm allen Vorwürfen die Spitze, wenn es um seine geliebte Frau ging und meinte, »es sei besser, die Unkosten auf seine Gattin zu verwenden als auf Buhlerei«.

So oft es ging, kehrte das Herrscherpaar in Linz ein. Ferdinand hatte die Burg als Witwensitz für seine Schwester Maria ausbauen lassen. Annas erstes Kind kam hier zur Welt, und vier Jahre später wurde in Linz der zweite Sohn Ferdinand geboren, der Lieblingssohn des Kaisers und wohl auch seiner Frau, die darauf bestanden hatte, einen Sohn nach dem Vater zu nennen. Der erstgeborene Sohn war aus Verehrung für den berühmten Großvater Maximilian getauft worden. Jedes Jahr erwähnen Urkunden den Aufenthalt Ferdinands und seiner Familie in der Stadt an der Donau, hier fand er Ruhe und Geborgenheit vor den Türken oder vor der Pest in Wien. Die Burg hatte man komfortabel ausgestattet, Ferdinand hatte für Anna eigens ein Badezimmer einrichten lassen und befohlen, das Prunkbett der Bianca Maria Sforza, der zweiten Gemahlin Maximilians, von Innsbruck nach Linz zu bringen. Es ist bezeichnend, daß Ferdinand, der als Kind nie eine eigentliche Familie kennengelernt hatte, ein rührender Ehemann und fürsorglicher Vater war, der sich ständig persönlich um das Wohl von Frau und Kindern sorgte. So ließ er sich über die Ausbildung seiner beiden älteren Söhne genau informieren und überwachte, wenn er anwesend war, ihre Aufgaben. Die Prinzen wurden auch nicht von privaten Lehrern erzogen, sie besuchten in Innsbruck eine Art öffentliche Schule, wo sie mit anderen Kindern zusammenkamen, um so Kontakt zum Volk zu finden. Außerdem ließen Ferdinand und Anna die beiden ältesten Söhne schon sehr bald in den wichtigsten Sprachen ihrer Länder unterweisen, Deutsch, Böhmisch, Polnisch und auch Latein standen auf ihrem Tagesprogramm. Berühmte Lehrer wurden engagiert, um den Kindern eine umfassende Bildung zu vermitteln. Es spricht von Weitblick und Weltoffenheit sowohl Ferdinands als auch Annas, daß beide eine ausgezeichnete Ausbildung all ihrer Kinder als Grundlage für ein erfülltes Leben betrachteten. Liebe und Vertraulichkeit sprechen aus den Briefen, die die Eltern während ihrer Abwesenheit an die Kinder richteten, sie erkundigten sich nach vielem, was auch andere Eltern wissen wollen, und gaben Ratschläge, wo sie vonnöten waren. Besonders der zweitgeborene Sohn Ferdinand bekam später die große Güte und Milde seines Vaters zu spüren, als er fürchten mußte, daß seine heimliche Ehe mit der Augsburger Bürgerstochter Philippine Welser zum Konflikt im Kaiserhaus führen würde. Zwar hat Ferdinand zeit seines Lebens seine Schwiegertochter nie zu Gesicht bekommen, seinem Sohn gegenüber zeigte er sich aber von einer Toleranz, die uns heute noch in Erstaunen versetzt.

Anna war für Ferdinand trotz der düsteren Wolken am politischen Himmel der ruhende Pol im Strudel der Zeit. Als sie am 27. Januar 1547 in Prag starb, ging für Ferdinand ein Teil seines

Wesens verloren. Er ließ sich den Bart nicht mehr scheren, und sein Leben wurde noch genügsamer und karger. Nur bei offiziellen Anlässen zeigte er nach wie vor Prunk und Prachtentfaltung, weil er wußte, daß seine Völker das von ihm erwarteten. Er zog sich immer mehr zurück und berief seine beiden älteren Söhne in politische Ämter.

Noch auf dem Totenbett suchte er die Verbindung mit seiner geliebten Frau. Als tiefgläubiger Mensch wußte er, als er sein Ende nahen fühlte, daß es nicht mehr lange dauern würde bis zu einem Wiedersehen im Jenseits. Annas Bild und ihr Gebetbuch sollten ihm im Tode helfen, den Weg zu ihr zu finden.

Höher als eine Königskrone

ERZHERZOG FERDINAND UND PHILIPPINE WELSER

Die Stadt Augsburg prangte im Festgewand, von den spitzgiebeligen gotischen Häusern, die den großen Hauptplatz säumten, wehten bunte Fahnen. Man erwartete den Kaiser und sein Gefolge.

Unter den Städten Süddeutschlands war Augsburg etwas Besonderes. Es konnte nicht nur auf eine weit über tausend Jahre alte Geschichte zurückblicken, hier war schon seit langer Zeit große Politik gemacht worden, hierher kamen die Kaiser und Könige, wenn wichtige Dinge zu beratschlagen waren, und die freie Reichsstadt war stolz auf ihre hohen Gäste. Die Lage zwischen dem Norden und dem umstrittenen Süden bot so manche Gelegenheit, Konflikte auf dem Verhandlungswege zu beseitigen, hier konnte man sich friedlich näherkommen, ohne gleich zum Schwert greifen zu müssen. Die beiden einflußreichsten Handelshäuser im süddeutschen Raum, ja man könnte beinahe sagen, des deutschen Reiches, hatten hier ihren Sitz und beherrschten von Augsburg aus die halbe damals bekannte Welt. Die Fugger und Welser waren nicht nur in Italien und Spanien ein Begriff, man kannte sie bis hinüber ins ferne Amerika oder am »Ende der Welt«, in Hinterindien, dort, wo der Pfeffer wuchs. Und mit diesen Gewürzen, mit neuen Nahrungsmitteln und unbekannten Farbstoffen schufen sich die beiden Handelsgeschlechter einen so immensen Reichtum, daß es ihnen möglich war, in die große Politik einzugreifen und die Wahl Karls V. zum Kaiser durchzusetzen.

Viel hatte der junge Karl von seinem Großvater geerbt, Länder in allen Teilen der Welt, aber kein Geld. Aber das war es, was die Kurfürsten sehen wollten, alle waren bestechlich, und man war sich einig darüber, daß derjenige Herrscher des Reiches werden sollte, der am meisten zu bieten hatte, der die offenste Hand hatte. Der französische König Franz I. war an der Kaiserkrone mehr als interessiert, er setzte alle Hebel in Bewegung, um als Franzose Kaiser in einem Reich zu werden, das einst Karl der Große regiert hatte. Franz I. sah sich im Geiste schon als Nachfolger Karls und zahlte an die Kurfürsten beinahe jede Summe, zumindest so viel, daß er glaubte, er habe ihre Stimmen in der Tasche.

Er hatte die Rechnung ohne die Fugger aus Augsburg gemacht. Die Handelsherren blickten mit Mißtrauen in die Zukunft, sollte Franz I. Herrscher über das Heilige Römische Reich werden. Sie sahen ihre Handelsplätze in ganz Europa gefährdet und unternahmen alles, um eine Wahl des französischen Königs zu verhindern. Die Kurfürsten hatten zwar ihren Preis, aber es gelang den Fuggern, sich »ihren« Kaiser zu kaufen.

Karl vergaß es den Fuggern nie, was sie für ihn getan hatten, und er hegte stets eine Vorliebe für die schöne Stadt am Lech. Allerdings: Seine Schulden den Fuggern gegenüber konnte er zeit seines Lebens nicht zurückzahlen.

Aber auch die Welser waren einflußreich in der Reichspolitik, trieben regen Handel mit dem Kaiserhaus und stundeten so manche Summe. Beide, Fugger und Welser, besaßen hohes Ansehen weit über die Grenzen hinaus, und wären die Zustände im Reich denen in Italien vergleichbar gewesen, so wären beide Geschlechter längst in den Adelsstand erhoben worden, und man hätte sie zu den bedeutendsten Fürsten des Reiches zählen müssen.

Die Welser allerdings waren viel zu sehr mit ihren Handelsgeschäften beschäftigt, als daß sie sich um Standeserhöhungen oder ähnliches hätten kümmern mögen. Bartholomäus Welser, das Haupt der Familie, war ein äußerst geschäftstüchtiger Mann, der offenbar schon mit dem Rechenstift in der Hand zur Welt gekommen war. Er lebte und starb für die Firma, hatte seine Augen überall und übersah dabei trotzdem, daß seine schöne Nichte es sich nicht entgehen lassen wollte, von einem Erker des stattlichen Hauses aus einen Blick auf den bunten, festlichen Zug zu werfen, der durch die Straßen der Stadt zog. Philippine winkte mit einem Taschentuch und zog sich erschreckt in das Zimmer zurück, als sie erkannte, daß der junge Erzherzog Ferdinand, der zweite Sohn des Kaisers, besonders lange und intensiv zu ihr heraufgeblickt hatte.

Er war ein schöner junger Mann, mit blondem Haar und kurz gestutztem Bart, der Schwarm vieler Mädchen im ganzen Land, ein Mann, den man nicht so schnell vergaß. Auch Philippine war von ihm beeindruckt, obwohl sie es sich zunächst selbst nicht eingestehen wollte, sie, die so manchen Freier abgewiesen hatte und nun die erste Jugendblüte schon hinter sich hatte. Sie war eine ungewöhnlich reizvolle junge Frau, groß, schlank und mit goldblondem Haar, das sie der Sitte der Zeit entsprechend unter einem feinen Netz verborgen hatte. Ihre Haut war von außergewöhnlicher Zartheit, und die Zeitgenossen wußten zu berichten, daß man, wenn sie roten Wein trank, ihn durch die feine Haut des Halses schimmern sah. Das Faszinierendste an ihr aber waren sicherlich die Augen, an denen man erkennen konnte, welch kluger Geist in dem schönen Kopf verborgen war.

Philippine war in Augsburg ein begehrtes Mädchen, und so mancher junger Mann hätte viel darum gegeben, sie als Frau heimführen zu können. Aber der Richtige war für Philippine noch nicht gekommen, auch ihr Vater, der Bruder von Bartholomäus, konnte sie nicht zu einer Heirat bewegen, so daß man in der Familie schon insgeheim fürchtete, sie werde als alte Jungfer ihre Tage beschließen. Dies war vor allem eine Sorge für ihren Oheim, der als Junggeselle gehofft hatte, wenigstens einen geschäftstüchtigen jungen Mann in die Familie zu bekommen, da sein Bruder Franz so gar nicht an den Geschäften interessiert war, sondern sich lieber den schönen Künsten widmete. Philippine selbst war die einzige in der weiten Familie, die Kaufmannsblut geerbt zu haben schien. Schon in früher Kindheit war sie oft Gast in den Kontoren gewesen und hatte sich bei Bartholomäus über die Handelsverbindungen und das Leben in der großen Welt erkundigt. Sie war der Liebling ihres Onkels, und er half ihr, wo er nur konnte. Nur in einer, in der wichtigsten Sache ihres Lebens konnte sie nicht mit seiner Hilfe rechnen: Als sie erkannt hatte, daß ihr der Sohn des Kaisers über alle Maßen gefiel, und als sie bemerkte, daß auch sie Ferdinand nicht gleichgültig war. Auf den jungen Erzherzog übte Philippine von Anfang an eine ungewöhnliche Anziehungskraft aus. Vielleicht war er von ihrem Anblick schon in Augsburg gefangen gewesen, sicher aber, als er sie bei ihrer Tante Katharina von Loxan in Böhmen wiedertraf. Vergessen waren seine vielen kurzen Abenteuer mit den Schönen des Reiches, vergessen war sein Vorsatz, sich nicht die über alles geliebte Freiheit rauben zu lassen. Er fühlte, daß Philippine kein kurzes Abenteuer war, sie war die Frau fürs Leben. Und er mußte alles daran setzen, diese Ehe möglich zu machen.

Ferdinand war des öfteren Gast auf Schloß Bresnic in Böhmen bei Katharina von Loxan, einer Schwester der Mutter Philippine Welsers gewesen. Katharina war eine moderne Frau, die wußte, was sie wollte, die erkannt hatte, daß es günstig war, mit dem Kaiserhaus Handel zu treiben und das gesellige Leben zu pflegen. Und daß auch die Söhne und Töchter des Kaisers zu den Gästen zählten, war beinahe eine Selbstverständlichkeit. Ihr Haus galt als gesellschaftlicher Mittelpunkt, viele Besucher kamen zu allen Jahreszeiten und wurden von der immer noch schönen Schloßherrin aufs freundlichste empfangen und aufs köstlichste bewirtet.

Was ihre Nichte Philippine bewogen hatte, die Tante im fernen Böhmen zu besuchen, weiß man nicht. Wahrscheinlich wurde sie von ihren Eltern aus Augsburg weggeschickt, um eine andere Umgebung kennenzulernen. Von allem Anfang an fühlte sich Philippine bei Katharina sehr wohl, sie war von der unbekannten Tante mit ungewöhnlicher Herzlichkeit aufgenommen worden und genoß das so anders geartete Leben.

Eines Tages meldeten Boten die Ankunft des Kaisersohnes Ferdinand auf Schloß Bresnic. Alles, was an Köstlichkeiten in Küche und Keller vorrätig war, wurde aufgetragen, Ferdinand, ein ausgesprochener Feinschmecker, liebte es, in festlichem Rahmen zu speisen. Als Ferdinand Philippine erblickte, konnte er keinen Blick von ihr wenden, und als er von Katharina von Loxan erfuhr, daß Philippine ihre Nichte aus Augsburg sei, da stand ihm wieder das Bild vor Augen, das er nie vergessen hatte: Er sah das Mädchen im Erker des herrschaftlichen Hauses stehen und seinen bewundernden Gruß erwidern.

Eine Romanze begann, die für beide zur großen Liebe ihres Lebens werden sollte. Bald war es klar, daß sie für immer zusammenbleiben wollten, obwohl die Standesschranken schier unüberwindlich schienen. Ferdinand war der Sohn des Kaisers und Philippine trotz ihres Reichtums nur eine Bürgerliche. Aber für ihn gab es nur einen Gedanken: Er wollte und konnte Philippine nicht zu seiner Geliebten machen, er wußte, daß er sie ein Leben lang um sich brauchte, er bewunderte ihre Liebenswürdigkeit, war erstaunt über ihre Ernsthaftigkeit, mit der sie über die verschiedenen Probleme der Zeit mit ihm sprach, und gebannt von ihrer Schönheit.

Die einzige Hoffnung lag darin, daß Ferdinand nicht der älteste Sohn des Kaisers war und in der Erbfolge erst an zweiter Stelle rangierte. Sein Bruder Maximilian sollte dereinst die Kaiserkrone tragen und damit die ganze Verantwortung für das riesige Gebiet in Deutschland und in den Ländern, die seine Mutter Anna von Ungarn dem Vater mit in die Ehe gebracht hatte. Er, Ferdinand, würde vom kaiserlichen Vater zwar auch mit einzelnen Gebieten bedacht werden, aber die Hauptlast würde auf den Schultern seines Bruders ruhen. Was sollte also gegen eine Heirat mit der schönen Augsburgerin sprechen, außer die althergebrachten Standesvorschriften, die dem jungen, verliebten Ferdinand wie ein Überbleibsel aus grauer Vorzeit vorkommen mußten!

So schnell er entschlossen war, Philippine die Hand fürs Leben zu reichen, eine so lange Bedenkzeit bat sie sich aus. Sie war kein impulsiver Mensch, sie mußte alle Für und Wider prüfen, obwohl ihr Herz ihr sagte, daß Ferdinand der Mann war, auf den sie in Augsburg so lange gewartet hatte. Jetzt war er gekommen, der Märchenprinz, aber sie wollte seinem Drängen nicht ohne gründliche Überlegung nachgeben. Sie hatte viele Bedenken, die aber nicht alle um ihre eigene Person kreisten: Sie bedachte auch die Folgen einer heimlichen Heirat für ihre Familie und ihr Handelshaus. Wie würde der Kaiser den Welsern gegenüber reagieren? Vielleicht würde sein Zorn nicht nur auf ihr Haupt fallen, sondern die ganze Familie ins Unglück stürzen. Aber auch sie erkannte schließlich, daß es für sie nur einen Weg gab: den zum Traualtar.

Bald schon wurde Frau Loxan in den Plan eingeweiht, wonach die Hochzeit des Erzherzogs mit der Welserin auf Schloß Bresnic stattfinden sollte. Nur die wirklich engsten Vertrauten und Freunde Ferdinands erfuhren von der bevorstehenden Hochzeit, für die ein verschwiegener Priester gesucht wurde. Aber auch hier stellten sich Ferdinand und Philippine ungeahnte Probleme in den Weg; jeder Geistliche scheute sich davor, gegen die Anordnungen des obersten kaiserlichen Herrn zu verstoßen und sich aufs schlimmste mit ihm zu verfeinden. Schließlich aber erklärte sich der Beichtvater Katharinas bereit, die heimliche Eheschließung mitten in der Nacht durchzuführen.

Die Kapelle des Schlosses war nur schwach erleuchtet, als das Brautpaar um Mitternacht eintrat, umgeben von wenigen Freunden. Draußen tobte der Sturm, es war eiskalt in dieser Januarnacht des Jahres 1557, als die beiden jungen Leute sich vor dem Kruzifix das Ja-Wort gaben. Keine Musik spielte, keine große Gesellschaft war Zeuge der Hochzeit des Kaisersohnes. Die Zeremonie dauerte nur wenige Minuten, dann wurden schnell die Kerzen gelöscht, die verdächtigen Gerätschaften beiseite geräumt, die wenigen Menschen verließen in großer Hast die Kapelle, und nach einer halben Stunde erinnerte nichts mehr an das, was sich hier abgespielt hatte, eine Handlung, die zu den großen Seltenheiten in der Geschichte gehörte. Nur eine Urkunde bezeugt die Eheschließung, in der es heißt: »... Erzherzog Ferdinanden im monat januari anno 1557 beschehene eheversprechung mit frauen filipina«.

Vor dem Hofstaat des Schlosses von Bresnic wurde die Ehe geheim gehalten, Ferdinand schlich durch eine Tapetentür in die Kemenate seiner Frau, und Frau von Loxan gab ihm Zeichen, wenn er die Zimmer Philippines ungehindert verlassen konnte. Wohl fiel der Bewohnerschaft des Schlosses und auch den Leuten aus Ferdinands Umgebung auf, daß der Erzherzog oft und lange auf Schloß Bresnic weilte, aber man schrieb diese Vorliebe für das böhmische Schloß den guten Jagdmöglichkeiten und der vorzüglichen Küche zu. Nicht zuletzt munkelte man auch über eine besondere Neigung des jungen Mannes zu der charmanten Gastgeberin, denn Frau von Loxan galt immer noch als eine sehr begehrenswerte Frau. Und so wollten die Gerüchte nicht verstummen, daß Ferdinand viele Gründe habe, oft nach Bresnic zu reiten. Den eigentlichen Anlaß aber erriet man nicht, auch nicht, als Philippine ein Kind erwartete. Die Mode der damaligen Zeit mit den weiten Gewändern und der hochgegürteten Taille verbarg eine Schwangerschaft beinahe vollständig. Anders ist es auch nicht möglich, daß man auf Schloß Bresnic nicht bemerkte, daß Philippine in gesegneten Umständen war.

Das erste Kind des Paares wurde in aller Heimlichkeit um Mitternacht des Veitstages 1558 geboren. Nur die allerengsten Vertrauten konnten Philippine bei der lange dauernden Geburt Trost zusprechen und ihr mit allerlei Heilkräutern Linderung ihrer Schmerzen verschaffen. Endlich kam ein kräftiger Sohn zur Welt. Nun galt es, einen Weg zu finden, das Kind ins Schloß einzuschmuggeln. Außerdem war es nötig, daß sich Philippine, so bald es irgendwie möglich war, dem Gesinde ganz gesund zeigte. Frau von Loxan kam auf die Idee, den Knaben als Findelkind auf den Stufen des Schlosses auszusetzen. Sechs Tage nach der Geburt wurde daher der älteste Sohn des Erzherzogs, der Enkel des Kaisers, zwischen zwei Türen »für ehelich« gelegt. Der Torhüter fand das Kind, Frau Philippine erklärte sich bereit, den Buben an Kindes Statt anzunehmen, und der Kaplan Jacob de Sterlowitz taufte ihn auf den Namen Andreas. Wenige wußten von dieser merkwürdigen Geschichte, der Sohn Ferdinands hatte nur Taufpaten, die in das Geheimnis um seine Geburt eingeweiht waren: Ladislaus von Sternberg, der Gemahl einer Tochter Katharinas von Loxan, hielt den Knaben über das Taufbecken. Außer ihm waren noch Ferdinand von Loxan, der Burghauptmann von Bresnic und Philippines Diener Josef Hohenwarter anwesend. Als die Zeremonie zu Ende war, faßte man eine Urkunde ab, die von der Taufe Zeugnis gab und von den Anwesenden unterzeichnet wurde. Erst Wochen später war es Ferdinand möglich, zu seiner Frau zu eilen und sein erstes Kind auf den Arm zu nehmen.

Bald nach diesem Ereignis entschloß sich Ferdinand, seine kleine Familie auf einer anderen Burg unterzubringen. 1560 übersiedelte Philippine mit ihrem Sohn und ihrer getreuen Dienerschaft nach Bürglitz, einem idyllisch gelegenen Schloß, das Ferdinand eigens für sie hatte herrichten lassen. Er wollte seiner Frau einen besonders schönen Aufenthaltsort bieten, der nicht allzu fern von Prag gelegen war und doch weit genug entfernt, um nicht ständigen Gerüchten Anlaß zu geben. In seiner fürsorglichen Art war es dem Erzherzog gelungen, seiner Frau das zu schenken, wonach sie sich die Jahre auf Schloß Bresnic gesehnt hatte: ein eigenes Reich mit einer Aufgabe als Schloßherrin.

Eines aber hatte Ferdinand nicht bedacht, als er Schloß Bürglitz für Philippine auswählte: Die Burg war seit alters her ein berüchtigtes Gefängnis, wo die Gefangenen unter schlechtesten Bedingungen im Kerker schmachteten. Kaum einer konnte die Burg als Lebender verlassen. Als Philippine eines Tages zufällig auf einem Spaziergang an den düsteren Gelassen vorbeikam, erblickte sie entsetzt zwei abgezehrte Gestalten hinter den Kerkerfenstern. Nach diesem schrecklichen Erlebnis konnte sie auf Schloß Bürglitz ihres Lebens nicht mehr froh werden. Sie erkundigte sich nach den Gefangenen und erfuhr, daß die beiden wegen ihres Glaubens hier schon seit Jahren eingekerkert waren. Einer von ihnen, Jan Augusta, war Bischof der böhmischen Brüdergemeinde, der zweite, Jakob Bilek, war ebenfalls ein Sektierer. Der Kaiser hatte die Abkehr der beiden von ihrem – wie er sagte – »Irrglauben« gefordert, und als die beiden es ablehnten, sie in die finsteren Kerker von Bürglitz werfen lassen.

Kaiser Ferdinand war immer ein Mann des Ausgleiches gewesen, und so handelte er auch, wenn es galt, religiöse Entscheidungen zu treffen. Er akzeptierte die Haltung der Landesfürsten, die sich für den Protestantismus entschieden hatten. »Cuius regio, eius religio« hieß die Parole, und Ferdinand stellte sich keinem in den Weg, der sich an diesen religiösen Kompromiß hielt. Nur den böhmischen Sektierern stand er feindlich gegenüber. Er duldete nicht, daß sie weiterhin in Böhmen ihre Lehren verbreiteten, und als sie seine Anordnungen mißachteten, ließ er sie verfolgen und ihre Rädelsführer in den Kerker werfen.

Die beiden Gefangenen von Schloß Bürglitz hatten sich vehement den Anordnungen des Kaisers widersetzt und deshalb die ganze Härte des Gesetzes zu spüren bekommen. Um so schwieriger war das Unterfangen Philippines, den beiden böhmischen Brüdern ihr Schicksal zu erleichtern, konnte sie sich doch selbst auf gar keinen Fall an den Kaiser wenden, da Ferdinand gerade um diese Zeit durch einen Zufall von der heimlichen Eheschließung seines Sohnes erfahren hatte.

Wäre der Kaiser ein weniger toleranter Mann gewesen, hätte die Lage Philippines bedrohlich werden können. Hundert Jahre zuvor hatte die Augsburger Baderstochter Agnes Bernauer, die Albrecht, der Sohn des Bayernherzogs Ernst, gegen den Willen des Vaters geheiratet hatte, ihr Leben auf dessen Geheiß eingebüßt; man hatte die »Metze« in der Donau bei Straubing ertränkt. Es wäre auch

1 Friedrich III. Gemälde von Hans Burgkmair d. Ä.

2 Eleonore von Portugal. Gemälde von Hans Burgkmair d. Ä.

3 *Maximilian I. Gemälde eines unbekannten Meisters*

4 Maria von Burgund. Gemälde eines unbekannten Meisters

Erzherzog Ferdinand unmöglich gewesen, seine Frau und sein Kind vor etwaigen Schergen des Kaisers zu schützen. Aber dieser war aus anderem Holz geschnitzt als weiland der Bayernherzog. Er hatte selbst mit seiner Frau Anna eine glückliche Ehe geführt und wollte, nach anfänglichem Zorn, dem Lebensglück seines Sohnes nicht im Wege stehen. Sehr bald gelang es den Getreuen des Erzherzogs, den Kaiser zu besänftigen, und sie versuchten, ihn dazu zu bewegen, die Situation mit seinem Sohn zu besprechen. Ferdinand lehnte das allerdings zunächst strikt ab.

Um die vollständige Verzeihung des kaiserlichen Vaters zu erreichen, verfaßten Ferdinand und Philippine ein Schreiben an den Kaiser, in dem sie ihn inständig baten, den tiefen Ungehorsam zu verzeihen, und gestanden, »größlich« gegen die Majestät gehandelt zu haben. Diese Urkunde ist mit dem 23. Juli 1559 datiert.

Zunächst ließ der Kaiser nichts von sich hören, im August allerdings gewährte er die lang erhoffte Verzeihung in einem in Augsburg abgefaßten Schreiben. Ferdinand I. teilte seinem Sohn mit, daß er Philippine in Gnaden aufnehmen wolle, daß aber die Eheschließung für alle Zeiten geheim gehalten werden müsse. Freilich wurden von der Geheimhaltung einige Personen ausgenommen, so gab es schon genügend Mitwisser; die Verwandten, vor allem die Brüder, wollte der Kaiser selbst einweihen. Diese zeigten weniger Verständnis und reagierten mit Empörung. Inwieweit sie allerdings dadurch ihre Zukunftspläne vorbereiteten, bleibt dahingestellt. Wenn nämlich die Ehe vor der Welt verborgen bleiben sollte, dann konnten auch keine Kinder Ferdinands Erbansprüche geltend machen. Die Länder, die Ferdinand einmal besitzen sollte, würden nach seinem Tod auf alle Fälle an die Habsburger Nebenlinien zurückfallen, um dann neu aufgeteilt werden zu können.

Kaiser Ferdinand wußte jetzt zwar über alles, was die Familie seines Sohnes betraf, Bescheid, er gewährte aber Philippine und ihren Kindern keine Audienz, obwohl er im Jahre 1561 eine Urkunde unterschrieb, in der bestätigt wurde, daß die beiden Söhne Ferdinands mit einer jährlichen Rente von 30 000 Gulden ausgestattet werden sollten. Daß der Kaiser seine Schwiegertochter nie sehen wollte, obwohl ihm sicherlich nur das Beste über sie berichtet worden war, entspricht ganz dem Stil der Zeit. Es war im

16. Jahrhundert so gut wie undenkbar, daß sich Bürgerliche, auch wenn ihre Anliegen noch so wichtig waren, dem Kaiser näherten. Alle Probleme wurden von den Räten, die den Kaiser umgaben, an ihn herangetragen, so daß der Herrscher kaum jemals mit Vertretern des Volkes in Berührung kam. Das Hofzeremoniell tat ein übriges, um den Kaiser vor dem Umgang mit gewöhnlichen Sterblichen zu schützen. Daher wurde auch bei der eigenen Schwiegertochter und Mutter der kaiserlichen Enkel keine Ausnahme gemacht. Mochte der Sohn mit einer Bürgerlichen glücklich werden, die Tore des Palastes auf dem Hradschin in Prag blieben jedenfalls für sie geschlossen.

Im Volk erzählte man sich die rührendsten Geschichten, wie Philippine inkognito mit ihren beiden Söhnen bis zum Kaiser gelangt wäre, sich diesem zu Füßen geworfen und seine Verzeihung erfleht hätte. In Wirklichkeit hat Philippine Welser den Kaiser nie kennengelernt, und es hätte auch ihrer Einstellung nicht entsprochen, sich dem Herrscher so demütig zu nähern. Trotz all ihrer Ängste und Zweifel war sie sich immer ihrer großbürgerlichen Herkunft bewußt.

Daß der Erzherzog endlich eine Audienz beim Vater bekam, ist anzunehmen. Angeblich hat dieses entscheidende Treffen, bei dem sich Vater und Sohn wahrscheinlich zum letzten Mal gegenüberstanden, in Linz stattgefunden. Die längst notwendig gewordene Aussprache endete schließlich mit einer Versöhnung. Ferdinand fühlte wieder Hoffnung, daß der Kaiser später, wenn ihm die Zeit reif schien, die Forderung nach Geheimhaltung der Ehe aufgeben würde. Dieser sehnlichste Wunsch des Erzherzogs sollte aber nicht mehr in Erfüllung gehen, denn der Kaiser starb überraschend, ohne mit dem Sohn noch einmal über dieses Thema gesprochen zu haben.

Philippine Welser lebte weiterhin mit ihren Kindern auf Schloß Bürglitz, von allen geachtet und geehrt. Am 7. August 1562 wurden die Zwillinge Philipp und Maria geboren, äußerst schwache Kinder, und es bestand wenig Hoffnung, daß die beiden die ersten Lebenstage überstehen würden. Die damals schon fünfunddreißigjährige Philippine war durch die Geburt sehr mitgenommen, und es dauerte lange, bis sie wieder ihr gewohntes Leben aufnehmen konnte. Allerdings kränkelte sie ab dieser Zeit und konnte ihre volle Schaffenskraft nie mehr finden. Sie war von Jugend auf gewöhnt gewesen, mit beiden Beinen im Leben zu stehen und überall kräftig zuzupacken, wo es notwendig war. Sie überließ den Hausstand nicht den Bediensteten, kümmerte sich selbst um alles, wollte über jede Einzelheit, die auf Schloß Bürglitz geschah, informiert werden und war bekannt dafür, daß sie selber kochte und aufdeckte, wenn sie Freunde erwartete. Bald wurden ihre Kochkunst, aber auch ihre Gastfreundlichkeit im ganzen Land gerühmt, sie kredenzte den Gästen oft Speisen, deren Rezepte sie sich selbst ausgedacht oder die sie schon aus Augsburg mitgebracht hatte.

Damals bedeutete es große Mühe, sich selbst um das leibliche Wohl der Gäste zu kümmern. Man war verwöhnt im Essen und Trinken, und Gastmähler mit vierzig Gängen bildeten durchaus keine Seltenheit. Philippine Welser notierte ihre Einfälle beim Kochen in einem kleinen Büchlein, das bis heute erhalten ist und durch das man in die Kochkunst des 16. Jahrhunderts Einblick bekommen kann. Dabei fällt auf, daß sie beim Kochen schon recht fortschrittlich dachte, vor allem was die Fastenspeisen betrifft. Sie hatte auch eine ganz bestimmte Ordnung in ihren Rezepten, beschrieb zuerst die Torten und endete mit den Fastenspeisen. Die klare Aufgliederung in dem Oktavbüchlein zeugt von einem systematischen Geist und von einem Gefühl für Ordnung und Einteilung. Bei vielen Rezepten hat sie, wie viele Hausfrauen, Bemerkungen dazugeschrieben, einige bezeichnete sie als »fast gut«. Ihre eigenen Lieblingsspeisen hat sie nicht besonders gekennzeichnet, vielleicht hat sie die Rezepte dazu gar nicht notiert. Auch was der Erzherzog bevorzugt hat, ist leider nicht vermerkt. Um einen Eindruck von der Kochkunst im 16. Jahrhundert zu vermitteln, seien hier zwei Rezepte aus dem Kochbuch der Welserin erwähnt:

Seite 87: »Wenn due willst einen Hecht einmachen, so nimm zwei Petersilien-Wurzeln und sechs Zwiebeln und schütte selbe in einen Hafen mit zwei Maß Wasser darin. Siede sie durch zwei Stunden; nimm sodann die Wurzeln mit den Zwiebeln heraus, gebe eine Schnitte gebähtes Brod dazu, treibe dieses gut durch einander und gebe diese Brühe etwas Essig, Safran, Zucker und Pfeffer bei. Darnach setze den Hecht ins Wasser, und wenn er schier gesotten ist, so gieße das Wasser vom Fische weg und gieße die Brühe über selben; laß ihn so eine gute Stunde lang dünsten, so soll er gut und recht sein.«

»Schwarze Torte zu machen. Man muß acht bis vierzehn Birnen nehmen, je darnach sie groß oder klein sind, und selbe auf einer Gluth wohl braten, daß dieselben aber nicht verbrennen, sondern blos fein weich werden. Ferner muß man einen guten Quittenapfel nehmen und selben ebenso wie die Birnen anfänglich auf der Gluth, darnach in der Gluth fein weich braten. Die Quitte bedarf dazu viel längerer Zeit, weil sie herber als die Birne ist. Sind nun beide gebraten, so entferne deren Schalen und Kerne und lege sie in ein etwa ein Seidel haltendes Gefäß, welches zur Hälfte mit Milch gefüllt ist. dazu gieb neun Eier mit dem Dotter und den Eiweiß, ferner Zucker, lieber mehr denn weniger – letzteren magst du dabei nicht sparen –, ferner eine halbe Maß gestoßene Mandeln, wobei du sehr acht haben mußt, daß keine bitteren darunter sind. Dies alles wird durch das Sieb getrieben und darnach Zimmtrinde, Gewürznelken, Pfeffer, Ingwer, ebenso auch Muscatnuß nach Belieben zugeben und auf einem dünnen Teiglein, so einem Papier gleich sieht, aufgetragen; ein Überguß von Rosenwasser, Eiweiß und Zucker darüber gegossen; die Torte wird gut.«

Selbst die Fastenspeisen bereitete Philippine so zu, daß keiner ihrer Gäste den Eindruck hatte, allzu sehr auf die gewohnten Genüsse verzichten zu müssen. Das Fasten wurde in dieser Zeit noch streng beachtet, die Regeln der Kirche befahlen zu bestimmten Zeiten strenge Abstinenz, während anderer Monate die Einschränkung bestimmter Speisen. Es war aber allgemein üblich, die verbotenen Fleischspeisen durch besonders köstliche Fischgerichte zu ersetzen. Vielleicht hatte man erkannt, daß allzu großer Fleischgenuß auf die Dauer schädlich sein konnte, vor allem aber auch die Fleischsuppen, die man auf den Tisch brachte. Viele Krankheiten, die in dieser Zeit vor allem die Wohlhabenden plagten, waren auf falsche oder einseitige Ernährung zurückzuführen. Gicht, Krampfadern, Rheumatismus und andere Leiden, die man durch ausgewogene Ernährung verhindern oder zumindest lindern hätte können, vergällten den Menschen Jahre ihres Lebens. Man wußte zu wenig über den Körper und die menschliche Natur, die Medizin steckte in den Kinderschuhen, und dem Aberglauben war

Tür und Tor geöffnet. Man mußte sich meist selbst helfen oder auf Salben und Kräutertränke zurückgreifen, deren Rezepte über Generationen überliefert wurden. Vielfach hatten diese Medizinen eine verblüffende Wirkung, und die Frauen, die Pulver und Tropfen mischten, wurden zum Teil hoch geachtet, oft aber auch als geheime Hexen verdächtigt und verfolgt.

Auch Philippine beschäftigte sich zeitlebens mit der Zubereitung von heilenden Elixieren und Kräutertees. Sie verband auch wunde Stellen selbst und legte Salben und lindernde Binden auf. Schon bald verbreitete sich ihr Ruf in der Umgebung des Schlosses, Männer und Frauen, meist arme Leute, kamen zu ihr und suchten Rat und Trost. Sie wußten, daß die Herrin auf Schloß Bürglitz ein Ohr für alle Anliegen und auch eine offene Hand hatte. Da Philippine in ihrem eigenen Haushalt sehr wohl zu wirtschaften verstand, hatte sie dank der Großzügigkeit ihres Mannes auch die Möglichkeit, die bitterste Not in der Bevölkerung zu mildern. Die Beschäftigung Philippines mit der Heilkunst war allerdings nicht ganz ohne Gefahr. Seit dem Ende des 15. Jahrhunderts hatte sich die Vorstellung von den heilkundigen Frauen grundlegend geändert. Hatte man jahrhundertelang Hebammen und Ärztinnen, die von Ort zu Ort zogen, anerkannt und als Schmerzenslinderer geachtet, so kamen diese Frauen mit Beginn des 16. Jahrhunderts in Verruf. Ärztinnen klagte man an, im Bunde mit dem Teufel zu sein, Hebammen, die sehr oft auch über Verhütungsmittel Bescheid wußten, hielt man für arge Hexen, die Gottes Willen durchkreuzen wollten. Philippine mit ihrer Schönheit, ihrer Klugheit und Heilkunst mochte wohl als Hexe gelten. Ihre reiche Herkunft bot ihr aber einen gewissen Schutz. Nur einmal, in einem Brief des späteren Kaisers Maximilian II., fällt das Wort »Brekin«, also Zauberin, im Zusammenhang mit seiner Schwägerin.

Für die Bewohner der Gegend um Schloß Bürglitz jedenfalls war die Frau des Erzherzogs eine Helferin in der Not, und alle waren tief betrübt, als nach dem Tod des Kaisers Ferdinand als Herrscher von Tirol eingesetzt wurde und mit seiner Familie nach Innsbruck zog.

Für Philippine war es nicht leicht, aus einer Gegend und von Menschen wegzugehen, die sie liebgewonnen hatte, die ihr Schutz und Geborgenheit gewährt hatten. Hier hatten auch ihre Zwillinge nach heftigem Husten und hohem Fieber ihr kurzes Leben beendet. Philippine selbst war durch den Tod der von ihr umsorgten Kinder so mitgenommen, daß man Mühe hatte, ihr Leben zu erhalten. Die beiden kleinen Toten wurden zunächst auf Schloß Bürglitz begraben, wenig später jedoch erließ der kaiserliche Großvater einen geheimen Befehl, wonach die beiden Leichen nach Prag überführt und als Kinder eines habsburgischen Erzherzogs zwar heimlich bei Nacht, aber doch in der kaiserlichen Gruft beigesetzt werden sollten. Trotz des Schmerzes um seine Kinder war diese Handlung seines Vaters für Ferdinand ein Zeichen, daß auch seine geliebte Gemahlin einst aus dem Dunkel der Anonymität an das Licht der Öffentlichkeit an seiner Seite würde treten können.

Das Jahr 1567 brachte im Leben der beiden Eheleute die einschneidende Wende. Schon vorher hatte es sich abgezeichnet, daß der zweitgeborene Sohn nach dem Tod des Vaters mit der Herrschaft über Tirol betraut werden würde. Für den Erzherzog war mit dieser Regentschaft eine Aufgabe gekommen, der er sein zukünftiges Leben widmen konnte. Als Zweitgeborener war er bis dahin nicht nur durch seine heimliche Heirat im Schatten seines Bruders Maximilian gestanden; bis zu diesem Zeitpunkt hatte er als Statthalter von Böhmen wenig Pflichten zu erfüllen gehabt, die seinem Leben einen echten Sinn hätten geben können.

Als Ferdinand nach Tirol ging, um sein neues Land und seine Bewohner kennenzulernen, war es ihm klar, daß er durch seine unstandesgemäße Heirat in seinem neuen Land auf Schwierigkeiten stoßen würde. Und wie es vorherzusehen war, forderten die Tiroler Landstände Ferdinand auf, sich von Philippine zu trennen. Sie schlossen sich den vorderösterreichischen Ständen an, die mit einer Enterbung der Söhne Ferdinands drohten. Es war für den Erzherzog nicht leicht, alle davon zu überzeugen, welchen Schatz Philippine für ihn und später auch für das Land Tirol darstellte. Erst ihr selbst gelang es, alle Vorurteile gegen diese Heirat auszuräumen und arm und reich für sich zu gewinnen.

Als Wohnsitz für seine Familie hatte der Erzherzog nach langer gründlicher Wahl Schloß Ambras ausersehen, das von Innsbruck aus leicht zu erreichen war, und das er schon 1563, also vier Jahre vor dem Eintreffen Philippines, den Erben des Georg Schurff von Schönwert abgekauft hatte. Noch heute ist Schloß Ambras durch seine Lage ein sehenswerter Herrensitz; Ferdinand baute es zu einem der großartigsten Schlösser seiner Zeit aus. Der Erzherzog war von Jugend auf ein besonderer Freund der schönen Künste gewesen, er suchte, wo er nur konnte, den Umgang mit Künstlern und Gelehrten, und so ist es nicht verwunderlich, daß er für Ambras bedeutende Baumeister seiner Zeit beauftragte, die alte Anlage in neuem Glanz erstehen zu lassen. Es gibt zeitgenössische Berichte, die in überschwenglicher Sprache von der Schönheit des Besitzes sprechen. Ein Begleiter Herzog Karl Friedrichs von Jülich und Kleve, Pighius, berichtete in seinem Werk »Hercules prodigius« von einem Aufenthalt in Innsbruck und auf Schloß Ambras im Jahre 1574. Er schreibt über Ambras folgende Zeilen:

»Von hier ritten wir nach dem Sommeraufenthalte des Erzherzogs Ferdinand, nicht weit außerhalb der Stadt, der den dreifachen Villen der alten Römer an Pracht und Größe in nichts nachsteht; er liegt auf einer Anhöhe, unter den höchsten Bergkuppen im Innthale, und besitzt ringsum viele und ausgedehnte Anlagen. Denn außer den Malerhöfen und Scheunen steht auf dem Hügel ein Schloß, einem zierlichen Palaste vergleichbar und in der herrlichsten Lage, mit fürstlichem Hausrathe und mit Bildern ausgestattet, wie man ein solches nur in den prächtigsten Städten sucht. Ferdinand ließ diesen Wohnsitz, der ihm und seinem Hofstaate als Sommeraufenthalt überaus bequem ist, erbauen.«

Es gab weite Hallen und Speisesäle, Lustgärten mit exotischen Tieren, Weingärten und Frauengemächer, die besonders anheimelnd wirkten. Philippine besaß, eine Seltenheit zur damaligen Zeit, ein eigenes Badezimmer mit einer geräumigen, in den Boden eingelassenen Kupferbadewanne und schönen Holzvertäfelungen. Der Erzherzog selbst, ein begeisterter Sammler von Kuriositäten und Kostbarkeiten aller Art, ließ eine Kunst- und Wunderkammer einrichten, die noch heute in ihrer originalen Aufstellung zu besichtigen ist. Zur Erheiterung seiner Gäste ließ er in einer Rotunde einen Holztisch zimmern, unter dem durch Wasser getriebene Räder angebracht waren. Saß man nun zu fortgeschrittener Stunde um den Tisch, so war es ein besonderer Spaß für Ferdinand, die

Räder in Bewegung setzen zu lassen und den Tisch mit den Gästen zu drehen; einige Damen und Herren werden dieses Vergnügen wohl nicht unbeschadet überstanden haben.

Für das große Schloß war natürlich auch umfangreiches Gesinde notwendig, und hatte Philippine auf Schloß Bürglitz bisher eher in bescheidenem Rahmen gelebt, so stand ihr jetzt ein kleines Heer von guten Geistern zur Seite. Das bedeutete für sie allerdings nicht, daß sie den ihr gesteckten Rahmen als heimliche Gemahlin des Erzherzogs verließ. Sie zeigte sich zwar auch in der Residenz in Innsbruck, aber immer in geziemendem Abstand, obwohl man allenthalben in Tirol über die wahren Hintergründe Bescheid wußte und Philippine als rechtmäßige Gattin des Erzherzogs schließlich anerkannte. Schon bald merkte man, welch guter Geist mit Philippine Welser in Tirol eingezogen war, denn wie auf Schloß Bürglitz begann Philippine sich um die Kranken, Gebrechlichen und Armen im Land zu kümmern. Sie besuchte die ärmlichen Hütten der Bauern, die in Not geraten waren, half ihnen mit Geld und gutem Zuspruch, munterte die Verzagten auf und achtete immer darauf, nicht nur die augenblickliche Not zu lindern, sondern daß die Leute das Gold, das sie ihnen geschenkt hatte, auch so einteilten, daß sie allmählich aus ihrem Elend herausfinden konnten. Sie leitete die Menschen an, selbst etwas zu tun, ihr Kaufmannsblut sagte ihr, daß nur dann eine Besserung der sozialen Lage der Bauern und Kleinhäusler eintreten könnte, wenn diese Leute, so gut es ihnen möglich war, aktiv für ihre Zukunft arbeiteten und planten.

Natürlich hatte sie auch die finanziellen Mittel zur Verfügung, helfen zu können, denn Ferdinand bedachte sie reichlich. Mehrmals machte er ihr bedeutende Geldgeschenke und fragte immer wieder nach, ob Philippine mit dem Geld, das er ihr zukommen ließ, auch wirklich ihr Auskommen habe. Daneben schenkte er ihr Schloß Ambras mit den umliegenden Dörfern, 1577 das Landgericht Stubai, außerdem die Herrschaften Königsberg, Salurn und Hörtenberg. Philippine selbst kaufte das Schildlehen Hohenburg bei Igls. Sie war, da Ferdinand ihr außerdem zwischendurch noch Geldgeschenke machte, eine reiche Frau. Diese kleineren Anweisungen vermerkte er mit folgendem Text: »was wir ir liebden aus gnaden on ir begeren gemacht.«

Auch die Familie Philippines, die sich im Laufe der Zeit am erzherzoglichen Hof eingestellt hatte, versorgte Ferdinand in außerordentlich großzügiger Weise, obwohl die Brüder Philippines eher charmante Schmarotzer waren. Schon ihr Vater, den Ferdinand bald nach seinem Einzug in Tirol zum Freiherrn von Zinnenburg gemacht hatte, war dem Kaufmannsstand nicht zugetan und hatte das Erbe seines Bruders Bartholomäus Welser nicht angetreten. Seine Söhne zeigten einen Hang zum lustigen Leben und scharten sich um den Erzherzog, der jedem einen Posten am Hofe zuteilte. Er verstand sich außerordentlich gut mit den Brüdern seiner Frau und merkte wahrscheinlich gar nicht, wie sie immer wieder Geld von ihm forderten. Freilich unterhielten sie Ferdinand mit ihren Späßen und derben Sprüchen, mehr hatten sie aber nicht zu bieten. Der Vater Philippines weilte allerdings nicht am Innsbrucker Hof, er hatte eine Vorliebe für Ravensburg, wo er allein lebte, nachdem er sich von seiner Frau Anna getrennt hatte, die ihm einen unehelichen Sohn nicht verziehen hatte. Anna Welser, die Schwester Frau von Loxans, zog schon bald zu ihrer Tochter, beschäftigte sich mit dem Herstellen von heilkräftigen Arzneien und bewohnte schließlich ein Schlößchen am linken Innufer, die Weiherburg, die sie sich selbst gekauft hatte.

Daß Philippine eine überaus beliebte Herrin auf Schloß Ambras war, zeigte sich darin, daß alle Angehörigen ihres Gesindes gerne für sie arbeiteten und, wenn Not am Mann war, mehr als ihre Pflicht taten. Philippine ihrerseits bedankte sich durch viele überraschende Aufmerksamkeiten, gab den Leuten mehr Geld, als ihnen zustand, und beschenkte sie zu allen Gelegenheiten. Eine besonders gelungene Überraschung war es jedesmal, wenn sie einer jungen Braut am Hochzeitstag ein eigens entworfenes und angefertigtes Brautkleid schicken ließ. In den Archiven findet man heute noch die Rechnung eines Schneiders, der auf dem Papier ein Guthaben der Herrin von Ambras für eine stattliche Anzahl von Hochzeitskleidern vermerkt.

Man wußte im ganzen Land, daß Philippine für die Notleidenden stets ein mitfühlendes Herz hatte, und so wandten sich viele, die die Hoffnung schon aufgegeben hatten, an sie. Es hatte sich schnell herumgesprochen, welchen Einfluß sie auf Ferdinand ausübte. Auch Adelige suchten ihre Vermittlung, wenn sie beinahe Unmögliches vom Erzherzog erreichen wollten. Viele dieser Bittschriften sind noch erhalten, und man liest mit Erstaunen, wie vertrauensvoll die Leute an Philippine geschrieben haben. Die Anreden der Briefe zeigen die Stellung, die man ihr in Tirol einräumte. Die Bittgesuche beginnen vielfach mit »Durchlauchtigste Fürstin Philippine von Österreich«, oder sie sind nur an das »Fräulein Philippine« gerichtet, manche aber tragen die vertrauensvolle Anrede: »Ferdinand und Philippine«.

Es waren Jahre des Glücks, die Philippine mit ihrem Mann in Tirol verlebte, nur getrübt durch ihren nicht allzu guten Gesundheitszustand. Seit der Geburt der Zwillinge war sie immer leicht kränklich, und diese Anfälligkeit verstärkte sich, vielleicht auch durch das rauhere Klima Tirols, immer mehr, je älter sie wurde. Und obwohl sie sich von Jahr zu Jahr mehr mit der Heil- und Arzneikunst beschäftigte, so daß sie in der Lage war, vielen Kranken zu helfen und Schmerzen zu lindern, vermochte sie gegen ihre eigenen Beschwerden nichts auszurichten. Vielleicht war an ihren vielfachen Leiden auch die üppige Nahrung schuld, denn auch Ferdinand litt von Zeit zu Zeit an Erkrankungen des Magens. Es wurde fett und schwer gekocht, und jeder auf Schloß Ambras aß Unmengen. Nicht nur bei den häufigen Gastmählern bogen sich die Tische, auch im Familienrahmen waren Delikatessen wie Austern keine Seltenheit. Und da beide, sowohl Philippine als auch der Erzherzog, diese Spezialität besonders liebten, und die Austern sicherlich nicht frisch waren, wenn sie den langen Weg nach Tirol hinter sich hatten, kann man verstehen, daß beide nach dem Genuß der Schalentiere jedesmal krank waren, wie der Leibarzt Philippines berichtet. Sie waren aber trotz des gehörig verdorbenen Magens nicht so vernünftig, auf die Austern zu verzichten. Ferdinand vertraute auf die Heilkünste seiner Frau und ließ sich von ihr wieder gesund pflegen. Er konnte ohne ihre guten Ratschläge nicht leben und kehrte einmal sogar Hals über Kopf aus einem Türkenfeldzug nach Hause zurück, weil er sich krank fühlte und die Nähe Philippines vermißte. Das Verlassen des Heeres wurde ihm von seinem Bruder, dem späteren Kaiser Maximilian II., sehr übel vermerkt, ja, Maximilian sah nicht einmal in seinem Bruder den Schuldigen, sondern sprach davon, daß Ferdinand von der »Brekin« in einen Zauberbann geschlagen sei. Maximilian ging sogar so weit zu wünschen: »Ich wollte die ›brekin‹ stäcke in einem Sack. Gott verzeih' mir's, wenn ich Unrecht thue.«

Viele bekannte Heilkundige und Gelehrte hatte Ferdinand an seinen Hof nach Innsbruck geholt, und es war wohl ganz im Interesse seiner Frau, daß auch Ärzte nach Tirol kamen, die an den Universitäten von Padua und Bologna studiert hatten. Italien war in der medizinischen Forschung führend, man ging hier schon daran, Leichen zu sezieren und die Ergebnisse für die Lebenden auszuwerten. Viele Gelehrte an den Universitäten wehrten sich gegen den Aberglauben der vergangenen Jahrhunderte und forderten ein neues, modernes Denken über die Funktionen des menschlichen Körpers. Diesen Überlegungen standen die überkommenen Meinungen der katholischen Kirche und der Aberglaube im Volk, der von Generation zu Generation überliefert wurde, im Wege. Aber jeder Arzt in Deutschland, der mehr und besser ausgebildet sein wollte, zog an eine der berühmten italienischen Universitäten, wenn er die Mittel hierzu zur Verfügung hatte.

Zusammen mit ihren Leibärzten, an deren erster Stelle Dr. Handsch stand, der in Böhmen geboren war und auch in Italien studiert hatte, versuchte Philippine ihre Kenntnisse zu erweitern und legte eine Rezeptsammlung an, die heute noch erhalten ist. Durch ihre intensive Beschäftigung mit dem kranken menschlichen Körper erweiterte sie ihre Erfahrungen so sehr, daß es ihr oft gelang, Kranke zu heilen. Philippine legte auf Schloß Ambras eine eigene Apotheke an, in der sich alle ihre Heiltränklein und Salben befanden.

Nur für sie selbst schien kein Kraut gewachsen, denn je älter Philippine wurde, desto mehr litt sie an fieberhaften Erkrankungen, an einem beklemmenden Gefühl in der Brust und an geschwollenen Beinen. Ihr Leibarzt Dr. Handsch hielt sehr viel von Badekuren und legte dem Erzherzog nahe, mit Philippine nach Karlsbad zu reisen. In Begleitung des Arztes machten beide die vorgeschriebene Kur, wobei vor allem der Sauerbrunn Philippine eine kleine Linderung ihrer Beschwerden brachte. Dr. Handsch schrieb über den Karlsbader Aufenthalt ein eigenes Tagebuch, worin er die Krankheit Philippines genau beschreibt und auch über die Heilmethoden der damaligen Zeit berichtet. Ins Gericht ging er dabei mit den Methoden, die die Frauen bei fieberhaften Erkrankungen anwandten; er bezeichnete es als Dummheit, wenn man Kranke mit hohem Fieber mit Federbetten bedeckte und so die Temperatur noch steigerte. Als Arzt hielt er ganz und gar nichts von diesen Schwitzkuren, er verließ sich lieber auf Aderlässe und Purganzien. An die heilende Wirkung des Aderlasses glaubte man schon lange, obwohl er nicht wenigen, ohnehin schon geschwächten Menschen den Tod gebracht hatte. Vor allem Frauen ließ man nach endlos langen Geburten noch so ausgiebig zur Ader, bis sie keine Lebenskraft mehr hatten. Es dauerte Jahrhunderte, bis die Ärzte von dieser Methode abkamen und einsahen, daß hoher Blutverlust eher schädlich als nützlich sei.

Wenn auch die Karlsbader Kuren Philippine nicht heilen konnten, so trugen sie doch dazu bei, daß sie sich, wenn auch nur für kurze Zeit, besser fühlte. Und es ist erstaunlich, was sie alles leistete und wie sie das Leben sowohl in Ambras als auch am Innsbrucker Hof beeinflußte. Die Liebe und Fürsorge für Ferdinand ließen sie nie müde werden, alles zu unternehmen, damit er sich wohl und geborgen fühlen konnte. Aber auch der Erzherzog las seiner Gemahlin jeden Wunsch von den Augen ab und war immer und überall bemüht, ihr zu zeigen, wie sehr er sie und ihre Liebe brauchte. Und obwohl »bella Filippina«, wie sie lange von ihren Zeitgenossen genannt worden war, im Laufe der Jahre viel von ihrem körperlichen Reiz eingebüßt hatte, war Ferdinand noch immer von ihr fasziniert, von ihrer Fürsorglichkeit und ihrem Wesen in Bann geschlagen, obwohl schwere Versuchungen an ihn herangetreten waren. 1572 war Ferdinands Schwester Katharina, die in ihrer Ehe mit dem König von Polen äußerst unglücklich gewesen war, kinderlos gestorben, und die polnischen Adeligen boten dem Erzherzog die Krone von Polen an, nachdem König Sigismund II. im August, wenige Monate nach seiner Frau, gestorben war. Es war für Ferdinand die einzige Chance in seinem Leben, je eine Königskrone tragen zu können, und man kann sich vorstellen, daß ihm dieser Wunsch der Polen viele schlaflose Nächte brachte. Dabei wäre ihm seine Entscheidung leicht gefallen, hätte man von polnischer Seite nicht gleichzeitig die Auflösung seiner heimlichen Ehe gefordert, denn Polen wollte legitime Nachfolger von einer standesgemäßen Ehefrau haben.

Der Antrag der Polen erregte in Tirol großes Aufsehen. Aus den Äußerungen der Tiroler Gesandten geht eindeutig hervor, wie beliebt Philippine inzwischen in ihrer neuen Heimat geworden war. Obwohl man fürchtete, daß sie das Land verlassen könnte, sprachen die Gesandten unverhohlen aus, was alle fühlten und dachten: Sie gaben den Polen zu bedenken, daß Ferdinand ohne Philippine nicht leben könne, daß er sie unbedingt mitnehmen müsse, damit sie immer um ihn sei, »wenn er mit Schwachheit des Leibes beladen sein sollte«, daß »Ihre Gnaden ihm fleißig aufwarte, wie Seine fürstliche Durchlaucht selbes gewohnt sei. Ueberdies sei sie auch still, fromm und gottesfürchtig und habe sich in Böhmen und in des Erzherzogs Erblanden stets so rühmlich und wohl gehalten, sei so geliebt worden und in so hohem Ansehen gestanden, daß auch im Königreiche Polen niemand sich über selbe zu beschweren haben werde.«

Trotz dieser eindeutigen Worte, die die Vertreter Tirols über Philippine sprachen, bestanden die polnischen Adeligen auf ihrer Forderung nach Auflösung der Ehe. Wie lange Ferdinand brauchte, um seinen Entschluß zu fassen, weiß man nicht genau, aber man kann ohne weiteres vermuten, daß ihm sein häusliches Glück, sein innerer Friede mehr wert waren als alle Kronen dieser Erde. Er hatte sich schon einmal entschieden, und auch jetzt konnte keine Verlockung ihn von diesem Entschluß abbringen. Er wollte für immer bei Philippine bleiben, und er wollte auch weiterhin das Land Tirol regieren.

So schlug der Erzherzog schließlich die Krone Polens aus, und am 12. Dezember 1575 wurde Kaiser Maximilian II. zum König von Polen proklamiert. Tage später ernannte eine Gegenpartei den Wojwoden von Siebenbürgen, Stephan Báthory, zum Herrscher des Landes.

Es gab sicherlich für Ferdinand noch andere Überlegungen, warum er nicht einer unsicheren Zukunft entgegengehen wollte. In Tirol hatte er die anfänglichen Schwierigkeiten überwunden und führte nun in Innsbruck das Leben eines Renaissancefürsten in italienischer Manier. Feste und Feierlichkeiten, Fastnachtsspiele und

Turniere, Armbrustschießen und Ringelstechen, Mummereien und Tänze, Verkleidungsscherze und jahreszeitliche Theaterstücke wechselten einander ab, und der Erzherzog war nicht nur Veranstalter all dieser Geselligkeiten, sondern immer eine Hauptperson, wenn es galt, irgendeinen Schabernack auszudenken. Er trat in allegorischen Szenen als Jupiter auf, engagierte Vortragskünstler, die die Gesellschaft mit schwülstigen Gedichten erfreuten und beschenkte je nach Gelegenheit die Umstehenden, so daß für Ferdinand das Leben ein einziges Fest war. Und obwohl Philippine meist nur stille Zuschauerin bei all den Lustbarkeiten war, trat sie doch einmal in Erscheinung, als es um das Armbrustschießen ging. Merkwürdigerweise waren die Damen den Herren in dieser Disziplin überlegen; ein Zeitgenosse vermerkt in seinem Tagebuch, daß er am 13. Juli 1570 an einem Armbrustschießen teilgenommen habe, wo zwei Gewinne zur Wahl standen: ein Becher im Wert von 22 Gulden und ein Ring im Wert von sechs Gulden. Philippine und auch ihre Tante Katharina von Loxan, die nun auf Ambras wohnte, nahmen an der Veranstaltung teil, und Philippine gewann das Armbrustschießen und somit den goldenen Becher vor Katharina von Loxan, die Zweite wurde. Alle anwesenden Herren hatten keine Chance gegen die zielsicheren Damen.

Auch die kirchlichen Feiertage wurden am Hofe des Erzherzogs und in Ambras gebührend begangen, Messen und Gebetsstunden wurden abgehalten, und damit auch das leibliche Wohl nicht zu kurz kam, hatte Philippine einen genauen Speiseplan, der wohldurchdacht auf das jeweilige Fest abgestimmt war. Zu Weihnachten kam ein köstlicher Christbraten auf den Tisch, zu Ostern wurden nach den langen Fastentagen Einladungsschreiben an die Adeligen des Landes geschickt und diese gebeten, »das heilige grab hüten zu helfen«. Nach der anstrengenden Nachtwache schmeckte allen das »neu geweihte Fleisch und die Fladen« ganz besonders. Da man all die Gäste weder auf Schloß Ambras noch in der Residenz in Innsbruck unterbringen konnte, suchte man nach geeigneten Herbergen in der Stadt. Die Zahl der Gäste entsprach dem Lebensstil des Erzherzogs, je mehr kamen, desto lieber war es ihm, obwohl er selbst es fast immer vorzog, in kleinem Rahmen zu speisen, meist nur in Gesellschaft von Philippine und deren Tante.

Es war ein buntes Leben und Treiben, das zu dieser Zeit in Innsbruck herrschte, Fremde kamen und gingen, Zuschauer und Gäste vermischten sich, und Ferdinand mußte immer wieder dafür Sorge tragen, daß es nicht zu allzu großen Raufhändeln kam, wenn die Leute voll des Weines in ihre Herbergen taumelten. Der Wein floß in Strömen, nicht nur auf Schloß Ambras, wo jeder der Besucher zunächst einmal seine Trinkfestigkeit beweisen mußte, indem er in einem eigens dafür ausgestatteten Raum in einer Felsenhöhle, dem »Heiligtum Bacchus«, einen Becher in Form eines Fäßleins auf einen Zug leeren mußte. Der Becher umfaßte einen halben Liter Wein, und wenn es dem Gast gelang, ihn auszutrinken, ohne abzusetzen, dann wurde er in das Verzeichnis der Trinker eingetragen, was eine ausgesprochene Ehre bedeutete. Auch die Damen mußten sich dieser Probe unterziehen und versuchen, ein Glas in Schiffchenform auf einmal auszutrinken. Allerdings war man bei den Damen gnädig: Das Schiffchen faßte nur einen Viertelliter. Hunderte Gäste unterzogen sich dieser Trinkprobe, viele von ihnen wurden in das Verzeichnis eingetragen, auch Philippine selbst schrieb 1567 nach bestandener Probe in die Liste: »Ich hoff' zu gott. ph. w.«

Ferdinand selbst hatte eine Vorrede zu diesem Trinkbüchlein verfaßt:

»Im 1567 jar, den letzten tag januarii, ist dem schloß zue Ambras von wegen erzaigung guetter freuntschafft, guetwilligkait und gesellschafft auf gericht worden, das ain yeder so in gemeit schloß Ambras kombt ain glaß wie ein vässlein gestalt mit vier geschmeltzten raiflein mit wein in ainem trunkh austrinkhen soll und seinen namen zuer gedechtnus in dises buech schreiben, welcher aber solches in ainem trunkh nit endet sonder absetzet, dem soll es widerumb voll eingeschenkt werden auch aus dem schloß nit weichen bis er solchen trunkh wie obgemelt vollendet hat, das solle also dises schloß und glaß gerechtigkait sein und bleiben. Deßgleichen und obgemelter massen solle auch ain yede frav und jungfrav am cristallin glaß, wie ain schiff in ainem trunkh auszuetrinken verbunden und verpflicht sein ...«

Philippine hatte mit den Gästen ihres Mannes alle Hände voll zu tun, denn obwohl ihr Hofstaat aus Edelleuten, Lakaien, Kammerdienern, Edelfräulein, Trabanten und Jägern, Damen zu ihrer persönlichen Bedienung, aus Küchenpersonal und Stallmeistern bestand, war sie stets die alleinige Herrscherin über ihr Reich. Ihr unterstanden auch die Personen, die zur Belustigung des Erzherzogs in Ambras gehalten wurden, Riesen und Zwerge, Schwarzkünstler und gefangene Türken; daneben versammelte man hier auch hervorragende Wissenschaftler, Maler und Bildhauer. Waren keine Gäste auf Schloß Ambras zu erwarten, so wurden trotzdem jeden Tag 24 Speisen gekocht, die in drei Gängen serviert wurden. Ein Bericht aus dem Jahre 1571 gibt Auskunft darüber, wieviel Fleisch allein pro Tag verkocht wurde. So liest man dort: 900 Pfund Fleisch, das Wild noch nicht dazugezählt; an Fasttagen wurden 100 Pfund Schmalz in Töpfen und Pfannen zerlassen, an den übrigen Tagen 50 Pfund. Die Küche auf Schloß Ambras war dank Philippines Kochkunst weit über die Grenzen Tirols bekannt, selbst der Kurfürst von Sachsen schickte seinen Leibkoch nach Tirol, damit dieser hier an Ort und Stelle das Pastetenbacken erlerne.

In ihrer liebenswürdigen Art beriet Philippine auch ihr Gesinde, sich mit vielen nützlichen Dingen zu beschäftigen, und ging dabei mit gutem Beispiel voran. Bekannt waren ihre Stickereien, von denen noch heute einige erhalten sind. Aber auch Ferdinand verbrachte seine Stunden auf Ambras nicht nur mit lauten Trinkgelagen, er entwickelte im Laufe der Jahre immer mehr eine Vorliebe für handwerkliche Tätigkeiten. Er ließ auf Schloß Ambras eigene kleine Werkstätten einrichten, in denen er selbst schöne Gegenstände aus Gold und Silber goß; daneben versuchte er sich in der Drechslerkunst und war ein begabter Glasbläser. Da er zeit seines Lebens als begeisterter Jäger das Waidwesen liebte, interessierten ihn vor allem Gewehre und Jagdgeräte. Sein Schlosser Diring unterrichtete ihn in der Herstellung von Radschlössern und Gewehrrohren, und Ferdinand erwies sich als geschickter und gelehriger Schüler. Er versuchte, alles zu erlernen, und scheute auch nicht lästigen Rauch und große Hitze. Stieg Philippine ab und zu in die Werkstätten hinunter, so konnte sie in dem dichten Qualm oft nicht Handwerksmeister und erzherzoglichen Gemahl unterscheiden. Sie warnte Ferdinand vor dem allzu intensiven Rauch, er aber schlug alle wohlgemeinten Ratschläge in den Wind und betätigte sich mit ungewöhnlicher Leidenschaft auch als Schmied. Dabei verlor er im Laufe der Zeit seinen Geruchssinn fast vollständig.

Die beiden Söhne wuchsen ohne Probleme heran, sie erwiesen sich als sportliche junge Männer, die überall gern gesehen waren. Ihr Vater versuchte, sie allmählich in die Gesellschaft einzuführen, obwohl er kaum Hoffnung haben konnte, daß sein Bruder, Kaiser Maximilian II., den Makel ihrer Geburt eines Tages übersehen werde, und unternahm alles, um für Andreas und Karl eine gebührende Stellung zu finden. Es gelang ihm, seinen älteren Sohn dem Papst, Gregor XIII., als Bischof und schließlich als Kardinal vorzuschlagen.

Zunächst allerdings war die Anerkennung seiner Ehe durch Gregor notwendig, denn ohne sie war es für Andreas unmöglich, irgendwelche kirchlichen Weihen zu erreichen. Der Papst machte es Ferdinand nicht leicht, die nötigen Beweise für die Rechtmäßigkeit seiner Eheschließung zu erbringen. Die Unterschrift des Kaplans unter der Heiratsurkunde war dem Papst zu wenig, er verlangte noch ein zweites gültiges Zeugnis von einer vertrauenswürdigen Person, die bei der heimlichen Heirat anwesend gewesen war. Zum Glück lebte noch die Tante Philippines, Katharina von Loxan, und sie gab gerne die Versicherung ab, daß sie Zeugin der Eheschließung auf Schloß Bresnic gewesen war. Aufgrund dieser beiden Aussagen willigte Gregor schließlich ein, die Heirat des Erzherzogs anzuerkennen, und verlangte keine offizielle Eheschließung von Ferdinand und Philippine, wie er ursprünglich gefordert hatte. Ferdinand wollte nichts von einem solchen Ansinnen wissen, hätte dies doch ein Eingeständnis bedeutet, daß er und Philippine viele Jahre in »wilder Ehe« gelebt hätten. Da Gregor Philippine wegen ihrer allseits bekannten Frömmigkeit und ihres untadeligen Wesens schätzte, handelte er menschlich und christlich zugleich und setzte sich über die starren Traditionen hinweg. Er erklärte die auf Schloß Bresnic geschlossene Ehe als rechtskräftig und entband den Erzherzog und Philippine auch von der Geheimhaltung. Nach Jahrzehnten des Versteckenspielens konnte der Landesherr von Tirol jetzt offiziell seine Gemahlin überallhin mitnehmen. Philippine hatte in der folgenden Zeit immer ein gutes Verhältnis zum Papst, sie erfreute ihn durch kleine Geschenke, und Gregor erweiterte dafür die Absolutionsgewalt ihres Beichtvaters und schickte ihr einen geweihten Rosenkranz.

Weit über die Grenzen Tirols hinaus war der Ruf der Landesmutter gedrungen, und alle, die sie kannten, liebten und verehrten Philippine als einen gütigen und liebenswerten Menschen und als anerkannte Landesfürstin. Sie hatte keine Feinde im Adel und im Volk, selbst innerhalb der kaiserlichen Familie war man nun bereit, der Schwägerin entgegenzukommen. Vor allem zwei Schwestern Ferdinands suchten den Kontakt mit Philippine. Magdalena und Helena waren, der Sitte der Zeit entsprechend, von den kaiserlichen Eltern für das Kloster bestimmt worden; sie verbrachten ihr Leben im Damenstift in Hall in Tirol. Kurz nach dem Eintreffen Philippines in Tirol war eine herzlich gehaltene Einladung an die beiden Königinnen – diesen Titel trugen sie offiziell – ergangen. Nach anfänglichem Zögern traten Helena und Magdalena die Reise nach Ambras an und wurden dort sehr freundlich und liebenswürdig empfangen. Nach einem Abend voll Kurzweil und anregender Unterhaltung verließen beide Schwestern Schloß Ambras; Philippine hatte ihr Herz durch ihre ungezwungene Art und ihre Herzlichkeit erobert.

Daß die beiden königlichen Schwestern Philippine als rechtmäßige Gemahlin des Erzherzogs anerkannt hatten, erregte beim Adel in den befreundeten Ländern Aufsehen und bewirkte gleichzeitig, daß Einladungen an Ferdinand und Philippine aus Bayern und Ferrara kamen. Es kümmerte bald niemanden mehr, daß Kaiser Maximilian II. sich immer noch hinter einer Wand der Ablehnung verschanzte; die Öffentlichkeit dachte anders als der Herrscher. Der Herzog von Ferrara, Alphons, war von Philippine verzaubert, er machte ihr, wo es ging, kleine Geschenke, und sie bedankte sich mit selbst hergestellten Preiselbeerkonfitüren, die sie in kleinen Fäßchen überbringen ließ. Als Gegengeschenk schickte der Herzog gut abgerichtete Jagdhunde an Philippines Gemahl.

Philippine nahm auch oft und gern die Gelegenheit wahr, Ferdinand auf seinen Reisen zu begleiten, und dort, wo das fürstliche Paar auftauchte, flogen ihm die Herzen zu. Die Kunde von der romantischen Liebesgeschichte hatte sich weit über die Grenzen Tirols hinaus verbreitet, und überall war man neugierig, die Frau zu sehen, der es gelungen war, den Kaisersohn über Jahrzehnte hinweg zu verzaubern. Außerdem sprach man ebenso von Philippines Mildtätigkeit, ihrem Mitleid mit den Armen und ihrer Heilkunst, die sie jedem angedeihen ließ, der von Schmerzen geplagt war.

Man verehrte und liebte sie und beobachtete mit Sorge ihren immer schlechter werdenden Gesundheitszustand. Die Fieberanfälle häuften sich und wurden immer heftiger, an manchen Tagen rang sie nur noch nach Luft und konnte keiner Tätigkeit mehr nachgehen. Verzweifelt versuchten die Ärzte, ihr Linderung zu verschaffen, man gab ihr alle möglichen Tränklein und verordnete Purganzen, aber nichts tat mehr seine Wirkung. Philippine erkannte ihren Zustand und wußte, daß ihre Tage auf Erden gezählt waren. Für sie selbst barg der Tod keinen Schrecken, aber sie wußte, welches Leid sie mit ihrem Sterben dem über alles geliebten Mann zufügen würde. Deshalb versuchte sie, so lange es nur irgendwie ging, ihr Leiden vor ihm geheimzuhalten. Sie bereitete ihm wie eh und je die besten Speisen selbst zu, leistete ihm, obwohl es ihr schwerfiel, Gesellschaft, suchte ihn zu erheitern, wenn es sie auch übermenschliche Kräfte kostete. Sie wollte ihm auf gar keinen Fall die Freude an seinen Unterhaltungen nehmen.

Vielleicht war es ihre übermäßige Selbstbeherrschung, die Ferdinand nicht erkennen ließ, in welchem Zustand sich seine Frau befand. Möglicherweise hatte er sich auch an ihre jahrelange andauernden Unpäßlichkeiten gewöhnt und bemerkte die bedenkliche Veränderung ihres Gesundheitszustandes nicht. Erst als sie bei der Beisetzung ihrer geliebten Gefährtin und Tante, Katharina von Loxan, beinahe zusammenbrach, gingen dem Erzherzog die Augen auf.

Frau von Loxan war am 13. April 1580 nach langer Krankheit gestorben, und ihr Tod bedeutete für Philippine, daß auch ihr Abschied von der Welt nahe sei. Sie nahm noch an einem großen Fest in Innsbruck teil, konnte sich aber bei den Darbietungen nur noch mit Mühe aufrecht halten. Ihre vertrauten Ärzte ließen sie zur Ader und schwächten sie dadurch nur noch mehr. Ferdinand, den der Gedanke an den Tod seiner treuen und geliebten Lebensgefährtin wie ein Blitz aus heiterem Himmel getroffen hatte, wich nicht mehr von ihrem Krankenlager, das zu ihrem Sterbebett werden sollte.

So wie Philippine stets gelebt hatte, unauffällig und fromm, ging sie aus dieser Welt, ohne langen Todeskampf, mit sich, ihrer Familie und mit ihren Getreuen versöhnt, nahm sie Abschied und versprach, auch im anderen Leben auf Ferdinand zu warten. Ihr Testament bedachte Witwen und Arme in Tirol, die noch lange Jahre um ihre Wohltäterin trauerten, denn ihr Tod hatte viele ärmer gemacht: Ferdinand hatte seine innigst geliebte Frau verloren, ihre Söhne eine verständnisvolle und treusorgende Mutter, ihr Gesinde eine vorbildliche Herrin, ihre Freunde eine hochverehrte Frau und das Land Tirol die »Liebhaberin aller betrübten Herzen«.

Der Tod war sein Begleiter

PHILIPP II. VON SPANIEN

»Sosegaos!« Beinahe unhörbar flüsterte es der König, kaum bewegten sich seine blutleeren Lippen, und starr blickte er auf den Bittsteller, der vor ihm auf den Knien lag. »Beruhigt Euch!« Zitternd hob der Diplomat, der in den gefährlichsten Situationen furchtlos seinen Mann gestanden hatte, die Augen und sah König Philipp leibhaftig vor sich: das unheimlich bleiche Gesicht von der starren Halskrause umrahmt, den Blick wie in unendliche Fernen gerichtet, ganz in Schwarz gekleidet. Ein Anblick, der einem das Blut in den Adern stocken lassen konnte.

Der König von Spanien war zu einem Monument seiner selbst geworden, eine Statue, die er aus sich selbst in Stein gehauen hatte. Das burgundisch-spanische Hofzeremoniell, von seinem Vater Karl V. in Spanien eingeführt und durch ihn zur Vollendung gebracht, hatte alles freie Leben im Palast erstickt. Reglement und Vorschrift beherrschten nun den König und sein Gefolge, keiner konnte aus dieser Ordnung ausbrechen. Im Palast des Herrschers wurde Theater gespielt, und jeder hatte die ihm zugedachte Rolle zu erfüllen. Der strenge Regisseur aber, dessen Augen alles überwachten, der alles eisern im Griff hatte, war der unnahbare König selbst; bei ihm liefen die weit gespannten Fäden zusammen, er war der Dirigent, der die Instrumente seiner Macht zum Klingen bringen konnte.

Ein Mann aus Stein, ein Mensch ohne Herz. So ist der spanische König Philipp II. für alle Zeiten in die Geschichte eingegangen, als der Verantwortliche für den Tod Tausender, die er nach den Prozessen der Inquisition bei lebendigem Leib dem Feuertod überantwortete, als der Mann, der gnadenlos alles bekämpfte, was vom alleinseligmachenden katholischen Glauben abwich, mitleidlos gegen alles, was seinen Vorstellungen widersprach. Ein düsterer Tyrann auf dem Königsthron.

Die äußeren Umstände seiner Politik zeichneten dieses dunkle Bild von Philipp II., und die Dichter, besonders Friedrich Schiller in »Don Carlos« haben das Ihre dazu beigetragen, daß das, was von dem spanischen König auf die Nachwelt kam, ihn in nichts sympathisch oder auch nur menschlich erscheinen läßt.

Aber auch Philipp war ein Mensch aus Fleisch und Blut, mit all den Fehlern und Tugenden, die einem Menschen eigen sind, ein Mann, der lieben und hassen konnte, der weinte und lachte und die Frauen liebte. Er war ein liebevoller Vater und rührender Ehemann, für den der frühe Tod seiner Gemahlinnen (drei davon starben im Kindbett) jedesmal eine Katastrophe darstellte. Was er der Außenwelt gegenüber zeigte, war ein Wall, eine Maske, hinter der er sich verstecken wollte oder auch mußte. Sein wahres Gesicht kannten nur wenige, und die, die ihn wirklich kannten, verehrten, ja liebten ihn. Kaum ein anderes Dokument zeigt so sehr sein eigentliches Wesen wie die besorgten und rührenden Briefe an seine beiden Töchter aus der Ehe mit Isabel (Elisabeth) von Valois, die er während einer längeren Abwesenheit in Lissabon in den Jahren 1582 und 1583 schrieb.

»Ich höre, daß es Euch allen gut geht – das sind herrliche Nachrichten für mich! Wenn Eurer kleinen Schwester die ersten Milchzähne kommen, so scheint mir das etwas verfrüht: das soll wohl ein Ersatz für die zwei Zähne sein, die ich im Begriff bin zu verlieren – wenn ich drüben ankomme, werde ich sie kaum mehr haben! Finde ich keinen andern Grund zum Klagen, so soll es mir recht sein … Es verwundert mich und beunruhigt mich auch sehr, daß ich von meiner Schwester seit dem Tag ihrer Landung nichts mehr vernommen habe, ich weiß nicht, was die Ursache dieses Schweigens sein mag. Ich nehme an, daß ein Kurier ertrunken sein könnte. Es ist auch wirklich schrecklich, wie schlecht hier das Wetter ist und wie stark es regnet, manchmal unter Blitzen und gewaltigen Donnerschlägen. Derlei habe ich zu dieser Jahreszeit noch nie erlebt. Das wäre etwas für Euch, meine ältere Tochter, wenn Ihr Euch noch bei Gewittern fürchtet! Dabei ist es nicht kalt, aber es regnet ohne Unterlaß, und jetzt in diesem Augenblick ist der Regen so stark, als möchte der ganze Himmel in Wasser zerrinnen. Es hat arge Stürme gegeben, aber es sind nicht so viele Schiffe zugrundegegangen, wie Luis Tristan es Euch geschrieben hat … Neulich brachte man mir, was in der mitfolgenden Kiste verpackt ist, angeblich eine süße Limette. Ich meine freilich, daß es ganz einfach eine Limone ist, aber ich wollte sie Euch doch schicken. Wenn es aber wirklich eine süße Limette sein sollte, so habe ich allerdings noch nie eine so große gesehen. Ich weiß nicht, ob sie drüben in gutem Zustand ankommen wird; wenn Ihr sie aber bekommt und sie noch frisch ist, müßt Ihr sie kosten und mich dann wissen lassen, wie sie schmeckt; denn ich kann nun einmal nicht glauben, daß eine süße Limette es zu solcher Größe bringt. Darum wäre ich glücklich, wenn Ihr mir Nachricht geben würdet ... Die gelbe Narzisse, die man Euch aus Aranjuez brachte, ist wahrscheinlich auf dem Feld gewachsen, eher als im Garten, aber sie hat wohl keinen so guten Duft. Es wird wohl dort von allem etwas geben, und so ist es sehr gut, daß meine Schwester das sieht, denn als sie Spanien verließ, gab es dies alles wahrscheinlich noch nicht. Wenn die Handschuhe so groß sind, wie Ihr sagt, werden sie Euch, meine ältere Tochter, besser passen und wohl nicht zu groß sein; für Eure Kusine wären sie, denke ich, zu groß. Ihr aber, meine jüngere Tochter, sollt mir schreiben, welche von Euch die größere ist, Ihr oder die Kusine. Dieser aber müßt Ihr beide meine Empfehlung ausrichten, in der Euch passend erscheinenden Form. Ich bin sicher, daß ich mich hierin auf Euch verlassen kann ... Mit Ungeduld erwarte ich die Nachricht von der Abreise (meiner Schwester) zur Fahrt hierher, denn ich sehne mich sehr, sie wiederzusehen. Ihr werdet das begreifen, da es doch 26 Jahre oder nahezu so lange her ist, daß ich sie das letzte Mal sah ... Von Euch beiden kommen mir von allen Seiten sehr gute Nachrichten zu, und man berichtet mir, daß Ihr sehr groß geworden seid; demnach müßt Ihr tüchtig gewachsen sein, wenigstens Ihr, die jüngere. Wenn Ihr die Maße habt, laßt mich wissen, um wieviel Ihr größer seid, seit wir uns nicht mehr sahen, und schickt mir Bänder aus Seide oder Zwirn mit Euren genauen Maßen. Legt auch das Maß Eures Bruders bei: ich werde mich freuen, die Maße zu haben, wenngleich es mich viel mehr freuen würde, Euch alle in Person zu sehen. Ich hoffe zu Gott, daß es bald sein kann. Bittet Gott darum, Ihr beiden! Und bittet ihn auch, alles zu schlichten, daß es bald geschehen kann! Er möge Euch behüten, wie es mein Wunsch ist.

Euer guter Vater«

Meist war es schon tiefe Nacht, wenn sich der König an sein Schreibpult setzte, um Isabella und Katharina für ihre Briefe zu danken. Er war jedesmal erfreut und gerührt zugleich, wenn er ein Schreiben seiner beiden Kinder aus dem fernen Madrid erhielt, war dies doch ein Zeichen dafür, daß sie gesund und munter waren und auch ihre kleinen Brüder sich wohl befanden.

Die Politik hatte Philipp gezwungen, seinen Wohnsitz im Escorial, jenem riesigen, düsteren Palast, jahrelang mit dem Schloß in Lissabon zu vertauschen, hatte er doch nach dem unglücklichen Tod des jungen portugiesischen Königs Dom Sebastião, seines Neffen, das Erbe in Portugal angetreten. Dieser Sohn seiner Schwester Doña Juana, ein Bild von einem Mann, hatte sich in einem Anfall von Verblendung auf ein gewagtes Abenteuer in Marokko eingelassen, das ihm Leib und Leben kosten mußte. Aber Dom Sebastião mit seiner makellosen Gestalt und dem edlen Gesicht war bloß das Abbild eines unerschrockenen Ritters ohne Furcht und Tadel, in Wirklichkeit war er ein verschrobener Sonderling, der sich durch falsche Ratgeber und schmeichelnde Einflüsterer dazu bringen ließ, die Macht Portugals in Marokko erweitern zu wollen. In der grauenvollen Schlacht von Alcázar-Qibir wurde er in Stücke gehauen, und das, was von dem schönen Mann übriggeblieben war, verscharrten Beduinen im Wüstensand. Da er den Frauen, wie sehr sie ihn auch umschwärmten, abgeneigt war und weder eheliche noch uneheliche Kinder hinterließ, fanden sich nach seinem Tod zahlreiche Personen aus dem adeligen und geistlichen Stand, die Erbansprüche auf Portugal geltend machten. Es konnte nicht ausbleiben, daß in dieser Kontroverse Philipp II. als Sieger hervorging, konnte er doch die meisten verwandtschaftlichen Beziehungen zum Nachbarland nachweisen. Und wer sollte ihm auch trotzen, war er doch zu dieser Zeit – man schrieb das Jahr 1580 – der mächtigste Mann im Süden Europas. Gut gerüstet zog er mit seiner Armee in Portugal ein und nahm Stadt um Stadt in Besitz, als gäbe es keinen Widerstand.

Philipp wußte aber auch, daß er in den nächsten Monaten unbedingt in Portugal bleiben mußte, um nach dem Rechten zu sehen. So rüstete man sich in Madrid zur Reise in den Westen. Mit Sack und Pack sollte die königliche Familie nach Lissabon übersiedeln; Philipp wollte sich nicht über längere Zeit von seiner vierten Frau Anna von Österreich und ihren kleinen Kindern trennen.

Für Anna war es eine Reise in den Tod. Sie erwartete ihr sechstes Kind, als die ganze Familie von einer bösartigen Grippe befallen wurde. Die Ärzte versuchten ihr Möglichstes, um die königliche Familie zu heilen, mußten aber mit Schrecken feststellen, daß der Zustand der jungen Frau (Anna war dreißig Jahre alt) immer bedenklicher wurde. Natürlich griff man sofort auf das traditionelle Mittel des Aderlasses zurück, das in den Augen der damaligen Mediziner in diesen und vielen anderen Fällen angezeigt war; eine solche Gewaltkur hat wahrscheinlich drei der vier Gemahlinnen Philipps unter die Erde gebracht. Auch Anna, die vierte Frau des Königs, konnte, geschwächt von der Grippe, belastet durch die Schwangerschaft und strapaziert von der Reise, die Roßkur nicht überstehen. Nach tagelangem Sichaufbäumen brachte die arme Frau unter unendlichen Qualen eine nicht lebensfähige Frühgeburt zur Welt, dann starb sie an Herzschwäche.

Anna, Tochter Kaiser Maximilians II., hatte mit 21 Jahren ihren spanischen Onkel Philipp nach einer päpstlichen Dispens geheiratet. Eigentlich war sie als Braut des spanischen Infanten Carlos ausersehen gewesen; nachdem aber diese Heirat – zu ihrem Glück – nie zustande gekommen war, und sich Philipp nach dem Tod seiner dritten Gemahlin Isabel nach einer neuen Frau umsehen mußte, kam Anna wieder ins Gespräch. Warum sollte nicht der Vater das Mädchen heimführen, das ursprünglich dem Sohn zugedacht war, noch dazu, wo Carlos gar nicht mehr unter den Lebenden weilte? Die verwandtschaftlichen Beziehungen zu den österreichischen Habsburgern mußten genutzt werden; wer wußte schon, ob es nicht wieder einmal zu einer Vereinigung der beiden Teile des Großreiches kommen würde? Und noch eine Tochter der ehrgeizigen, undurchsichtigen Katharina von Medici wollte Philipp nicht zum Traualtar führen, obwohl seine ehemalige Schwiegermutter alles daransetzte, ihm die jüngere Schwester der verstorbenen Isabel in den schönsten Farben anzupreisen. Er war mit Isabel zu glücklich gewesen und wollte nicht durch ihre Schwester daran erinnert werden.

Philipps Eile rührte wohl aus der Angst her, keinen männlichen

Nachfolger zu hinterlassen, hatte er doch bisher aus drei Ehen nur einen einzigen Sohn gehabt, Don Carlos, den er schließlich selbst vor der Welt hatte verbergen müssen und der ihn und Spanien durch seinen frühen Tod vor Fürchterlichem bewahrt hatte. Kinder gab es viele, die Philipp ihren Vater nannten, aber die außerehelichen, die zwischen seinen Ehen gezeugten Früchte der Leidenschaft, diese Söhne konnten für den König von Spanien nicht zählen. Anders als sein Vater Karl V. anerkannte er sie nicht als königliche Sprosse; er sorgte zwar für sie und ihre Mütter, aber für einen König von Spanien konnte nur ein Sohn aus einer legitimen Ehe der Nachfolger sein. Und auf den wartete Philipp immer noch. Die österreichischen Habsburger waren für ihren Reichtum an gesunden Kindern bekannt; vielleicht konnte ihm die junge Anna einen Sohn und Erben schenken.

Anna war ein natürliches, bezauberndes junges Mädchen, das keinen Anstoß daran nahm, daß der Bräutigam beinahe doppelt so alt war wie es selber. Mit ihr kam frisches Blut nach Spanien, und die verwaisten Kinder der Königin Isabel bekamen eine liebevolle Spielgefährtin und Mutter. Philipp brauchte seine Wahl nicht zu bereuen; Anna brachte neues Leben in den düsteren Escorial, sie hielt nichts von besonderen Förmlichkeiten und Zeremonien und konnte mit ihrer Unbefangenheit ihren Gatten, zumindest im Bereich der Familie, ein wenig aus den Fesseln des Zeremoniells befreien. Alle, die das feierliche Schweigen im Palast gewöhnt waren, hielten verblüfft den Atem an, wenn sie das heitere Lachen der jungen Königin hörten, die ihre Stunden am liebsten bei Handarbeiten verbrachte. Anna hatte das überschäumende Temperament ihrer ungarischen Großmutter geerbt, deren Namen sie trug, einer Frau, die mit beiden Beinen im Leben gestanden war und die ihr Mann, Kaiser Ferdinand I., über den Tod hinaus geliebt hatte. Philipp schätzte die ungezwungene Fröhlichkeit seiner Frau, war froh über ihre Beliebtheit bei Hofe und über ihre robuste Gesundheit und vor allem darüber, daß sie ihm in den zehn Jahren ihrer Ehe vier Söhne und zwei Töchter schenkte. Freilich wurde das Familienglück immer wieder durch den Tod eines der Kinder überschattet; nur ein einziger Sohn, der spätere Philipp III., sollte das Kindesalter überleben, alle anderen trug man unter Weinen und Wehklagen in die kalte Gruft des Escorial, die Philipp II. in seinem die Zeiten überdauernden Palast hatte errichten lassen.

Philipps Leben war immer wieder von schweren Schicksalsschlägen geprägt, deren er sich trotz seiner Machtfülle nicht erwehren konnte. Der Tod hielt reiche Einkehr in den Mauern seiner Paläste, er machte nicht halt vor den glücklichen kleinen Familien, die der König sich immer aufs neue zu schaffen wußte. Es war das Los der Frauen jener Zeit: Kinder in die Welt zu setzen, um dann kurz darauf doch wieder deren kleinen Särgen nachfolgen zu müssen, bis sie selbst zum Grab getragen wurden, weil sie eine neuerliche Geburt nicht überlebt hatten.

Als Philipp auch seine dritte Gemahlin Isabel durch einen viel zu frühen Tod verloren hatte, war er kaum vierzig Jahre alt. Das Hinscheiden der jungen, ungewöhnlich liebenswürdigen Isabel traf den bis dahin glücklichen Ehemann in seinem Innersten, war für ihn doch gerade diese Frau der Inbegriff der Jugend und Heiterkeit gewesen; er hatte sie wie eine Tochter, aber auch wie eine angebetete Ehefrau geliebt. Isabel war als kapriziöses französisches Prinzeßchen nach Spanien gekommen; ihre Eltern, Heinrich II. von Valois und die berühmt-berüchtigte Katharina von Medici, hatten diese seltsame Heirat mit viel diplomatischem Geschick zustande gebracht. Bis zu diesen Tagen war es undenkbar gewesen, daß eine französische Prinzessin mit einem habsburgischen Erzfeind verheiratet wurde; zu tief war die Kluft zwischen den Häusern der Valois und der Habsburger seit den Zeiten von Franz I. und Maximilian I., zu lange und schwer die Kämpfe, die die beständig rivalisierenden Herrscher mit Waffengewalt oder – auf französischer Seite – mit List und Tücke geführt hatten. Die Auseinandersetzungen gipfelten in der für Spanien siegreichen Schlacht von Saint Quentin 1558; Heinrich II. konnte dem Himmel danken, mit heiler Haut davongekommen zu sein. Obwohl die Spanier drückend überlegen waren, ließ Philipp sein Heer doch nicht auf Paris marschieren; eine Einnahme der Hauptstadt hätte für den französischen König ein unvorstellbares Desaster bedeutet. Der Kampf um die Vorherrschaft im südlichen Europa schien aber trotz allem entschieden; da konnte auf französischer Seite nur noch weibliche List helfen. Wozu hatte man schließlich eine Tochter, deren Tugend landauf, landab ebenso gerühmt wurde wie ihre Schönheit? Und natürlich war den königlichen Eltern längst zu Ohren gekommen, daß der König von Spanien verführerischen Frauen nicht widerstehen konnte. Über den Umweg des Ehebettes wollte man den ehemaligen Feind zur Strecke bringen.

Heinrich II. sollte allerdings diesen Triumph der Gefühle nicht mehr erleben. Nachdem die offiziellen Verhandlungen mit Frankreich zur allgemeinen Zufriedenheit abgeschlossen waren, erschien der Herzog von Alba als Abgesandter und Stellvertreter des spanischen Königs am französischen Hof. Der große Augenblick, auf den Heinrich und Katharina hingearbeitet hatten, fand am 22. Juli 1559 statt: Wie es der Sitte der Zeit entsprach, wurde die Ehe in der Heimat der Braut per procurationem – durch einen Stellvertreter des Bräutigams – geschlossen. Der Vertreter hatte dabei nach der offiziellen Zeremonie mit der Braut ein öffentlich aufgestelltes Bett zu besteigen, beide schlüpften unter die Bettdecke, und der Herzog entblößte das rechte Bein. Damit galt die Ehe als vollzogen.

Nach dieser Prozedur folgte eine Woche voller rauschender Feste. Das Königspaar von Frankreich wußte zu feiern und zeigte aller Welt – und natürlich den staunenden spanischen Abgesandten –, welch unglaublichen Luxus es aufzubieten imstande war. Jeden Abend erstrahlten die Räume der Spanier im Licht Hunderter Kerzen, man schlief auf knisternder Seide, aß und trank die erlesensten Köstlichkeiten und wurde nicht müde, Vergleiche zwischen dem düster-schweigsamen spanischen Hof und der trunkenen Lebensfreude der Franzosen anzustellen.

Turniere wechselten mit Scharaden, Festbankette mit Theateraufführungen. Jeder Tag bot neue Überraschungen, und so stand auch eines Tages ein Tjost, ein »gestach über die schranke«, auf dem Programm, an dem der Brautvater selbst teilnehmen wollte. Die Ritter versammelten sich auf ihren unruhig scharrenden Pferden im geräumigen Palasthof, das Visier tief ins Gesicht gezogen, die Lanzen zum Angriff erhoben. Das Kommando zum Beginn wurde gegeben, alles stürmte los, auf den Gegner zu, als ein Aufschrei durch die Menge ging: Der König war getroffen worden, er wankte auf seinem Pferd und konnte nur mit Mühe vor einem

Sturz bewahrt werden. Die zersplitterte Lanze eines Gegners war ihm durch den Schutz des Visiers hindurch ins Auge gedrungen. Ratlos standen die Leibärzte um den Verwundeten: Was war zu tun, um den erst vierzigjährigen König zu retten? Um die Art der Verletzung nachvollziehen zu können, köpfte man vier zum Tode Verurteilte und stach Holzlanzen in ihre Schädel. Auf diese Weise hoffte man einen Weg zu finden, wie man die Splitter am besten entfernen konnte. Erst nach dieser Prozedur versorgte man die Wunde des Königs. Aber alles war vergebens: Heinrich II. starb am 10. Juli 1559.

Mit dieser schweren Last auf dem Herzen reiste die junge Braut mit großem Gefolge ab. Der Abschied von der Mutter war doppelt schmerzlich für die kindliche, erst dreizehnjährige Isabel, hatte sich Katharina doch – mag man ihr auch sonst viel Übles nachsagen – immer rührend um ihre Kinder gekümmert. Mitten im Winter zog das Mädchen in das ferne Spanien, schlotternd vor Kälte, obwohl in die feinsten Pelze gehüllt. Vielleicht zitterte sie eher aus Furcht vor dem unbekannten Bräutigam, von dem sie bloß wußte, er gelte als gutaussehender Mann – aber war er nicht mehr als doppelt so alt wie sie? Was sollte sie an der Seite eines solchen Mannes im fremden Land anfangen? Ihre Stimmung war auf dem Tiefpunkt, als sie im Kloster Nuestra Señora de Roncesvalles offiziell ihrem neuen Hofstaat übergeben wurde: nicht eine strahlende, glückliche Braut, eher ein verängstigtes, einsames Kind. Alle wichtigen Positionen in ihrer Entourage waren mit Spaniern besetzt, die sie nicht kannte und die ihr von vornherein unheimlich waren. (Später gelang es ihr sehr bald, ihrem Gatten einige französische Bedienstete abzuschmeicheln.)

Das erste Zusammentreffen zwischen Braut und Bräutigam soll – einer durch Jahrhunderte weiterverbreiteten Anekdote nach – eher peinlich verlaufen sein. Angeblich soll Isabel ihren zukünftigen Gemahl so lange und intensiv gemustert haben, daß es Philipp schließlich auffiel und er kühl fragte: »Was starrt Ihr mich so an? Wollt Ihr etwa prüfen, ob ich schon graue Haare habe?« Eine Frage, die natürlich in das Klischeebild vom düsteren Herrscher passen mußte.

Philipp von Spanien war damals, zur Zeit seiner dritten Eheschließung, 32 Jahre alt und keineswegs ein ergrauter Misanthrop. Sein blondes Haar war voll, seine blauen Augen verrieten nicht im mindesten seine portugiesische Mutter. Wenn ihn auch die Geschichtsschreiber im allgemeinen nicht besonders freundlich behandelt haben, so konnten sie doch nicht leugnen, daß er mit seiner schlanken Gestalt und der nur wenig hervortretenden »Habsburgerlippe« in seinen jungen Jahren ein schöner Mann war. Warum also hätte Isabel ihn erschreckt anstarren sollen?

Die kirchliche Hochzeit allerdings mußte die Braut frösteln lassen. Nach den ausgelassenen Festen am französischen Hof kam das, was sie jetzt an der Seite ihres frisch angetrauten Gemahls erlebte, wie eine kalte Dusche. Nach der Trauung in der königlichen Kapelle des Palastes wurde nicht in großem Rahmen gefeiert, wie Isabel es sich vielleicht vorgestellt hatte; schweigend saßen Philipp, seine Schwester Juana und die junge Braut einander gegenüber und nahmen die Speisen zu sich, die ihnen Diener demütig präsentierten. Gesprochen wurde nichts, nur die übrigen Gäste durften sich nach Herzenslust amüsieren, für sie gab es in anderen Räumen Musik und Tanz. Erst am Nachmittag durfte Isabel sich mit ihrem Ehemann auf der Balustrade zeigen und von Ferne die Lustbarkeiten mitansehen.

Der trübseligen Hochzeit folgte für das Mädchen allerdings eine glückliche Zeit. Bald merkte Isabel, daß Philipp ein zartfühlender Ehemann war, der alles tat, um seine Frau zu unterhalten. War er auch nicht selbst der Mann, ständig zu scherzen, so umgab er sich doch gern mit fröhlichen jungen Leuten, mit denen die kleine Königin sich wie mit ihresgleichen unterhalten konnte. An seinem Hof gab es eine muntere Gesellschaft, der seine beiden Neffen Ernst und Rudolf, die Söhne des Kaisers angehörten, dazu kam sein eigener Sohn Don Carlos, der sich, wenn er gesundheitlich dazu in der Lage war, im Kreis der Jugendlichen, alle zwischen 12 und 16 Jahre alt, wohl fühlte, sowie der schöne Halbbruder Philipps, Don Juan d'Austria und dessen Freund Alexander Farnese. In diesem Kreis wurde gescherzt und gelacht, in den Gärten des Palastes spielte man Blindekuh oder Ballspiele, so daß Isabel jeden Tag neue Abwechslung fand. Der König war glücklich festzustellen, daß seine kindliche Frau ihr Heimweh verloren und sich an die neue Umgebung gewöhnt hatte. Er umgab sie mit Liebe und Fürsorge und umhegte sie, wo er nur konnte. Stundenlang saß er ängstlich an ihrem Bett, wenn sie bisweilen von kleinen Unpäßlichkeiten befallen wurde.

Mit einem allerdings wartete er fast ein Jahr: er vollzog die Ehe mit dem halben Kind erst, als es ihm ratsam schien. Er war Herr über sich selbst und über die Vorschriften, die den Vollzug der Ehe in aller Öffentlichkeit forderten. Philipp II. war alt genug geworden, um sich gegen die peinlichen Traditionen aufzulehnen und das zu tun, was ihm gerechtfertigt erschien. Und wie sich zeigte, ergaben sich noch alle möglichen Schwierigkeiten beim ehelichen Beilager. Die junge Königin litt an Hämorrhoiden, und die besorgte Mutter Katharina von Medici, die alle möglichen Rezepte schickte, um das Leiden zu lindern, konnte mit ihrer Quacksalberei nicht helfen. Auch sonst verursache der König »wegen seiner Körperbeschaffenheit« seiner Gemahlin große Schmerzen, wie eine Hofdame der besorgten Mutter nach Frankreich berichtete. Aber hierin hatte Katharina Erfahrung und tröstete die Tochter damit, daß sich diese Schwierigkeiten nach der ersten Geburt von selber legen würden.

Es waren glückliche Jahre, die Philipp II. an der Seite der bezaubernden Isabel verbringen durfte. Politische Kontroversen, die ihre Ursache vor allem in den ununterbrochenen Glaubensstreitigkeiten hatten, hielten sich in dieser Zeit im Rahmen, und Isabel fungierte als Vermittlerin zwischen ihrer Mutter Katharina, die ihre politischen Ziele noch lange nicht aufgegeben hatte, und ihrem Gemahl, so daß sich ernste Konflikte nicht abzeichneten. Einzig und allein der Thronerbe fehlte. Isabel brachte unter großen Komplikationen zwei Töchter zur Welt, Isabella und Katharina, die Philipp II. zärtlich liebte und an die er nach dem frühen Tod Isabels jene rührenden Briefe schrieb, die der Nachwelt erhalten sind. Ihre Mutter war die Perle des spanischen Hofes, es gab nichts Schöneres und Liebenswürdigeres als diese junge Frau. Ein Zeitgenosse berichtete über sie, daß es in Spanien kein Kavalier bei Hofe wage, sie recht anzusehen, aus Angst, sich unsterblich in sie zu verlieben.

Aber auch diese Blüte wurde allzu früh und jäh vom Tod geknickt. Isabels Gesundheit war von Kindheit an labil gewesen, allzu leicht befiel sie aus unerklärlichen Ursachen stark schwächendes

Fieber. Nur der Heilkunst ihrer Mutter war es zu verdanken, daß sie bisher alle Infektionen doch überstanden hatte. Jede erneute Schwangerschaft aber war lebensbedrohend für die junge Frau. Alle ahnten dies, am deutlichsten natürlich ihr eigener Mann Philipp. Er wußte es und konnte sie doch als Mann und als Herrscher nicht davor bewahren, immer wieder ein Kind zu erwarten. Die ganze Tragik des Unwissens früherer Zeiten wird in dem Schicksal der jungen Isabel sichtbar, denn das, was sie erlitt, war das Los von Millionen Frauen – und letztlich auch das Geschick von Millionen Männern. Kinder zu gebären bedeutete für weniger robuste Frauen meist den sicheren Tod, und doch konnten sie sich dem nicht entziehen. Philipp II., der mächtige Herrscher über Leben und Tod, der Herr über weite Gebiete Europas, mußte tatenlos zusehen, wie drei seiner Gemahlinnen unter den Händen der Ärzte starben. Und nicht einmal Gott im Himmel, an den der König so sehr glaubte, konnte ihm und den Sterbenden helfen.

Das Jahr 1568 wurde zum schrecklichen Unglücksjahr für den spanischen König. Isabel erwartete wieder ein Kind, den ersehnten Thronerben, aber sie konnte in ihrer Angst des Lebens nicht mehr so recht froh werden. Obwohl Philipp versuchte, alles Bedrückende und Unerfreuliche von ihr fernzuhalten, mußte sie den tragischen Tod ihres Stiefsohnes Don Carlos miterleben, was sie tieftraurig stimmte. Ihr Gesundheitszustand verschlechterte sich rapide, und die Ärzte entschlossen sich wieder einmal zum Allheilmittel der Zeit, zum Aderlaß. Die überschüssigen, giftigen Säfte des Körpers müßten unbedingt verringert werden, damit die guten, positiven Platz zur Wirkung haben könnten. Man setzte der erschöpften jungen Frau Schröpfköpfe an, zapfte ihr Blut ab, bis sie schier keines mehr hatte. Die Geburt eines winzigen Zwillingspärchens, das tot zur Welt kam, war die Folge dieser Torturen. Isabel überlebte ihre Kinder nicht lange, eine Herzschwäche beendete auch ihr kurzes Leben.

Wahrscheinlich hat Philipp seine französische Frau mehr als alle anderen geliebt, wahrscheinlich war er an ihrer Seite am glücklichsten. Und doch waren seine Ehen im Laufe seines Lebens nur Episoden, die ihn aus seiner selbstgewählten Einsamkeit rissen. Er hatte schon lange eine Mauer des Schweigens um sich aufgebaut, eine Barriere, die kaum einer durchbrechen konnte – mit Ausnahme seiner Frauen und seiner Kinder. In der Familie zeigte sich ein eher bescheidener Mensch, den vielleicht das Zeremoniell, das er um sich aufgerichtet hatte, selbst am meisten bedrückte. Hier war er nicht der kalte Richter, der darüber entschied, wer als nächster auf dem Scheiterhaufen der Inquisition zu brennen hatte, nicht der unnahbare König, der in den Niederlanden in Glaubensfragen verhaßt war, nicht der glücklose Staatsmann, der gewaltige Siege wie die von Saint Quentin oder bei Lepanto nicht für sich nützen konnte, nicht der Verlierer und strenge Eiferer: Hier war er ein geliebter Mann und Vater. Was Philipp in seinem öffentlichen Leben nie finden konnte, erlebte er im Kreis seiner Lieben, denn jede seiner vier Frauen liebte ihn auf ihre Weise. Auch er brachte ihnen zumindest ungewöhnliche Freundlichkeit entgegen, auch seiner zweiten Gemahlin, der farblosen, viel älteren, vom Schicksal gezeichneten Maria von England.

Die englische Heirat war ein vom Vater Karl V. ausgeklügelter politischer Schachzug gewesen, dem sich Philipp als guter Sohn willig fügte. Man wollte eine direkte Verbindung zum wieder katholischen England herbeiführen, und sei es auch über das Ehebett. Freilich wußte auch der Kaiser, daß Maria nicht die Frau war, bei deren Anblick feurige Jünglingsherzen höher schlugen. Mit ihren 37 Jahren glich sie eher einer alten Jungfer, die sich damit abgefunden hatte, keinen Ehemann mehr zu finden. Als Tochter Heinrichs VIII. von England und dessen erster Frau Katharina von Aragon hatte sie eine denkbar unglückliche Jugend hinter sich und allmählich das Lachen verlernt. Der Vater hatte alles daran gesetzt, damit sie unter keinen Umständen den englischen Thron bestieg, aber trotz seiner sechs Ehen hatte es der berüchtigte Blaubart nur zu einem einzigen schwächlichen Sohn gebracht, der im zarten Alter von sechzehn Jahren das Zeitliche segnete. Übriggeblieben waren die kleine Elisabeth, Tochter der hingerichteten Anna Boleyn, und die vergrämte Katholikin Maria, die mit allen Mitteln versuchte, dem verschmähten Glauben zu neuem Glanz zu verhelfen. Nur wenn es ihr gelang, die Angehörigen der anglikanischen Kirche, die ihr Vater ins Leben gerufen hatte, zur Umkehr zu bewegen, konnte sie sich auf dem Thron sicher fühlen. Maria muß befriedigt gewesen sein, als der Kaiser für seinen jugendlichen Sohn um ihre Hand bat. Hinter Philipp stand der Schutzherr des katholischen Glaubens, und durch ihn gestärkt, würde auch sie ruhig schlafen können.

Mit großem Pomp zog der Kaisersohn ins kalte, graue England. Philipp hatte seine Jugendzeit hauptsächlich in Spanien und in südlichen Gefilden verbracht und sah wahrscheinlich seinem englischen Abenteuer mit gemischten Gefühlen entgegen. Er ließ Luxusgegenstände auf Schiffe verladen, um wenigstens das gewohnte Ambiente nicht vermissen zu müssen. Ganze Schlafzimmereinrichtungen wurden an Bord geschafft, Himmelbetten mit starrer Seide und glänzendem Brokat, Staatskostüme in verschiedenen Farben, immer auf den Anlaß abgestimmt – noch gab sich Philipp farbenfroh –, Hüte, der französischen Mode nachempfunden, verziert mit kostbaren Juwelen und schweren Goldketten. Silbernes und goldenes Tafelgeschirr durfte natürlich nicht fehlen, und dazu die passenden Leuchter.

Am 13. Juli 1554 stachen 125 Schiffe von der nordspanischen Küste in See und erreichten nach fünf Tagen, in denen sich das Meer überraschend ruhig und friedlich zeigte, die englische Küste. Der Bräutigam wurde mit artiger, aber zurückhaltender Höflichkeit begrüßt; man heftete ihm den Hosenbandorden ans Knie; darum konnte Philipp die Reise nach Winchester fortsetzen, wo Maria ungeduldig wartete.

Als die Königin, in schweren schwarzen Samt gekleidet, Philipp entgegentrat, als er die unscheinbare, ältliche Frau erblickte, zeigte sein Gesicht keine Regung. Nach einer tiefen Verneigung küßte er ihr die Hand und begann eine zwanglose, liebenswürdige Unterhaltung. Maria war von Anfang an von Philipp äußerst angetan. Ihre anfängliche Scheu verlor sich, und bald liebte sie ihren gutaussehenden jungen Mann über alles. Und Philipp war viel zu sehr Kavalier und vielleicht in seinem Innersten zu weich, um seiner Frau, für die er beileibe nicht viel empfinden konnte, seine Gleichgültigkeit zu zeigen. Die Voraussetzungen für Marias Glück waren allerdings nicht besonders günstig. Die anglikanischen Engländer begannen die stolzen Spanier wegen derer demonstrativ zur Schau gestellter katholischer Einstellung zu hassen, und aus dem Haß wurde Verfolgung, so daß gar mancher froh sein konnte, bei nächtlichen Händeln mit dem Leben davonzukommen. Und je mehr man sich gegen die Spanier stellte, um so weniger konziliant zeigte sich die Königin gegenüber den vielen Andersgläubigen. Das Volk war sicher, daß nur Philipp der Anstifter sein konnte, wenn die Anhänger der anglikanischen Kirche verfolgt wurden und schließlich ihre Überzeugung mit dem Leben büßen mußten. Man sah, daß die Königin ihrem spanischen Prinzgemahl mit Haut und Haaren verfallen war, daß er mit ihr machen konnte, was er wollte. Und so gab es nur ein Mittel, sich von dem unerträglichen Joch zu befreien: Die spanischen Tagediebe mußten weg, koste es, was es wolle. Noch war Zeit, noch hatte die Königin kein Kind geboren!

Die Meinung des Volkes war natürlich bei weitem nicht die Meinung seiner Königin. Mit der ganzen Liebe ihres einsamen Herzens vergötterte sie Philipp, und er war ihr ein aufmerksamer Gatte. Maria wünschte sich nichts sehnlicher als ein Kind von ihm, und stets aufs neue glaubte und hoffte sie, in gesegneten Umständen zu sein. Sie steigerte sich in hysterische Zustände, besuchte junge Mütter mit neugeborenen Kindern, streichelte und liebkoste die Kleinen, als könnte sie so den Himmel gnädig stimmen. Als sich ihr Bauch zu wölben begann, war sie selig und bereitete alles für die zu erwartende Entbindung vor. Aber die unglückliche Frau mußte erkennen, daß das Anschwellen ihres Leibes nichts mit der ersehnten Schwangerschaft zu tun hatte, daß sie vielmehr an Wassersucht litt.

Auch ihre Macht im Lande glich nicht der, die die an autokratische Herrschaft gewöhnten Spanier kannten. Parlament und Räte bestimmten die politischen Entscheidungen, was ein Spanier aus dem Gefolge Philipps mit folgenden Worten beschrieb:

»Hier haben die Könige so wenig zu sagen, als ob sie Vasallen wären. Hier befehligen die Räte, sie sind die wahren Herren im Lande, sie werden höher geschätzt und mehr gefürchtet als die Könige selber.«

Das war keine Situation nach Philipps Gewohnheit und Geschmack. Inwieweit er Maria in ihren politischen Entscheidungen beeinflußte, ist allerdings schwer nachvollziehbar. Vielleicht hielt er sich aus diplomatischen Gründen zurück und zeigte an der englischen Politik kein besonderes Interesse; was aber die religiöse Einheit betraf, dachte er genauso wie seine Frau und war ebenso unnachgiebig wie sie. Obwohl seine Tage in England gezählt waren, nahm Philipp doch entscheidende Lehren für sein späteres Leben aus dem fernen Land mit: Nie und nimmer sollte es in den von ihm regierten Ländern ein gleiches oder ähnliches Mitspracherecht des Adels oder des Volkes geben wie in England, und es konnte unter keinen Umständen eine ähnliche Spaltung der christlichen Lehre zugelassen werden. Der Herrscher durfte keine Konzessionen machen und mußte mit eiserner Strenge gegen Andersgläubige vorgehen, zum Wohl des Volkes und der Länder. Vieles, was man Philipp später anlasten sollte, hat er wahrscheinlich in den regennassen Tagen in England überdacht und geplant, in einer Zeit, in der er praktisch zum Nichtstun verurteilt war, wo seine einzige Aufgabe darin bestand, einen Sohn zu zeugen.

Schneller als erwartet waren die finsteren Tage von England für Philipp vorbei. Der Gesundheitszustand seines Vaters, des Kaisers, hatte sich in den letzten Monaten des Jahres 1555 drastisch verschlechtert: Karl beorderte seinen einzigen Sohn und Erben in die Niederlande, um dort die Huldigung der Generalstände entgegenzunehmen. Gleichzeitig erklärte der Kaiser vor der erstaunten und gerührten Menge seinen Rücktritt, eine Nachricht, die von vielen Getreuen mit Tränen in den Augen entgegengenommen wurde. Aber auch flehentliche Bitten halfen nichts. Am 16. Januar 1556 gab der Kaiser in Brüssel seine Abdankung als Herrscher auch für die übrigen Länder bekannt. Zu Tode erschöpft, nur noch ein Schatten seiner selbst, aber doch von der großen Bürde der Verantwortung befreit, begab sich Karl mit seinen Schwestern Eleonore und Maria, die ihn jahrelang wie ein König als Statthalter in den Niederlanden vertreten hatte, an Bord eines Schiffes, das die drei hohen Herrschaften zu ihrem Ruhesitz nach Spanien bringen sollte.

Philipp wurde nun mit all den Aufgaben konfrontiert, die ihm sein Vater lange Zeit abgenommen hatte. Um den Ostteil des Habsburgerreiches brauchte er sich nicht zu kümmern, hier lenkte sein Onkel Ferdinand I. als Kaiser die Geschicke und führte endlose Kriege gegen die immer wieder vorrückenden Türken; die Niederlande aber verlangten die ganze, ungeteilte Aufmerksamkeit des jungen Königs. So sehr Philipp sich auch bemühte, die Gunst dieses lebensfrohen, vitalen Volkes zu gewinnen, so sehr erlitt er immer wieder Schiffbruch. Wie konnte ein bigotter Spanier, der nicht einmal die Sprache des niederländischen Volkes verstand, geschweige denn beherrschte, die Sorgen und Nöte, aber auch die aufkeimenden Hoffnungen, in eine gesicherte Zukunft gehen zu wollen, verstehen? Kalt und starr erschien den Niederländern der neue König, und hatte man für seinen Vater noch so manches Mal den Degen gezogen, so konnte der Sohn nicht das geringste mehr erwarten.

Wahrscheinlich wäre es zu einer Klärung der Lage in den Niederlanden schon in dieser Zeit gekommen, wäre Philipp nicht vom obersten Hüter der gesamten Christenheit, dem neuen Papst Paul IV., bis ins Innerste getroffen worden. Es gab wohl selten einen Mann auf dem Stuhle Petri, der die Spanier und alles, was spanisch war, so sehr haßte wie dieser Mann. Die jahrelangen Querelen mit dem Papst gipfelten schließlich darin, daß Philipp dem Herzog von Alba den Auftrag erteilte, gegen den Heiligen Vater mit Waffengewalt vorzugehen. Vorangegangen waren Beschimpfungen Pauls gegen Karl und Philipp, Hetzkampagnen gegen den Kaiser und seine Untertanen; der Papst hatte öffentlich verkündet, daß alle Spanier für ihn verfluchte Häretiker, von Gott verdammte Schismatiker, Samen der Juden und Mauren, ja geradezu die Hefe der Menschheit wären. Man könne sie nicht als Herren auf italienischem Boden dulden, höchstens als Stallknechte, Köche und Kaufleute.

Die Situation konnte für Philipp äußerst unangenehm werden, wenn der Papst weiterhin seinen Reden freien Lauf ließ. Spanien besaß wichtige Gebiete auf italienischem Boden, und nur allzu leicht konnte die Abneigung des Pontifex auch auf das Volk übergreifen und zur Gärung führen. So schickte Philipp also den düsteren Herzog von Alba gegen den Papst ins Treffen. Kaum hörte Paul vom Herannahen der spanischen Truppen, als er sich an Frankreich um Hilfe wandte. Aber auch der französische König konnte ihn nicht davor bewahren, Philipp nachgeben zu müssen. Diplomatisch klug verlangte der König nicht die Unterwerfung des Heiligen Vaters, sondern ließ Alba sich als gehorsamen Sohn der heiligen Mutter Kirche präsentieren und gab auf diese Weise dem Papst, dessen Segen man schließlich zur Legitimation im eigenen Land doch benötigte, die Chance, zum Schein als Sieger aus dieser Auseinandersetzung hervorzugehen.

Philipp selbst war und blieb sein Leben lang ein unkriegerischer Mensch; es gelang ihm allerdings immer wieder, tüchtige Feldherren für sich zu gewinnen. Freilich leuchteten die Sterne der Heerführer hell auf, wenn sie wieder einen glänzenden Sieg für die Fahne Spaniens errungen hatten, und der König verwehrte es ihnen auch nicht, sich in ihrem Ruhm zu sonnen. Nur ein einziges Mal durchbrach er dieses Prinzip, als er das Gefühl hatte, von seinem Halbbruder Don Juan d'Austria nach dessen glänzendem Sieg über die Türken in der Seeschlacht von Lepanto in den Schatten gestellt zu werden.

Maria von England sollte ihren Gemahl nur noch ein einziges Mal wiedersehen. Philipp war mit der Politik in seinen Ländern so sehr beschäftigt, daß er bloß für ein paar Monate nach England zurückkehren konnte, wo er eine vom Tod gezeichnete, abgehärmte alte Frau vorfand. Für einige Tage erhellte er ihr freudloses Leben durch seine Fürsorge, dann riefen ihn seine Geschäfte zurück auf den Kontinent. Im November 1558 starb Philipps zweite Gemahlin, was ihn nur wenig berührte. Der Tod hatte ihn schließlich von Kindheit an begleitet. Seine geliebte Mutter Isabella von Portugal hatte die Familie für immer verlassen, als der Sohn erst zwölf Jahre alt war. Es war ein schwerer Schlag für den Kaiser und die Kinder gewesen. Der Vater, ständig auf Reisen, konnte sich nur wenig um seine Familie in Spanien kümmern, aber trotz seiner vielen Bürden, Ärgernisse und Schwierigkeiten schrieb Karl dem heranwachsenden Sohn ausführliche Briefe, in denen er versuchte, ihn in die Geheimnisse des Lebens einzuweihen. Er scheute auch nicht vor persönlichsten Dingen zurück und rief den Jüngling zu sexueller Enthaltsamkeit auf. Dies mag dem jungen Prinzen nicht allzu schwer gefallen sein, denn schon sehr bald, im Alter von sechzehn Jahren, wurde er mit seiner Cousine Maria von Portugal verlobt. Beide sahen es als glückliche Fügung an, daß ausgerechnet sie füreinander bestimmt worden waren, denn sie hatten schon beim ersten Zusammentreffen aneinander Gefallen gefunden. Etwas verlegen schritten sie zum Altar, um die Trauungszeremonie über sich ergehen zu lassen; noch mehr fürchteten sie sich wahrscheinlich vor der so gut wie öffentlichen Hochzeitsnacht, die ihnen in ihrer Position nicht erspart bleiben konnte. Unter großem Pomp, begleitet von lüsternen Blicken, wurden die beiden zu Bett geleitet, während sich im Nebenzimmer die bedeutendsten Persönlichkeiten des Hofes versammelten, um angestrengt auf die Geräusche aus dem Hochzeitsgemach zu lauschen. Lange regte sich nichts, doch dann öffnete sich die Tür, und man zeigte das prinzliche Bettlaken vor, deutlicher Beweis, daß die Ehe mit einer jungfräulichen Braut vollzogen worden war. Was zwei junge Leute bei einer solchen Zurschaustellung ihrer ersten Intimitäten empfanden, interessierte niemanden. Der Tradition mußte Genüge getan werden.

Das junge Paar verlebte schöne Wochen, obwohl der Prinz seine Frau vorübergehend verlassen mußte; er war am ganzen Körper von einem heftig juckenden Ausschlag befallen worden, und die Ärzte rieten ihm, sich aufs Land zurückzuziehen. Man mutmaßte, er habe sich in den Armen seiner Frau zu sehr verausgabt und benötige daher unbedingt ein wenig Urlaub vom ehelichen Bett. Nur ungern befolgte Philipp den Rat der Ärzte, erinnerte sich aber wohl an die Anweisungen seines Vaters, die ebenfalls besagten, er solle sich ab und zu sexueller Abstinenz befleißigen. Zu intensiver ehelicher Kontakt sei ungesund, schrieb der besorgte Vater, eine Pause daher besonders zu empfehlen. Um so schöner und für die Dynastie erfolgreicher und fruchtbarer gestalte sich dann die Wiedervereinigung mit der geliebten Frau!

Das Rezept des Kaisers verfehlte nicht seine Wirkung: Schon nach kurzer Zeit sah die junge Frau Mutterfreuden entgegen. Die am Hof überaus beliebte, natürliche junge Prinzessin sah ihrer schweren Stunde angstvoll entgegen, wußte sie doch, daß die Frauen ihrer Familie es schwer hatten, Kinder in die Welt zu setzen. Trotzdem verlor sie nicht die Zuversicht, auch nicht, als der Schmerz der ersten Wehen sie überfiel. Lange Stunden voll entsetzlicher Qualen folgten, die kein Ende zu nehmen schienen, bis man endlich dem unruhig wartenden Philipp die Geburt eines Sohnes melden konnte. Das Glücksgefühl des siebzehnjährigen Vaters wurde allerdings durch den Anblick des Knaben getrübt: Das Kind war ungewöhnlich klein, abgrundtief häßlich und blau angelaufen. Aber die Ärzte versicherten, dies sei kein Grund zur Besorgnis, und selbst die Damen des Hofes zeigten sich überzeugt, daß aus den häßlichsten Kindern oft die strahlendsten Helden würden. Zu Ehren des fernen Großvaters taufte man den Knaben auf den Namen Carlos.

Maria hatte die stundenlange Entbindung halbwegs heil überstanden, aber gerade die Frauen, die ihr hätten helfen sollen, hatten bereits den Keim des Todes in sie gelegt. Zwei Hebammen hatten sich mit ihren geheimnisvollen Künsten um die Mutter bemüht, hatten versucht, das Kind im Mutterleib zu drehen und dabei Maria schwer verletzt. Da die weisen Frauen auch keine Ahnung von Hygiene hatten, konnte es nicht ausbleiben, daß Maria infiziert wurde und schon am Tag nach der Geburt heftig zu fiebern begann. Man ließ die stark geschwächte Prinzessin zur Ader und verabreichte ihr zu allem Überfluß auch noch kräftige Abführmittel. Als schließlich Blutungen auftraten, verordnete der portugiesische Arzt, den Maria aus ihrer Heimat mitgebracht hatte, Kochsalzspülungen und ließ sie außerdem in dicke Decken hüllen und ihr Kräutertee einflößen, um sie zum Schwitzen zu bringen. Den spanischen Kollegen war der Portugiese schon lange ein Dorn im Auge; er hatte nämlich vorgegeben, an der berühmten Universität von Bologna studiert zu haben. Mit äußerstem Argwohn beobachteten sie ihn, und als sie merkten, daß der jungen Frau der Schweiß aus allen Poren tropfte, da war für sie der Augenblick gekommen, den Konkurrenten bei Philipp anzuschwärzen. Sie stellten dem völlig verwirrten und überforderten jungen Mann vor Augen, daß das Schwitzen alle Körpersäfte raube und den Leib austrocknen lasse; zudem würde das Blut verdicken und alles, was noch an Feuchtigkeit im Körper sei, in den Kopf getrieben werden. Als Folge dieses Vorganges würde das Gehirn anschwellen, was unweigerlich zu einem Schlagfluß führen müsse.

Was sollte der junge Prinz zu dieser Argumentation sagen? Die erste Therapie wurde abgebrochen und das Gegenteil angeordnet. Nun wurde die hochfiebernde junge Mutter mit Eiswasser abgewaschen, dann legte man sie in kühle Linnen und ließ sie überdies noch einmal ausgiebig zur Ader. Die Folge dieser Experimente war, daß Maria vier Tage nach der Geburt des Don Carlos, nachdem ein schnell herbeigerufener Priester ihr noch die Sterbesakramente gespendet hatte, aus dieser Welt sanft in eine bessere hinüberglitt. Man konnte und wollte die Ursache für den Tod der Prinzessin nicht in der Unwissenheit der Ärzte sehen, und so kam man auf die absurde Idee, im Volk zu verbreiten, Maria sei am Genuß einer Zitrone gestorben (seit altersher galt Zitronensaft als schädlich für Wöchnerinnen). In einem unbeaufsichtigten Augenblick habe Maria sich Zitronensaft verschafft, und das sei eben tödlich gewesen.

In all seinem Schmerz um die geliebte Frau wahrte Philipp doch in übermenschlicher Beherrschung sein Gesicht, so wie er es im Lauf seiner frühen Reifungsjahre gelernt hatte. Er konnte das Weinen und Wehklagen im Palast nicht mehr ertragen und zog sich in die Einsamkeit nach Valladolid zurück. Ein Jesuit beschrieb die Situation am Hof mit den nüchternen Worten eines Unbeteiligten: »Soviel ist im Palast geheult und lamentiert worden, daß man hätte meinen können, ganz Spanien gehe zugrunde und es gebe in diesem Leben keine Möglichkeit, sich über den erlittenen Verlust hinwegzutrösten.«

Philipp II. mußte in seinem ereignisreichen Leben noch oft am Totenbett geliebter Menschen stehen; für ihn war das Leben ein ständiges Abschiednehmen. Er durfte sich niemals innerlich allzu intensiv binden, denn er wußte, daß ihm das unbarmherzige Schicksal immer wieder das nehmen würde, was ihm am meisten bedeutete, was er am meisten liebte. Vielleicht ließ diese lebenslange Erkenntnis das Gesicht des alten Königs steinern werden, vielleicht hatte er, der seine Gefühle nie öffentlich zeigte, viel zu viel in seinem Innersten verborgen. Sein privates Leben besaß kurze Höhen und rasch aufklaffende Tiefen. Er hatte alle seine Frauen, selbst Maria die Katholische von England, geliebt oder doch gern gehabt. Sein ältester Sohn, um den er sich viele Jahre bemühte, starb in geistiger Umnachtung im Gefängnis, in das ihn sein eigener Vater werfen ließ. Und viele seiner Kinder, denen er ein liebevoller Vater gewesen war und um die er sich ständig sorgte, mußte er tatenlos und ohnmächtig schließlich zu Grabe tragen. Den kurzen Augenblicken des Lichts in seinem Leben folgten lange Zeiten der Dunkelheit, die seine Gestalt für alle Zeiten im Gedächtnis der Nachwelt verschwimmen ließen und verzeichneten. Philipp II. verbarg sein wahres Gesicht vor der Welt, so daß ihn niemand so sehen konnte, wie er war – außer denen, die ihn liebten. Und die nahmen ihr Geheimnis mit ins frühe Grab. Von ihm blieb bloß das Bild eines düsteren Schattens über der Geschichte Spaniens.

Niemand hat ihn geliebt

DON CARLOS, INFANT VON SPANIEN

Düster flackerten die Kerzen in den langen Gängen des Palastes, unruhige Schatten sprangen von Wand zu Wand, als der König, begleitet von fünf Edelleuten und zwölf Wachsoldaten, beinahe lautlos die hohen, reich verzierten Türen zu den Gemächern des Infanten öffnete. Im Dunkel der Nacht hatte sich Philipp II. zum letzten und schmerzhaftesten Schritt gegen seinen Sohn Don Carlos entschlossen. Ihm blieb nichts anderes übrig, nachdem er kurz zuvor erfahren hatte, daß der Thronfolger Vorbereitungen traf, Madrid zu verlassen, um gegen den Willen seines Vaters in die Niederlande zu gehen.

Den König hatte sein Vorgehen einen langen Kampf gekostet. Jahrelang hatte er gehofft, sein Sohn würde doch noch so werden wie alle anderen jungen Menschen, jede Regung des Jünglings, die Anlaß zur Hoffnung gab, hatte er mit frohem Herzen begrüßt – um kurz danach doch wieder enttäuscht zu werden. Und nun schien es zum Wohle des Staates und zum Schutz des einzig wahren Glaubens unvermeidlich, den Prinzen in Gewahrsam zu nehmen. Niemand vermochte noch zu garantieren, daß Don Carlos in seiner Verblendung nicht zum Spielball der niederländischen Rebellen wurde und dadurch ein Glaubenskrieg aufloderte, der ganz Europa in Brand stecken konnte. Don Carlos in seiner unberechenbaren Verrücktheit war gefährlich geworden, für Spanien und für ihn selbst, den König.

Von Kind an war der Prinz von Haß gegenüber seinem Vater erfüllt gewesen. Er wollte nicht erkennen, daß Philipp nach dem Tod seiner knapp achtzehnjährigen Frau Maria von Portugal alles darangesetzt hatte, um dem mutterlosen Knaben eine liebevolle Erziehung bieten zu können. Maria, eine Nichte Karls V. und daher eine Cousine Philipps, war einige Tage nach der Geburt ihres ersten Kindes Carlos, wahrscheinlich an Kindbettfieber, gestorben. Der junge Ehemann war fassungslos gewesen; er hatte sich schon bei seiner ersten Begegnung mit Maria in das hübsche, fröhliche Mädchen verliebt, und aus dieser Schwärmerei war bereits nach kurzer Zeit Liebe geworden. Der Tod hatte das kurze Glück grausam beendet; zurückgeblieben war der ungewöhnlich schwächliche Säugling, dem der Vater seine ganze Aufmerksamkeit schenkte. Obwohl Philipp erst siebzehn Jahre alt war, nahm er seine Aufgabe als Vater sehr ernst und machte sich Tag und Nacht Gedanken über die Erziehung seines Sohnes, der, von Ammen genährt, nur langsam an Gewicht und Größe zunahm. Dem jungen Witwer war klar, daß er das Kind nicht allein erziehen konnte; zu vielfältig waren die Aufgaben, die den zukünftigen König von Spanien erwarteten. Aber er kannte eine Frau, auf die er sich blindlings verlassen, der er sein kostbarstes Gut anvertrauen konnte. Die Obersthofmeisterin Doña Leonora Mascareña, eine liebevolle und mütterliche Frau, sollte die Mutterstelle bei Don Carlos vertreten: »Er hat keine Mutter mehr, seid Ihr ihm statt derselben; behandelt ihn wie Euer Kind«, bat der Prinz.

Für die gütige Frau hatte sich damit eine äußerst schwierige Aufgabe eröffnet, denn der Bub entwickelte sich nicht wie andere Kinder. Schon bald merkte man, daß Carlos körperlich und geistig zurückgeblieben war, ja in vielen Dingen geradezu krankhaft reagierte. Alles, was andere Kinder von Natur aus spielend erlernten, bereitete ihm unendliche Schwierigkeiten. Schon als Kleinkind brauchte er sehr lange, bis er sich aufrichten konnte, er lernte langsam und sehr spät gehen, und statt allmählich zu sprechen, begann er unverständlich zu stammeln und undeutlich zu lispeln. Auch in seiner körperlichen Entwicklung gab es Schwierigkeiten. Der in seiner Jugend gutaussehende Vater mußte bald erkennen, daß sein einziger Sohn ein häßliches Kind war, viel zu klein für sein Alter, das auf dünnen Beinen, wovon eines kürzer war, mühsam durch den Palast hinkte. Ein deutlich sichtbarer Buckel verunzierte den dürren Körper, an dem der aufgeblähte Bauch auffiel. Was Philipp nicht wissen konnte, war, daß die nahe Verwandtschaft zwischen ihm und seiner Frau schuld war an dem geistigen und körperlichen Zustand des Kindes.

Der junge Vater konnte kaum mehr seines Lebens froh werden, wenn er den verunstalteten Sohn, der einst sein Nachfolger werden sollte, zu Gesicht bekam. Er mußte bald erkennen, daß Carlos wohl nie ein normaler, vitaler junger Mann sein würde. So oft er konnte, beriet er sich mit Doña Leonora, schüttete ihr so manches Mal sein Herz aus, und sie versuchte ihn zu beruhigen, obwohl ihr selber beim Anblick des Kindes die Tränen kamen. Warum mußte ausgerechnet der königliche Sproß so anders sein als alle anderen? Auf ihm ruhten die Hoffnungen eines ganzen Landes, er mußte so vieles lernen, um später das Königreich regieren zu können. Aber wie sollte man dies bei einem jungen Menschen bewerkstelligen, der erst mit drei Jahren allmählich zu sprechen anfing, der so gar nicht in der Lage war, einfachste Sachverhalte zu begreifen – und der außerdem noch unwillig und faul war? Philipp spürte, daß Carlos eine strengere Hand brauchte und bestimmte Don Garcias von Toledo zu seinem nächsten Erzieher. Aber auch der konnte dem besorgten Vater kaum Positives über die Entwicklung seines Sohnes berichten.

Der Tagesablauf des Prinzen war auf die Minute genau geregelt, um Don Carlos an Ordnung und Pünktlichkeit zu gewöhnen. Aus einem Brief Don Garcias an den Großvater, Kaiser Karl V., geht hervor, was der Prinz tagtäglich zu seiner geistigen und körperlichen Ertüchtigung tun sollte: Um halb sieben morgens wurde er geweckt, was ihn stets mit besonderem Unwillen erfüllte, da er, wie wohl alle Kinder, gern länger geschlafen hätte. Aber diese Zeit erschien seinem Erzieher und Lehrer angemessen, und so gab es kein Pardon. Bis halb neun durfte gefrühstückt werden, eine lange Zeit, aber bald fiel den Köchen und Dienern auf, daß der Junge einen besonders gesegneten Appetit hatte. Zunächst war man darüber froh, da man hoffte, sein schwächlicher Körper würde sich durch das viele Essen endlich normal entwickeln und aus dem spindeldürren Knaben würde ein wohlgestalteter junger Mann werden. Aber allmählich blickte man besorgt auf die unglaublichen Mengen, die Don Carlos verzehrte, und konnte sich nicht erklären, warum er nicht an Stärke und Gewicht zunahm. Vermutlich hatte er sich schon als kleines Kind einen Bandwurm zugezogen, der alle zu einer körperlichen Kräftigung notwendigen Nährstoffe aufzehrte.

Nach dem Frühstück wurde die Messe besucht; dann begann

der tägliche Unterricht in den einzelnen Fächern, über die Don Garcias keine näheren Mitteilungen macht. Sicherlich mußte der Infant die lateinische Sprache gründlich lernen, denn sein Lehrer berichtet, daß sich Carlos bei den Interpretationen und Übersetzungen der Werke Ciceros besonders ungebärdig anstelle.

Um elf Uhr wurde das Mittagessen serviert; wahrscheinlich speiste der Infant allein an einer großen Tafel, wie es das spanische Hofzeremoniell vorschrieb. Danach wurde ihm eine Erholungspause gegönnt, die aber darin bestand, daß er sich im Fechten und Reiten üben sollte. Der körperlichen Ertüchtigung maß man offensichtlich mehr Bedeutung zu als der geistigen Ausbildung: Vielleicht dachte man, daß in einem gesunden Körper allmählich auch ein gesunder Geist wohnen würde.

Die Unberechenbarkeit des Prinzen zeigte sich an vielen Vorfällen, so auch im Reitstall. Es konnte vorkommen, daß Carlos ein Pferd streichelte, nur um im nächsten Moment seinen Dolch zu zücken und es niederzumetzeln. In einem solchen Blutrausch stach er wahllos auf die Pferde im königlichen Reitstall ein und verletzte das Lieblingspferd seines Vaters tödlich. Auch die Diener waren vor seinen Launen nicht sicher; mit seiner schrillen, unnatürlich hohen Stimme laut kreischend stürzte er sich manchmal schäumend vor Wut auf die Ahnungslosen und verprügelte sie. Der venezianische Gesandte berichtete voll Besorgnis über den Geisteszustand des Infanten, daß Carlos niemals Gefallen an »ehrsamen und lobenswerten Dingen« finde, und fügte hinzu, daß er den Prinzen für verstandesschwach halte.

Als Philipp merkte, daß der Sohn kaum mehr Respekt vor Don Garcias zeigte, bestimmte er einen der hervorragendsten Männer Spaniens zum Lehrer des Neunjährigen: Juan Onorato aus Valencia. Man schrieb das Jahr 1554, als Onorato dem Prinzen zum erstenmal gegenübertrat. Der Anblick muß auch für ihn niederschmetternd gewesen sein: Das Kind hatte sich nicht nur geistig zu wenig entwickelt, auch der Körper war nach wie vor dünn und schwach und trug einen viel zu großen Kopf, der Gesichtsausdruck war einfältig bis boshaft grinsend. Ganz allmählich tastete sich Onorato an seinen Zögling heran, denn auch er mußte bald erkennen, daß Carlos einen seltsamen Zug zur Grausamkeit besaß.

125

Freilich gab es auch Menschen im Palast, die immer noch hofften, der häßliche Prinz würde sich wenigstens als Erwachsener durch innere Werte auszeichnen. Schließlich hatte man seinem Großvater, dem berühmten und verehrten Kaiser Karl, nachgesagt, auch er habe als Kind einen Zug zur Grausamkeit gezeigt. Vielleicht würde der Infant eines Tages dem großen Kaiser ähneln. So verschloß man die Augen vor dem, was ein Blinder sehen mußte: Daß der Prinz verunstaltet und zudem noch abartig veranlagt war.

Vielleicht war es Philipp, der früh erkannte, welches Wesen in seinem einzigen Sohn steckte, und vielleicht hat Don Carlos zeitlebens gefühlt, daß sein Vater innerlich vor ihm zurückwich, daß er die Enttäuschung seines jungen Lebens darstellte, eine Enttäuschung, für die das Kind aber ebensowenig konnte wie Philipp für seinen mißgestalteten Sohn. Die nahe Verwandtschaft zwischen Mutter und Vater, das unglückselige Erbe der umnachteten Urgroßmutter Johanna der Wahnsinnigen hatten hier eine Saat ausgestreut, die nur in Unheil aufgehen konnte – und die vor allem eine tiefe Kluft zwischen Vater und Sohn wachsen ließ.

Am Hof diskutierte man eingehend und immer wieder das Thema der Prinzenerziehung. Zunächst sollte die Schwester Philipps diese Aufgabe übernehmen, aber Doña Juana, Witwe Johanns von Portugal, die jetzt in Valladolid residierte und die Interessen des Bruders vertrat, lehnte dies nach einiger Überlegung ab. Ihr gegenüber ließ es der Neffe so deutlich an dem nötigen Respekt fehlen, daß auch Philipp der Meinung war, sie sei wohl ungeeignet.

Als sich der kaiserliche Großvater, Karl V., des Regierens müde 1556 in das Kloster San Yuste zurückzog, kam man auf die Idee, den damals elfjährigen Don Carlos bei ihm aufwachsen zu lassen. Das Kind liebte den alten Kaiser auf merkwürdige Weise und nannte ihn Vater, während es den leiblichen Vater als Bruder bezeichnete. Aber auch Karl konnte sich nicht entschließen, sich eine solche Last aufzubürden und lehnte die Bitte seines Sohnes ab.

Noch größer wurden die Sorgen um den Infanten, als man merkte, daß seine ohnehin angeschlagene Gesundheit zusätzlich durch ein hartnäckiges Fieber litt. Das als Quartalsfieber bezeichnete Leiden schwächte den Knaben jahrelang, und keiner der zugezogenen Ärzte wußte ein Mittel dagegen.

Je älter der Knabe wurde, um so mehr entwickelte er sich zu einer regelrechten Plage im Palast; niemand war sicher vor seinen üblen Scherzen und sadistischen Witzen. Vor allem auf die jungen Mädchen hatte er es abgesehen, denen er hinter Säulen auflauerte, um sich dann mit beinahe tierischem Geheul auf die Wehrlosen zu stürzen und sie zu verprügeln. Hatte er wieder einmal ein ahnungsloses Geschöpf so mißhandelt, überfiel ihn ein seltsames Glücksgefühl, und er beschenkte seine Diener mit wertvollen Gegenständen, gab den Verblüfften Gold, kostbare Ketten, ja manchmal zog er sogar seine Kleider aus und zwang die Bediensteten, diese vor seinen Augen anzulegen.

Aber nicht nur junge Mädchen waren Opfer seines Sadismus, auch Tiere waren vor ihm niemals sicher. Er befahl, kleine Tiere bei lebendigem Leib auf dem Rost zu braten, riß ihnen die Beine aus und weidete sich an den Qualen, die er den hilflosen Kreaturen bereitete. Als ihn eines Tages eine Schlange verletzte, biß er ihr kurzerhand den Kopf ab.

Carlos liebte derbe Scherze. Eines Tages nahm er einem Händler eine Perle ab, scheinbar, um sie zu betrachten und zu bewundern; dann aber steckte er sie blitzschnell in den Mund und schluckte sie. Der Kaufmann sah die Perle, die er für 3000 Skudi – damals ein Vermögen – in Indien gekauft hatte, schon verloren – bis der Prinz sie hämisch lächelnd nach drei Tagen zurückbrachte.

Was muß der König gefühlt haben, wenn er von solchen Scherzen hörte, wenn er den mißratenen Sohn betrachtete? Das war sein Kind: ein Sadist, ein Tier- und Menschenquäler, ein triebhaft veranlagtes Wesen, dem jeder Zugang zur Kultur fehlte! Und dieser Unhold sollte der zukünftige Herrscher Spaniens sein? Obwohl Philipp all dies längst erkannt hatte, ließ er nichts unversucht, um den Sohn doch noch zu lenken, wachte er ohne Unterlaß über dessen Erziehung, gab er gute Ratschläge und versuchte, den Charakter seines Sohnes zu ändern. Aber vergebens.

1561, mit sechzehn Jahren, wurde Carlos auf die Universität nach Avala geschickt, zusammen mit seinem Onkel Don Juan d'Austria, dem unehelichen Sohn Kaiser Karls V. und der Regensburgerin Barbara Blomberg, und dem Prinzen Alexander Farnese. Was die jungen Leute dort wirklich trieben, verschweigen die

Chronisten; wahrscheinlich war es keine außergewöhnliche Belustigung für die jungen Heißsporne, so manchen Abend durch die Gassen zu ziehen und jedes junge Mädchen, das ihren Weg kreuzte, zu küssen, ob es wollte oder nicht. Gegen die stürmischen Umarmungen des schönen Don Juan oder des charmanten Alexander Farnese, die schon so manches Frauenherz im Sturm erobert hatten, mag sich manche Schöne nur schwach gewehrt haben, um so heftiger aber gegen den häßlichen Don Carlos. Der allerdings trieb es wie immer am tollsten und machte geradezu Jagd auf die Unglücklichen. Er schien Gefallen daran zu finden, wenn die Mädchen bei seinem Anblick kreischend auseinanderstoben und er sich dann erst recht auf eine stürzen konnte, die er zu fassen bekam. Das ausgelassene Trio hatte immer neue Ideen: Begegnete ihnen eine ehrbare ältere Frau, so begannen die jungen Männer, sie mit unflätigen Worten zu beschimpfen. Schamrot suchten die Frauen das Weite.

Als dem König diese Umtriebe der Prinzen zu Ohren kamen, ließ er voller Empörung die drei Missetäter zu sich rufen und hielt ihnen mit harten Worten eine tüchtige Strafpredigt. Er konnte solche Scherze nicht ausstehen, obwohl er selbst noch jung war und durchaus etwas für Späße übrig hatte, allerdings nur im Rahmen von Sitte und Ordnung.

Vielleicht war es auch die Gesellschaft der beiden lebensfrohen Prinzen, die Don Carlos in seinem dreisten Übermut anstachelte. Seinem zwei Jahre jüngeren Onkel Don Juan d'Austria gegenüber hegte der Infant zwiespältige Gefühle: Einerseits beneidete er ihn, andererseits imponierten ihm das selbstsichere Auftreten Don Juans, seine Erfolge bei den Frauen und seine Beliebtheit bei Hofe. Vielleicht sah Don Carlos in ihm all das, was ihm selbst vorenthalten war: Ihm war nicht die glänzende Redegabe gegeben, die alle an Don Juan bewunderten, ihm fehlte der umwerfende Charme, mit dem der Halbbruder des Königs die Herzen im Sturm eroberte. Und doch glaubte der Infant, mehr zu sein, als Don Juan jemals werden konnte. Als es eines Tages zu einem heftigen Streit zwischen den beiden Jünglingen kam, schrie der Prinz gellend, daß es durch die Gänge des Palastes hallte:

»Ich kann nicht mit einem Geringeren sprechen. Eure Mutter

war eine Dirne, und Ihr seid ein Bastard!« Ruhig, beinahe verwundert hörte Don Juan die Beleidigung an und antwortete kühl: »Auf jeden Fall war mein Vater ein viel bedeutenderer Mann als der Eure.«

Darauf hatte Don Carlos nur gewartet; jetzt glaubte er eine Handhabe gegen den Bewunderten und Beneideten zu haben. So schnell ihn seine dürren Beine trugen, hinkte er zu seinem königlichen Vater, um ihm von dem Sakrileg zu berichten. Philipp vernahm die heftig hervorgestoßenen Worte seines Sohnes mit undurchdringlicher Miene und antwortete bloß: »Don Juan hat recht, und Ihr habt unrecht. Sein und mein Vater war ein viel größerer Mann, als es der Eure je war oder sein wird.«

Als der Prinz begann, den Mädchen nachzustellen, wurde es noch schwieriger, ihn zu kontrollieren und im Zaum zu halten. Er verliebte sich in die Tochter eines Gärtners oder Pförtners oder Haushofmeisters (was der Vater wirklich war, ist ungewiß) und forderte in seiner ungestümen Art ein Rendezvous, von dem natürlich Vater und Mutter der Angebeteten nichts wissen durften. Dabei hätten sie sich um die Tugend ihrer Tochter keine Sorgen zu machen brauchen; der junge Mann war noch gar nicht in der Lage, ein Mädchen körperlich zu lieben. Erst ein späterer chirurgischer Eingriff sollte dieses Manko korrigieren, wovon Carlos auch prahlerisch vor versammeltem Hofstaat berichtete; auch die, die es nicht so genau wissen wollten, mußten Zeugen seiner neu erworbenen Männlichkeit werden.

Am 18. April 1562 bestellte der Prinz das Mädchen zu einem Stelldichein. Er selbst schlich über eine Seitentreppe, um nicht gesehen zu werden, verfehlte aber in der Dunkelheit eine Stufe, stürzte und fiel so unglücklich auf eine Kante, daß er sich eine große, klaffende Wunde am Kopf zuzog. Ohnmächtig lag er in seinem Blut, als man ihn endlich fand. Obwohl die Ärzte schnell zur Stelle waren, einen dicken Kopfverband anlegten und ihn natürlich auch nach der Sitte der Zeit kräftig zur Ader ließen, stellte sich bald hohes Fieber ein, das den ohnehin schwächlichen Körper noch mehr entkräftete. Die Aussicht auf Genesung schien gering, und so mancher mag wohl nicht allzu sehr darauf gehofft haben. Trotzdem wurde im ganzen Land für die Genesung des Thronfolgers gebetet, Tage hindurch las man Messen und setzte das Allerheiligste aus. Aber der Zustand des Jünglings verschlechterte sich immer mehr, und alle Hoffnung schien geschwunden. Da konnte nur ein Wunder helfen! Warum sollte dem Todkranken nicht ein heiligmäßig Gestorbener helfen, dessen Tod wunderbare Rätsel aufgegeben hatte? Der heilige Diego war wohl gestorben, sein Leichnam aber noch nicht verwest. So wie man ihn beigesetzt hatte, so hatte sich der Körper noch erhalten. Nur Fray Diego konnte helfen! Man ließ den Leichnam herbeiholen und legte den phantasierenden Infanten neben ihn. Gespannt warteten die Anwesenden auf ein Wunder. Angeblich verströmte der Tote einen berauschenden Duft, und Carlos erzählte später, in der Nacht sei ihm Diego erschienen und habe versprochen, ihn gesund zu machen. Tatsächlich besserte sich der Zustand des jungen Mannes, aber wohl eher durch das Eingreifen des berühmten Anatomen Andreas Vesallus, Leibarzt Karls V., der eine Öffnung des Schädels vornahm, wobei eine Menge Eiter abfloß.

Langsam erholte sich der Prinz, aber noch Monate nach der Krise redete er wirr, so daß man daran zweifeln mußte, ob er jemals noch einen klaren Gedanken fassen oder formulieren würde. Als er wieder halbwegs bei Sinnen war, betrieb er eifrig die offizielle Kanonisierung Diegos, dem er seine Rettung vor dem sicheren Tod zuschrieb.

Als Carlos zwanzig Jahre alt war, entschloß sich der König, wahrscheinlich schweren Herzens, ihm einen gewissen Anteil an der Regierung einzuräumen. Bevor dem Infanten irgendwelche wichtigen Ämter übertragen wurden, erhielt er seine eigene Hofhaltung, die ganz nach burgundischer Weise ausgerichtet war.

Was wir heute als spanisches Hofzeremoniell bezeichnen, hatte seine Wurzeln in Burgund. Hier entstand aus der Verehrung des Herrschers ein Ritual, das den König immer weiter vom Volk entrückte. Und je mehr dies geschah, desto mehr ähnelte seine Verehrung jener, die man Gott schuldig war. Gottgewollt sei der Auftrag, in dem der Regent das Volk führen sollte, aber ebenso wie Gott unfaßbar, nicht von dieser Welt war, sollte auch der Herrscher nichts mit Irdischem gemein haben. Sein Leben mußte sich zwangsläufig anders gestalten, anders entfalten, fern jeglicher menschlicher Kontakte.

Karl V. war der erste Herrscher, der sein Leben, so sehr es ging, nach diesem Prinzip ausrichtete. Da er aber seine Residenz kaum je für längere Zeit in einer bestimmten Stadt aufschlug, war es ihm auch nicht möglich, das Zeremoniell zur Vollendung zu führen, wie es schließlich seinem Sohn Philipp gelang, der es 1548 erstmals in Valladolid einführte. Obwohl sich Philipp, solange er lebte, nie wirklich in dem goldenen Käfig wohl fühlte, den er sich selbst geschaffen hatte und in dem er gefangen war, obwohl er einen Hang zu Bedürfnislosigkeit und Einfachheit besaß, konnte er sich aus seiner Umgebung nicht mehr befreien; er war zu seinem eigenen Opfer geworden. Aber auch alle anderen mußten sich den Vorschriften des Zeremoniells beugen, konnten sich nicht frei am spanischen Hof bewegen, wie sie wollten, sondern hatten alles zu akzeptieren und respektieren, was von Philipp verfügt worden war. Auch Don Carlos war dem Zeremoniell unterworfen, als er seinen eigenen Hofstaat erhielt; allerdings galt noch lange nicht für den Sohn, was der Vater für sich beanspruchte. Philipps Palast und später der von ihm erbaute Escorial glichen einem riesigen Gefängnis, zu dem es nur drei Schlüssel gab, da alle Türen mit dem gleichen Schloß ausgestattet waren. Selbstverständlich verwahrte der Herrscher einen Schlüssel in seiner Geheimschatulle; dieser war nur für den äußersten Notfall vorgesehen. Wenn sich Philipp von einem Raum in den anderen zu begeben wünschte, mußte der Quartiermeister vor ihm die Türen, die dorthin führten, auf- und wieder zusperren. Dieser Mann war es auch, der die geheimsten Wünsche seines Herrn kannte, wenn sich Philipp etwa des Nachts zu seiner Gemahlin begeben wollte, um mit ihr das königliche Beilager zu halten. Selbstverständlich wurde in der Dienerschaft genau registriert, wann und wie oft der König seine ehelichen Pflichten erfüllte, und so mancher stand ungesehen hinter einem Vorhang, um zu lauschen. Schlief Philipp allein, so war eine ganze Dienerschar vorhanden, um jeden geringsten Wunsch zu erfüllen, alles streng nach dem Reglement. Der Primer sumiller de corps – vor der Einführung des burgundischen Zeremoniells der Oberstkämmerer – trug als Zeichen seiner Würde einen goldenen Zeremonienschlüssel; er hatte den König zu wecken und zu Bett zu bringen. Das An- und Ausziehen besorgte der Leibkammerdiener, der außerdem

Philipp beim Waschen behilflich sein mußte und ihm das Handtuch zu reichen hatte, wenn sich der Herrscher nach Tisch die Hände wusch.

Die Mahlzeiten waren wieder einem eigenen Zeremoniell unterworfen. Für alle Belange gab es eigene Personen, die nur ihren Aufgabenbereich zu erfüllen hatten: Der Obergeschirrmeister sorgte für die Tischwäsche und das Tafelgeschirr, dazu kam noch die Oberaufsicht über Brot und Salz, bisweilen über Senf und Käse; außerdem entging nichts seinem forschenden Auge. Setzte sich der König an die Tafel, so war es etwa von größter Wichtigkeit, daß auf dem Tisch immer Zahnstocher zur Verfügung standen.

Selbstverständlich gab es eine eigene Backstube, wo der Leibbäcker dreimal täglich frisches Brot buk, das dann in einer verschlossenen Metalldose in die königliche Küche geschickt wurde. Nur der Obergeschirrmeister besaß einen Schlüssel, nur er konnte Brot aus der Büchse entnehmen, und er bürgte mit Leib und Leben dafür, daß es nicht vergiftet war. Wahrscheinlich lebten alle Herrscher der Zeit in ständiger Angst, vergiftet oder anderswie ermordet zu werden, wie diese umständlichen Vorkehrungen beweisen; sie waren beinahe perfekt, aber trotzdem mußten jede Speise und jeder Wein von den Leibärzten vorgekostet werden, um sicherzugehen, daß dem König keine Gefahr drohte.

Frisches Obst und Gemüse durften auf der Tafel nicht fehlen; dafür war der Oberfruchtmeister verantwortlich. Da Philipp größten Wert auf Ästhetik legte, trachtete der Oberfruchtmeister stets danach, das Obst möglichst kunstvoll zu arrangieren. Der Oberkellermeister sorgte für die Weine, der Obersaucenmeister stellte die kalten Speisen und die meist mit Essig angemachten Saucen zusammen. Man liebte zu dieser Zeit die Speisen mit Essig ganz besonders, waren sie doch in der Hitze erfrischend und regten den Appetit an. Außerdem schrieb man dem Essig eine geheimnisvolle, gifttötende Wirkung zu; angeblich zerstöre er jedes Gift, noch bevor es im Körper seine unheilvolle Wirkung tun könne.

Am Hof Philipps II., an dem sich öfter auch viele junge Leute aufhielten, besonders als der Herrscher in dritter Ehe mit Isabel von Valois verheiratet war, liebte man Süßspeisen, deren Zubereitung der Oberküchenmeister zu überwachen hatte. In seinen Aufgabenbereich fiel auch die Auswahl von gebratenem Fleisch oder gedünstetem Fisch, wobei es niemals vorkam, daß er nicht alle Speisen persönlich durchkostete.

Schon für die Vorbereitung der Gerichte war ein ganzer Stab von Dienern nötig; wenn aber der König geruhte, zum Essen zu schreiten, stellte sich lautlos eine ganze Prozession zusammen, einerlei, ob Philipp allein zu speisen wünschte oder in größerer Gesellschaft. Während die Schüsseln und Platten aufgetragen wurden, durfte in den langen Gängen und in den Hallen zwischen der Küche und dem Eßtisch des Königs niemand sitzen oder eine Kopfbedeckung tragen. Bei Tisch wurde alles, was in Küche und Keller zubereitet oder erzeugt worden war und dem König angeboten wurde, vor seinen Augen von den Leibärzten verkostet. War die Kostprobe zur allgemeinen Zufriedenheit ausgefallen, wurde der Wein in den königlichen Becher eingeschenkt, der von der Flasche bis zu Philipp durch vier Hände gegangen war. Es durfte kein Wort gesprochen werden, alles wartete gespannt darauf, welche Miene der Herrscher machen würde. Aber das Gesicht Philipps zeigte meist die Maske der Unbeteiligtheit, so daß man nur an kleinsten Veränderungen ablesen konnte, ob das Mahl seine Zustimmung gefunden hatte. Am Ende der Zeremonie überreichte man ihm kniend eine silberne Waschschüssel, damit er sich die Hände reinigen konnte, und hielt ihm auf Knien das Handtuch hin.

Meist speiste Philipp allein; für die Königin war in einem anderen Gemach die Tafel bereitet, wo sie mit dem gleichen Aufwand bedient wurde wie ihr Gemahl. Auch sie hatte einen eigenen Hofstaat, auch sie hatte sich der gleichen, kaum menschlichen Erstarrung zu unterwerfen. Und je älter der König wurde, desto ausge prägter zelebrierte er alle Handlungen. Man nahte sich ihm nur noch auf Knien, selbst hohe Würdenträger trugen ihre Anliegen kniend vor; erst wenn Philipp einen Wink gab oder huldvoll nickte, durfte man sich erheben oder gar setzen.

Es konnte nicht ausbleiben, daß sich die Kluft, die zwischen Philipp und Don Carlos schon bestanden hatte, durch solche Rituale und durch die strengen Anordnungen des Vaters noch vertiefte. Alles, was der König gebot, erregte das tiefe Mißtrauen des Sohnes, hinter allem und jedem witterte Carlos eine Schikane oder

Finte. Traf man sich zu gemeinsamen politischen Sitzungen, so war das Verhältnis zum Schein so lange gut, so lange es Don Carlos ratsam schien, den gehorsamen Sohn zu spielen. Wurde ihm diese Rolle allerdings zu viel oder wurde er wieder einmal von einer seiner seltsamen Launen befallen, so konnte es geschehen, daß er mitten in einem brisanten Gespräch zu singen anfing, allen Anwesenden sein absolutes Desinteresse bekundete, ja sogar deutlich machte, daß er alle Großen des Reiches verachte – dabei nahm er seinen Vater nicht ausdrücklich aus.

So kam es, wie es kommen mußte: Obwohl Don Carlos anfangs zu den Sitzungen des Staatsrates zugezogen wurde, vermied Philipp es bald, den jungen Mann politisch zu unterweisen: Und je mehr sich Don Carlos in eine Außenseiterrolle gedrängt fühlte, um so mehr begann er gegen seinen Vater zu opponieren, um so mehr suchte er jede Gelegenheit, sich mit den Gegnern des Königs zu verbünden. Mit Mühe versuchte ihn sein Erzieher und Vertrauter Onorato vor unbedachten und gefährlichen Handlungen zurückzuhalten, und so lange Onorato am Leben war, konnte der endgültige Bruch zwischen Vater und Sohn gerade noch verhindert werden.

Der junge Prinz bot auch als Erwachsener einen traurigen Anblick: Sein von Geburt an viel zu großer Kopf war durch den Sturz über die Treppe noch mehr verunstaltet, sein Körper leicht schief, eine Schulter breiter als die andere, was auch die Rüstung nicht ausgleichen konnte, die viel zu dünnen Beine trugen kaum das Gewicht des Leibes und hatten sich säbelförmig gekrümmt. Auf seinem Gesicht lag meist ein hämisches Grinsen, während die Augen böse funkelten. Wie anders dagegen der Halbbruder Philipps, Don Juan d'Austria, der als natürlicher Sohn des Kaisers am spanischen Hof erzogen wurde! Er war der Inbegriff des strahlenden jungen Mannes, der Prototyp des siegreichen Helden. Beim Anblick seines Halbbruders mußte Philipp weh ums Herz werden, wenn er an den mißgestalteten eigenen Sohn dachte, das Kind seiner geliebten, mädchenhaften Maria. Dem König lag viel daran, daß die beiden jungen Leute intensiven Kontakt miteinander hatten; vielleicht erhoffte er sich einen positiven Einfluß auf den Infanten. Auch die beiden Neffen Philipps, Ernst und Rudolf, die Söhne Kaiser Maximilians II., waren aus dem fernen Österreich nach Spanien gekommen, um an dem in ganz Europa berühmten Hof den letzten Schliff zu erwerben. Es war eine gesellige Runde junger Leute, die hier zusammengetroffen waren, verschieden in ihrem Äußeren, ihrer Mentalität und Erziehung, aber man verstand sich trotzdem; nur Don Carlos blieb stets ein Außenseiter. Zu spontan waren seine Reaktionen, zu unberechenbar zeigte er sich auch im Freundeskreis. Niemand war vor seinen Launen und Eskapaden sicher, immer wieder widersetzte er sich den Anordnungen des Königs und ließ andere dafür büßen, wenn er mit den Vorschriften seines Vaters nicht einverstanden war. Eine empörende Geschichte machte nicht nur in Madrid, sondern in ganz Spanien die Runde. Bei Hofe galten weite Stiefel als schick; auch Don Carlos gefiel sich in dieser Tracht, ließ sich aber besonders weite Stiefelschäfte anfertigen, in die er heimlich kleine Pistolen stecken wollte. Sein Vater erfuhr davon und befahl, die Beinkleidung enger machen zu lassen. Ein Schuster änderte die Schäfte, überbrachte die Stiefel und wartete auf den wohlverdienten Lohn. Don Carlos, rasend vor Wut, stürzte sich auf den Ärmsten und prügelte ihn windelweich; dann zerschnitt er das Stiefelleder in kleine Stücke, kochte sie und zwang den Schuster, sie vor seinen Augen zu essen.

Entsetzen ergriff den König, als er von dieser Untat hörte, und auch in der Bevölkerung begannen sich Zweifel zu regen, ob ein so gearteter Mensch würdig sei, die Krone Spaniens zu tragen. Man wurde hellhörig, was den Infanten anbelangte, gierig hörte das Volk auf die Geschichten, die nun von allen Seiten kolportiert wurden. Und es wurden immer mehr Greuelmeldungen bekannt. Auch den Diplomaten konnten sie nicht verborgen bleiben. Im Juli 1567 berichtete der toskanische Botschafter an Cosimo de Medici in Florenz voller Abscheu folgende Episode:

Don Carlos war – wie so oft – in Geldnöten gewesen und hatte sich von einem Geldverleiher namens Grimaldo 1 500 Dukaten geliehen. Als man handelseins geworden war, verneigte sich Grimaldo dreimal vor dem Infanten und versicherte – wie es dem Höflichkeitszeremoniell entsprach –, daß all sein Hab und Gut dem Prinzen zur Verfügung stehe. Darauf meinte Don Carlos mit bösartigem Grinsen, der Geldverleiher solle ihm innerhalb 24 Stunden 100 000 Dukaten überbringen. Entsetzt versicherte dieser, seine

Worte seien nur als Höflichkeitsfloskel zu verstehen gewesen; vergeblich. Don Carlos drohte mit allen möglichen Maßnahmen, sollte das Geld nicht innerhalb der angegebenen Frist zur Verfügung stehen. Schließlich einigte man sich auf 60 000 Dukaten, und dem Unglücklichen blieb nichts anderes übrig als zu zahlen.

Das vorrangige Ziel des Infanten war es nun, sich von seinem Vater zu befreien; eine baldige Heirat sollte ihm dabei helfen. Pläne zu einer Verehelichung waren schon lange geschmiedet, die seltsamsten Verbindungen überlegt und wieder verworfen worden, aber eine hatte man noch immer fest im Auge: die Heirat mit Anna von Österreich, einer Tochter Maximilians II., die im Alter gut zu Don Carlos paßte. Was man dem jungen Mädchen über seinen Zukünftigen erzählte, war schon nicht mehr bloß Schmeichelei, sondern pure Lüge; wie anders wäre zu erklären, daß Anna begierig auf alle Neuigkeiten von dem fernen Bräutigam wartete und den Tag herbeisehnte, an dem sie Carlos ehelichen sollte? Aber je mehr der Kaiser auf die Eheschließung drängte, desto zurückhaltender verhielt sich sein Vetter Philipp. Vielleicht beschlich ihn bisweilen ein unheimliches Gefühl, wenn er sich vorstellte, wie entsetzt das blühende junge Mädchen sein würde, wenn es den mißgestalteten Bräutigam vor Augen bekam, wenn er sich ausmalte, daß es dem abartigen Sadisten ausgeliefert sein würde. Philipp war nicht nur König von Spanien, sondern auch ein Mann von Fleisch und Blut, und er konnte eine solche Ehe nicht mit reinem Gewissen gutheißen. Und allmählich mußte auch Maximilian erkennen, daß etwas nicht stimmen konnte, wenn der Spanier eine Ausrede nach der anderen erfand, bloß um keinen Hochzeitstermin festlegen zu müssen.

Aber das Schicksal nahm bereits seinen Lauf, und es bewahrte wenigstens Anna vor dem größten Leid. Don Carlos begann sich in politische Intrigen zu verstricken und wurde dadurch zur Gefahr für Philipps autoritäre, streng gegenreformatorische Politik. Mochte der König auch im Familienkreis menschliche Züge zeigen. Andersgläubigen gegenüber machte er nicht die geringste Konzession. Mit unerbittlicher, ja grausamer Härte unterdrückte er schon die unscheinbarsten Keime neuer Ideen, wenn sie mit dem althergebrachten katholischen Gedankengut nicht in Übereinstimmung zu bringen waren. Die Inquisition, seit 1478 eine staatliche Einrichtung, hatte alle Hände voll zu tun, die Scheiterhaufen loderten im ganzen Land. Ein solches Vorgehen mußte natürlich die Opposition vieler vernünftig denkender Menschen auf den Plan rufen, aber wer sein Leben liebte, sprach sich nicht allzu offen gegen die katholische Kirche aus. War es schon in Spanien nicht ratsam, sich den Thesen Luthers oder Calvins anzuschließen, so geradezu lebensgefährlich in den Niederlanden. Philipp war viel zu sehr Spanier in seinem ganzen Wesen, um die so anders geartete Mentalität der Niederländer begreifen zu können, ebenso wie auch sein Vater Karl V. seine Schwierigkeiten mit dem lebensfrohen Volk an Schelde und Maas gehabt hatte.

Die Hoffnungen der Niederländer konzentrierten sich nicht auf diesen König; vielleicht aber war sein Sohn anders, vielleicht würde der junge Mann sein Herz und seinen Verstand den Problemen und Nöten eines freiheitsliebenden Volkes öffnen? Natürlich hatte man in Flandern und in den großen Städten von den Absonderlichkeiten des Infanten gehört, aber wahrscheinlich glaubte man, daß er sich bloß seinem bigotten Vater gegenüber unbotmäßig verhalte und diese bösen Gerüchte dadurch zustande kämen. Gerade die Opposition des Prinzen zu seinem Vater machte ihn sympathisch, und man wollte nicht wahrhaben, daß er geistig nicht normal sei.

Don Carlos selbst fühlte sich durchaus in der Lage, in die Niederlande zu gehen, um sich dort von seinem übermächtigen Vater zu lösen. Das Vermächtnis seines Freundes und Lehrmeisters Onorato hatte er schon lange vergessen und dessen wohlmeinende Ratschläge in den Wind geschlagen, er solle immer seinem Vater gehorchen. Längst glaubte er, selbständig handeln zu können, ohne auch nur im geringsten dazu befähigt zu sein. Selbstherrlich überschätzte er seine eigenen Fähigkeiten und hörte auf die Einflüsterungen falscher Freunde, die sich von dem rebellischen Infanten allerhand Vorteile erhofften. So mußte es zwangsläufig geschehen, daß sich Carlos in politische Intrigen verwickeln ließ, die er niemals durchschauen konnte. Was hatte er schon mit den Niederlanden zu tun? Er kannte weder Land noch Leute noch die politische oder religiöse Situation in diesem fernen Land im Norden.

Seine ganze Bildung war derart lücken- und mangelhaft, daß er lediglich ungefähr wußte, wo die Niederlande lagen, die seinem Vater so viel Kopfzerbrechen bereiteten. Man hatte ihm zwar vom Grafen von Egmont, von Wilhelm von Oranien erzählt und welche Rechte sie für ihr Volk beanspruchten, aber Carlos hatte trotzdem keine Ahnung, worum es ging. Er sah nur die Berater seines Vaters, allen voran den von ihm besonders gehaßten Herzog von Alba. Und weil er diesen Leuten mißtraute, lehnte er auch ihre Politik ab. Er wollte sich auf die Seite der Niederländer stellen, eventuell sogar heimlich in die Niederlande ziehen, um dort gegen sein eigenes Volk, ja seinen eigenen Vater zu kämpfen. Daß solche Aktionen zu seinem persönlichen Verderben führen mußten, davon konnte ihn niemand überzeugen. Hinter jedem wohlgemeinten Rat witterte er eine Falle und lehnte ab, was ihm Menschen rieten, die es gut mit ihm meinten. Und davon gab es nicht viele.

Don Carlos begann nach Verbündeten Ausschau zu halten, aber da er wenig Geld besaß und von nicht gerade einnehmendem Wesen war, fiel ihm dies schwer. Zwar glaubte er sich auf Don Juan d'Austria verlassen zu können, aber welches Spiel dieser wirklich trieb, ist bis heute ungeklärt geblieben. Wahrscheinlich versprach der Infant seinem macht- und einflußlosen Onkel ein Königreich, sollte er, Carlos, sich gegen seinen Vater durchsetzen können. Der Prinz wandte sich außerdem in persönlichen Schreiben an die spanischen Granden und bat um Geld und Unterstützung. Seinem Kämmerer übergab er ein Billett für geeignete Vertrauensleute, in dem es hieß: »Garcia Alvarez Osorio, mein Kämmerer, der Euch dies einhändigt, wird Euch bitten, mir zu meinem unabweislichen und sehr dringenden Bedürfnis eine Summe Geldes zu leihen. Ich bitte Euch sehr und lege es Euch auf, dies zu tun; Ihr werdet damit nicht allein Eure Vasallenpflicht erfüllen, sondern mir auch den größten Gefallen erweisen. Was die Erstattung anbelangt, bestätige ich alles, was derselbe Osorio tun wird. Damit werdet Ihr mir den größten Gefallen erweisen. Ich der Prinz.«

Es stellte sich heraus, daß Don Carlos, wie immer er geartet sein mochte, nicht ganz allein in der Welt stand; im Jahre 1568 hatten seine Anhänger immerhin 150 000 Dukaten gesammelt. Man war in weiten Teilen der Bevölkerung mit der Regierung Philipps unzufrieden und erhoffte sich vom Prinzen, den man kaum von Angesicht zu Angesicht kannte, segensreiche Neuerungen. Der König ging mit brutaler Gewalt gegen »Ketzer«, Juden und Mauren vor; das machte bei vielen böses Blut. Seit Jahrhunderten war der Handel großteils in den Händen der Juden gelegen, und wenn man sie jetzt verfolgen und ausrotten ließ, konnte das auch katholischen Geschäftsleuten nicht gleichgültig sein. Es begann im Untergrund zu gären. Und was sich zunächst wie ein Gerücht anhörte, wurde allmählich zur Gewißheit. Der König würde wachsam sein müssen, um nicht in einen offenen Konflikt gerissen zu werden. Wahrscheinlich hatte er seinen Sohn unterschätzt, hatte zu sehr auf seine lange Jahre hindurch unangefochtene Position vertraut. Jetzt aber, da Don Carlos plötzlich aktiv wurde, da er darauf bestand, in die Niederlande geschickt zu werden, gingen Philipp und seinen Ratgebern die Augen auf, und alle erkannten die Gefahr, die dem Staat und der alten Ordnung von dem unberechenbaren jungen Mann drohte.

Philipp mußte handeln, bevor es zu spät war. Der Infant fühlte, daß seine Unternehmungen nicht geheim geblieben waren, daß sich der gewaltige Schatten seines Vaters über ihn legen würde. Er wurde zunehmend aggressiver, stieß seine wenigen Freunde durch Unbeherrschtheit vor den Kopf. Nachts, wenn er nicht schlafen konnte, irrte er mit geladenem Gewehr umher und bedrohte jeden, der sich ihm in den Weg stellte. Die nackte Angst hatte ihn gepackt, und er wollte sein Leben um einen möglichst hohen Preis verkaufen. Don Carlos befahl einen Pariser zu sich, Louis de Foix, der wegen seiner Erfindungen und neuen Konstruktionen weit über die Grenzen Frankreichs hinaus berühmt war. Dieser sollte ihm eine Vorrichtung bauen, durch die er selbst im Bett liegend die Tür öffnen und schließen konnte. Niemand sollte ohne seinen Willen seine Gemächer betreten dürfen. Wenn er sich schlafen legte, hatte er immer ein scharf geschliffenes Schwert und eine geladene Pistole an seiner Seite. Er ließ sich ein Brevier mit eisernen Seiten und Leisten aus Stahl und Gold anfertigen, mit dem er sich im Falle einer Gefangennahme zur Wehr setzen wollte. Nur so fühlte er sich halbwegs sicher.

Vielleicht war ihm zu Ohren gekommen, was Philipp an seine Schwiegermutter, Katharina von Portugal, geschrieben hatte: Seine väterliche Liebe habe ihn bewogen, so lange nichts gegen Don Carlos zu unternehmen. Aber jetzt sehe er den Augenblick für gekommen, den Sohn in die Schranken zu weisen.

Je mehr die Angst den jungen Mann befiel, desto hektischer wurden seine Gedanken, wie er sich davon befreien könne, bis zum letzten, schrecklichsten Ausweg: dem Mord an seinem Vater. Der Beichtvater des Prinzen kannte die Attentatspläne, denn er hatte Don Carlos die Absolution verweigert. Ob der Prior des Klosters Atocha dem König das unter dem Beichtgeheimnis Preisgegebene mitgeteilt hat, ist nicht bekannt. Für den König war das Maß der Geduld jedenfalls voll, als der Infant den Herzog von Alba tätlich angriff, nachdem er erfahren hatte, daß dieser vom König das Kommando in den Niederlanden übertragen bekommen hatte, das er, Carlos, für sich beanspruchte.

Der Heilige Abend des Jahres 1567 brachte den Höhepunkt der Krise: In einem Gespräch unter vier Augen beichtete Don Juan d'Austria dem König alles, was er selbst von Don Carlos erfahren und von anderen über dessen Pläne gehört hatte. Erschüttert erkannte Philipp, daß er handeln mußte, wollte er seinen Sohn vor sich selbst schützen. Er ließ ein Gremium von Juristen zusammenstellen und beriet tagelang mit den Rechtsgelehrten, wie man den Fall des Prinzen behandeln solle und welche Parallelen es in der Geschichte gebe. Der König wurde an den Fall des französischen Königs Karl VIII. erinnert, der gegen seinen Vater Ludwig XI. vorgegangen war. Man erwog alle Für und Wider, der Herrscher wollte nichts überstürzen oder unter dem Druck der Ereignisse zu schnell handeln. Es stellte sich heraus und wurde auch ganz klar ausgesprochen, daß Don Carlos »keine Beweise dafür geliefert habe, daß sein Gehorsam, seine Besonnenheit und Umsicht und seine militärische Tüchtigkeit den Erfordernissen entsprechen«, sondern einzig und allein sein ungebundener Wille zu erkennen sei, überall zu befehlen. Als bekannt wurde, daß Carlos die Absicht habe, Madrid zu verlassen, war das letzte Hindernis für den Herrscher gefallen. Nun galt es zu handeln.

Als sich im Dunkel der Nacht trotz der Sicherheitsschlösser die hohen Türen zu den Gemächern des Prinzen öffneten und der Vater völlig unvermutet hereintrat, warf sich Don Carlos vor dem

König auf die Knie und flehte winselnd, er möge ihn eigenhändig umbringen. Entsetzt und angewidert schlug Philipp die Hände vors Gesicht, als er seinen einzigen Sohn so vor sich auf dem Boden liegen sah. Voller Grauen mußte er erkennen, daß nichts mehr für Don Carlos getan werden konnte. Philipp befahl mit leiser Stimme, die Fenster des Gemaches zu versiegeln, damit sich der Prinz nicht in einem Anfall von Wahnsinn hinausstürzen konnte. Diener versperrten alle Türen, die zu den übrigen Räumlichkeiten führten. Don Carlos war ein Gefangener in seinem Palast.

Der König gab die Festnahme des Prinzen in aller Öffentlichkeit bekannt. All dies sei zum allgemeinen Wohl des Reiches notwendig und geschehe für den Dienst Gottes. Alle Fragen, die auf ihn einstürmten, beantwortete er nüchtern und kühl. Der Königin von Portugal teilte er mit, daß ihr Enkel unfähig sei zu regieren und daher aus der Öffentlichkeit entfernt werden müsse, um nicht noch mehr Schaden anzurichten. Auch den Kaiser, Maximilian II., unterrichtete Philipp von seinem für viele unfaßbaren Schritt: Mängel, den Verstand und die Natur des Don Carlos betreffend, hätten ihn, den König und Vater, veranlaßt, ihn einschließen zu lassen. Er habe keine wie immer gearteten persönlichen Motive, alles geschehe zum Wohl des Staates. Dem Papst ließ er durch den Nuntius berichten, daß er, Philipp, als katholischer Herrscher verpflichtet sei, die Rechtgläubigkeit unter allen Umständen, selbst um diesen hohen Preis, zu erhalten. Als Philipp dem Vertreter des Papstes in Spanien die Botschaft an den Heiligen Vater aushändigte, sah der Geistliche Tränen in den Augen des Königs.

Auch seiner Schwester Maria, der Frau des Kaisers, teilte Philipp die Verhaftung seines Sohnes mit: »Ich möchte ... mit voller Offenheit über das Leben und die Handlungen des Prinzen berichten, bis zu welchem Grad er die Zügellosigkeit und Unordnung getrieben hat, welche Mittel ich anwendete, um ihn zu bewegen, sein Betragen zu ändern ... Doch haben seine Handlungen so sehr das Urteil bestätigt, das schon seit vielen Jahren über seinen Charakter, seine Natur und seine Fehler bestand, daß ich mich gezwungen sah, zum Wohle meiner Reiche (ohne Rücksicht auf mein Fleisch und Blut und alle anderen menschlichen Interessen) den ernsten Folgen zuvorzukommen, die zu befürchten ich allen Grund hatte, wenn ich nicht diese Maßnahme treffen würde ...«

Vater und Sohn waren von Anfang an in einem Teufelskreis gefangen gewesen, aus dem sie sich beide nie befreien konnten. Je ausschließlicher Philipp an die menschliche und politische Unfähigkeit seines Sohnes glaubte, desto deutlicher lehnte Don Carlos den Vater ab, weil er merkte, daß er niemals Zugang zu ihm finden konnte. Und je abweisender der Sohn sich zeigte, desto mehr sah sich Philipp im Recht.

Über Don Carlos wurde nun »ewiges Gefängnis« verhängt. Die Art der Gefangenschaft wurde vom König genau festgelegt. Dem Prinzen sollte es an nichts mangeln – außer an der Freiheit. Ruy Gomez, der Majordomus, sollte weiterhin der Unterhalter des Prinzen sein. Wenn er Don Carlos in seinen Räumen aufsuchte, sollte er immer ohne Degen erscheinen, damit sich der Infant nicht bedroht fühlte – selbstverständlich hatte man dem Prinzen noch in der verhängnisvollen Nacht alle Waffen abgenommen. Natürlich wurden die Personen, die man zu Don Carlos vorließ, von Philipp streng ausgewählt; nur dessen engste Vertraute durften den Raum des Prinzen betreten. Es waren keine seiner Freunde darunter.

Kamen die ungebetenen Besucher in das Gemach, begann Don Carlos leer vor sich hinzustarren, kauerte am Boden und gab auf Fragen, sein Befinden betreffend, keine oder wirre Antworten. Manchmal begann er auch zu toben und wild um sich zu schlagen, wenn sich die Türen öffneten.

Fast täglich ersann der Infant neue Mittel, um den Vater auf sich und sein Schicksal aufmerksam zu machen, aber alles verfehlte seine Wirkung. Unbeeindruckt zeigte sich Philipp auch, als ihm berichtet wurde, der Prinz verweigere jede Nahrung. Trocken meinte der König: »Er wird schon essen, wenn ihn hungert.«

Philipp hatte sich nun einmal zum letzten Schritt entschlossen und ging seinen Weg konsequent, auch als er sah, daß sich der Zustand seines Sohnes mehr und mehr verschlechterte. Das Leben als Gefangener brachte Don Carlos um den Rest seines Verstandes. Zeitweise gebärdete er sich wie ein Verrückter, um im nächsten Augenblick in stumpfes Brüten zu verfallen und dann wieder Schimpftiraden gegen Gott und die Welt und vor allem gegen seinen Vater loszulassen. Um ihn zu beruhigen, empfahl man ihm die Beichte, machte ihm allerdings klar, daß er nur dann eine Absolution zu erwarten habe, wenn er sich ganz seinem Vater unterwerfe. Daher bat Don Carlos im Mai 1568 den König offiziell um Verzeihung und erhoffte sich durch diesen Schritt die Freiheit. Aber er kannte seinen königlichen Vater wohl doch zu wenig.

Philipp dachte nicht daran, seinem Sohn freien Bewegungsraum einzuräumen. Don Carlos blieb im »Turm«, wie er sein Zimmer nannte. Sein körperlicher Zustand verschlechterte sich noch mehr. Wieder, wie so oft in seinem jungen Leben, wurde er von heftigem Fieber befallen, das in der spanischen Sommerhitze besonders unerträglich war. In seinem Zimmer fand er kaum Kühlung, und so befahl er den Dienern, den Steinboden mit Wasser zu begießen. Der einzige Gedanke, der ihn noch beseelte, war, wie er seinem Leben ein Ende machen könnte. Er hatte einmal gehört, daß das Verschlucken von Diamanten tödlich sein solle. Diese Idee ließ ihn nicht mehr los, und er bearbeitete einen Ring, in den ein Diamant eingelassen war, bis er den Stein in der Hand hatte, den er dann mit Hilfe eines kräftigen Schluckes Wasser hinunterspülte. Das Mittel zeigte keine Wirkung. Da man ihm auch das Eßbesteck genommen hatte, fand er nichts, womit er sich den Tod geben konnte. In seiner Verzweiflung befahl er, das Zimmer knietief unter Wasser zu setzen und lief darin herum, schlief des Nachts nackt auf dem Marmorboden und trank Eiswasser in großen Mengen. Dazwischen tobte er und schrie sinnloses Zeug, daß es schaurig durch die Gänge des Palastes hallte. Kaum hatte er sich beruhigt, verlangte er nach einer scharf gewürzten Rebhuhnpastete, die er begierig verschlang, um gleich darauf literweise Eiswasser zu trinken.

Eine Magen- und Darmkolik war die Folge dieser Exzesse. Die herbeigerufenen Ärzte betrachteten den Prinzen mit bedenklichen Gesichtern, ließen ihn zur Ader und schickten eine Botschaft an den König, es bestehe wenig Hoffnung, daß der Prinz das Fieberdelirium, in dem er sich befand, überstehen werde.

Als Don Carlos den Tod an seinem Lager spürte, verlangte er seinen Vater zu sprechen. Aber der König war plötzlich von Angst ergriffen und fühlte sich unfähig, den sterbenden Sohn aufzusuchen. Wochenlang hatte er in der Furcht gelebt, man könne den

Prinzen befreien; nun, da dieser im Begriff war, den Vater von der Last seines Daseins zu erlösen, zeigte sich Philipp wie gelähmt. Ohne väterlichen Segen schied der Infant von Spanien Don Carlos aus einer Welt, die zwar offiziell um ihn trauerte, in der aber kein Platz für ihn gewesen war. Niemand hatte ihn geliebt.

5 *Philipp der Schöne. Gemälde des Künstlers Juan de Flandes*

Madame · Jehanne · de · castille ·

6 *Johanna die Wahnsinnige. Gemälde des Meisters der Magdalenenlegende*

Postremo nec illud tacebimus/Hungariae Boemiae, Po
loniaeqʒ reges maximis süptibus/Viennä Austriae ad
hüc nostrü Imperatorë concessisse, res magnas cü eo vti
que collaturi/ac no.tas subinde etiam nuptias pacti/nouamqʒ ineuntes e federationem/
antiquae et iam olim cötractae amicitiae/tacta fundamëta forcius munierunt. Que res
magnä Christiano orbi vtilitatë spödere visa est. Hic itaque talis ac tantus Imperator
plenus virtute/ad iustä aetatem vsqʒ ascendit/tädem diem clausit supremü/habens Ca.
rolum Hispanie regë catholicü ex filio nepotë et virtutis et Romani imperij successorem.

7 *Die Wiener Doppelhochzeit 1515. V.l.n.r.: Maximilian I., seine
Enkelin Maria, Ludwig, Wladislaw II. von Ungarn, Anna, Siegmund
von Polen. Holzschnitt von Albrecht Dürer*

FERDINANDVS   ROMANORVM . IMPE

8 Ferdinand I. Gemälde eines unbekannten Meisters

Der Unverstandene

RUDOLF II.

»Es sieht aus, als besäße der Kaiser eine gewisse archimedische Art der Bewegung. Sie ist so sachte, daß sie dem Auge kaum auffällt, bringt aber mit der Zeit die ganze Masse in Bewegung. Da sitzt er in Prag, versteht nichts vom Kriegshandwerk, vollbringt aber doch ohne Autorität (wie man zuvor glaubte) Wunder, hält die Fürsten in Unterwürfigkeit, macht sie willfährig, bereitwillig, freigebig, hält einen Herrscher, der so viele Jahre furchtbar gewesen war, auf, macht ihn mürbe durch langes Hinziehen des Krieges, ohne selbst zu großen Nachteil zu erleiden. Auf diese Weise legt er den Grund zu einer vollen Machtstellung, so daß nur noch die Unterwerfung des Türkenreiches zu fehlen scheint.«

Bewegende Worte des berühmten Astronomen Johannes Kepler, mit denen er seine ganze Verehrung für den Habsburger Kaiser Rudolf II. ausdrückte, vor dem er sich tief neigte, dessen menschliche Größe er achtete und von dem er das Unheil abzuwenden suchte, das er aus dem Stand der Gestirne abzulesen vermeinte.

Schon zu Lebzeiten war der menschenscheue, sich in seiner Burg auf dem Prager Hradschin beinahe versteckt haltende Rudolf II. fast zur Legende geworden. Je mehr sich Rudolf hinter eine Mauer des Schweigens zurückzog, desto heftiger stritt man sich über seinen Charakter, ob er bloß melancholisch oder schon geisteskrank sei.

Von Anfang an verlief sein Leben nicht in normalen Bahnen. Bald nach den ersten Kinderjahren im Kreis einer Familie, in der schönste Harmonie herrschte, bekam er die Schattenseiten der Erstgeburt zu spüren. Als künftiger Nachfolger seines Vaters im Kaiseramt – so wollte es die habsburgische Familientradition – sollte er sich schon bald auf seine späteren Aufgaben vorbereiten. Er konnte nicht wie andere junge Leute eine ungetrübte Jugendzeit bei seinen Eltern und Geschwistern in Wien oder in Innsbruck verbringen, wo sich Maximilian II. und seine spanische Gemahlin Maria oft aufhielten; nur zu bald richteten sich die Augen ganz

Europas auf ihn. Besonders sein Onkel in Spanien, Philipp II., fand, daß der Junge nicht früh genug Schliff, Manieren, vor allem aber die Lehren der alleinseligmachenden Religion in sich aufnehmen könne. Abgesandte Philipps II. wurden auf die lange und beschwerliche Reise nach Wien geschickt, um mit allem Nachdruck auf die Vorstellungen ihres Herrn hinzuweisen. Bestand nicht hier in Österreich die Gefahr, daß der zukünftige Kaiser, etwa durch unzuverlässige Erzieher, womöglich heimliche Protestanten, beeinflußt wurde, um dann später sogar mit den Ketzern zu sympathisieren? Zunächst fanden die Spanier nur bei der Kaiserin offene Ohren. Maria, die Schwester Philipps II., teilte diese Sorgen mit ihrem Bruder. Die Art, wie in Wien Glaubensfragen behandelt wurden, machte ihr das katholische Herz schwer. Tagaus tagein mußte sie mitansehen, wie ihr kaiserlicher Gemahl Leute tolerierte, die ihrer Meinung nach längst auf dem Scheiterhaufen hätten brennen sollen!

Mit Freuden hörte sie die Spanier an, deren Fanatismus sie mit wahrer Gottesfurcht verwechselte. Wie gerne hätte sie Maximilian von der Notwendigkeit überzeugt, die beiden ältesten Söhne nach Spanien zu schicken, um dort die wahre und echte katholische Gesinnung eingepflanzt zu bekommen! Aber Maximilian weigerte sich strikt, die Abgesandten zu empfangen und verbat sich jede Einflußnahme seines Schwagers; lange genug hatte er den bigotten Philipp am Reichstag zu Augsburg ertragen müssen. Auf keinen Fall sollten seine Söhne dessen spanischen Hochmut lernen, der später nur die Fürsten im Reich gegen sie aufbringen würde. Er mochte nun einmal keine Spanier – mit Ausnahme seiner Frau Maria; der allerdings konnte er nur schlecht widerstehen. Und Maria kannte die Schwäche ihres Gemahls und vertröstete die Abgesandten ihres Bruders, daß sie ihren ganzen Einfluß aufbieten wolle.

Maximilian hatte die Rechnung ohne seine hartnäckige Frau gemacht. Er konnte sich wohl den Gesandten widersetzen, nicht aber dem ständigen Drängen Marias, die jede günstige Gelegenheit, jede schwache Stunde des Kaisers nützte, um ihm vorzustellen, wie vorteilhaft doch eine Erziehung in Spanien für die Söhne wäre, von welch hervorragenden Lehrern sie dort betreut werden könnten. Und da Maximilian für dieses pädagogische Argument besonders aufgeschlossen war, wehrte er ihren Bitten nicht länger und willigte ein, daß Rudolf und sein jüngerer Bruder Ernst die nächsten Jahre in Spanien verbringen sollten.

Rudolf war erst elf Jahre alt, als es hieß, Abschied von Wien zu nehmen und den Eltern und Geschwistern Lebewohl zu sagen. Es flossen heiße Tränen, als die beiden zurückbleibenden Geschwister den beiden nachwinkten, und die beiden Jungen kamen sich von Gott und der Welt verlassen vor, als sie einer ungewissen Zukunft im fremden fernen Land entgegenzogen. Was mochte das Schicksal für sie bereithalten? Unsichere Zeiten lagen hinter ihnen; in Wien hatte plötzlich die Erde gebebt, Häuser waren eingestürzt und hatten Menschen unter ihren Trümmern begraben; wer konnte seines Lebens sicher sein, wenn selbst der Boden unter den Füßen schwankte? Die Priester hatten den Protestanten, den Ketzern, alle Schuld an dem Unheil gegeben. Oder waren vielleicht Hexen oder gar der Satan selbst im Spiel? Rudolf und Ernst hatten die ersten Hexenverfolgungen miterlebt, sie hatten gehört, wie sich wilde, schöne Frauen öffentlich selbst bezichtigten, mit dem Teufel Unzucht getrieben zu haben. Andere maßten sich an, den Namen der Jungfrau Maria zu verspotten, die Gottesmutter zu schmähen. Das konnte nur der Anfang vom Ende sein. Vielleicht war der Komet, den man am Himmel sah oder das bunte Feuer, das in eiskalten Winternächten am Firmament flackerte, Vorbote des baldigen Weltunterganges, ein Hinweis Gottes an die Menschen? Sollte man nicht Einkehr halten und Buße tun? Der Vater allerdings hatte über solche Befürchtungen bloß gelacht, seinem klaren Verstand waren Naturerscheinungen nichts Mystisches wie anderen, die daraus nur Schreckliches ablesen konnten.

Allmählich trockneten die Tränen der beiden Knaben. Die Ferne lockte, das unbekannte Abenteuer. Aber der Weg über die Alpen war weit und beschwerlich, und so manchen Abend sanken die beiden zu Tode erschöpft in ihre nicht immer weichen und bequemen Betten. Es hieß die Zähne zusammenbeißen und sich wie junge Herren benehmen; der Vater sollte stolz auf seine Söhne sein.

Endlich erreichten die Erzherzöge mit ihrem Gefolge Genua. Rudolf und Ernst waren beim Anblick des blauen Meeres entzückt. Sie hatten sich die endlose See in ihren Träumen ausgemalt, aber nun übertraf ihre Schönheit alles, was sie sich vorgestellt hatten. Interessiert nahmen sie eine Handvoll Wasser auf, schlürften es, um es prustend wieder auszuspucken. Das Wasser war ja wirklich salzig, die Lehrer hatten sich nicht geirrt! Die Überfahrt nach Spanien war gefährlich und alles andere als angenehm. So lange sich der launische Wettergott gnädig zeigte, genossen die Knaben die Schaukelei, an die sie sich nach anfänglichen Schwierigkeiten gewöhnt hatten. Blies der Wind aber die Segel verdächtig prall auf, dann fielen sie auf die Knie und flehten Gott an, daß er keinen Sturm schicken möge. Und tatsächlich hatte der Himmel ein Einsehen, die Elemente hielten sich erstaunlich ruhig, und endlich konnte man, wenn man die Hand über die Augen legte, in der Ferne Land erkennen. Spanien war in Sicht!

Die Aufregung der Knaben steigerte sich, als die Küste näher kam und deutlich eine große Menschenmenge zu erkennen war. Man schien die Prinzen hier zu erwarten. Froh darüber, endlich wieder festen Boden unter den Füßen zu haben, eilten Rudolf und Ernst von Bord und wurden zu ihrer großen Überraschung vom König selbst in Empfang genommen und auf das herzlichste begrüßt. Philipp II. war ein durchaus liebenswürdiger Mann, der die Vierzig schon überschritten hatte, sich aber dennoch gerne mit jungen Leuten umgab. Wenn er sich auch nach außen hin durch das spanische Hofzeremoniell abschirmte, so war er doch innerhalb seiner engeren Familie ein fürsorglicher Ehemann, Vater und Onkel. Die beiden Knaben verloren sofort alle Scheu vor dem fremden Oheim und begleiteten den König nach Montserrat, wo Ignatius von Loyola gelebt hatte. Obwohl sie die langen Andachten von zu Hause nicht gewohnt waren, lauschten sie angestrengt dem fremden Reiz der endlosen Choräle, die hier an dieser heiligen Stätte gesungen wurden. Die Gläubigkeit des Königs schlug sie in tiefen Bann.

Der Sommer war heiß und schwül in Madrid, und alle, die es sich irgendwie leisten konnten, suchten Kühle und Erholung auf dem Land. Natürlich hatte auch die königliche Familie einen wunderschönen Sommersitz; in Aranjuez, in einem weitläufigen Palast inmitten eines exotischen Parks, war die Familie unter sich. Hier konnte sich auch Philipp von seinen schweren Pflichten und Aufgaben erholen, hier konnte er ganz Mensch sein. Die fröhliche Schar der jungen Leute, die ihn umgab, heiterte ihn auf. Schon bald hatte sich eine muntere Gesellschaft in Aranjuez gebildet: Zu seinen beiden Neffen gesellte sich ganz selbstverständlich die junge Königin Isabel von Valois, die als blutjunges Mädchen die dritte Gemahlin des spanischen Königs geworden war. Dazu gehörte aber auch der Sohn des Königs aus erster Ehe, der verunstaltete und bemitleidenswerte Don Carlos, der sich bemühte, bei den Cousins Anklang zu finden. Ab und zu meldeten die Bediensteten die Ankunft eines Jünglings, bei dessen Anblick das Herz nicht nur der jungen Königin höher schlug: Don Juan d'Austria, der Halbbruder des Königs, weit über die Grenzen des Landes als einer der schönsten Prinzen Europas bekannt. Er sollte als der große Sieger der Seeschlacht von Lepanto gegen die Türken in die Geschichte eingehen.

War das junge Volk, darunter auch Söhne und Töchter befreundeter Adeliger, versammelt, so wurde entweder Ball gespielt, oder man band sich ein Tuch vor die Augen, um als »Blinde Kuh« durch den Garten zu tappen, immer auf der Suche nach einem Opfer. Man suchte und fand sich, und hatte man genug vom Spiel, speiste man im Freien.

Rudolf und Ernst genossen den spanischen Sommer in vollen Zügen, aber kaum waren die ersten kühleren Tage ins Land gezogen, da eröffnete ihnen der Oheim, daß das Leben nicht nur aus Vergnügungen bestehen konnte. Kaum war die königliche Familie zurück in Madrid, begann die Ausbildung, deretwegen Rudolf und Ernst eigentlich nach Spanien gekommen waren. Stunden- und tagelang über die Bücher gebeugt, lernten sie die lateinische Sprache durch römische Dichter kennen, deren Werke sie eifrig übersetzten, denn jeder gebildete Mensch des 16. Jahrhunderts mußte die Sprache der alten Römer in Wort und Schrift beherrschen. Daneben sollten sie keineswegs die deutsche Sprache vernachlässigen, eine dringende Bitte Kaiser Maximilians an seinen Schwager in Madrid. Für Rudolf war es nicht schwer, Deutsch zu sprechen und zu lesen, er liebte die Sprache seines Vaterlandes, und wenn er auch fließend Spanisch beherrschte, so bevorzugte er doch zeitlebens das Deutsche. In langen Abhandlungen mußten die Knaben ihre Kenntnisse in der Geschichte darlegen, und es mutet heute kurios an, daß Rudolf im zarten Alter von dreizehn Jahren ein Traktat über die Gefahren der wilden Liebe und über die Segnungen des Ehestandes verfaßte. In seinem späteren Leben sollte er die Meinung, die er in Spanien zu diesem brisanten Thema geäußert hatte, übrigens noch des öfteren ändern. Das leidenschaftliche Blut, das in seinen Adern rollte, ließ ihn kaum zur Ruhe kommen, und immer wieder faszinierten ihn schöne, aber leichtsinnige Frauen.

König Philipp II. von Spanien war von den Lernerfolgen seiner beiden Neffen begeistert; er hatte Rudolf und Ernst schon bald ins Herz geschlossen und schrieb beinahe überschwengliche Briefe über ihre Fortschritte und ihr Verhalten nach Wien. Ihre artige Höflichkeit war bald überall bekannt, ebenso wie ihre Tanzkunst. Wenn Philipp krank im Bett lag, schickte er manchmal nach den Neffen und bat sie, ihm zur Aufheiterung etwas vorzutanzen, und Philipp konnte beim Anblick der sich graziös zu den Klängen der Musik bewegenden blühenden Jünglinge seinen eigenen kranken Sohn vergessen und die Sorgen, die er ihm bereitete. Rudolf und Ernst mußten die Tragödie des Infanten bis zum bitteren Ende mitverfolgen und gingen trauernd hinter dessen Sarg, als ein gnädiger Tod Carlos 1568 aus der Haft befreite, die sein verzweifelter Vater über ihn verhängt hatte.

Die »schönen Tage von Aranjuez« waren für die beiden Prinzen allzu schnell vorüber; Trübsal und Trauer herrschten wieder am spanischen Hof, nachdem auch die junge Königin Isabel im Kindbett gestorben war. Nun zählten Rudolf und Ernst die Tage und Wochen bis zur Rückkehr nach Österreich, die sie 1571 antreten konnten. Auf der Reise trafen sie mit ihrem Bruder Albrecht und ihrer Schwester Anna zusammen, die dazu ausersehen worden war, den verwitweten spanischen König zu trösten und ihm möglichst bald einen Sohn und Nachfolger zu schenken.

Sieben Jahre waren die beiden in Spanien gewesen, eine lange Zeit vor allem in dieser entscheidenden Lebensphase, in der sich ihre Charaktere endgültig festigten. Rudolf und Ernst hatten in Spanien viel gelernt, hatten sich gebildet und waren in unzähligen Gottesdiensten, Andachten, Bittgängen und Prozessionen sowie durch pausenlose Belehrung im wahren Glauben bestärkt worden. Was in ihren Herzen an Zweifeln geschlummert hatte, sollte durch die Kraft der reinen Lehre hinweggewaschen, im Keim erstickt werden. Ja, auf besonderen Wunsch ihres Oheims hatten sie sogar einem Autodafé, einer Ketzerverbrennung auf dem Scheiterhaufen, beigewohnt, um mit eigenen Augen zu sehen, wie es einem Menschen erging, der sich vom wahren Glauben abgewendet hatte. Das gräßliche Schauspiel muß besonders Rudolf in tiefster Seele abgestoßen haben, denn so lange er in Böhmen regierte, gab es keine Ketzerverbrennung in diesem Land.

Geläutert traten sie nun die Reise nach Österreich an, den Weg, der zu Höherem führen sollte. Rudolf war so aufgeregt, daß er bekannte: »Habe in der folgenden Nacht solche Freude empfunden, daß ich keinen Schlaf in die Augen bringen konnte.«

Der Kaiser hatte es sich nicht nehmen lassen, seinen Söhnen entgegenzureiten. Voll Freude schloß er die lang Entbehrten in die Arme und drückte sie fest an sich. Aber schon bald sah Maximilian, daß das, was er immer befürchtet hatte, eingetreten war: Die beiden hatten ihre ursprüngliche Natürlichkeit verloren, sie waren zu »Spaniern« geworden. Ihr Wesen hatte sich grundlegend verändert; alles, was heimisch, gemütvoll, österreichisch war, schien ihnen so wesensfremd, daß man am Hof bald zu tuscheln begann und sich über Rudolfs »spanischen Humor« und seine Arroganz beklagte. Wenn auch sein Vater versuchte, ihm ins Gewissen zu reden, mußte er doch bald erkennen, daß es dafür zu spät war. Rudolf verbarg wohl nur seine Schüchternheit und Melancholie unter der äußeren Kühle und Arroganz, die er zur Schau stellte, aber wie sollte der Kaiser das seinen Räten, dem Volk und vor allem den protestantischen Fürsten und Ständen klarmachen? Noch lange konnte man sich über das »steife« Wesen der Prinzen nicht beruhigen. So schreibt der spanische Gesandte 1574:

»... sie haben von ihrer Erziehung in Spanien etwas, was ihnen ebenso schädlich, wie das andere (die strenge katholische Einstellung) ihnen nützlich sein kann, und zwar einen gewissen Stolz, sei es im Schreiten, sei es in jeder anderen ihrer Gebärden, der sie, ich möchte nicht verhaßt sagen, um dies unerfreuliche Wort zu vermeiden, aber jedenfalls viel weniger beliebt macht, als sie es sein könnten. Denn es widerspricht in jeder Hinsicht dem hiesigen Landesbrauch, der beim Fürsten eine gewisse familiäre Redeweise verlangt, und es gilt als eine aus Spanien mitgebrachte Eigenschaft, die gewiß als schlecht und verabscheuungswürdig angesehen wird ...«

Dabei hätte gerade Rudolf mit seinem durchaus ansprechenden Äußeren und seiner eher ruhigen Art die Sympathien der Fürsten und des Volkes gewinnen können. Aber es war ihm nicht vergönnt, die ihm in Spanien anerzogene Distanziertheit jemals wieder abzulegen. Wahrscheinlich hatte er das »spanische Wesen«, wenn auch nur unbewußt, als Kind schon bei seiner Mutter bewundert, und die Jahre in der Ferne hatten das Ihrige dazu beigetragen, ihn zeitlebens in einer Art Isolation zu halten.

Rudolf war als Erstgeborener nach der Tradition der Primogenitur dazu bestimmt, der Nachfolger seines Vater als Kaiser im Reich und als König von Böhmen und Ungarn zu werden, in einer Zeit, die an einer großen Wende stand, in der sich das Welt- und Menschenbild grundlegend zu ändern begann und die Prinzipien der Religion von Grund auf in Frage gestellt wurden. Der Mensch hatte sich selbst erkannt und versuchte nun, die Natur in ihren Urgründen zu erforschen, um sie zu überwinden oder für sich untertan zu machen. Es war ein Zeitalter der tiefen Unsicherheit in allen Lebensbereichen; niemand kannte genau seine Rolle und seine Position. Wie sollte da ein Kaiser zu einem ruhenden Pol werden, noch dazu einer, der selbst von ständigen Zweifeln geplagt wurde? Maximilian II. wußte, daß Rudolf kein glückliches Erbe antreten konnte, er ahnte, daß sein Sohn den größten Schwierigkeiten ausgesetzt sein würde, und er versuchte, ihm die Wege zu ebnen, wo es nur möglich war. Durch seine guten Beziehungen zum Kurfürsten August von Sachsen war es ihm möglich, die Bedenken im Reich gegen Rudolf zu zerstreuen. Als August bei einem Treffen in Wien zweifelnd erwähnte, er habe gehört, Rudolf hätte dem König von Spanien einen Eid schwören müssen, daß er zeit seines Lebens gut katholisch sein und alle Ketzer nach Kräften verfolgen werde, antwortete Maximilian, Rudolf sei weder ein Papist noch ein Evangelist, sondern bloß das einzig Wünschenswerte: ein Christ.

Mit seinem diplomatischen Geschick erreichte der Kaiser schließlich, daß Rudolf 1572 zum ungarischen König und drei Jahre später zum böhmischen und römischen König gewählt wurde. Die Lage in Böhmen wurde immer schwieriger; viele Sekten hatten dazu beigetragen, das Land in sich zu spalten. Maximilian selbst, zu dieser Zeit schon ein schwerkranker Mann, hätte auf keinen Fall noch Ordnung schaffen können, und so hoffte er auf seinen Sohn und Nachfolger, mußte aber bald erkennen, daß der hochgebildete, äußerst sensible junge Mann mit den auffallend großen, leicht melancholischen Augen wohl kaum der starke Mann werden würde, den man im Reich, aber auch in Böhmen nötig gehabt hätte. Rudolf war ein Mensch mit vielen Gesichtern, zaudernd, wenn es zu handeln galt, kraftlos, wenn er hätte seinen Mann stehen sollen, unbeständig, wenn man von ihm klare Entscheidungen forderte. Aber immer zeichnete er sich durch überragende Intelligenz aus, durch einen ungewöhnlichen Kunstsinn, durch den er Prag zur ersten Kunstmetropole in Europa machte. Aber all diesen positiven Eigenschaften stand seine Halsstarrigkeit im Wege, sein unwahrscheinlicher Jähzorn, der ihn blind um sich schlagen und Gegenstände wie wild durch die Luft werfen ließ. Hatte er sich beruhigt, war er tief zerknirscht und so depressiv, daß er nur mehr den Wunsch hatte, aus dem Leben zu scheiden. Rudolf versuchte dies auch tatsächlich: In einem Anfall von Jähzorn zerschlug er einmal eine Fensterscheibe im Prager Hradschin. Als er den Scherbenhaufen vor sich liegen sah, bückte er sich, hob einen großen Glassplitter auf und versuchte, sich die Halsschlagader durchzuschneiden. Zu Tode erschrocken konnte ihm ein Diener beinahe mit Gewalt den Scherben im letzten Moment entreißen.

Nur allzu oft kam es vor, daß Rudolf glaubte, an seiner schweren Aufgabe verzweifeln zu müssen. In tiefster Einsamkeit mußte er weltpolitische Entscheidungen treffen, vor denen er selbst zitterte.

Aber noch war es nicht soweit. Noch lebte sein Vater Maximilian und hielt die Fäden der Macht in seinen Händen. Die Position des Königs von Böhmen war für Rudolf von besonderer Wichtigkeit, zeigte die Wahl doch an, daß die deutschen Fürsten gewillt zu sein schienen, ihn als Nachfolger seines Vaters auch im Reich zu wählen.

Deutschland war um diese Zeit, im letzten Drittel des 16. Jahrhunderts, nur schwer lenk- und regierbar. Nach dem Motto »Cuius regio eius religio«, das den Landesfürsten auch die Wahl der Konfession für ihr Land einräumte, war eine chaotische Situation entstanden. Nicht selten kam es vor, daß sich irgendein Fürst eines schönen Tages besann und sich über Nacht vom Katholizismus zum Protestantismus bekehrte. Die Gewissenskonflikte, die er seinen Untertanen mit einer solchen Aktion zumutete, waren ihm selbst wahrscheinlich völlig gleichgültig. Der Mann aus dem Volk hatte zu gehorchen, das Denken sollte er seinem Herrn überlassen.

Nach dem Augsburger Religionsfrieden erstarkte der Protestantismus in Deutschland ungemein. Der Kaiser tat nichts dagegen, im Gegenteil: Er hatte viele Freunde im anderen Lager, was natürlich dem Papst, dem spanischen König und den katholischen Fürsten höchst verdächtig schien. Aber Maximilian verstand es meisterhaft, jahrlang eine Art Schaukelpolitik zu betreiben, durch die seine innere Einstellung nie ganz klar wurde. Er wußte, daß er sowohl die Katholiken als auch die Protestanten für die langen und blutigen Kriege gegen die Türken brauchen würde.

Das hatte Rudolf in den ersten Jahren nach seiner Rückkehr aus Spanien von seinem Vater gelernt: Auch er würde sich nie offen zu einer Partei bekennen, wollte er nicht einen Krieg im Inneren vom Zaun brechen. Man hat ihm dieses Verhalten später als Schwäche ausgelegt, aber was sollte er wirklich tun? Überdies war er nicht der Mann, der mit der Faust auf den Tisch schlug, um endlich Ruhe zu haben. Nicht die religiöse Einstellung der Menschen, die ihn umgaben, war für den intelligenten, hochsensiblen Rudolf wichtig, sondern das, was sie leisteten, was sie konnten.

Rudolf II. war ein Außenseiter unter den Habsburger Kaisern; ähnlich seinem Vorfahren Friedrich III. war er ein Sonderling und Hagestolz. Beinahe ein Menschenalter lang verlobt, konnte er sich nie entschließen, die Braut, die geduldig auf ihn wartete, zu heiraten, obwohl er ein leidenschaftlicher und äußerst sinnlicher Mann gewesen sein soll.

Schon sehr früh waren seine Eltern mit Philipp II. übereingekommen, daß Rudolf eine spanische Prinzessin heiraten solle. Aber das Mädchen, das zur späteren Kaiserin auserkoren war, war noch gar nicht geboren. Zwar erwartete die damalige Gemahlin Philipps, Isabel von Valois, gerade wieder ein Kind, von dem man hoffte, es würde endlich der ersehnte Thronfolger werden, aber man konnte nie wissen … Und wollte das Schicksal, daß es ein Mädchen war, so hatte man auf alle Fälle den Bräutigam parat.

Es wurde eine Tochter, und sie wurde auf den Namen Isabella Clara Eugenia getauft und im Alter von zwei Jahren offiziell zur Braut Rudolfs erklärt. Als sie das Jugendalter erreicht hatte, begann man am spanischen Hof auf den Freier zu warten; Gesandte zogen nach Wien, kehrten aber unverrichteter Dinge wieder zurück. Rudolf sehne sich zwar sehr nach seiner Braut und treffe bereits Vorkehrungen zur Hochzeit, berichteten sie; aber dann konnte er sich doch nie zum letzten, entscheidenden Schritt entschließen – 29 Jahre lang.

Isabella war zu einem aparten, aber nicht auffallend hübschen Mädchen herangewachsen. Aus den Erzählungen ihres Vaters, dessen Lieblingstochter sie war, hatte sie viel von dem Vetter in Prag gehört und Bilder von dem schlanken, mittelgroßen jungen Mann mit dem schmalen Gesicht und dem gekrausten dunklen Haar gesehen. Er sah nicht übel aus, und Isabella war durchaus mit der Wahl ihrer Eltern zufrieden; nur daß sich der Bräutigam gar so viel Zeit ließ, sie nach Prag zu holen, verwunderte sie sehr. Im allgemeinen heirateten Prinzessinnen im zartesten Mädchenalter, und sie saß noch immer in Madrid und hörte die seltsamsten Geschichten von ihrem Bräutigam. Er sollte eine wunderschöne Geliebte haben, die ihn ganz in ihren Bann geschlagen hatte: Katharina Strada, die Tochter seines Hofantiquars. Es ging das Gerücht, Katharina habe den Kaiser so verzaubert, daß er sich zu einer standesgemäßen Ehe nicht mehr entschließen könne. Immer wieder versuchte Philipp seinen Neffen zu überzeugen, daß es nun für eine Hochzeit an der Zeit sei, aber Rudolf hatte alle möglichen Ausreden zur Hand; den wahren Grund für sein Zögern konnte er natürlich nicht angeben.

Die arme Isabella wäre wahrscheinlich eine alte Jungfer geworden, hätten nicht zwei Brüder Rudolfs ein Auge auf sie geworfen: Ernst und Albrecht, der mit seiner Schwester Anna, der vierten Frau des Königs, nach Spanien gekommen war. König Philipp war beiden sehr zugetan, Ernst hatte er ja schließlich jahrelang um sich gehabt. Aber das Schicksal meinte es nicht gut mit dem Erzherzog: Schon im Alter von nur 42 Jahren raffte ihn 1595 der Tod dahin, und Isabella, inzwischen fast dreißig Jahre alt, konnte nur hoffen, daß Albrecht an seine Stelle treten würde. Nachdem die Hochzeit doch endlich zustande gekommen war, setzte der König die beiden als Statthalter in den Niederlanden ein und verzichtete selbst auf die Herrschaft; im Fall ihrer Kinderlosigkeit sollte das Gebiet allerdings an Spanien zurückfallen, was 1633 auch geschah.

Rudolf zeigte sich keineswegs erfreut über die Hochzeit seines Bruders mit der von ihm so lange vertrösteten Braut. Der Kaiser fiel von einer Schwermut in die andere und fand nur in den Armen Katharina Stradas Trost. Sie muß eine ungewöhnliche Frau gewesen sein, die alle Register der Leidenschaft ziehen konnte, um den sinnlichen Rudolf über viele Jahre hinweg zu faszinieren. Er war ihr mit Haut und Haaren verfallen; auch wenn er sich ab und zu mit einer anderen vergnügte, kehrte er doch immer wieder zu ihr zurück.

Wahrscheinlich war sie wirklich der Grund, warum der Kaiser seine spanische Cousine um keinen Preis heiraten wollte; vielleicht ahnte er aber auch, daß er zur Ehe nicht geboren war. Was kümmerten ihn die Familienvorschriften, die von einem Kaiser forderten, er habe für standesgemäße Nachkommen zu sorgen, die die habsburgische Tradition fortführten? An Kindern mangelte es ihm übrigens nicht, Katharina hatte ihm sechs Söhne und Töchter geboren, die er alle wie Prinzen und Prinzessinnen versorgen wollte. Außerdem waren ja noch seine Brüder da, die dafür bürgen würden, daß die weitverzweigte Familie der Habsburger nicht ausstarb.

Aber Rudolf hatte die Rechnung ohne die Tücken des Schicksals gemacht. Merkwürdigerweise starben alle vier Brüder, Rudolf, Ernst, Matthias und Ferdinand, kinderlos. Aber nicht nur die Söhne Kaiser Maximilians II. hinterließen keine Nachkommen; auch bekannte Adelshäuser, namentlich in Böhmen, warteten vergeblich auf Nachwuchs. Es schien, als wären die alten Geschlechter zum Aussterben bestimmt. Manche machten den schwarzen Pfeffer dafür verantwortlich, Pfeffer galt als Zeichen für Reichtum und Luxus; wer es sich leisten konnte, der pfefferte die Speisen, bis sie schwarz wurden. Mit scheelen Augen sah das Volk auf die Reichen, die »Pfeffersäcke«, und vergönnte es ihnen, wenn sie nicht in der Lage waren, Kinder zu zeugen. Rudolf selbst war sicher kein »Pfeffersack«, seine zahlreichen Kinder zeigten der ganzen Welt, daß er durchaus für Nachkommen sorgen konnte. Seinen Bruder Matthias allerdings stellte der Kaiser als impotenten Schwächling

hin, da aus seinen vielen Affären kein einziger Nachkomme entsproß. Der Kaiser traf damit natürlich einen wunden Punkt, und
das ohnehin gespannte Verhältnis der beiden verschlechterte sich
bis zur Unerträglichkeit.

Die Kinder Rudolfs wuchsen in Prag auf, und der Kaiser suchte höchstpersönlich mit großer Sorgfalt Lehrer und Erzieher für
sie aus. Bald mußte er mit großer Sorge feststellen, daß einige von
ihnen absonderliche Charakterzüge aufwiesen, besonders Julius,
der Älteste, der besondere Liebling des Kaisers. Er wollte ihm
eines Tages die Herrschaft in Siebenbürgen übertragen, ja, er hatte
sogar die Nachfolge im Königreich Böhmen ins Auge gefaßt, beinahe ein Ding der Unmöglichkeit für einen illegitimen Sohn. Aber
Rudolf dachte an den unehelichen Sohn Karls V., Don Juan d'Austria, den man ebenfalls mit politischen Aufgaben betraut hatte und
der sich als siegreicher Feldherr goldene Sporen verdient hatte.
Vielleicht würde sich dieses Schicksal wiederholen? Aber Julius
war kein zweiter Don Juan; es zeigte sich bald, daß er eine sadistische Freude an allerlei Quälereien und Abartigkeiten hatte, und
daß er keineswegs gewillt war, die Ratschläge seines Vaters zu befolgen und etwas zu lernen. Tag und Nacht wurde Rudolf von
Sorge um seinen ältesten Sohn gequält, und als Philipp II. dem Kaiser das Angebot unterbreitete, Julius zu sich an den Hof in Madrid
zu nehmen, stimmte er beinahe freudig zu, überlegte es sich aber
dann doch und beschloß, selbst für seinen Ältesten zu sorgen. Ein
Vertrauter Rudolfs berichtete:

»Die beiden Söhne des Kaisers Julius und Matthias sind hier mit
dem Reichshofrat Paul von Krauseneck. Den Älteren kleidet man
sehr stattlich und soll derselbe ehestens ins Reich oder nach Frankreich reisen. Der Jüngere ist etwas schöner und holdseliger.«

Julius fuhr aber weder ins Reich noch nach Frankreich. Als Rudolf sah, daß sein Sohn immer deutlichere Zeichen einer Geisteskrankheit entwickelte, entschloß er sich schweren Herzens, ihn in
Gaming Tag und Nacht unter Kontrolle zu halten. Wahrscheinlich
stand Rudolf nur allzu deutlich das Schicksal des Don Carlos vor
Augen, dessen Verfall er in Spanien aus nächster Nähe hatte miterleben müssen. Julius blieb indes nicht in Gaming; es gelang ihm,
sich die Kleider eines Knechts zu verschaffen und zu fliehen. Er

kam nicht weit. Vertraute seines Vaters hetzten ihm nach und griffen ihn auf. Nun gab Rudolf Order, seinen Sohn strengstens zu bewachen, der sich wie wild gebärdete, sich auf dem Boden wälzte und wütend um sich schlug. Der verzweifelte Vater verbot, Julius Wein zu kredenzen und empfahl ihm statt dessen den Genuß »eines guten und kreftigen zimmetwassers oder biers«, aber solche Vorsichtsmaßnahmen konnten gegen die schwere Krankheit des jungen Mannes natürlich nichts ausrichten. Als Julius bald darauf starb, wagte man nicht, seinem Vater den Tod zu melden; aus zu dünnen Fäden war das Seelengewand des Kaisers gewoben, allzu leicht konnten es die immer wiederkehrenden Schicksalsschläge zu Fetzen zerreißen.

Um seine anderen Kinder kümmerte sich Rudolf weiterhin mit besonderer Hingabe. Er nahm sie mit auf seine Spaziergänge in den prachtvollen Gärten des kaiserlichen Parks, zeigte ihnen seine Lieblingstiere, die Adler und Löwen, die man nach Prag gebracht hatte, und besonders die Mädchen waren entzückt über den zahmen Löwen des Kaisers.

1608 fand die festliche Vermählung seiner Tochter Karoline mit dem Grafen Thomas von Cantecroy statt. In einem zeitgenössischen Bericht findet man den Hinweis: »ist gar stattlich zugegangen ... I. Mt. haben die Liste der Eingeladenen selbst revidiert ...«

Rudolf kümmerte sich also um die Belange seiner Kinder, und im Kreise dieser Familie muß er manchmal glücklich gewesen sein, wenn er auch nach außen hin im Laufe seiner Regierungszeit allmählich hinter einem Wall aus Schweigen verschwand.

Seine Regierungszeit hatte mit einem prunkvollen Fest begonnen. 1576, noch knapp vor dem Tod seines Vaters, war der 24jährige in Regensburg zum Kaiser gewählt worden. Maximilian hatte es gerade noch zustande gebracht, den Sohn auf den Thron zu heben; dann hatte er die Augen für immer geschlossen und Rudolf ein in sich zerfallenes Reich und vier Brüder hinterlassen, die dem Ältesten nicht gerade wohlwollten. Maximilian hatte in seinem Testament keine Vorkehrungen für eine etwaige Aufteilung der habsburgischen Gebiete getroffen, wie es sein Vater Ferdinand I. getan hatte; Rudolf sollte alleiniger Herrscher sein und die Brüder mit Apanagen abfinden. Die aber waren nicht gewillt, das hinzunehmen und strebten selbst nach Macht und Einfluß. Besonders zwei machten Rudolf das Leben schwer: Matthias und Maximilian, beide ehrgeizig, aber ohne hervorragende Fähigkeiten.

Am 1. November 1576 hatte die glanzvolle Krönung Rudolfs im hohen Dom zu Regensburg stattgefunden. Alles, was im Reich Rang und Namen hatte, war in der Donaustadt erschienen, von den Häusern wehten bunte Fahnen und durchbrachen das triste Grau des Novembertages. Kerzen erleuchteten die Häuser, die den Weg des jungen Herrschers zum Dom säumten, und ein Meer von Blumen schmückte das altehrwürdige Gotteshaus. Der Vater war in der Stadt sehr beliebt gewesen, der Sohn sollte also auch begeistert gefeiert werden. Freilich besaß der junge Mann nicht den Charme Maximilians; für seine Jahre wirkte er reichlich ernst, ja melancholisch, als er die ergreifende Zeremonie über sich ergehen ließ und vom Bischof von Regensburg die ehrwürdige Krone des Heiligen Römischen Reiches Deutscher Nation aufs Haupt gedrückt bekam.

Das Krönungsfest zog sich über Tage hin, und als die letzten Kerzen gelöscht, die letzten Töne der Musik verklungen, die letzten Gäste nach Hause zurückgekehrt waren, als Rudolf sich in seine Gemächer zurückgezogen hatte, da überfiel ihn ein Gefühl ohnmächtiger Furcht und grenzenloser Einsamkeit. Wie sollte er mit all den Problemen fertig werden, wie die Religionskonflikte im Reich lösen, wie den Krieg gegen die ständig nach Westen drängenden Türken gewinnen, wie der immer wieder aufflackernden Pest Einhalt gebieten? Er war zwar nun Kaiser, aber um so mehr erkannte er seine Grenzen. Nur zeigen durfte er dies unter keinen Umständen, warteten doch seine Brüder – ausgenommen Ernst – nur auf einen Anlaß, ihm den Rang streitig zu machen.

Voller Selbstzweifel kehrte Rudolf nach Wien zurück, wo er von einer langwierigen Krankheit befallen wurde. Und schon galt es, die Folgen einer unbedachten Handlung seines Bruders Matthias zu beseitigen, sollte die österreichische Linie der Habsburger nicht in einen schweren Konflikt geraten.

Matthias war eines Nachts heimlich, mit rußgeschwärztem Gesicht und als Diener verkleidet, aus dem zweiten Stock der Burg entflohen, nachdem er sich mit einer selbstgebastelten Strickleiter abgeseilt hatte. Alle Versuche, ihn zu finden, waren vergeblich, bis er schließlich in den Niederlanden auftauchte. Wilhelm von Oranien hatte ihm Hoffnungen auf die Statthalterschaft in den südlichen Niederlanden gemacht. Dem ehrgeizigen, jugendlich unerfahrenen Matthias mußte man einen solchen Plan nicht zweimal vortragen. Verblendet und machthungrig wie er war, ging er dem Oranier prompt in die Falle. Für den niederländischen Prinzen war der junge Habsburger Gold wert: Gerieten die spanischen und die österreichischen Habsburger aneinander, so konnte der lachende Dritte nur in den Reihen der Generalstaaten zu finden sein. Aber sein Plan ging nicht auf, Rudolf befahl seinem Bruder sofortige Rückkehr, und Matthias, enttäuscht über die geringe Macht, die er besessen hatte, mußte schließlich erkennen, daß der Oranier nicht das geringste Interesse daran hatte, ihn als selbständigen Statthalter in den Niederlanden zu dulden.

Nachdem Matthias scheinbar reumütig nach Hause zurückgekehrt war, folgte ein strenges Strafgericht des Kaisers über den abtrünnigen Bruder. In aller Öffentlichkeit machte er Matthias lächerlich und traf ihn dabei tief. Es wurde festgelegt, daß der Erzherzog zunächst keine Machtbefugnisse im Reich haben solle, und da er dadurch auch keine Einkünfte besaß, verwehrte man ihm auch das Recht zu heiraten. So oft sich Matthias auch an seinen Bruder wandte und ihn um die Heiratserlaubnis bat, so oft erhielt er bloß eine brüske Ablehnung. Es blieb ihm nichts übrig, als den Weg des geringeren Widerstandes zu beschreiten: Konnte er sich schon nicht mit dem Segen der Kirche eine Frau nehmen, dann eben ohne. Er suchte sich die schönsten Geliebten, die er aber meist schon nach kurzer Zeit verließ. Auch dies mißfiel natürlich dem Kaiser, und so gab Rudolf schließlich doch nach, als Matthias ihm die Bitte vortrug, Anna, die Tochter seines Onkels Ferdinand von Tirol aus dessen zweiter Ehe mit Anna Katharina Gonzaga ehelichen zu dürfen. Allerdings kam er damit schon wieder seinem unschlüssigen Bruder in die Quere. Der hatte nämlich nach langem Hin und Her selbst ein Auge auf seine Cousine geworfen. Der Gedanke, sie zu heiraten, hatte für Rudolf etwas doppelt Reizvolles: Erstens fand er Anna sympathisch, zweitens würde ihr nach Ferdinands Tod dessen weitum berühmte Kunst- und Wunderkammer zufallen; und Rudolf war wie sein Onkel an Schätzen und Kuriositäten brennend interessiert.

Aber für Rudolf war es immer ein langer Weg vom ersten Gedanken bis zur Ausführung seiner Pläne, Matthias handelte schneller und konsequenter, und Anna nahm denjenigen, der zuerst kam. Sie hatte die erste Mädchenblüte hinter sich – 1611, als die Hochzeit stattfand, war sie 26 Jahre alt – und beinahe die Hoffnung aufgegeben, daß sich noch ein Freier einstellen würde. Als Matthias um sie warb, war sie schon auf halbem Weg ins Kloster. Die Ehe blieb kinderlos; vielleicht einer der Gründe, warum die spätere Kaiserin schließlich von religiösem Wahn befallen wurde, sich selbst zerknirschte und mit einer silbernen Geißel züchtigte, um für das Jenseits gewappnet zu sein. Anna hatte eine besondere Schwäche für den Orden der Kapuziner; mit ihrem Gemahl zusammen gründete sie das Kapuzinerkloster in Wien und die damit verbundene Kapuzinergruft, die letzte Ruhestätte der Habsburger, in der Matthias und Anna als erstes Kaiserpaar bestattet wurden.

Rudolf aber hielt es nicht in Wien; das Klima war ihm zu rauh, der ständig wehende Wind erregte seine Nerven über Gebühr, die Sommer waren ihm zu heiß und die Winter zu kalt, und die Türken streiften gefährlich nahe durch die ungarische Tiefebene. 1583 entschoß er sich, seine Residenz in Prag aufzuschlagen; dort konnte er schalten und walten, wie er wollte und mußte nicht täglich die ungeliebten Brüder sehen, die nichts Gutes im Schilde zu führen schienen. Den Hradschin, die Prager Burg, wollte er so ausstatten, daß es sich ganz nach seinen Vorstellungen leben ließ.

Es war wie eine Flucht, die Rudolf nach Böhmen trieb, in ein von Religionsstreitigkeiten zerrissenes Land, in dem es kaum Katholiken, dafür aber eine Unzahl von Sekten gab. Der Kaiser hatte gar nicht die Absicht, hier mit aller Strenge die Gegenreformation durchzuführen; lieber verschloß er sich in seinen geheimen Räumen und ließ sich tagelang nicht sehen. Nur nach langer Wartezeit wurden Besucher zu ihm vorgelassen. Viel zu wenig war der Kaiser an den brennenden politischen Themen interessiert, viel zu gering war seine Ambition, wirklich herrschen, wirklich regieren zu wollen.

Zwar war er von der Herrscherwürde, mit deren Aura er sich umgab, absolut überzeugt, aber so wie er seine Privatperson hinter der Mauer des spanischen Hofzeremoniells verbarrikadierte, so verschanzte er sich auch hinter tausenderlei Ausflüchten, wenn es galt, eine konkrete Entscheidung zu treffen. Ein Mann, der das Nichthandeln zu seinem Lebensgrundsatz gemacht hatte, sollte die Politik einer Zeit bestimmen, die einen starken Mann erfordert hätte. Der sensible, in sich gekehrte Monarch beschäftigte sich mit allem lieber als mit dem Staatswesen; die Probleme, die ihm unlösbar schienen, schlugen sich ihm auf den Magen, machten ihn physisch und psychisch krank. Dazu kam der ständige Ärger mit der Familie; auch sein jüngerer Bruder Maximilian ging eigene Wege, die sich schon bald als Irrwege herausstellten. Ohne erst lang den Rat des kaiserlichen Bruders einzuholen, bewarb er sich 1587 um die frei gewordene Krone von Polen und geriet dabei in die Mühlen der polnischen Intrigen. Es war ein trauriges Bild, als der Bruder des Kaisers ein Jahr darauf vom polnischen Großkanzler und Kronfeldherrn Zamojski mit seinen Leuten vernichtend geschlagen und gefangengenommen wurde. Ganz Europa hatte das polnische Abenteuer mißtrauisch verfolgt. Besonders Frankreich und der Papst hatten ein schlechtes Gefühl bei dem Gedanken, die Habsburger könnten ihre Macht im Osten noch vergrößern, und schadenfroh rieb sich Papst Sixtus V. die Hände, als er von Maximilians Niederlage erfuhr. Zu einem französischen Kardinal soll er geäußert haben, er sei »joyeux« über das Unglück des Habsburgers: »Die Sünden des Hauses Habsburg sind die Ursachen des Unglücks, welches ihm zugestoßen.«

Diese »Sünden« bestanden für die Päpste des ausgehenden 16. Jahrhunderts sicherlich in der zwielichtigen Haltung Maximilians II. und auch seines Nachfolgers Rudolf im Religionskonflikt. Der Papst hätte eine entschlossenere Haltung lieber gesehen und konnte die vielen Rücksichten nicht tolerieren, die beide den Reichsfürsten gegenüber einzunehmen gezwungen waren. In seiner Abneigung gegen die Habsburger schreckte der oberste Hirte der Christenheit auch nicht vor Handlungen zurück, die seinem Amt eigentlich widersprachen; so verbündete er sich zum Beispiel mit dem türkenfreundlichen König von Frankreich. Rudolf war für Sixtus ein Dorn im Auge, und er intrigierte, um ihn loszuwerden. Um leichteres Spiel in Böhmen und im Reich zu haben, schickte er den habsburgfeindlichen Florentiner Aldobrandini nach Polen, um dort gegen die Habsburger zu agieren. Dabei war

Polen ohnehin für Maximilian und damit für die Habsburger längst verloren. Als Aldobrandini auf dieser Reise in den Norden heimlich mit dem Obersthofmeister Rudolfs, dem Fürsten Georg Popel von Lobkowitz, zusammentraf, um die zukünftige Politik zu besprechen, da zeigte der Florentiner sein wahres Gesicht. Zu vorgerückter Stunde und in weinseliger Laune brachte Lobkowitz einen Toast auf Aldobrandini aus: »Es lebe der zukünftige Papst!« rief der Böhme, worauf der Florentiner antwortete: »Es lebe der zukünftige König von Böhmen!«

Die Sterne standen aber nur für einen der beiden Intriganten günstig; Aldobrandini wurde 1591 tatsächlich Nachfolger von Papst Sixtus, während sich das Schicksal des zwielichtigen Lobkowitz schneller erfüllte, als er geahnt hatte. Nur zu bald fiel er beim Kaiser in Ungnade, wurde zum Tode verurteilt, später aber zu lebenslanger Haft begnadigt.

Das voreilige Handeln seines Bruders Maximilian und die Untreue seines Obersthofmeisters verstärkten die Melancholie und Menschenscheu, die Rudolf von Anfang an zugesetzt hatten. Wem konnte er eigentlich trauen, wer war ihm wirklich treu ergeben? Immer mehr zog sich Rudolf von der Welt zurück, er mied lärmende Gesellschaften und die großen Gelage mit ihrem Überfluß an Essen und Trinken, wo laut geschrien und gegrölt wurde, waren ihm in tiefster Seele zuwider. Überall, wo er auftauchte, durfte nur noch leise gesprochen werden, und den Bediensteten erstarben die Scherze auf den Lippen, wenn sich der Kaiser näherte. Rudolf war nur äußerst selten zum Lachen aufgelegt, ja selbst das flüchtigste Lächeln, das über sein Gesicht glitt, war in Prag schon Tagesgespräch. Auch die Hofnarren konnte er nicht ausstehen, und schließlich wurden sie von seinem Hof entfernt.

Am liebsten umgab er sich mit den Künstlern und Wissenschaftlern, die am Prager Hof eine Heimstatt gefunden hatten. Die Liebe zur Kunst machte Rudolf süchtig. Schöne Dinge wie berühmte Gemälde, antike Plastiken, kunstvoll geschliffene Edelsteine, die er nicht lange genug in Händen halten konnte, gelungene Stiche und Radierungen wollte er nicht nur betrachten, nein, er mußte sie auch besitzen, koste es, was es wolle. Kaiserliche Vertrauensleute reisten in ganz Europa herum, um für den Kaiser wertvolle Kunstgegenstände und Gemälde anzukaufen. Zwar feilschten sie lange um den Preis, am Ende aber zahlten sie jede Summe, auch wenn die kaiserlichen Kassen schon bedenklich leer waren. Am Hof von Prag wurde dann auf Anordnung des Kaisers das Essen eingeschränkt, und Rudolf selbst nahm nur Wasser und Brot zu sich, wenn es galt, in Griechenland oder in Italien eine kleine Kostbarkeit zu erwerben.

Aber Rudolf wollte die Schöpfer der Kunstwerke auch um sich haben, wollte sie tagtäglich sehen und sprechen können. So versammelte sich im Laufe der Zeit ein großer Kreis von namhaften Künstlern in Prag, die zum Teil fürstliche Gehälter bezogen und beinahe immer in den Adelsstand erhoben wurden. Rudolf führte lange Gespräche mit ihnen, ließ sich ihre Techniken genau beschreiben und war entzückt über jedes Werk, das man ihm übergab. Wie sein Urahn Kaiser Friedrich III. fühlte er sich mit magischer Gewalt zu Edelsteinen hingezogen, er legte eine große Sammlung der kostbarsten Steine an, die zum Teil heute noch in der Wiener Schatzkammer zu finden ist.

Vor allem Kuriositäten hatten es ihm angetan, denn er glaubte durch sie die begrenzten Schranken des Daseins, der menschlichen Erkenntnis durchbrechen zu können. So bemühte er sich persönlich jahrelang, den Stein der Weisen zu finden, durch den die menschliche Existenz, die Materie überwunden werden sollte. In seinem faustischen Drang braute er in einer Alchimistenküche Zaubertränke, Elixiere, die das ewige Leben garantieren, die, von alten Leuten getrunken, die Kraft der Jugend zurückbringen sollten. Er mischte Tinkturen, um Mumien wiederzubeleben, und als ihm dies nicht gelang, beschäftigte er die Wissenschaftler und Alchimisten, die Magier und Scharlatane mit dem Gedanken, ihm einen Lebenstrank zu brauen, der gleichzeitig ein Weisheitselixier sein sollte. Alle, die behaupteten, mit dem Jenseitigen Umgang zu haben, fanden begeisterte Aufnahme am Prager Hof, und den Kaiser kümmerte es wenig, wenn man von ihm munkelte, er sei vielleicht gar mit dem Teufel im Bunde. Unter anderen fand sich auch der englische Magier Edward Kelly auf dem Hradschin ein, der ausgesagt hatte, er könnte Gold herstellen, »so schnell, wie eine Henne Nüsse (Körner) zu knacken vermochte«.

Das war die Welt, die Rudolf interessierte, das Leben, das ihm lebenswert schien. Und die Nachwelt hätte dem hochbegabten Habsburger, der ohne Ansehen der Person und Religion Künstler und Wissenschaftler förderte, sicherlich das beste Zeugnis ausgestellt, wäre er nicht Kaiser gewesen, hätte er nicht über seinen persönlichen Interessen die Politik sträflich vernachlässigt und die Entwicklung in eine gefährliche Richtung treiben lassen, bis zum schrecklichen Dreißigjährigen Krieg.

Auf den Schultern der Habsburger lag seit Jahrzehnten noch eine weitere schwere Last: Seit Ferdinand I. kam das Gebiet im Osten nicht mehr zur Ruhe. Die Türken waren bis an die Grenzen des Reiches vorgedrungen, hatten weite Teile Ungarns eingenommen und übten dort eine Schreckensherrschaft aus, die die Unterworfenen – falls sie überhaupt mit dem Leben davonkamen – erzittern ließ. Die Kaiser waren machtlos gegen die ständigen Scharmützel an den Grenzen. Schließlich aber hatte man sich mit dem Sultan dahingehend geeinigt, daß der »Wiener Kaiser« jährlich Tribut zahlte, sollte einigermaßen Ruhe herrschen. 1585 brachte die kaiserliche Delegation außer 45 000 Talern auch eine prachtvolle Uhr aus vergoldetem Silber in Form eines kleinen Serails mit. Schlug die Uhr die Stunde, dann öffnete sich eine Pforte, und Figuren erschienen, alle aus Silber gebildet, die den Sultan und sein Gefolge darstellen sollten. Noch nie hatten die Türken etwas so Schönes und Kostbares gesehen, und Rudolf hoffte durch dieses Geschenk Sultan Amurath III. so milde zu stimmen, daß er auf weitere Tributzahlungen verzichten würde. Die finanzielle Situation des Kaisers war – wie so oft – äußerst prekär.

1588 sandte der Herrscher also nur reiche Geschenke: prachtvolles Tafelgeschirr aus Gold und Silber, Becher, die von Edelsteinen blitzten, kostbare Uhren – aber kein Geld. Wütend ließ Sinan Bassa, der böse Geist des Sultans, die Gesandten in den Kerker werfen und bezichtigte sie, selbst den Tribut eingesteckt zu haben. Als sich aber herausstellte, daß die »Christenhunde« nicht gelogen hatten, schäumte der Bassa vor Wut und ließ sechshundert noch in Konstantinopel lebende Christen köpfen und ihre Häupter, auf Lanzen gespießt, durch die Stadt tragen.

Aufgebracht vernahm der Kaiser die Kunde von dieser Schandtat.

Er war so empört, daß er sich seinen Harnisch bringen ließ und am liebsten gleich selbst in den Krieg gegen die ungläubigen Barbaren gezogen wäre. Aber es blieb beim Probieren der Rüstung; Rudolf war nun einmal kein Kriegsmann und überließ das Kämpfen anderen, zum Beispiel seinem Bruder Matthias. Der aber spielte auch an den Grenzen des Reiches wieder ein gefährliches Spiel und suchte Gesinnungsgenossen, die ihn gegen den Kaiser unterstützen sollten.

Die Türken hatten an vielen Stellen den Waffenstillstand mißachtet und waren verheerend ins Land eingebrochen, mordend, sengend und brennend. Überall wurde die »Türkenglocke« geläutet, Kreidfeuer warnten die Bevölkerung, die sich in panischem Schrecken in Sicherheit zu bringen suchte. Schutt, Asche und Berge von Leichen hinterließen die Mordbrenner in den Gebieten, die sie heimsuchten, es gab vor ihnen keinen Schutz und keine Sicherheit. Immer wieder versuchte Rudolf auf den Reichstagen, Gelder und Kriegsvolk aufzutreiben, um ein schlagkräftiges Heer gegen die türkische Bedrohung aufstellen zu können. Aber für die Reichsfürsten war Ungarn weit, und so stieß der Kaiser mit seinen eindringlichen Appellen meist auf taube Ohren. Nur seine tüchtigen Feldherren, wie etwa der kühne Graf Rußworm oder der tapfere Graf Schwarzenberg, konnten von Zeit zu Zeit dem Feind entscheidende Schläge beibringen. Nach der Einnahme der Festung Sissek spielten sich ergreifende Szenen ab:

»Nach solchem durch göttliche Hilfe erlangten Sieg ist das christliche Kriegsvolk dreimal um die Festung herumgezogen, jedesmal auf ihre Knie niedergefallen, und hat Gott für den erlangten Sieg von Grund ihres Herzens gedankt.«

Allerdings waren die Siege der Kaiserlichen nur von kurzer Dauer. Die Türken hatten sich weit in die ungarische Tiefebene zurückgezogen und warteten bloß auf einen günstigen Moment, um von neuem die Grenzgebiete heimzusuchen. Da nützten auch die inbrünstigen Gebete nichts, in denen es hieß: »Denn siehe, der grausame erz- und erbfeind deines allerheiligsten Namens ist in dein erbe gefallen und hat deiner Christen blut wie wasser vergossen ...«

Konnte man da nicht an Gottes Güte und Milde, an seiner Weisheit und Vorsehung verzweifeln, wenn man sah, wie aussichtslos die Kämpfe gegen den Halbmond waren? Konnte man den Stellvertreter Christi auf Erden, den Heiligen Vater, noch verstehen, der die Barbaren, welche das Kreuz bespuckten und verhöhnten, nicht mit der Aussicht auf ewige Verdammnis einzuschüchtern versuchte, sondern im Gegenteil noch auf ein Bündnis mit ihnen gegen den Kaiser spekulierte? Und der alte Feind der Habsburger, Heinrich IV. von Frankreich, pflegte freundschaftlichen Kontakt mit dem Sultan, der dem französischen König versicherte: »Deine Feinde sind meine Feinde. Ich möchte ihn (Kaiser Rudolf II.) am liebsten in seiner böhmischen Residenz aufsuchen ...«

Die Zeichen am Himmel deuteten auf nichts Gutes. Die Welt schien dem Untergang entgegenzugehen; große Reiche würden stürzen, und der Satan würde über die Welt herrschen.

So stand es in den Sternen, die Rudolf in seinen einsamen Nächten befragte. Das Reich war in Gefahr, das hatte ihm sein Vertrauter, der dänische Mathematiker und Astronom Tycho de Brahe, prophezeit, und der große Physiker Johannes Kepler, den er aus Graz an den Prager Hof geholt hatte, konnte diese Vorhersagen nur bestätigen. Schon lange hatte Rudolf mit großem Interesse Keplers Forschungen verfolgt, und als dieser aufgrund seiner religiösen Einstellung – er war Protestant, seine Mutter war als Hexe angeklagt gewesen und nur mit viel Mühe vor dem Scheiterhaufen bewahrt geblieben – das tiefkatholische Graz hatte verlassen müssen, hatte ihm der Kaiser bereitwillig die Tore von Prag geöffnet. Zwar stand die finanzielle Lage der Familie Kepler nicht zum besten – der Kaiser kümmerte sich nur wenig um Geldangelegenheiten –, aber der große Physiker konnte in Ruhe seine Forschungen weiterbetreiben. Obwohl Rudolf ein ungewöhnlich aufgeschlossener Mann war, schien ihm doch manches an diesem neuen Wissen bedrohlich. Mit der Entdeckung des Planetenumlaufs um die Sonne wurden ja nicht nur alte, einleuchtende Vorstellungen zu Grabe getragen; auch die Stellung der Erde und des Menschen im Kosmos änderte sich damit grundlegend. Nicht mehr die Erde war der Mittelpunkt aller Dinge, und damit schienen alle überlieferten Werte ins Wanken zu geraten. Eine neue Zeit brach sich Bahn, und ihm, dem Kaiser, geziemte es wohl auch nicht, sich ihr in den Weg zu stellen.

Immer einsamer wurde es um Rudolf. Er zog sich in seine Gemächer zurück und gewährte nur jenen Personen Audienzen, die er anerkannte und die sein volles Vertrauen besaßen. Daß es nicht immer die besten waren, erkannte er spät oder nie. So mancher Scharlatan und zwielichtige Gaukler errang die Gunst des Monarchen durch frappierende Kunststücke oder durch die Behauptung, Gold herstellen zu können. Stellte sich allerdings heraus, daß einer das doch nicht vermochte, konnte die Lage für ihn gefährlich werden; viel konnte Rudolf vertragen, nur keine Enttäuschung. So mancher mußte Hals über Kopf seine Sachen packen und sehen, daß er rechtzeitig das Weite suchte, bevor sich der Zorn des Kaisers über seinem Haupt entlud. Und dieser Zorn war fürchterlich; nicht nur einmal wurde Rudolf handgreiflich und zerschlug alles, was ihm in die Finger kam.

Da man das aufbrausende Temperament des alternden Kaisers kannte und längst bemerkt hatte, daß sich bei ihm Tage der Melancholie mit Tagen großer Heftigkeit abwechselten, war man darauf bedacht, ihn nicht unnötig aufzuregen. Auch Johannes Kepler suchte dann zu besänftigen, wenn er nach dem Stand der Gestirne gefragt wurde und dem Kaiser ihre Konstellationen erklären sollte. Tycho de Brahe hatte Rudolf vorhergesagt, er werde einst das Schicksal eines französischen Königs erleiden; seit dieser Zeit wurde Rudolf, dem das Schicksal des durch Mörderhand umgekommenen Heinrich IV. vor Augen stand, förmlich von Verfolgungswahn gepackt. Überall fühlte er Gefahr lauern. Hatte nicht sein Bruder Matthias schon immer und bei jeder Gelegenheit gegen ihn intrigiert? Waren nicht auch seine anderen Brüder unzufrieden mit allem, was er tat? Wie leicht konnte irgendwo schon ein gedungener Mörder lauern, um ihm den Todesstoß zu versetzen!

Kaum einer wurde noch zum Kaiser vorgelassen. Hatte jemand ein dringendes Anliegen, so wies man ihn entweder sofort und ohne langen Kommentar ab, oder er mußte wochenlang warten, da man hoffte, er würde dann zermürbt von selbst aufgeben. Besonders Hartnäckige suchten von den Höflingen – natürlich gegen entsprechende Bestechungssummen – zu erfahren, wie und wo man den Kaiser am besten sprechen könnte. Am günstigsten war, man verkleidete sich als Knecht und begegnete dem Herrscher wie zufällig in seinen Pferdeställen. Freilich durfte man mit seinem Anliegen nicht gleich mit der Tür ins Haus fallen; man mußte zuerst die Tiere loben, um dann wie zufällig das Gespräch in die richtigen Bahnen zu lenken. Es war eine langwierige und mühselige Angelegenheit, beim Kaiser etwas erreichen zu wollen, und mancher warf schon die Flinte ins Korn, bevor er den ersten Schuß abgegeben hatte.

Matthias aber wartete indes auf den entscheidenden Augenblick, in dem er seinem Bruder den letzten Stoß versetzen konnte. Allzu lange war er im Schatten gestanden, jetzt wollte er aller Welt demonstrieren, daß der Kaiser ein kranker Mann und zum Regieren völlig ungeeignet sei. Daß die Zustimmung der gesamten, großen Familie nötig war, darüber war sich Matthias völlig im klaren. Aber nicht nur die Brüder, auch die Stände mußten mit einer Absetzung des Kaisers einverstanden sein. Matthias war schlau genug, den Ständen weitgehende Zugeständnisse zu machen, um sich ihre Unterstützung zu erkaufen, und diese versprachen auch ihre Hilfe, rieben sich aber dabei heimlich die Hände: Aus dem Zwist der Brüder hofften sie Kapital zu schlagen. Insgeheim verachteten sie Matthias, von dem sie genau wußten, daß auch er das Reich nicht aus dem großen Dilemma herausführen würde.

Dazu war die Gefahr von außen wieder bedrohlicher geworden. 1605 war ein großer Aufstand in Ungarn ausgebrochen; der ungarische Magnat Stephan Bocskay hatte sich selbst zum Herrn über Siebenbürgen und Ungarn ernannt und sich nicht gescheut, diese Gebiete aus den Händen des türkischen Großwesirs zu Lehen zu nehmen, ja er hatte sich dabei auf die Knie geworfen und dem Wesir Hände und Knie geküßt, wie es bei den Türken üblich war.

Jetzt wäre der Augenblick gewesen, in dem Rudolf seine ganze Kraft hätte zusammennehmen müssen, um eine klare Entscheidung zu treffen. Aber wie von einem Zauber gebannt, verharrte er entschlußlos in dem Glauben, sein Bruder habe ihn durch böse Strahlen verhext, deshalb fühle er sich schwach und krank. Die »Melancholie«, deren Opfer er von Zeit zu Zeit immer wieder gewesen war, ließ ihn nun nicht mehr los. Mit Schrecken erkannten selbst seine Freunde am Prager Hof seinen geistigen Verfall. Rasche Hilfe tat not; aber woher sollte sie kommen, ohne einen Bruderkrieg im Hause Habsburg vom Zaun zu brechen?

Die Brüder des Kaisers und seine nächsten Verwandten kamen in Linz zusammen, um über die völlig verfahrene Lage zu beraten.

Dabei kam auch die Vorliebe Rudolfs für seinen Neffen Leopold, den Sohn Herzog Karls von Innerösterreich, zur Sprache, der schon in sehr jungen Jahren Bischof von Passau geworden war. Mißtrauisch verfolgte vor allem Matthias die Laufbahn des jungen Draufgängers; konnte nicht Rudolf, unter Druck geraten, Leopold zu seinem Nachfolger bestimmen?

Gemeinsam brachen die Brüder von Linz nach Prag auf, um dem Kaiser ihre Wünsche und Vorschläge zu unterbreiten. Die Sterne standen schlecht für sie; Rudolf zeigte ihnen offenes Mißtrauen. Kalt und einsilbig antwortete er auf ihre Vorstellungen und bat sie nicht einmal in seine Gemächer. Alles, was man ihm vortrug, lehnte er rundweg ab. Noch war die Stunde der offenen Rebellion nicht gekommen, noch konnte sich Rudolf, auf das Ansehen der Kaiserwürde gestützt, behaupten.

Aber sein Untergang war nicht mehr aufzuhalten. Die Idee, Matthias solle die Macht übernehmen, war längst geboren und hatte vor allem im Reich unter den Protestanten viele Anhänger. Eine Schwächung der kaiserlichen Macht, womöglich eine Art Interregnum, wäre den Fürsten sehr entgegengekommen; stritten sich die Habsburger Brüder um Krone und Macht, so konnten die deutschen Territorialfürsten ihre Hausmacht vergrößern. Im Reich gärte es; Gruppierungen der beiden feindlichen christlichen Religionen hatten sich gebildet, 1604 die protestantische Union unter Christian von Anhalt, einem erbitterten Feind der Habsburger, 1605 die katholische Liga unter Kurfürst Maximilian von Bayern.

Rudolf hatte sich zwar von seiner Familie und aus der Öffentlichkeit zurückgezogen, seine politischen Pläne aber nicht aufgegeben; wie er sie verwirklichen sollte, wußte er allerdings nicht. Der Friede mit den Türken war zwar endlich zustande gekommen, aber der Kaiser zögerte lange, ehe er auf die Friedensbedingungen einging, die ihm Matthias überbracht hatte. Für den Kaiser waren die Türken noch immer keine verhandlungswürdigen Partner, selbst nach der Unterzeichnung eines Vertrages mißtraute er ihnen. Je mehr Matthias auf die Bestätigung des 1606 zustande gekommenen Vertrages von Zsitva Torok drängte, desto unsicherer fühlte sich Rudolf. Schließlich griff Matthias zu einer List: Mit Hilfe der böhmischen Stände, die schon lange von den Türkenkriegen genug hatten, bestach er den Vertrauten des Kaisers, Philipp Lang, der wiederum alle Hebel in Bewegung setzte und alle Tricks seiner Überredungskunst anwandte, um den Kaiser zur Unterzeichnung zu bewegen. Die Türken garantierten einen dauerhaften Frieden und waren mit einer einmaligen Abfindung von 200 000 Dukaten zufrieden. Kaum hatte Rudolf aber seine Unterschrift unter die Urkunde gesetzt, als er schon wieder von Reue gepackt wurde; am liebsten hätte er das Papier vernichtet. Ein ganzes Leben hatte er in Zweifeln verbracht, was zu tun war; dabei wollte er das Beste für das Reich und seine übrigen Länder, suchte Kriege und Konflikte zu vermeiden, wo es nur möglich war. Die Kunst, die Wissenschaft sollten die Menschen lehren, was es hieß, ein wahrer Mensch zu sein. Aber die Zeit war nicht reif für solche Ideen; rund um ihn sahen die Menschen die Erfüllung ihres Daseins im Kampf, in der Intrige, in der Feindschaft. Rudolf hätte als großer Friedenskaiser in die Geschichte eingehen können; so blieb an ihm das Flair des Versagers haften, der nicht Manns genug war, wenigstens innerhalb der eigenen Familie für reinen Tisch zu sorgen. Die »Dissimulatio« beherrschte er nicht so perfekt wie sein Vater, in schwierigen Situationen verhielt er sich weniger klug und diplomatisch, ja er versuchte sie durch Ignorieren zu lösen, was ihm natürlich nicht gelingen konnte.

Nach der mißglückten Audienz in Prag ging Matthias zum lange vorbereiteten Hauptschlag gegen den Bruder über. Schon 1606 hatte der allwissende Kardinal Melchior Khlesl über die Situation am Prager Hof gemeint:

»Land und Leute ließen sich nur erhalten, wenn Rudolf II. von der Regierung abtrete, der Kaiser könne er bleiben und seinen Aufenthalt in Linz oder anderswo nehmen. Die Nachfolge müsse zugunsten des Erzherzogs Matthias entschieden werden ...«

Die Würfel waren also längst gefallen, als Matthias sich mit den Gegnern des Kaisers verbündete; er scheute dabei vor keiner Falschheit, keiner Hinterlist zurück. Er hatte niemals gute Beziehungen zu seinem Bruder gehabt; zu verschieden war ihre Mentalität. Matthias war ein Blender, der viel mehr versprach, als er halten konnte, ein Großsprecher, der Pomp und Prunk liebte und bei dessen Gastmählern gezecht und geschlemmt wurde bis zum Umfallen. Ein solcher Kaiser an der Spitze des Reiches wäre ganz nach dem Geschmack der Reichsfürsten gewesen, er hätte ihren Machtgelüsten keinen ernsthaften Widerstand entgegensetzen können.

Viel zu spät versuchte Rudolf nun, noch einmal das Rad des Geschicks in den Griff zu bekommen. Aber Matthias war bereits die Krone Ungarns zugefallen. Er hatte sich der Herrschaft über Österreich bemächtigt und war in Mähren eingefallen. Rudolf wußte, daß das Ziel des ehrgeizigen Bruders Prag war, und mit der Einnahme der Stadt die Herrschaft über Böhmen – und schließlich die Kaiserkrone.

Hals über Kopf wollte Rudolf Prag verlassen und nach Sachsen fliehen, aber die böhmischen Adeligen, die noch auf der Seite des Kaisers standen – er hatte ihnen, wenn auch unter Druck, im Majestätsbrief von 1609 volle Religionsfreiheit zugesichert –, baten ihn kniefällig, zu bleiben und nicht der Macht des Bruders zu weichen. Sie wollten ihn bis zum letzten Mann verteidigen. Auch der Papst bemühte sich nun um einen Ausgleich der feindlichen Brüder, aber es war längst zu spät.

Es schien eine Tragik des Schicksals, daß Rudolf in den letzten Tagen seiner Herrschaft auch noch von falscher Seite unterstützt wurde. Sein Neffe Leopold war mit einer Horde Passauer Kriegsvolkes in Böhmen eingefallen, um den Kaiser zu schützen. Dieses Landsknechtsheer, das die Prager Kleinseite erobert hatte, wütete so grausam und verbreitete in der Stadt solchen Schrecken, daß sich die Wut der Bevölkerung auch gegen den Kaiser wendete. Nur mit großer Mühe gelang es Rudolf, die Passauer zur Heimkehr zu bewegen. In diesen Tagen zeigte es sich, was ein wild zusammengewürfelter Kriegshaufen anrichten könnte; der bald darauf folgende furchtbare, dreißig Jahre währende Krieg sollte es nur zu oft bestätigen.

Rudolf mußte aufgeben; als Mensch und als Kaiser war er gescheitert. Als er erfuhr, daß auch die böhmischen Stände, denen er immer vertraut hatte, seine Abdankung forderten, öffnete er seine Fenster und rief in die Nacht hinaus, daß es weithin hallte:

»Praga, ingrata Praga, Prag, durch mich bist du erhöht worden, und nun stößt du deinen Wohltäter von dir!«

Matthias kostete seinen Sieg über den Bruder bis zur Neige aus. In prächtige Gewänder gehüllt, zog er in die Stadt ein, er gab Empfänge und Gastmähler, bei denen der Wein in Strömen floß. So mancher, der Anhänger Rudolfs gewesen war, fand jetzt nichts dabei, dem Bruder als neuem Herrscher die Hand zu küssen. Nur wenige Getreue hielten zu Rudolf, der wie ein Gefangener auf dem Hradschin saß und keinen Schritt unbeaufsichtigt tun durfte. Vor seinen Türen standen Wachen, die Matthias genau zu berichten hatten, wie der gefangene Kaiser seine Tage verbrachte.

Aber obwohl Rudolf zunächst in tiefste Resignation gefallen war, gab er das Spiel um die Macht doch nicht ganz verloren. Noch war Matthias von den Kurfürsten nicht zum Kaiser gewählt worden, noch trug er nicht den Titel, der die höchste Macht auf Erden verlieh. Aber es war eine Illusion, der sich Rudolf hingab. Nicht einmal früher, als er die Möglichkeit dazu gehabt hätte, war er in der Lage gewesen zu handeln; wie sollte er sich jetzt, da alles verloren war, dazu aufraffen? Er durfte sich nicht einmal mehr ohne Erlaubnis in seinen herrlichen Gärten ergehen, wo er täglich seine exotischen Lieblingstiere, seinen Löwen und die beiden Adler besucht hatte. Voller Schmerz hörte er vom Tod der Tiere; das war ein böses Omen. Er spürte, daß seine Tage gezählt waren, obwohl ihm eben noch eine Tochter geboren worden war. Mit letzter Kraft verfügte er, daß sie standesgemäß zu erziehen sei und legte auch noch ihre Aussteuer fest. Am nächsten Tag, am 20. Januar 1612, schloß Rudolf für immer die Augen, ohne einen Priester zu sich zu lassen. Er wollte keine Absolution, keine Sterbesakramente und keine letzte Ölung. Mit schwindender Stimme flüsterte er auf die Ermahnung des Dieners, doch einen Priester kommen zu lassen: »Ja, wenn wir einen hätten, der unseres Humores wäre!«

Viele, die um sein Sterbebett standen, meinten, Rudolf habe bis zuletzt sein wahres Gesicht nicht gezeigt; er sei im Grunde seines Herzens wohl Protestant gewesen. Aber wie sein Vater Maximilian II. war der Kaiser weder Katholik noch Protestant gewesen; bloß ein Mann, der unter den Zwängen seiner Zeit gelitten, der die höchsten humanistischen Ziele mit seinem Glauben zu vereinbaren gesucht hatte.

Matthias brachte der Sieg über seinen Bruder kein Glück. Nur zu bald mußte er erkennen, daß auch er der völlig verfahrenen politischen Situation nicht gewachsen war. Zwar hatte er das Ziel seines Lebens erreicht und war schließlich doch von den Kurfürsten zum Kaiser gewählt und in Frankfurt gekrönt worden, aber in Wirklichkeit liefen die Fäden der Macht bei einem Mann zusammen, von dem es hieß, er wolle der Mönch sein, der den Abt regiert: Kardinal Melchior Khlesl, durch die Hilfe und die Gunst Matthias' kometenhaft emporgestiegen. Zwei Gruppen rivalisierten in der Umgebung des Kaisers: die von Khlesl angeführte Friedenspartei und eine Kriegspartei, deren Drahtzieher sein jüngerer Bruder Maximilian und sein steirischer Cousin Ferdinand waren. Seit 1595 regierte Ferdinand in der Steiermark und versuchte dort mit Blut und Schwert der Gegenreformation zum Durchbruch zu verhelfen. Maximilian und Ferdinand waren es auch, die schließlich den allmächtigen Khlesl entthronten und damit dem alternden, schwachen Kaiser seine letzte Stütze raubten. Matthias hatte gerade einen schweren Gichtanfall hinter sich, als er die Nachricht von Khlesls Gefangennahme erhielt. Verzweifelt soll Kaiserin Anna ausgerufen haben:

»Ich sehe wohl, daß mein Gemahl Euch zu lange lebt und daß man seiner überdrüssig!«

Auch Matthias hatte der von ihm selbst angezettelte Bruderzwist nur Unheil beschert; nicht nur einmal stieß er den Seufzer aus: »Wieviel lieber wäre ich ein glücklicher Privatmann als ein hintangesetzter Kaiser.«

Der Tod kam im richtigen Augenblick; als er eines Morgens im Bett eine Tasse Hühnerbrühe zu sich nehmen wollte, sank er in die Kissen zurück und schloß die Augen für immer. Seine Frau Anna war ihm mit nur 33 Jahren im Tod vorausgegangen. Kinder waren ihnen nicht vergönnt gewesen, ebensowenig wie seinen anderen Brüdern. Keiner der Nachkommen Maximilians II., der auf seine große Kinderschar stolz gewesen war, hatte legitime Nachkommen gezeugt, so daß die ältere Linie der Habsburger mit Matthias ausstarb.

Der wenig lachende Erbe zu Beginn des schrecklichen großen Krieges, der dreißig bittere Jahre dauern sollte, war der steirische Cousin Ferdinand, ein Mann, der durch seine rigorose religiöse Einstellung den furchtbaren Brand nicht verhinderte, sondern bloß noch mehr anfachte.

Ein Herz und dennoch eine Krone

FRANZ STEPHAN UND MARIA THERESIA

Jahrelang hatten Kaiser Karl VI. und seine Gemahlin Elisabeth Christine auf Kinder gewartet. Alles mögliche hatte der Kaiser schon ausprobiert, als er merkte, daß seine von ihm sehr geliebte Frau Schwierigkeiten hatte, einem Thronerben das Leben zu schenken. Wunderkuren mußte die »weiße Lisl«, wie sie der Kaiser wegen ihres berühmt schönen Teints liebevoll nannte, über sich ergehen lassen, und man befragte selbst Hellseher und Quacksalber, wann sich der ersehnte Kindersegen einstellen würde. Als jemand eine Weinkur empfahl, war der Kaiser Feuer und Flamme, was zur Folge hatte, daß Elisabeth Christine, die bisher nur mäßig dem Wein zugesprochen hatte, sich an übermäßigen Alkoholgenuß gewöhnte. Als zusätzliche Animation ließ Karl VI. die ehelichen Schlafzimmer mit amourösen Bettszenen ausmalen.

Obwohl er also wirklich nichts unversucht ließ, dauerte es doch verhältnismäßig lange, bis das heißersehnte Kind in der Wiege lag. Nach acht Jahren konnte der Kaiser dem Volk von Wien die Geburt eines strammen Buben melden. Der Jubel war groß, wußte man doch allenthalben um den bisherigen Kummer des Herrscherpaares.

Alles schien nun in bester Ordnung zu sein, für einen männlichen Nachfolger war gesorgt, nun konnten getrost die Mädchen ihren Einzug in die Familie halten.

Das Glück der Eltern dauerte nur kurz. Der kleine Leopold hatte bald nach der Geburt zu kränkeln begonnen, die Ärzte standen mit ratlosem Gesicht vor dem kleinen Bettchen und konnten nicht verhindern, daß der Tod den ersten Sohn Karls VI. nach wenigen Monaten hinwegraffte.

Als sich der größte Schmerz gelegt hatte, vertraute man auf Gott und die Zaubermittel und sagte sich, daß die Kaiserin noch jung sei und nun, da der Bann einmal gebrochen war, noch etliche Kinder gebären konnte. Elisabeth Christine war auch bald wieder guter Hoffnung, aber das Kind, das am 13. Mai 1717 das Licht der Welt erblickte, war ein Mädchen. Auch in den folgenden Jahren stellten sich bei der kaiserlichen Familie nur Mädchen ein, und nach vielen enttäuschten Hoffnungen auf einen männlichen Nachfolger mußte Karl VI. erkennen, daß es das Schicksal nun einmal bestimmt hatte, daß er nur Vater von Töchtern sein sollte. So freudig die erste Tochter von den Eltern begrüßt worden war, so enttäuscht war man Jahr für Jahr bei der Geburt ihrer Schwestern. Hatte man beim ersten Schrei Maria Theresias der Magna Mater Austriae in Mariazell ein Kind aus purem Gold gestiftet, so war man in den darauffolgenden Jahren schon wesentlich zurückhaltender.

Die Taufe der ersten Tochter war ein Freudenfest gewesen. Maria Theresia sollte im Rittersaal der Hofburg das Sakrament empfangen. Der Kaiser hatte durch Boten eigens Wasser aus dem Jordan bringen lassen, daneben stand eine Phiole mit dem Blut Christi für die Zeremonie bereit, ein Dorn aus der Krone und ein Nagel, mit dem die Füße Jesu durchbohrt gewesen waren. Tiefe Frömmigkeit zeichnete den Kaiser und seine Gemahlin aus, sie waren überzeugt, daß alles, Freud und Leid, vom allerhöchsten Herrn geschickt sei und daß man ein Kind von den ersten Tagen an in seine Hände legen mußte.

Maria Theresia wuchs in der Wiener Hofburg als fröhliches Kind heran, beinahe unbeschwert, wurde sie doch von ihrem Vater, dem Kaiser, in keiner Weise mit politischen Dingen belastet. Er wartete noch immer auf einen Sohn, den er dann nach allen Regeln der Kunst schulen konnte.

Die kleine Resl, wie das Mädchen in der Familie gerufen wurde, war bald der Liebling des Wiener Volkes, mit ihrem seidenweichen blonden Haar, den tiefblauen, strahlenden Augen und ihrer zarten, hellen Haut, einem Erbstück ihrer Mutter. Wenn es nur möglich war, entwischte sie aus der Hofburg, mischte sich unters Volk und sprach in drolliger, kindertümlicher Weise. Die Leute waren entzückt, wenn sie erkannten, mit wem sie gerade plauderten. Resl war natürlich und lebhaft, kein Wunder, daß alle Herzen ihr zuflogen. Sie hatte das Glück, eine wohlbehütete, harmonische Kindheit verleben zu können. Ihre Eltern liebten einander, und diese gegenseitige Achtung und Zuneigung spürten auch die Kinder. Obwohl das immer noch herrschende spanische Hofzeremoniell wenige

176

Freiheiten für die Kinder gestattete, gab es doch in der Privatsphäre des Kaiserhauses eine Art Familienidyll. Es wurde getanzt und gelacht, gescherzt und mit den Kindern gespielt, wann immer die Eltern Zeit fanden.

Das Problem der Erbfolge allerdings wurde mit den Jahren zunehmend drängender. Karl VI. machte sich zwar immer noch Hoffnungen auf einen Sohn, aber er mußte sich eingestehen, daß diese Hoffnungen von Mal zu Mal trügerischer wurden. Nach langen Beratungen mit seinen Ratgebern rang er sich dazu durch, ein Gesetz zu erlassen, das die Erbfolge seiner ältesten Tochter Maria Theresia garantieren sollte. Aber der Kaiser ahnte damals schon, daß er wohl ein Erbfolgegesetz für seine Länder ausarbeiten konnte, daß er aber unbedingt die Zustimmung der wichtigsten Fürsten Europas brauchte, um diesem Gesetz auch Gültigkeit zu verschaffen. Nur wenn alle anderen in Europa die Unteilbarkeit der österreichischen Länder und die Erbfolge seiner Tochter akzeptierten, würde Maria Theresia nach seinem Tod die Chance haben, anerkannt und in Frieden herrschen zu können. Frankreich hatte ihn im Spanischen Erbfolgekrieg um die Thronfolge in Spanien gebracht, der französische König galt seit jeher als Gegner Habsburgs, und Karl hatte auch die neuen Mächte genau im Auge, die die Vormachtstellung im deutschen Gebiet anstrebten. Preußen war nicht zu unterschätzen, und wie die Zukunft zeigen sollte, hatte Karl mit seinen Überlegungen nur allzu recht.

Karl VI. erkannte bald, daß er sein Gesetzeswerk, die »Pragmatische Sanktion«, niemals gegen den Willen der Herrscher rund um das habsburgische Gebiet durchsetzen konnte, und so unternahm er vorsichtige diplomatische Schritte, die dazu führten, daß alle die Pragmatische Sanktion unterschrieben, aber wahrscheinlich, als die Tinte noch nicht getrocknet war, schon daran dachten, wie sie im Falle eines Falles alles für null und nichtig erklären könnten.

Es waren leere Versprechungen, die sich in Luft auflösten, als Karl VI. plötzlich und überraschend im Jahre 1740 starb. Niemand aus der Familie hatte damit gerechnet, daß der lebensfrohe und, wie man allgemein meinte, gesunde Kaiser so schnell seine Augen für immer schließen würde. Vor allem seine schwangere Tochter Maria Theresia, die nun die Erbin des Habsburger Reiches geworden war, traf der Tod ihres Vaters wie ein Blitz aus heiterem Himmel. Sie war völlig unvorbereitet, die Regierungsgeschäfte zu übernehmen. In tiefer Trauer trat sie vor den Rat Karls VI. und gab mit tränenerstickter Stimme den Tod des Kaisers allgemein bekannt. Es war eine außerordentlich schwierige Situation für die junge Frau, und bei mehr als einer Gelegenheit war sie der Resignation nahe.

Eine Stütze aber hatte sie, auf die sie sich blindlings verlassen konnte: ihren geliebten Mann Franz Stephan von Lothringen.

Die Liebesgeschichte der beiden liest sich wie ein Roman. Maria Theresia war als Erbtochter des Kaisers eine begehrte Partie gewesen; viele Fürstensöhne hatten auf die Hand der schönen Habsburgerin gehofft, aber sie hatten keine Chancen. Der zukünftige Mann Maria Theresias lebte bereits am Hof in Wien und war beinahe ein Mitglied der Familie geworden. Er war als vierzehnjähriger Knabe von seinem Vater Herzog Leopold von Lothringen nach Wien geschickt worden, als Ersatz für seinen Bruder Leopold Clemens, der kurz vor der Abreise an den Schwarzen Blattern erkrankt und daran gestorben war. Dieser lothringische Prinz hatte als besonders begabt gegolten, und es war ihm der Ruf eines Wunderkindes vorausgegangen. Sein Vater hatte mit dem Kaiser vereinbart, daß Clemens in Wien die große Welt kennenlernen und hier den letzten Schliff bekommen sollte. Nach seinem Tod hoffte Leopold, daß der Kaiser auch seinen zweiten Sohn Franz Stephan huldvoll aufnehmen würde. Im Hintergrund standen natürlich Überlegungen über eine mögliche Heirat mit der Erbtochter Maria Theresia. Aber so offen wollte er dem Kaiser seine Karten noch nicht zeigen.

Franz Stephan wurde in aller Form bei der kaiserlichen Familie angemeldet, die sich zu dieser Zeit zur Krönung in Prag aufhielt. Mit einer riesigen Aussteuer und vielen guten Ratschlägen und Ermahnungen schickte der Vater den Prinzen auf die Reise. Allein zwölf Dutzend Paar weißer Handschuhe gab man Franz Stephan mit, dazu kamen Berge von Tafelsilber, eine Unzahl modischer Kleidungsstücke und auch eine regelrechte Studienbibliothek mit 74 Bänden aller Art und aller Wissensgebiete. Der Prinz sollte in Wien seine Bildung erweitern, Geographie, Geschichte, Grammatik und Politik studieren, aber auch Erbauliches lesen und über Fragen der Rechtswissenschaft Bescheid wissen.

Allerdings: Die Sitten und Gewohnheiten am Kaiserhof waren anders, als Leopold sie sich vorgestellt hatte. Karl VI. war, wie die meisten seiner Habsburger Vorfahren, ein leidenschaftlicher Waidmann. Sein Jahresplan richtete sich im wesentlichen nach den Balzen und Jagdzeiten. Kaum war das Weihnachtsfest vorbei und das neue Jahr ins Land gezogen, da wurde schon zur Reiherjagd geblasen, dann folgte der Schnepfenabschuß, in den Monaten darauf stellte die lustige Jagdgesellschaft den Wildsäuen nach, und Hasen, Rehe und Hirsche boten reichlich Abwechslung für die begeisterten Jäger in der Umgebung des Kaisers. Viele Jagdfreunde freuten sich, wenn Karl VI. eine persönliche Einladung in die Umgebung Wiens bringen ließ, aber trotz der großen Jägerrunde fehlte dem Kaiser ein persönlicher Jagdkumpan, der für ihn durch dick und dünn kroch.

Als Franz Stephan die kaiserliche Familie in Prag kennenlernte, schloß ihn besonders der Kaiser sofort ins Herz. Er fand den jungen Mann äußerst sympathisch, vielleicht weil er selber einen eigenen Sohn entbehren mußte und froh war, jetzt wenigstens einen kleinen Ersatz gefunden zu haben. Eintragungen im Tagebuch des Kaisers berichten darüber. Am 12. August 1723 stehen folgende Zeilen: »Prinz Lothringen lustig« oder »Bürst ganzen Tag wie gestern, Prinz Lothringen da, herzig 14 Jahre alt« oder »Prinz ist lustig, brav schoß«.

Franz Stephan war in eine Familie gekommen, deren Mitglieder sich zwar prächtig verstanden, die aber, zumindest nach außen hin, noch im Hofzeremoniell verfangen war. Der Prinz aber übersprang diese Hürde mit der Unbekümmertheit seiner Jugend und seinem sprichwörtlichen Charme. Er redete, wie ihm »der Schnabel gewachsen« war, und nahm sich auch vor den kaiserlichen Gastgebern kein Blatt vor den Mund.

Besonders die Töchter Karls VI. waren von dem jungen Gast hingerissen; er war natürlich und lustig wie sie selber, und so fanden sie in ihm einen idealen Freund und Kameraden. Die damals sechsjährige Maria Theresia amüsierte sich über die Späße des Prinzen, zu denen er immer und überall aufgelegt war, und bald wurde er der liebste Spielgefährte der Erzherzogin.

Schon bald erkannte Karl VI., daß er in dem immer fröhlichen Burschen einen geeigneten Jagdgefährten gefunden hatte, dem kein

Weg zu weit und kein Tier zu schnell war. Kaum hatte der Kaiser den Plan zu einer neuen Jagd entwickelt, wurde schon Franz Stephan informiert und gefragt, ob er trotz seiner Studien auch Zeit für die Jagd habe. Und der Prinz hatte selbstverständlich immer Zeit, wenn es darum ging, den öden und langweiligen Unterricht zu unterbrechen. Bald waren er und der Kaiser als Jagdgespann so berühmt, daß sie einen Rekord an Trophäen verbuchen konnten.

Der Vater im fernen Lothringen ahnte nicht, daß der Sohn kaum zum Studieren kam. Zu vielfältig waren die Ablenkungen und Abwechslungen. Franz Stephan fand auch keinen Sinn darin, andere Sprachen oder gar Latein zu lernen, ihm genügte das, was er konnte, und das war ein Mischmasch von Deutsch und Französisch. Wenn der spätere Kaiser und Gemahl Maria Theresias Briefe schreiben mußte, war dies jedesmal eine kleine Katastrophe für ihn, und seine Frau mußte die Briefe auf Rechtschreibfehler hin korrigieren und setzte manchmal unter ein Schreiben einen launigen Kommentar. Wahrscheinlich dürfte Franz Stephan auch in diesem Kauderwelsch gesprochen haben, einer Mischung aus seiner Muttersprache Französisch und der Sprache seiner neuen Heimat, die er allerdings nie richtig erlernte.

Als Leopold von Lothringen merkte, daß die Briefe seines Sohnes noch nach Jahren vor Fehlern strotzten, machte er ihm ernsthafte Vorhaltungen. Franz Stephan las die Briefe seines Vaters genau und gelobte Besserung, aber dann wurde zur nächsten Jagd geblasen, und die guten Vorsätze hatte der Wind mit sich davongetragen.

War aber eine Prüfung angesetzt, dann zeigte es sich, daß der Prinz keineswegs unintelligent war, denn er bestand die Examina zum Erstaunen aller immer mit überraschend guten Beurteilungen. Der gesunde Menschenverstand half ihm oft, Probleme zu lösen, die manch anderer nur durch intensive Studien enträtseln konnte.

Nach dem Tod seines Vaters mußte Franz Stephan nach Lothringen zurückkehren, um die Regierungsgeschäfte zu übernehmen. Maria Theresia war in der Zwischenzeit zu einem blühenden jungen Mädchen herangewachsen, und die bedeutendsten Prinzen Europas rüsteten sich zum Wettstreit um die Hand der schönen Habsburgerin. Gerüchte machten die Runde an den Höfen von Paris, London und Berlin, Beauftragte der Könige fragten beim

Kaiser an, und auch der greise Prinz Eugen fühlte sich bemüßigt, die Kaisertochter unter die Haube zu bringen. Der Einfluß des Türkensiegers war beträchtlich, und er konnte beim Kaiser viel erreichen. Eugen entwickelte einen überraschenden Plan: Maria Theresia sollte den Sohn des Preußenkönigs Friedrich Wilhelm I. heiraten, den jungen Friedrich. Sein Vater hatte ihn mit drakonischer Strenge erziehen lassen, und so war aus dem gutaussehenden Prinzen ein eher zurückhaltender junger Mann geworden. Als ihm die Heiratspläne seines Vaters zu Ohren kamen, war er nicht abgeneigt. In diesem Sinn äußerte er sich Friedrich Generalleutnant Grumblow gegenüber in einem persönlichen Brief. Auch wenn es nur ein Plan war, eine Verbindung zwischen den Habsburgern und Hohenzollern herzustellen, sah der spätere Preußenkönig Friedrich II. doch eine günstige Konstellation für die Zukunft Europas, wenn er Maria Theresia und seine ältere Schwester den Prinzen von Wales ehelichten. Die daraus entstehenden politischen Verbindungen hätten ein massives Bollwerk gegen Frankreich ergeben.

Aber es kam alles ganz anders, als Prinz Eugen und Friedrich geplant hatten. Dabei hatte Friedrich sogar einmal die weite Reise nach Wien unternommen, wenn man ernst zu nehmenden Gerüchten Glauben schenken darf, um Maria Theresia von Angesicht zu Angesicht anschauen zu können. Er wollte nämlich, mißtrauisch wie er nun einmal war, nicht die Katze im Sack kaufen, und die Prinzessin sollte ihm auch gefallen. Er soll von dem Anblick des jungen Mädchens hingerissen gewesen sein, so daß er sicherlich nichts gegen die Eheschließung einzuwenden gehabt hätte. Aber plötzlich dachte man am preußischen Hof ganz anders. Wer zuerst Bedenken geäußert hatte, ist unklar, aber auf einmal war man skeptisch gegenüber den Habsburgern; Preußen brauchte einen männlichen Erben, und der Kaiser war nur von Frauen umgeben. Nach den Vorstellungen der Zeit glaubte man, daß aus einer solchen Familie nur Töchter kommen würden. So zerschlug sich der Plan einer Verbindung der beiden Herrscherhäuser, noch ehe er ans Licht der Öffentlichkeit getragen worden war.

Die Geschichte Europas hätte ganz anders ausgesehen, wären die beiden, Friedrich II. und Maria Theresia, miteinander im Ehebett gelegen und sich nicht feindlich auf dem Schlachtfeld gegenübergestanden. Ob allerdings die Habsburgerin mit dem nüchternen, oft unkonzilianten Friedrich glücklich geworden wäre, ist höchst fraglich.

Friedrich II. konnte Maria Theresia nie ganz vergessen. Auch in den Jahren, als sie einander erbittert bekämpften, achtete Friedrich die Herrscherin. Sie war für ihn nicht die persönliche Feindin, und er sprach nie abfällig über sie. Etwas von seiner jugendlichen Zuneigung zu ihr war in seinem Innersten übriggeblieben. Sie war für ihn »die Frau mit dem Herzen eines Königs«. Und ein solcher Ausspruch bedeutete viel für einen Mann wie Friedrich.

Maria Theresia hingegen, die von den geheimen Verhandlungen nichts erfahren hatte, haßte Friedrich wie die Pest. Nie fand sie ein gutes Wort für ihn oder zeigte nur einen Funken Verständnis für seine Politik. Für sie persönlich war es ein großes Glück, vielleicht das größte in ihrem Leben, daß aus dem Plan Prinz Eugens nichts geworden war, denn sie hatte von frühester Jugend auf eine Schwäche für den leichtlebigen lothringischen Prinzen, und wahrscheinlich konnte sie sich keinen anderen Mann vorstellen als Franz Stephan.

Wie es also schien, war die Ehe der beiden eine ausgemachte Sache, und an den Fürstenhöfen Europas hatte man sich bereits damit abgefunden, daß die älteste Tochter des Kaisers in festen Händen war. Alles war gut, solange Franz Stephan in Wien weilte und den Kaiser tagtäglich zu Gesicht bekam. Als er aber nach Lothringen abreisen mußte, spürte Karl VI. Zweifel in sich aufsteigen, ob er seine Tochter und Nachfolgerin wirklich an einen Mann verheiraten sollte, der nichts war und auch wenig hatte. Karl wußte, daß Lothringen ständig von Frankreich bedrängt wurde und hatte dem jungen Mann vorsorglich einen erfahrenen Freund und Beschützer mitgegeben, den Grafen Neipperg, der vor allem darauf achten sollte, daß der junge Mann in seinem Überschwang nichts Unbedachtes und Unvernünftiges unternahm, weder seine Gesundheit gefährdete noch seinen guten Ruf in Gefahr brachte.

Franz Stephan begann damit, die Lage in seiner Heimat zu sondieren. Er unternahm eine Reise nach Brüssel und von dort nach England. Georg II. empfing ihn sehr freundlich und war begierig, etwas über Wien zu erfahren. In seiner ungezwungenen Art berichtete der junge Herzog über das Leben und Treiben im Kaiserhaus, ohne aber auf große politische Probleme einzugehen. Als die Tage in England vorüber waren, kündigte sich der lothringische Prinz in Berlin an, um dem preußischen König und seinem Sohn die Aufwartung zu machen. Hier konnte Franz Stephan mit eigenen Augen sehen, was es hieß, eine ungeliebte Frau heiraten zu müssen, nur weil der Vater dies so wollte. Gerade als er in Berlin war, wurde die Verlobung Friedrichs mit Prinzessin Elisabeth Christine von Braunschweig-Wolfenbüttel bekanntgegeben. Noch vor dem Verlobungstag soll Friedrich geäußert haben, er wolle sich lieber das Leben nehmen, als die Braunschweiger Prinzessin zu heiraten.

Unruhig kehrte Franz Stephan nach Lothringen zurück. In den langen Monaten des Getrenntseins hatte er erkannt, daß ihm Maria Theresia mehr bedeutete als bloß eine Gefährtin aus der Jugendzeit, daß er mehr für sie spürte als brüderliche Sympathie. Jetzt aber war er weit weg, und es kamen ihm Zweifel, ob auch sie seine Gefühle erwiderte oder ob ein Bedeutenderer, Reicherer ihre Hand erringen würde.

Gottlob wußte Franz Stephan nichts von den neuen Plänen Prinz Eugens, der unermüdlich um die Sicherheit und den Fortbestand des Habsburgerreiches besorgt war. Kaum hatte sich die Verbindung mit Preußen zerschlagen, da plante er eine Heirat Maria Theresias mit dem Prinzen von Bayern. Mit allen Überredungskünsten versuchte der greise Feldherr den Kaiser zu überzeugen. Aber Karl war sich nicht im klaren, was er tun sollte, und ging einer Entscheidung immer wieder aus dem Weg. Was sollte er tun? Es war ihm nicht entgangen, daß Maria Theresia eine besondere Zuneigung zu Franz Stephan entwickelt hatte, und auch er sah in dem Prinzen den idealen Schwiegersohn. Aber er war nicht nur Vater, sondern vor allem auch Kaiser. Und als solcher hatte er seine Pflicht für das Land zu erfüllen, genauso wie seine Tochter, die Erbin des Riesenreiches. Er ließ Franz Stephan wieder nach Wien kommen und bot ihm die Statthalterschaft in Ungarn an. Der Prinz, der gehofft hatte, als Schwiegersohn begrüßt zu werden, war von dem Empfang in Wien bitter enttäuscht, vor allem, als er erfuhr, daß er nicht in der Hauptstadt bleiben sollte, sondern im finsteren Schloß von Preßburg leben mußte. Aber immerhin war er seinem »Reserl« näher, und optimistisch, wie er sein Leben lang

war, sah er die Vorteile, die sich aus der geringen Entfernung ergeben mußten. Schnell hatte man verschiedene Leute aufgetrieben,
auf die sich die Verliebten verlassen konnten, welche die Briefe, die
Maria Theresia an ihren Franzl schrieb, auch wirklich heimlich
überbrachten und gleich auf Antwort warteten.

Ab und zu durfte Franz Stephan auch nach Wien kommen, aber
er konnte natürlich nie mit der Angebeteten in einem Zimmer allein sein. Eine Anstandsdame mußte mindestens zugegen sein.
Aber die von Maria Theresia von Kindheit an geliebte »Aja« Gräfin Charlotte Fuchs, die Fuchsin, wie sie die Erzherzogin liebevoll
nannte, drückte immer wieder ein Auge zu und hörte weg, wenn
die beiden ein paar sehr private Worte miteinander tauschten.
Auch die Mutter Maria Theresias unterstützte ihre Tochter, wo sie
nur konnte.

Am Kaiserhof sprach man gern und viel über die Romanze der
Erzherzogin, und es war auch für den englischen Gesandten Ro-
binson kein Geheimnis, daß Maria Theresia unsterblich in Franz
Stephan von Lothringen verliebt war. Der Gesandte schrieb in seinem Tagebuch:

»Trotz ihrer starken Seele hegt sie eine zärtliche Liebe zu dem
Herzog von Lothringen. Des Nachts sieht sie ihn im Traume und
am Tage unterhält sie ihre Hofdame nur über ihn, so daß es nicht
wahrscheinlich ist, daß sie den Mann jemals vergessen wird, den sie
für sich geboren glaubt. Und nie wird sie denjenigen vergeben,
welche sie in Gefahr brachten, ihn zu verlieren.«

Für seine Liebe mußte Franz Stephan große Opfer bringen. Er
verlor die Krone seines Landes, aber er gewann das Herz einer
großen Frau. Über seinen Kopf hinweg hatte der König von Frankreich entschieden, daß Franz Stephan auf Lothringen verzichten
und daß Stanislaus Leszczyński, der ehemalige polnische König
und Schwiegervater Ludwigs XV., in Lothringen regieren solle. Er
hatte sein Land an den sächsischen Kurfürsten August III. abgeben
müssen. Franz Stephan aber bot man das Großherzogtum Toskana
an, das nach dem Aussterben der Medici frei geworden war.

Das europäische politische Karussell hatte sich wieder einmal
gedreht und war bei Franz Stephan stehengeblieben, der jetzt handeln mußte. Sein eigenes Land sah er für alle Zeiten verloren, denn

nach dem Tode Leszczyńskis sollte Lothringen endgültig an Frankreich fallen. Ludwig XV. hatte sein Ziel erreicht; der länderlose Prinz, der sich um die Hand der Tochter des bedeutendsten Herrschers in Europa bewerben wollte, mußte zusehen, daß er wenigstens etwas bekam, wollte er nicht wie ein Bettler vor dem Kaiser erscheinen. Für Franz Stephan war die Entscheidung längst gefallen, er war keine Kämpfernatur, und so nahm er an, was man ihm bot. In seinen Gedanken und Träumen hatte er nur ein Ziel vor Augen, und das hieß Maria Theresia. In einem Gartenhaus im Wiener Neustädter Schloßpark fiel endlich die so lang herbeigesehnte Entscheidung: Maria Theresia war mit Franz Stephan allein, und sie gestanden einander ihre Liebe.

Der Kaiser sah ein, daß sein Zögern zu nichts führte. Und als Mitte Januar 1736 Franz Stephan offiziell beim Kaiser erschien und um die Hand seiner Tochter anhielt, kam es zwar zu einem ernsten Gespräch unter vier Augen, dann aber drückte Karl VI. seinen Jagdgefährten und liebsten Freund ans Herz und gab seiner Freude Ausdruck.

Das Verlöbnis wurde nun offiziell bekanntgegeben, zur Freude und Genugtuung des Wiener Volkes, das der jungen Thronfolgerin den richtigen Mann fürs Leben wünschte. Und wem ihr Herz gehörte, das war mittlerweile allen bekannt. Danach mußte sich der Bräutigam aus Wien verabschieden und wieder in sein Schloß in Preßburg ziehen. Die folgenden Wochen bis zur Hochzeit waren ausgefüllt von unermüdlichen Überlegungen, wie die Hochzeit der Kaisertochter würdevoll und prunkvoll ausgerichtet werden sollte. Briefe gingen täglich von Preßburg in die Wiener Hofburg, jetzt war es den jungen Leuten endlich offiziell erlaubt, einander zu schreiben. Liebe und innige Verbundenheit sprechen aus diesen Zeilen. Am 9. Februar 1736, drei Tage vor der Hochzeit, schrieb Franz Stephan an seine Braut:

»In diesem augenblick erhalte Ich EW. Lbd. gnädiges schreiben welches mir in meiner entfernung nicht von geringen trost ist, dann ich versichern kann, das mir die Täge unerträglich seynt, wo ich die freüd nicht habe meiner allerliebsten braut mich zu füssen zu legen. Von welchem mich nicht consoliren könnte, wann nicht beständig dahin gedenckete, das ich die gnad haben werde, sontags bey denen Augustinern einander näher und in Vollkommenheith meines Vergnügen zu sehen.«

Kaum hatte Maria Theresia den Brief in Händen, als sie auch schon zur Feder griff, um ein Antwortschreiben aufzusetzen:

»Was man gern tuth macht kheine ungelegenheit, indeme recht von hertzen auf Eüer liebden so obligeante und complimentose brief antworte, wüntsche eine glickliche reis und guttes wetter, hoffe das dises die letzte sein wird, die Eüer liebden ohn ihrer so ergebenen braut machen werden, die allzeit verbleibe

Eüer liebden

getreüeste braut Maria Theresia

Wien den 10. Februariji 1736«

Am Schluß folgte noch ein ganz unzeremonielles »Adieu mäusl«.

Der letzte Brief Franz Stephans erreichte Maria Theresia einen Tag vor der Hochzeit:

»Preßburg, den 10. Februar

Ew. Lbd. binn wohl höchstris obligirt für die Gnad meine Zeilen so güthigst zu beantworthen; diese werden die letzten seyn, meiner allerliebsten Braut mich schrifftlich zu füssen zu legen, indeme morgigen Tags von hier abzureisen und übermorgen zur erwünschten Zeit einzutreffen gedenke, worzu alle augenblicke zehle und bis zu diesem beglückten in unruh und sorgen seyn werde.«

Die Hochzeit der Kaisertochter sollte an einem Sonntag in der Augustinerkirche stattfinden. Dicht drängte sich das Volk in den Straßen, durch die Bräutigam und Braut fahren mußten, man scheute nicht Wind und Februarkälte, heißer Wein wurde aus großen Töpfen, die man über offenem Feuer erwärmt hatte, für die wartende Menge ausgeschenkt. Der Bräutigam trug ein mit Silber besticktes Mantelkleid, dazu einen weißen Hut mit prächtigen weißen Federn, weiße Schuhe und ebensolche Strümpfe. In der kalten Februarsonne glänzte die Kette mit dem Goldenen Vlies, dem habsburgischen Hausorden, die er um den Hals trug. Wie er so einherschritt, mit seinem gewinnenden Lächeln, in seiner Jugendlichkeit, da war man sich einig: Maria Theresia bekam einen schönen Mann zum Gemahl.

Die Erzherzogin glänzte und funkelte in der Sonne, ihr über

und über mit Perlen und Edelsteinen besticktes Kleid war ein kleines Kunstwerk, das die schlanke Gestalt der Braut noch besser zum Ausdruck brachte. Ihre engste Vertraute, die Gräfin Fuchs, war dazu auserkoren worden, die lange Schleppe zu tragen.

Der Hochzeitszug war überaus prächtig, die höchsten Würdenträger des Reiches waren erschienen, um der Kaisertochter an ihrem schönsten Tag die Ehre zu geben. Nach Rang und Namen geordnet, schritt man hinter dem Kaiser und der Kaiserin. Nur einen sah man nicht in den festlichen Reihen: den alten Prinzen Eugen. Er hatte sich mit einer fadenscheinigen Ausrede entschuldigen lassen. In Wirklichkeit war er mit der Heirat aus politischen Gründen ganz und gar nicht einverstanden. Aber was kümmerte dies Maria Theresia und Franz Stephan, als beide strahlend vor Glück am Altar, dem Ziel ihrer jahrelangen Wünsche standen? Als die Erzherzogin vom päpstlichen Nuntius gefragt wurde, ob sie willens sei, den Herzog von Lothringen zu ehelichen, da schaute sie nur kurz zu ihrem Vater, und als dieser nickte, antwortete sie mit einem lauten, festen, freudigen »Ja«. Um neun Uhr abends begann das Hochzeitsmahl, das im Komödiensaal der Burg stattfand. Darauf folgte ein kurzes familiäres Beisammensein in der »Retirada« (den Privatgemächern) des Kaisers, und dann geleiteten der Kaiser und die Kaiserin Maria Theresia und Franz Stephan ins Brautgemach.

Nur zu bald folgten auf die ersten unbeschwerten Wochen die Probleme des Alltags. Vor allem Franz Stephan mußte sehen, wie er sich eine bessere Position schuf, denn das Wohlwollen der Wiener Bevölkerung war kurzlebig, und bald mäkelte man, daß die Kaisertochter einen Herrn Niemand, einen »Herzog ohne Land« geheiratet habe.

Das Schicksal wollte es, daß die ersten beiden Kinder, die Maria Theresia zur Welt brachte, auch wieder Mädchen waren. Die Wiener Bevölkerung begann, böse Witze über Franz Stephan zu reißen, und alle fürchteten, daß in der Zukunft wieder kein Sohn in der Habsburger Wiege liegen werde.

Zeugte Franz Stephan schon keinen Sohn, so bestand doch die Möglichkeit, daß aus ihm ein bedeutender Feldherr werden könnte, so wie einst sein Großvater, der berühmte lothringische Herzog

Karl V., der Wien im letzten Moment vor den Türken gerettet hatte. Der Kaiser schickte seinen Schwiegersohn also in den Türkenkrieg, der immer noch in Ungarn schwelte, aber Maria Theresia in ihrer Furcht, dem geliebten Mann könne ein Leid zustoßen, lag ihrem Vater mit flehentlichen Bitten in den Ohren, er möge Franz Stephan nach Hause zurückbeordern, und Karl VI. konnte seiner Tochter, wie so oft, nicht widerstehen.

Eine neue Aufgabe wartete auf den Schwiegersohn: Das Großherzogtum Toskana war verwaist, und Maria Theresia und ihr Gemahl mußten sich im Winter auf die beschwerliche Reise in den Süden machen, nach Florenz. Die beiden kleinen Kinder waren bei den Großeltern in Wien zurückgeblieben. Auf dieser Reise würde endlich der ersehnte Thronerbe gezeugt werden, dies hoffte das junge Paar. Die ganze Familie nahm Anteil am intimsten Eheleben der beiden, und der Kaiser schrieb an seine Tochter, nachdem er erfahren hatte, daß auf Schloß Porcia in Kärnten das Ehebett zusammengebrochen war:

»… wünschte, daß nie ein größeres Unglück geschehe, um so mehr, als dieser Bruch, wohl etwan zu einer neuen Ganzmachung (welches Gott gebe) wird vielleicht geholfen haben. Denn in der Eng von ein Bett werden wohl artliche casus vorbeigegangen sein; nur moderato und das Übrige segne Gott.«

An anderer Stelle schreibt er nach Florenz, nachdem Maria Theresia ihm mitgeteilt hatte, sie vermute, wieder schwanger zu sein: »Sollte es auch jetzt nicht sein, so wird es mit Gottes Segen vielleicht in der Ruhe zu Florenz nicht lange ausbleiben. Nur nicht zu fleißig und sich Zeit lassen.«

Der Sohn, auf den die ganze Familie sehnlichst wartete, war das Hauptthema in der Wiener Hofburg. Und wirklich hatte Maria Theresia mit ihren Ahnungen recht gehabt, aber das Schicksal wollte es, daß Karl VI. die Geburt des so sehnlichst gewünschten Enkels nicht mehr erleben sollte. Er starb ganz plötzlich im Oktober 1740. Zurück blieb eine junge Frau, hochschwanger, die völlig überraschend die Regierungsgeschäfte übernehmen sollte, eine Frau, die sofort einer Welt von Feinden gegenüberstand.

Inmitten der ärgsten Bedrängnis brachte sie am 13. März 1741 endlich den ersehnten Kronprinzen, den späteren Kaiser Joseph II., zur Welt. Die Stimmung der Wiener schlug sofort wieder zugunsten des Kaiserpaares um. Transparente zierten die Wände der öffentlichen Gebäude, auf denen zu lesen war:

»Das war ein G'schrei
Heut nacht um drei.
Man hat ka Ruah,
Vivat der Bua!«

»Zur Gesundheit unserer Königin,
Gelts, Brüderl, die soll leben,
Wie auch ihr Schatz, Prinz Lotharing,
Der bringt uns Prinzen z'wegen.«

Das ganze Land befand sich in einem Freudentaumel, vergessen war die heftige Kritik, die man an Franz Stephan geübt hatte. Die Geburt des Thronerben hatte die Stellung Maria Theresias in ihren Erbländern gefestigt, das Geschlecht der Habsburger würde, wenn auch mit lothringischem Blut vermischt, nicht aussterben.

Zwar ging die Kaiserkrone dem Hause Habsburg für einige Jahre verloren, da der Kurfürst von Bayern, Karl Albrecht, die Unterstützung der Kurfürsten gefunden hatte und als Karl VII. gewählt wurde, aber nach heftigen Kämpfen und nach dem Tod des Bayern konnte sich Maria Theresia mit dessen Nachfolger Maximilian Joseph einigen; im Austausch gegen sein von den Österreichern erobertes Land versprach er, seine Stimme dem Gemahl Maria Theresias zu geben. So konnte Franz Stephan im September 1745 zum römisch-deutschen Kaiser gekrönt werden.

Im fünften Monat schwanger, fuhr Maria Theresia ohne großes Gefolge nach Frankfurt, um die Krönung des geliebten Mannes mitzuerleben.

Obwohl Franz Stephan als Kaiser mehr eine Repräsentationsfigur als ein echter Herrscher war, nahm er doch seine Aufgabe ernst, seiner Frau vor allem in finanziellen Dingen mit Rat und Tat zur Seite zu stehen. War er auch kein gottbegnadeter Politiker, von den Finanzen eines Landes verstand er sehr viel. Er machte die Toskana zu einem blühenden, reichen Staat und verdiente persönlich so viel Geld, unter anderem durch Kriegslieferungen, daß er seiner ständig mit Geldnöten ringenden Frau ab und zu durch einen Kredit unter die Arme greifen konnte.

Maria Theresia wurde im Laufe der Zeit zu einer großen Politikerin und echten Landesmutter. Ihr Leben war ausgefüllt von den politischen Aufgaben, aber auch von privaten Sorgen, die sich durch die sechzehn Kinder ergaben, die sie ihrem Franzl in all den Ehejahren schenkte. Es war eine Großtat, daß sie die schwierigen Probleme lösen konnte, während sie ständig in anderen Umständen war und von einem Wochenbett ins andere ging. Eiserner Wille und unglaubliche Selbstdisziplin standen hinter ihren Leistungen, sie ließ sich niemals gehen, das berichteten Diplomaten aus aller Herren Länder an ihre Herrscher. Der venezianische Gesandte Capello schrieb über das tägliche Leben der Kaiserin: Sie stehe früh am Morgen auf (zwischen 5 und 6 Uhr) und teile sich ihre Andachtsübungen (von denen sie keine ausfallen ließ) und die Regierungsgeschäfte so ein, daß ihr noch genügend Zeit zur Zerstreuung und Erholung bleibe.

Obwohl sie die Spaziergänge in den Gärten und das Spiel in den Abendgesellschaften eingeführt habe, verwende sie doch nur wenig Zeit darauf und unterbreche solche Zerstreuungen stets durch Gespräche mit den Ministern oder durch Audienzen für ihre Untertanen. Es sei daher nicht zu verwundern, daß es keinen Untertanen gebe, der sich nicht mit Freuden für eine so große Fürstin opfern würde, und daß kein Ausländer, selbst wenn er ihr feindlich gesinnt sei, sich ihr nahe, ohne von ihren herrlichen Gaben in Erstaunen versetzt und besiegt zu werden.

Bei all ihrer Arbeit blieb ihr aber immer noch Zeit für ihre Kinder, denen sie mit Rat und Tat zur Seite stand. Viele Briefe, in denen sie den manchmal schon erwachsenen Söhnen und Töchtern Ratschläge für alle Bereiche des Lebens gab, zeugen von der engen Verbundenheit Maria Theresias mit ihrer Familie.

Die Liebe war ein Grundzug in ihrem Wesen und machte die Kaiserin-Königin zu einer menschlich warmen Frau. Ihrem Mann war sie ein Leben lang treu, obwohl sie nach einigen Ehejahren erkennen mußte, daß ihr Franzl auch noch ganz gerne anderen Frauen tief in die Augen blickte. Sie tolerierte in ihrer streng moralischen Art zwar nicht die Seitensprünge ihres Mannes, aber sie machte auch keine Staatsaffären daraus. Vielleicht war sie auch zu beschäftigt, um sich immer und überall so wie in früheren Zeiten um ihren Mann zu kümmern, den sie im Laufe der Jahre als »ihren Alten« bezeichnete. Sein früher, völlig überraschender Tod im Jahre 1765 war die Katastrophe ihres Lebens, obwohl sie vorher schon einigen ihrer Kinder ins Grab nachgeschaut hatte. Maria Theresia legte die schwarze Witwentracht bis an ihr eigenes Ende nie mehr ab. Mit Franz Stephan waren Fröhlichkeit und Freude für immer von ihr gegangen. Zurück blieb eine alternde, einsame Frau auf dem Habsburger Thron.

»Es war der beste Ehestand, der immer gefunden werden konnte«

JOSEPH II. UND ISABELLA VON PARMA

Errötend beugte sich der österreichische Erzherzog Joseph über die Hand seiner zukünftigen Frau Isabella von Parma. Sie standen einander zum erstenmal gegenüber, der gutaussehende älteste Sohn Maria Theresias und die reizende Prinzessin von Parma. Aber endlich brachen launige Bemerkungen des Kaisers den Bann, und Joseph betrachtete seine entzückende junge Braut unverhohlen. Er konnte die Augen nicht von dem Mädchen wenden, das er sich in vielen langen Träumen vorgestellt hatte. Ihre Anmut und ihr natürlicher Charme übertrafen noch bei weitem seine Phantasien. Joseph hatte noch nie ein schöneres und liebenswürdigeres junges Mädchen gesehen. Bis jetzt hatte er von Isabella nur ein Porträtmedaillon gekannt, das in der Liebesgeschichte, die man sich an den Höfen Europas erzählte, die Hauptrolle spielte. Angeblich, so wollte es die Politik des Kaiserhofes von Wien, hatte sich der junge Kronprinz unsterblich in dieses Bild der Prinzessin verliebt, so daß er nur die oder keine zur Gemahlin begehrte. Man hatte die rührende Geschichte bewußt erfunden, um diplomatischen Schwierigkeiten auszuweichen, die sich zwangsläufig ergeben hätten, da Joseph sich über die ihm zugedachte Prinzessin von Neapel abfällig geäußert hatte. In seinem jugendlichen Freimut hatte der älteste Sohn des Kaiserpaares rundheraus erklärt, er gedenke unter gar keinen Umständen, die häßliche Neapolitanerin zu heiraten. Was blieb also den Diplomaten der Kaiserin anderes übrig, als sie und Joseph mit einem Trick aus der peinlichen Affäre zu ziehen und das Märchen von dem Wunder-Medaillon zu erfinden? Sicherlich hatte auch noch der Großvater Isabellas die Hände im Spiel, immerhin kein geringerer als Ludwig XV., der in der Liebe ausreichend Bescheid wußte und sich keine bessere Verbindung für seine Lieblingsenkelin vorstellen konnte als den habsburgischen Thronfolger.

Wahrscheinlich war Maria Theresia und Franz Stephan ein Stein vom Herzen gefallen, als sie bemerkten, wie wirkungsvoll das romantische Märchen gewesen war und wie man überall die geplante Heirat mit der Prinzessin von Neapel vollkommen vergessen hatte. Für das Kaiserpaar war es unbedingt wichtig, an den bedeutenden Fürstenhöfen einen guten Leumund zu haben, galt es doch, außer Joseph noch eine große Zahl von Habsburger Prinzen und Prinzessinnen standesgemäß und möglichst vorteilhaft zu verheiraten.

Als die Wahl auf Isabella von Parma gefallen war, hatte man, abgesehen von den politischen Vorteilen, die sich aus einer solchen Verbindung mit Frankreich ergaben, sicherlich keinen schlechten Griff getan, denn das junge Mädchen erregte nicht nur durch seine ungewöhnliche Schönheit Aufsehen, sondern es besaß auch sonst viele Vorzüge. Schon früh bemerkte ihre Umgebung die außerordentliche musikalische Begabung Isabellas, und der Vater schenkte ihr die beste Geige, die jemals in Cremona gebaut worden war. Der Violinlehrer Isabellas war hingerissen von ihrem Talent und ihrer tiefen Musikalität. In kürzester Zeit beherrschte die Prinzessin das Instrument meisterlich. Daneben beschäftigte sich das junge Mädchen mit vielen wissenswerten Dingen, die manchmal gar nicht recht ihrem Alter entsprachen. Sie widmete sich intensiv philosophischen Betrachtungen und konnte sich stundenlang grüblerisch mit Problemen auseinandersetzen, die man selten an eine junge Prinzessin herangetragen hatte. Isabella interessierte sich im besonderen auch für schwierige mathematische Aufgaben und erstaunte ihre Umgebung, aber auch die Gelehrten am Hofe von Parma durch ihr ausgeprägtes logisches Denken und ihren Hang zum Abstrakten. Natürlich waren sich alle darüber einig, daß all die Studien, denen sich die Prinzessin widmete, nicht den allgemeinen Interessen eines jungen Mädchens entsprachen, das sich hauptsächlich auf die zukünftige Ehe vorbereiten sollte. Aber Isabella war eben ganz anders als die anderen, das wußte und akzeptierte man in Parma.

Mit diesen ungewöhnlichen Gaben ausgerüstet, wäre die Prinzessin eine ideale Frau und Partnerin für den hochbegabten Sohn Maria Theresias gewesen, der in vielem seiner Zeit voraus war, hätte die Prinzessin nicht von Kindheit an einen unbezwingbaren Hang zur Schwermut gehabt, verbunden mit einer ausgeprägten

Todessehnsucht. Wahrscheinlich rührte diese depressive Lebenseinstellung von der mütterlichen Seite her. Elisabeth Louise war zwar die Lieblingstochter Ludwigs XV. gewesen, hatte aber schon als Kind mit offenen Augen das unmoralische Treiben am französischen Hof mit angesehen und die Schmach mitgefühlt, die ihre geliebte Mutter Maria Leszczyńska erdulden mußte, als sie neben der mächtigen Mätresse ihres Vaters, Madame Pompadour, am Hofe in Versailles dahinwelkte. Ohne gefragt zu werden, ob sie einverstanden sei, war Elisabeth Louise dann an einen Mann verheiratet worden, dem sie nicht eine Spur von Gefühl entgegenbringen konnte. Man hatte für sie den Bruder des spanischen Königs, Don Felipe, ausgesucht, der ihr in seinem Wesen und durch sein Äußeres zuwider war und in dessen Armen sie jedesmal wieder zu Eis erstarrte. Die französische Prinzessin fühlte sich am Hof von Madrid, wo sie zuerst leben mußte, zu einer Marionette degradiert und konnte auch in Parma, wohin die Familie schließlich übersiedelte, kein glückliches Leben im Kreis ihrer Kinder führen. Ein Leben lang bedauerte sie diese Ehe, zu der sie gezwungen worden war, und hätte sich gerne in ein Kloster zurückgezogen, wenn dieses Kloster nur in Frankreich gestanden wäre.

In dieser düsteren Stimmung wuchs die junge Isabella auf, an einem Hof, wo das spanische Hofzeremoniell wie vor Jahrhunderten zelebriert wurde, wo die Dienerinnen und Diener dem Herrscher die Speisen noch auf Knien überreichen mußten. Am Hofe Don Felipes war die Zeit stehen geblieben, neue Ideen hatten hier keinen Platz.

Je traditionsbewußter die Familie lebte, desto mehr faszinierten die Schriften der italienischen und französischen Philosophen die junge Isabella, und wo immer sie konnte, las sie mit Begeisterung die Werke der neuesten Literatur. Alles, was hier geschrieben stand, war mit den überalteten Ideen, die am Hofe von Parma ihren Niederschlag gefunden hatten, nicht in Einklang zu bringen. Für Isabella tat sich eine eigene Welt auf, und sie fühlte, daß eine neue Zeit ihre Schatten vorauswarf. Sie konnte freilich nicht ahnen, daß der Mann, den die Diplomaten der Königshöfe für sie erwählt hatten, dieser Zeit seinen Stempel aufdrücken, daß Joseph II. den Sprung in die Zukunft wagen würde.

Der älteste Sohn Maria Theresias, der Thronfolger, war ein junger Mann voll Kraft und Schönheit, dessen markantes Gesicht von der sanft gebogenen Nase beherrscht wurde, die ihm ein überaus männliches Aussehen verlieh. Faszinierend aber waren die ausdrucksvollen Augen, deren Farbe von intensivem Blau bis zum kalten Eisgrau wechseln konnte. Zeitgenossen bezeichneten den jungen Mann als »einen Prinzen von nicht alltäglichem Wert, seine Meinung erhält Gewicht durch gute Gesinnung und höchste Klugheit«. Seine Mutter, die Kaiserin, sah es als eine Hauptaufgabe in ihrem arbeitsreichen Leben an, dem Kronprinzen eine besonders intensive Erziehung und Ausbildung zuteil werden zu lassen. Mit großer Sorgfalt wählte sie daher die Erzieher und Lehrer Josephs aus, und sie achtete persönlich darauf, daß ihr Sohn mit Liebe, aber auch mit Strenge erzogen wurde.

Der Kronprinz war sich schon als Kind seiner besonderen Stellung innerhalb der Familie bewußt. Er verstand es bei vielen Gelegenheiten, es seinen Geschwistern zu zeigen, wer später einmal in dem großen Reich regieren würde. Sie hatten ihn schon von Anfang an zu respektieren, und vielfach beklagten sich die Geschwister deshalb über seine Arroganz und Kälte. Wenn Maria Theresia diese Seite ihres ältesten Sohnes entdeckte, tadelte sie ihn aufs schärfste. Die Kaiserin kümmerte sich trotz ihres anstrengenden politischen Alltags persönlich um jedes einzelne ihrer zahlreichen Kinder. Auch an Joseph schrieb sie Briefe, in denen er oft hart von ihr gemaßregelt wurde. Die Kaiserin sparte auch nicht mit Ratschlägen an die Erzieher, Joseph die Peitsche zu geben, wenn sie glaubten, der junge Erzherzog habe eine so drakonische Züchtigung verdient.

Besonderen Wert legte die Kaiserin auf die persönliche Hygiene ihrer Kinder. So gab sie Anweisungen, daß die Söhne und Töchter täglich früh und abends den Mund und die Hände und wöchentlich einmal die Füße zu waschen hätten, daß sie fleißig gekämmt werden müßten und daß jegliche Veränderung wie Flecken oder Schmerzen den Ärzten angezeigt zu werden habe. Außerdem sollte der Zahnarzt zweimal in der Woche kommen, am Dienstag und am Freitag, um dem Erzherzog Joseph sorgfältig die Zähne zu putzen und sie zu versorgen.

Die Lehrer, die sich um den heranwachsenden Erzherzog

bemühten, hatten keine beneidenswerte Aufgabe. Obwohl der junge Mann sehr leicht lernte, war er doch häufig von einem empörenden Unwillen, wenn es darum ging, Dinge zu erarbeiten, die ihn nicht interessierten. Ein Hauptärgernis waren dabei immer wieder die Sprachen. Nur widerwillig ließ sich Joseph dazu bewegen, Französisch zu lernen, obwohl es die Sprache aller Gebildeten war. Zeit seines Lebens machte er kein Hehl aus seiner Aversion gegen Französisch, er stand schon als junger Mann auf dem Standpunkt, daß die Sprache des Volkes das Deutsche und der Herrscher verpflichtet sei, die Sprache seiner Untertanen zu sprechen. Als Kaiser konnte er dann seinen Neigungen und Antipathien freien Lauf lassen; er lehnte mehrmals Bitten um Unterstützungen ab, die in französischer Sprache abgefaßt waren.

Freilich forderte man von dem jungen Erzherzog zu viel an Wissen und Gelehrsamkeit. Die Kinder am Kaiserhof wurden mit Fakten und Zahlen überhäuft, und gerade der Kronprinz sollte allen als leuchtendes Vorbild vorangehen. Betrachtet man den Lehrplan, so kann man sich kaum vorstellen, wie ein normales Kind das alles bewältigen sollte. Maria Theresia wachte streng darüber, daß die Regeln, die sie für ihre Kinder aufgestellt hatte, auch tatsächlich eingehalten wurden.

Für die beiden ältesten Kinder, Maria Anna und Joseph, kamen zu ihrem üblichen Lernpensum noch repräsentative Aufgaben. Sie sollten schon sehr bald lernen, in der Öffentlichkeit zu stehen und die Kaiserfamilie zu vertreten.

Es gibt viele Briefe der Kaiserin, in denen sie sich ausführlich mit den Details der Erziehung ihrer Kinder beschäftigt, wo sie ihre Ansichten klar darlegt, die aber alle in einem tief verwurzelt sind: in der Religion. Maria Theresia verlangte von ihren Kindern einen streng religiösen Tages- und Jahresablauf, regelmäßige Beichten und Bußen, den täglichen Besuch der Messe, Andachten und Gebete. Sie achtete unerbittlich darauf, daß alles, was die Ausübung der Religion betraf, strikt eingehalten wurde. Möglicherweise war die starre und unkonziliante religiöse Erziehung durch die Mutter der Grund dafür, daß Joseph sich in seiner späteren Entwicklung so sehr gegen die katholische Kirche stellte. Der ewige Konflikt mit der Kaiserin in Glaubensfragen war für Joseph II. nicht zu lösen.

Joseph sollte nach Maria Theresias Willen und Vorstellung ein vollkommener Herrscher werden. Das Benehmen des jungen Mannes wurde ständig korrigiert und seine Haltung verbessert, er durfte über Abwesende nicht sprechen und wurde ununterbrochen kontrolliert.

Wie es Joseph dann doch fertigbrachte, sich gegen die geplante neapolitanische Heirat durchzusetzen, mutet beinahe seltsam an. Wahrscheinlich waren aber auch den kaiserlichen Eltern selbst schon Zweifel gekommen. Man ergriff also gern die Gelegenheit, die sich bot, als Graf de Stainville, der französische Botschafter, dem Kaiserpaar das Angebot machte, Joseph mit der Enkelin Ludwigs XV. zu vermählen.

Die Kaiserin verstand es sehr klug, einen reichen Brautwerber zu finden, der die Eheschließung mit Isabella »per procurationem« in Italien durchführen und anschließend die Braut heimholen sollte. Fürst Liechtenstein sah es als große Ehre an, daß die Wahl Maria Theresias ausgerechnet auf ihn gefallen war, und er stellte einen regelrechten Hofstaat zusammen, der mit ihm nach Italien ziehen sollte. Dabei durften auch der Seelsorger, der Leibarzt und der Koch nicht fehlen. Im Dom von Padua wurde die Trauung in Abwesenheit des Bräutigams durch seinen Stellvertreter feierlich vollzogen, und Isabella nahm innerlich Abschied von ihrer Jugendzeit. Sie beschenkte alle, die ihr nahestanden, mit persönlichen Dingen, alle sollten sie in Erinnerung behalten, auch wenn sie einmal Kaiserin sein sollte.

Der königliche Großvater aus Frankreich hatte sich mit einem großzügigen Hochzeitsgeschenk eingestellt. Er ließ der Braut eine komplette Aussteuer aus dem teuersten Leinen und aus Seide, alles mit kostbaren Spitzen verziert, übersenden. Auch die Großmutter schickte der Enkelin drei wunderschöne Mäntel aus weichem dunklem Samt, die in ihrer Pracht ausgesuchte Kunstwerke der Schneiderei darstellten.

Noch bevor sein Sohn und die Kaiserin aus Wien abfuhren, um in Schloß Laxenburg mit Isabella zusammenzutreffen, setzte sich der Kaiser mit seinem Gefolge in Bewegung und erwartete die Prinzessin in Stuppach in Niederösterreich. Als Fanfaren die Ankunft der jungen Braut ankündigten, eilte der Kaiser zu Fuß den

Wagen entgegen, die in einer riesigen Staubwolke auf das Schloß zufuhren. Dem goldbestückten Prunkwagen entstieg die Prinzessin, blaß und erschöpft von der langen Reise, aber dennoch entzückend anzusehen. Noch bevor Isabella vor dem Kaiser in einen offiziellen, tiefen Hofknicks versinken konnte, schloß Franz Stephan das Mädchen völlig unkonventionell und väterlich liebevoll in die Arme. Dann hielt er sie etwas von sich entfernt, um sie bewundernd betrachten zu können. Auch Isabella fiel wohl ein Stein vom Herzen, als sie bemerkte, daß sie das Wohlgefallen des Kaisers gefunden hatte.

Die Kaiserin und Joseph trafen erst um die Mittagszeit in Laxenburg ein, da Maria Theresia eine wichtige Sitzung nicht hatte verschieben können. Als sie Isabella von weitem kommen sah, ging sie ohne großes Zeremoniell auf die Schwiegertochter zu, umarmte sie und machte es so dem verlegenen Mädchen leicht, über die ersten Begrüßungsfloskeln hinwegzukommen.

Joseph, der neben der Kaiserin stand, sah zu, wie seine Mutter die Braut begrüßte und wurde abwechselnd blaß und rot. Er konnte sich kaum aus seiner Erstarrung lösen, als die Reihe nun an ihm war, Isabella willkommen zu heißen. Er hatte noch nie, so schien es ihm, ein schöneres Mädchen gesehen. Isabella war eine faszinierende Erscheinung, mit ihrem dunklen Haar, den großen ausdrucksvollen Augen und dem makellosen Teint. Aber auch Joseph war ein schöner junger Mann, wenn er sich auch merkwürdig steif und unbeholfen benahm.

Nachdem man sich etwas ausgeruht und mit gutem Appetit gespeist hatte, fuhr die Gesellschaft von Laxenburg nach Wien zurück, wo Isabella im Schloß des Prinzen Eugen, im Belvedere, Quartier bezog. Hier sollte sie die Honneurs machen und die Damen und Herren der Wiener adeligen Gesellschaft empfangen und kennenlernen.

Zur großen Überraschung der Prinzessin erschien Joseph schon am nächsten Vormittag inkognito im Schloß Belvedere, um seine Braut näher und vor allem privat kennenzulernen. Nachdem sich die erste Schüchternheit bei beiden gelegt hatte, wurden die Gespräche lockerer, man war einmal neckisch, dann wieder ernsthaft und philosophisch.

Je öfter Joseph seine Braut besuchte, um so mehr wuchs seine Zuneigung zu ihr. Das, was sein Ajo, Graf Batthyány, bei dem zurückhaltenden Wesen seines Schützlings nie für möglich gehalten hatte, war nun eingetreten: Der Kronprinz hatte sich bis über beide Ohren verliebt! Und ein gütiges Schicksal hatte es gewollt, daß die Dame seines Herzens seine eigene Braut war. So war also das Gerücht wahr geworden, das die Kaiserin überall hatte ausstreuen lassen: Daß der Thronfolger in Liebe zu Isabella von Parma entbrannt sei.

Aber Joseph war ein durch und durch ehrlicher junger Mann. Er mußte, bevor er Isabella zum Altar führte, mit dieser unwahren Geschichte, die sie beide zusammengeführt hatte, Schluß machen. Er bekannte Isabella, daß seine angebliche Verliebtheit nur ein politischer Schachzug gewesen war, um aus der Affäre mit der neapolitanischen Prinzessin herauszukommen. Aber er gestand Isabella auch, was er nun für sie fühle und daß sie genau die Frau sei, die er suche und brauche.

Joseph war bis dahin den Frauen gegenüber spröde und abweisend gewesen. Niemand konnte sich an irgendeine Affäre mit einem Mädchen erinnern, der Prinz galt als keuscher Jüngling, als »ägyptischer Joseph«, wie man ihn in Hofkreisen heimlich nannte. Aber nun hatte Gott Amor ihm einen Pfeil mitten ins Herz geschossen.

Wie stand es aber um Isabella? Konnten die glühenden Liebesschwüre ihres Bräutigams sie wenigstens etwas aus ihrem Schneckenhaus locken, oder war es für sie unmöglich, in der kurzen Zeit des Kennenlernens ihre Reserviertheit aufzugeben? Wahrscheinlich war es für Isabella sehr schwierig, überhaupt ihr Herz an jemanden zu verlieren, allzu sehr war sie mit ihrer Person und der Melancholie beschäftigt, die sie ein Leben lang gefangenhielt. Diese Schwermut stand ihr entscheidend im Wege, und so konnte sie an der Seite des Kronprinzen, der sie vergötterte, und am Wiener Hof, wo man alles daran setzte, der Prinzessin die verlorene Heimat zu ersetzen, nicht glücklich werden. Isabellas Mutter hatte dem heranwachsenden Mädchen gegenüber nie ein Hehl daraus gemacht, wie sehr sie ihren Mann abgelehnt hatte, ja jeden engeren Kontakt mit ihm verabscheute. Dazu kam, daß Isabella überzeugt war, nicht lange zu leben. Aus dieser Todesahnung entwickelte sich allmählich eine Todessehnsucht, der sie nicht entrinnen konnte.

Die Hochzeit des Erzherzogs mit der Prinzessin von Parma wurde mitten in den Wirren des Siebenjährigen Krieges mit Preußen zu einem überwältigenden Fest. Isabella saß in einem Prachtwagen, der innen und außen mit reinem Silber beschlagen war, wie eine wirkliche Prinzessin aus dem Märchen, in ihrem wunderbar schönen Brautkleid, geschmückt mit kostbaren Edelsteinen, die die Kaiserin persönlich ihrer Schwiegertochter geschickt hatte. Nur ab und zu huldvoll winkend, mit einem kleinen Lächeln im Gesicht, fuhr die Braut durch die dicht gedrängte, jubelnde Menschenmenge, gefolgt von einem großen Stab von Offizieren und Edelknaben, vom Belvedere aus zur Augustinerkirche. Die Zahl der schaulustigen Wiener war so groß, daß der Wagen mit der Braut nur im Schrittempo vorwärts kommen konnte. Die Fahrt dauerte deshalb über drei Stunden. Die Kirche war aufs prächtigste geschmückt worden, kostbare Gobelins hingen von den Wänden, dreitausend Kerzen erhellten das dunkle Kirchenschiff und ließen die Fülle der Blumen durch ihr flackerndes Licht noch farbenprächtiger erscheinen.

Einige Zeit vor Isabella war die große kaiserliche Familie eingetroffen, und der junge Bräutigam wartete voller Ungeduld. Als der Wagen mit der Prinzessin endlich eintraf, ging der Kronprinz ihr entgegen, öffnete den Wagenschlag und half Isabella beim Aussteigen. Die Menge der Schaulustigen und geladenen Gäste teilte sich, das Brautpaar schritt durch den langen Gang der festlich geschmückten Kirche bis zum Altar.

Bevor noch der Geistliche den Bund der beiden besiegelte, segneten der Kaiser und die Kaiserin Joseph und Isabella, dann wurden die entscheidenden Fragen gestellt: Ob Joseph den in Parma geschlossenen Ehebund anerkennen und rechtfertigen wolle. Nachdem er kurz einen Blick auf seine Eltern geworfen hatte, antwortete er dem Nuntius: »Approbo et ratificio!« Auch die Braut bestätigte die Eheschließung »per procurationem«. Die feierliche Brautmesse, die nun folgte, endete mit dem »Te deum«, und als der letzte Ton des vielstimmigen Gotteslobes verklungen war, herrschte einen Moment lang ergriffenes Schweigen.

Nach der Eheschließung wurde Isabella durch einen geheimen Gang von der Augustinerkirche zur Hofburg geführt. Scharen von Gratulanten ließen sich bei den Frischvermählten anmelden, machten entweder Joseph allein oder Isabella, viele aber den beiden gemeinsam ihre Aufwartung. Diener trugen Berge von Geschenken weg, um sie zu drapieren und zu sortieren. Damen kamen, die Isabella noch nie vorher gesehen hatte, um die zukünftige Kaiserin zu umarmen und ihr Glück zu wünschen, alle namhaften Persönlichkeiten verneigten sich vor Joseph, brachten ihm ihre persönlichen Glückwünsche entgegen. Erst am Abend um neun Uhr begann das erlesene Hochzeitsmahl in den festlich geschmückten Räumen der Hofburg. Zum erstenmal wurde das goldene Tafelservice aufgedeckt, ein Geschenk der kaiserlichen Eltern an das Brautpaar. Der Kaiser und die Kaiserin thronten unter einem prachtvollen Baldachin, neben ihnen saßen auf Ehrenplätzen die Brautleute. Auf der anderen Seite der Tafel hatten die Geschwister Josephs und die lothringischen Verwandten Platz genommen.

Von all den köstlichen Speisen, die gereicht wurden, aß Isabella bloß einen Höflichkeitsbissen, an den alten Weinen nippte sie nur. Die Aufregungen des Tages waren zu groß für ein junges Mädchen gewesen, das fern der Heimat stundenlang umschwärmter und umjubelter Mittelpunkt sein mußte. Alle waren von der Prinzessin verzaubert, nicht nur ihr frisch angetrauter Gemahl. Auch die neuen Verwandten, die Geschwister Josephs, brachten ihr genauso wie der Kaiser und die Kaiserin Liebe und Zuneigung entgegen. Vor allem ihr neuer Schwager, Karl Joseph, ein knapp fünfzehnjähriger Jüngling, konnte den Blick nicht von der entzückenden Braut seines Bruders wenden.

Die allgemeine Aufregung steigerte sich, als der Kaiser und die Kaiserin das Ende des Hochzeitsmahls verkündeten und die junge Braut in ihre Gemächer geleiteten. Maria Theresia hatte sich selbst um die Räume der jungen Frau gekümmert und ihre Hofarchitekten angewiesen, die Gemächer gemütlich und hell auszustatten. Sie ahnte, daß Isabella von ihrer südländischen Heimat her an helle, luftige Räume gewöhnt war, und so sollte sie ähnliche Möglichkeiten auch in der Wiener Hofburg finden. Bevor sich Maria Theresia von Isabella verabschiedete, nahm sie das vor Aufregung bleiche junge Mädchen noch einmal mütterlich in die Arme und bat es, lieb zu Joseph zu sein.

Der junge Bräutigam stand mittlerweile unschlüssig in seinen Zimmern, zögerte und wußte nicht, ob er in das Brautgemach gehen sollte oder nicht. Und wie immer in schwierigen Situationen war es sein alter Ajo, Graf Batthyány, der dem Kronprinzen Mut machte. Er wünschte Joseph alles Glück der Erde, dann schob er ihn sacht zur Tür, öffnete sie, und Joseph blieb nichts anderes übrig, als in Isabellas Schlafgemach einzutreten.

Sie waren allein, unerfahren und – todmüde. Joseph ging zum Bett seiner jungen Frau, küßte sie und fiel in ihre Arme. Aber sie waren von den Anstrengungen und Aufregungen des Tages zu erschöpft; Seite an Seite schliefen sie friedlich ein.

Die Hochzeitsfeierlichkeiten gingen noch tagelang weiter, und überall, wo sich das schöne Paar zeigte, scholl ihm Jubel und Begeisterung entgegen. Auch die Geschwister Josephs hatten Isabella ins Herz geschlossen, nur die älteste Schwester Maria Anna sah sich plötzlich durch Josephs Frau in den Hintergrund gedrängt, da Isabella ab jetzt die Repräsentationspflichten wahrnehmen würde, die bis jetzt die Erzherzogin ausgeübt hatte.

Besonders aber fühlte sich Maria Christine, die Lieblingstocher der Kaiserin, zu ihrer schönen Schwägerin hingezogen. Noch bevor sie Isabella persönlich kennengelernt hatte, war sie schon mit Josephs Braut in engem Briefwechsel gestanden. Als dann die langersehnte Brieffreundin leibhaftig in Wien eintraf, gab es für Maria Christine kein Halten mehr. Sie umarmte und küßte Isabella leidenschaftlich und versicherte ihr, wie sehnsuchtsvoll sie Josephs Braut erwartet habe.

Maria Christine war, wie die Kaiserin selbst, am 13. Mai (1742) geboren und hatte sich zu einem ausgesprochen hübschen und aufgeweckten jungen Mädchen entwickelt, das so manchem Verehrer den Kopf verdrehte. Mimi oder Mizzerl, so wurde sie am Kaiserhof liebevoll gerufen, war ein spontaner und herzlicher Mensch und fühlte von Anfang an eine tiefe Sympathie für ihre schöne, aber ganz anders geartete Schwägerin. Vielleicht schlug Mimi zunächst das beinahe exotische Fluidum der Schwägerin in Bann, der Reiz des Neuen. Doch dann bemerkte sie, daß auch Isabella ihr äußerst freundschaftliche, ja liebevolle Gefühle entgegenbrachte, und so begann ein reger Briefwechsel, in dem sich die beiden jungen Menschen ihre geheimsten Wünsche und Gedanken mitteilten. Täglich gingen Briefe hin und her, und manchmal fürchtete Isabella, daß Joseph auf den engen Kontakt mit der Schwägerin eifersüchtig werden könnte. Aber der junge Ehemann wußte viel zu wenig über die Neigungen und Wünsche seiner von ihm vergötterten Frau, er kannte auch den Inhalt der schwärmerisch geschriebenen Briefe nicht, die seine Schwester täglich von Isabella erhielt.

Wie intensiv und innig das Verhältnis der beiden Frauen wirklich war, läßt sich im Rückblick nur schwer beurteilen. Viele Historiker meinen, daß Mizzi für Isabella weit mehr bedeutet habe als ihr angetrauter Ehemann, aber liest man die Briefe, so muß man wohl Konzessionen an den Stil der Zeit machen. Alles, was uns heute erotisch vorkommt, entsprach noch durchaus den guten Sitten, auch Komplimente intimer Art und schwärmerische Liebesbeteuerungen. Man konnte seine Gefühle einem lieben Menschen voll und ganz kundtun, ohne irgendwelche Hintergedanken zu haben. So sollte man wohl auch die Korrespondenz der beiden jungen Frauen sehen. Freilich verheimlichte Isabella nie, daß sie immer eine gewisse Scheu und Angst vor dem körperlichen Kontakt mit ihrem Mann hatte. Daraus ließe sich die Herzensfreundschaft mit Mizzi gut erklären. Isabella fand zu Joseph nie denselben Zugang wie er zu ihr, sie sah in der körperlichen Liebe etwas Unzüchtiges und wahrscheinlich Unmoralisches. Vielleicht hatte Joseph in seiner Verliebtheit und seinem intensiven Verlangen zu wenig Rücksicht auf die Unerfahrenheit seiner jungen Frau genommen, die täglich aufs neue vor dem ununterbrochenen sinnlichen Begehren ihres Mannes zurückschreckte. Sie konnte ihm nicht sagen, daß sie in seinen Armen wenig empfand, denn Gespräche über solch intime Dinge waren zwischen Eheleuten nicht üblich. Joseph glaubte auch, seine Frau zufriedenzustellen, er lebte in einer Scheinwelt des Glücks, fühlte sich zufrieden und vom Schicksal begünstigt und merkte nicht, wie Isabella an seiner Seite allmählich dahinwelkte und sich immer enger an seine Schwester anschloß, bei der sie jederzeit Verständnis und Trost fand. So schrieb Isabella nach dem Tod der zwölfjährigen Erzherzogin Johanna und nach den langen

Trauerfeierlichkeiten am Wiener Hof, die die ohnehin nicht sehr widerstandsfähige junge Frau zermürbt hatten:

»Hab Geduld mit mir, Mimi, ich bin sehr verrückt. Liebe mich trotzdem und lebe wohl; ich umarme Dich. Richte einen freundlichen ›guten Abend‹ an die Vasquez aus, aber zeige ihr nicht meine Briefe und Zettel, ich soll Dir ja nicht so viel schreiben, aber wohin mit Leid und Freud, wenn man nicht ersticken will? Sei nicht allzu bös, wenn ich düstere Gedanken äußere, Du weißt nicht, kannst es nicht wissen, wie sehr ich unter einem gewissen Zwang leide. Es ist nicht Untreue, wenn ich mich bisweilen nach dem letzten Ziel sehne. Das ist nicht flatterhaft.« – Dann folgt ein Zitat in französischer Sprache aus einem neuen Lustspiel:

»Moi devenir volage? Belle Lisette, votre doute m'outrage.

Ich flatterhaft? Schöne Lisette, Euer Zweifel beleidigt mich.«

Nach einer Halsentzündung, die ihr Mann glücklich überstanden hatte, schreibt sie an die Freundin in ihrem komischen deutschen Kauderwelsch:

»Der Ertzhertzog ist wieder ganz gesunt und Du kannst Dich einbilden, wie frohe ich bin; daß were warhaftig kein Spass gewesen, wen es so gedauert hette. Adieu, so starck als Dich liebe, so habe ich doch gestern empfunden, daß der Ertzhertzog gehet vorhero.«

Isabella verkroch sich immer mehr in ihr Schneckenhaus, je intensiver und öfter sie ihr Mann begehrte. Durch ihre Art der Abweisung hoffte sie auch Joseph dazu zu bringen, seine Leidenschaft zu bezähmen. Für sie war Liebe etwas ganz anderes als für ihren stürmischen Mann, und in ihrer verträumten Art fühlte sie sich allein gelassen und unverstanden.

Es dauerte nicht lange, und Isabella wurde von einer Melancholie befallen, die niemand am Wiener Hof außer Mimi verstehen konnte. Alle bemühten sich um die junge Frau, sie brachten Geschenke, um sie aufzuheitern, die Kaiserin selbst widmete ihr Stunden ihrer kostbaren freien Zeit, Joseph kümmerte sich ständig um sie, aber keinem gelang es, Isabella wirklich fröhlich zu machen. Alles, was um sie herum geschah, registrierte sie wohl und beobachtete es, ohne aber innerlich wirklichen Anteil zu nehmen. Inmitten der lebenslustigen, lauten Hofgesellschaft, inmitten der großen kaiserlichen Familie wirkte sie wie eine

Puppe. Das Leben am Hof strengte die zarte Isabella aufs äußerste an. Das Kaiserpaar war in Wien ungemein populär und beliebt, wahrscheinlich auch deshalb, weil sich das ganze Familienleben vor der Öffentlichkeit abspielte. Maria Theresia bezog die Wiener in ihr tägliches Leben mit ein, so schien es jedenfalls dem Volk; alle Festlichkeiten wurden vor dem Volk und mit dem Volk begangen, der kleine Mann in der Stadt wußte, wo sich die Herrscher zu jeder Stunde des Tages aufhielten, man sah ihre Ausfahrten in den reichverzierten Kutschen, man lachte und weinte mit ihnen und man betete für sie an den Galatagen – das waren alle Festtage der Familie, Geburts- und Namenstage und selbstverständlich die Hochzeitstage. Wenn Hoftrauer angeordnet wurde, dann fanden weder in Wien noch in den Städten und Dörfern der übrigen Kronländer festliche Veranstaltungen statt. Maria Theresia wurde von ihren Untertanen für eine tapfere, außergewöhnliche Frau gehalten, und in dieser Verehrung übersah die Bevölkerung so manches, was das Bild der Kaiserin hätte weniger glanzvoll erscheinen lassen können.

Maria Theresia und Isabella waren schon rein äußerlich die größten Gegensätze. Die Kaiserin, durch ihre sechzehn Geburten und ihre Liebe zum reichlichen Essen im Laufe der Jahre füllig geworden, thronte im Hofwagen in ihrer ganzen Vitalität, das mütterliche Gesicht, in dem die strahlendblauen Augen immer noch frisch in die Welt blickten, von üppigem blondem Haar eingerahmt. Daneben saß die zerbrechliche, grazile Isabella mit ihrem ebenmäßigen zarten Gesicht, von glänzendem pechschwarzem Haar umrahmt, die dunklen, melancholisch blickenden Augen immer etwas in die Ferne gerichtet, als suchten sie im weiten Nichts ihr Ziel.

Vielleicht war es der Gegensatz zu seiner starken, vitalen Mutter, der Joseph an Isabella so fesselte. Er konnte an ihr nichts entdecken, das ihn nicht bis zur Besinnungslosigkeit reizte, ihr schlanker, biegsamer Körper versetzte ihn immer aufs neue in einen Taumel der Sinne, ihre Augen, ihre Zähne, ihr Busen berauschten ihn, selbst ihre etwas zu breit geratenen Hände mit den zu kurzen Fingern fand Joseph nicht unschön, ja er bezeichnete dieses Manko als besonders liebenswert an der sonst fehlerlosen

Schönheit. Längst war aus dem keuschen Joseph ein nimmermüder Liebhaber geworden, der von nichts anderem beherrscht wurde als von der Liebe zu seiner jungen Frau. Isabella aber konnte ihm nicht folgen. Sie sah in der körperlichen Leidenschaft immer mehr das Sündige und erklärte sogar ihrem Beichtvater gegenüber, daß körperliche Lust wohl nur etwas Schlechtes sein könne. Der Priester suchte Isabella zu beruhigen, aber vergebens. Dazu kam, daß sie instinktiv Angst vor einer Schwangerschaft hatte. Sie glaubte sicher zu wissen, daß sie die Geburt eines Kindes nicht überstehen würde. Joseph ahnte von den düsteren Gedanken seiner jungen Frau wahrscheinlich nichts, denn Isabella offenbarte sich nur ihrer Herzensfreundin Mimi, der sie lange Briefe mit ihren Todesvorstellungen schrieb. Die Schwägerin versuchte in jedem Antwortbrief, Isabella aufzumuntern und sie ins Leben zurückzuführen:

»Wohin bist Du, die Herrlichste, Klügste, Beste in Deiner Mutlosigkeit vor dem Eheleben schon gekommen? Wie tief von aller weiblichen Seelenhoheit herabgesunken? Welches Mißtrauen gegen Gott selbst, nicht nur gegen Deine Lebens- und Leidenskraft! Und denkst Du nicht daran, welchen Kummer Du denen bereitest, die Dich wahrhaft lieben? Auch Joseph liebt dich und wird kaum ohne Dich leben können, was aber drohst Du mir an? Die Du angeblich am meisten und ›bis zur Anbetung‹ geliebt hast? Isabella! Wenn Du nicht willst, daß ich an Dir völlig irre werde, wenn Du mich nicht glauben machen willst, daß es nur die Freude an schönen, klangvollen Worten war, die Dich die liebevollen Briefe an mich schreiben ließ, dann erspare mir das tiefe Leid über Deine verzweiflungsvolle Stimmung. Was würde die Kaiserin von Dir denken, Isabella, die Dich über alles und mehr als uns alle liebt, wenn ich, der Du allerdings am meisten zumuten darfst, versucht bin, Dich für höchst unbeständig in Deiner Liebe und für ausgesprochen flatterhaft zu halten?«

Das junge Paar war sieben Monate verheiratet, als man endlich vermuten konnte, daß Isabella sich in gesegneten Umständen befinde. Und je mehr die Übelkeit sie plagte, um so hoffnungsvoller war die Kaiserfamilie, daß sie einem gesunden Prinzen das Leben schenken würde. Der werdenden Mutter wurden alle nur erdenklichen Vorrechte eingeräumt, sie mußte geschont werden, sie war nun einmal nicht so robust wie die Kaiserin, die ihre Kinder beinahe wie nebenbei bekommen hatte. Nur bei ihrer letzten Tochter Marie Antoinette hatte Maria Theresia Probleme gehabt, nach den Entbindungen von den übrigen Kindern hatte sie schon nach einer Woche das Kindbett verlassen, um sich wieder ihren Staatsaufgaben zu widmen.

Die Schwangerschaft brachte für Isabella viele Unannehmlichkeiten mit sich. Sie litt unter heftigem Kopfweh, erbrach sich vor allem in der ersten Zeit mehrmals täglich und war von einer lähmenden Müdigkeit befallen. Der Leibarzt der Kaiserin, van Swieten, der Isabella ständig im Auge behielt, verordnete als Allheilmittel Aderlässe und bedachte dabei nicht, daß Isabella wahrscheinlich ohnedies an Blutarmut litt.

Die Entbindung dauerte lange und war äußerst kompliziert, für Isabella eine beinahe nie endenwollende Qual. Selbst die Kaiserin hatte eine schlechte Vorahnung, als endlich die Wehen bei der Schwiegertochter einsetzten. Joseph wich nicht von Isabellas Bett, um ihr durch seine Anwesenheit die schwersten Stunden zu erleichtern. Er hielt ihre Hand und versuchte sie zu trösten. Aber Isabella lieferte sich ganz ihrem Schmerz aus und war wahrscheinlich selbst überrascht, daß sie, als man ihr das Kind, ein Mädchen, in den Arm legte, noch am Leben war. Sie hatte fest geglaubt, daß die Geburt des Kindes für sie den sicheren Tod bedeuten würde.

Alle waren froh und glücklich, daß das Martyrium der jungen Frau vorüber war, wenn man auch auf einen Thronfolger gehofft hatte. Aber man tröstete sich mit der Jugend des Ehepaares und der Aussicht auf weitere Kinder.

Es dauerte sehr lange, bis sich Isabella von den Schrecken der Geburt erholt hatte. Man umsorgte sie in rührender und aufopfernder Weise und versicherte immer wieder, wie froh man über das süße Prinzeßchen sei, das auf den Namen der Großmutter getauft werden sollte. Der Kaiser selbst hatte Isabella getröstet, indem er seine Freude über die glückliche Geburt zum Ausdruck brachte und der jungen Mutter versicherte, daß sie – er und Maria Theresia – auch mit einer Prinzessin angefangen hätten.

Erst nach sechs Wochen war Isabella kräftig genug, um in der

Augustinerkirche an einem Dankgottesdienst teilzunehmen. Während der Zeremonien, die sich lange hinzogen, war die Prinzessin ständig einer Ohnmacht nahe. Schwangerschaft und Geburt hatten das seelische Gleichgewicht der jungen Frau noch mehr erschüttert. Isabella wußte, daß all die Schrecknisse ihr immer wieder bevorstehen würden, mindestens so lange, bis sie einem Thronerben das Leben geschenkt hatte. Man erwartete von ihr einen Sohn, und das schon möglichst bald! Sie mußte wieder schwanger werden und fürchtete doch nichts so sehr auf der Welt wie das!

In ihrer seelischen Not band sich die Erzherzogin immer mehr an ihre Freundin Mimi, die sie zwar nicht ganz verstehen konnte, ihr aber, wo es nur ging, Trost zusprach. Isabella schrieb in dieser Zeit folgende bezeichnende Zeilen an sie:

»Was ist des Mannes Macht über die Frau? Was ist überhaupt Macht? An Mächtigen und Machthabern wird man gewahr, daß Macht keiner Rechtfertigung bedarf, sie wird ohneweiters anerkannt, so lange sie feststeht. Geschieht es aus Ordnung oder Billigung der Gewalt, die sie durchsetzt? Es ist so schwer zu ergründen. Ach, um wieviel schwieriger ist es, Klarheit über das Machtverhältnis zwischen Mann und Frau zu erlangen. Das Übergewicht, welches dem Manne die Ehe verleiht, wird zweifelhaft, wenn die Bereitschaft der Unterlegenen im geringsten aufgehoben oder gestört wird. Bei sinnlicher Unterordnung fehlt die Kontrolle des Geistes, das sittliche Bewußtsein scheidet aus; es sind zweifelhafte Berechtigungen, die der Trieb erbringt.«

Je mehr sich aber Isabella ihrem Mann zu entziehen versuchte, desto begehrenswerter fand sie Joseph, und so war es beinahe selbstverständlich, daß Isabella bald wieder ein Kind erwartete. Alle waren sich jetzt darin einig, das konnte nur der sehnlichst erwartete Sohn sein! Messen wurden für die junge Mutter gelesen, Wallfahrten unternommen, Andachten abgehalten. Isabella mußte sich schonen, so gut sie konnte, und durfte nicht mehr an allen gesellschaftlichen Veranstaltungen teilnehmen. Ihr war das nur recht, denn sie fühlte sich auch dieses Mal nicht wohl. Dazu kam, daß Joseph sich ihr noch intensiver widmete, sie noch glühender begehrte als jemals zuvor und sie in keiner Weise schonte. Als sich dann eine Fehlgeburt einstellte, haderte der junge Mann mit sich und seinem

9 *Philippine Welser. Gemälde eines unbekannten Meisters*

10 *Erzherzog Ferdinand II. Gemälde von Jakob Seisenegger*

11 Links: Maria von Portugal. Gemälde aus der Ambraser Porträtsammlung
12 Rechts: Maria Tudor. Gemälde von Anthonis Mor

13 Isabel von Valois. Gemälde von
Sanchez Coello

14 Anna von Österreich. Gemälde
von Sanchez Coello

15 *Rudolf II. Gemälde von Joseph Heintz d. Ä.*

Schicksal, denn er schrieb seinem leidenschaftlichen Ungestüm einen Großteil der Schuld am jähen Ende der Schwangerschaft zu.

Auch der Kaiser und die Kaiserin waren sich darin einig, daß Joseph zu hitzig gewesen war und ermahnten ihn, das nächste Mal rücksichtsvoller zu der werdenden Mutter zu sein. Aber es waren nur Empfehlungen, die die Kaiserin nicht direkt aussprach. Als aber Isabella nach einer kurzen Schwangerschaft von nur wenigen Monaten abermals eine Fehlgeburt hatte, ließ Maria Theresia ihren Sohn höchst offiziell kommen und sprach mit Joseph über dieses heikle Thema in offenen Worten. Die Kaiserin nahm sich wie immer bei ihren Kindern kein Blatt vor den Mund und erklärte Joseph frank und frei, es sei im Staatsinteresse notwendig, daß sich der Erzherzog im Falle einer neuen Schwangerschaft Zurückhaltung auferlegen müsse. Es war für Joseph hart, die Vorwürfe der Mutter zu hören und sich gleichzeitig einzugestehen, daß sie recht hatte. Aber immer wenn er sich vornahm, Isabella nicht zu nahe zu kommen, empfand er aufs neue ihren unwiderstehlichen Reiz, und er konnte nicht anders, als in ihre Arme zu fallen.

Maria Theresia forderte viel von ihrem Sohn: Er mußte ihr in die Hand versprechen, seine Frau in Ruhe zu lassen, sobald sie wieder in gesegneten Umständen sei.

Die Depressionen, in die Isabella immer mehr verfiel, wurden durch die Fehlgeburten noch verstärkt. Sie sprach in ihren Briefen an Mimi von Todesahnungen, und an ihrem Geburtstag, dem 1. Januar, äußerte sie sich gegenüber den Gratulanten, die ihr freudig gestimmt Glück wünschen wollten, daß sie das kommende Lebensjahr nicht vollenden werde. Alle, die sie gern hatten – und das war vor allem die kaiserliche Familie –, wollten diese »Phantasien«, wie sie Isabellas Stimmungen nannten, nicht wahrhaben. Man hielt die Todessehnsucht der jungen Frau für eine Folge der beiden mißglückten Schwangerschaften und hoffte, daß mit der körperlichen Genesung auch eine innere Erholung eintreten würde. Aber ihr Lebenswille war am Verlöschen.

Aus dem zunächst spielerischen Gedanken an den Tod war im Laufe der Zeit eine Manie geworden, ihr Denken und ihre Sehnsucht waren darauf gerichtet, diese Welt möglichst bald verlassen zu können. Niemand, nicht einmal Mimi, war in der Lage, Isabella von dieser fixen Idee abzubringen. Und als die junge Frau merkte, daß sie wieder ein Kind erwartete, war sie absolut sicher, daß sie die Geburt nicht überleben werde. Sie schrieb zu Neujahr an ihre Freundin und Vertraute einen langen Brief, der ihre tiefe Depression verrät:

»Möge Dir das neue Jahr Glück bringen, das Du ersehnst, meine Sehnsucht kennst Du. Nur Du kennst Sie, Vertraute meiner trauernden Seele. Ich werde dieses begonnene Jahr bestimmt nicht überleben! Ich fühle meine Lebenskraft mit zunehmender Deutlichkeit schwinden. Die Wechselwirkung zwischen Geist und Körper wird verhängnisvoll, wenn eines von beiden schwer erkrankt. Der kranke Körper wirkt lähmend auf die Seele, die kranke Seele unheilvoll auf den Körper. Ich fürchte mit dieser Schwermut auf die keimende Seele der Leibesfrucht zu wirken, die meine stete Unruhe ausmacht. Ich habe so große Angst, daß es abermals fehlgehen könne, da ich mir viel zu wenig Schonung gönnen kann. Ich habe so wenig Hoffnung, das zu erfüllen, was man von mir so beständig verlangt. Es scheint mein Verhängnis, die teuersten Menschen, die mir ihr Vertrauen geschenkt haben, enttäuschen und, was noch viel furchtbarer ist, Gott, meinen erhabenen Schöpfer und Herrn enttäuschen zu müssen. Wenn Du ehrlich bist, teuerste Schwester, mußt Du zugeben, daß ich vollständig versagt habe, denn man legt einzig und allein auf die Fähigkeiten Wert, deren ich zu ermangeln scheine, wie sich nun gezeigt hat. Die Kaiserin hat sich sechzehnmal gesegneten Leibes gefühlt, ein einziges Mal, bei der Jüngsten, Antoinette, war es mit schmerzvollem Unbehagen verbunden, wie sie mir gestand. Wo ist der Segen, den mein armer Leib fühlen soll? Die erste Frucht hat sich so lang als möglich dagegen gewehrt, meinen gemarterten Leib zu verlassen, die zweite Frucht ist ihm nur allzu rasch entflohen und die dritte? Warum macht sie mich so bange? Aber ich will Dich verschonen, teuerste Mimi, und Dich nicht mit den Todesgedanken beunruhigen, die Du mir nicht verzeihen zu können glaubst. Sei meinetwegen ohne Sorge, Gott wird mit mir nach seinem Willen verfahren. Ich baue auf Seine Gnad und Huld, auf des ewigen Königs Gnad und Huld. Um aber zu Dir zurückzukehren, der ich ein glückliches Neujahr zu wünschen begonnen habe, Gott gewähre Dir alles Gute und Schöne, das dieses Leben gesunden Frauen zu bieten vermag. Du bist unter einem glücklicheren Stern geboren, an dem gleichen Maitag wie die Kaiserin fünfundzwanzig Jahre zuvor. Ich weiß nicht, ob du zu ähnlicher Größe und ähnlichem Glück ausersehen bist wie Maria Theresia, unsere gottbegnadete Mutter, aber eines fühle ich mit seherischer Kraft, Du wirst ein glücklicheres Los als ich haben: Du wirst nicht einen Thronerben und künftigen römischen Kaiser gebären müssen. Es ist Dir der sächsische Prinz Albert als Gatte bestimmt, er wird dich auf den Händen tragen. Er wird Dich nicht so leidenschaftlich lieben wie der Erzherzog mich liebt, aber Dich auch nicht zwingen, ihm einen Leibeserben zu schenken, wenn es Dir zu schwer fällt und Deiner Gesundheit oder gar Deinem Leben schadet. Ich weiß dies, wie ich vieles voraussehe, liebe Schwester, vor allem, daß meine Kleine, des Erzherzogs Resl, mir bald, sehr bald im Tode nachfolgen wird, wie ich meiner geliebten Mutter nachfolge.«

Isabella war wieder in anderen Umständen, das hatte sich bald wie ein Lauffeuer herumgesprochen. Endlich! Und diesmal mußte alles gutgehen. Der Hof war in Aufregung, jeder kümmerte sich um die werdende Mutter, sprach ihr Mut zu und ermahnte sie ständig, sich, wo immer es ging, zu schonen. Sie brauchte absolute Ruhe, jede Aufregung sollte von ihr ferngehalten werden, das war der strikte Befehl der Kaiserin. Mit Argusaugen betrachteten die kaiserlichen Eltern ihren Sohn, er mußte vernünftig sein und sein gegebenes Versprechen halten. Joseph bezeichnete die für ihn unerträgliche Situation als unfreiwilligen Zölibat, aber er hatte sich selber vorgenommen, diesmal nicht wieder schwach zu werden, obwohl er vom Sinn der Enthaltsamkeit immer noch nicht ganz überzeugt war, berichteten doch so manche Männer, daß der eheliche Verkehr während der Schwangerschaft für Mutter und Kind gedeihlich gewesen sei. Joseph hatte aber seiner Mutter in die Hand versprochen, Isabella nicht zu berühren, und das einmal gegebene Versprechen wollte er nicht brechen, dazu war er Manns genug. Die Kaiserin mußte schließlich wissen, was in solchen Situationen zuträglich sei, schließlich hatte sie so vielen Kindern das Leben geschenkt!

Aber alles kam anders, als man es sich am Wiener Hof vorgestellt hatte. Wieder einmal gingen die Kindsblattern um, eine fürchterliche Seuche, der schon einige Kinder Maria Theresias zum Opfer gefallen waren. Joseph selbst hatte die Blattern überlebt und war daher vor jeder Ansteckung gefeit. Nicht aber seine junge Frau.

Als sich die ersten Krankheitssymptome bei Isabella einstellten, war die Bestürzung und Verzweiflung groß. Van Swieten, der sofort bei Beginn der Krankheit zugezogen worden war und der so oft der Kaiserin und ihrer Familie mit Rat und Tat zur Seite gestanden hatte, bot alle Möglichkeiten seiner ärztlichen Kunst auf, um die junge Frau vor dem Ärgsten zu bewahren. Joseph bat den Arzt flehentlich, alles nur Menschenmögliche zu versuchen. Der Erzherzog wich nicht vom Krankenlager seiner über alles geliebten Frau. Mit Bestürzung nahm er die Veränderungen in ihrem schönen Gesicht wahr, er gönnte sich keinen Schlaf, wischte der Fiebernden den Schweiß von der Stirn und hielt Tag und Nacht Wache an ihrem Bett. Allmählich bildeten sich schwarze Pusteln und entstellten das makellose Antlitz der jungen Frau.

Nach langandauernden, heftigen Fieberanfällen brachen die Wehen über den geschwächten Körper herein. Isabella brachte nach sechsmonatiger Schwangerschaft wieder ein Mädchen zur Welt, das nur zwei Stunden lebte. Ein in aller Eile herbeigerufener Priester verabreichte dem Kind die Nottaufe. Die Verzweiflung am Kaiserhof war unbeschreiblich. Die von allen so sehr geliebte Isabella verfiel immer mehr, und der junge Ehemann wußte in seinem Kummer nicht aus noch ein. Er schwor alle heiligen Eide, was er alles stiften wollte, wenn ihm nur Isabella erhalten bliebe. Sie war sein ganzes Glück!

Obwohl es alle für das Beste hielten, wenn Joseph nicht in der Nähe der Kranken blieb, ließ er es sich doch nicht nehmen und hatte für die gutgemeinten Ratschläge nur taube Ohren, ja wahrscheinlich hörte er gar nicht zu, wenn jemand mit ihm sprach. Er wachte auch noch an der Seite seiner sterbenden Frau, als sich der einst so schöne Körper schon aufzulösen begann. Man mußte sich mit Essig getränkte Taschentücher an das Gesicht drücken, um den Gestank im Sterbezimmer aushalten zu können. Aber immer noch hoffte Joseph auf ein Wunder. Er konnte und wollte es nicht glauben, daß ihm seine geliebte Frau für immer entrissen werden sollte.

Isabella hörte und sah von all den Dingen, die rund um sie vor sich gingen, fast nichts mehr. Ihre Gedanken kreisten um die kurz bevorstehende Erlösung durch den Tod. Aber noch jetzt, als sie diese Welt schon fast verlassen hatte, quälten sie die Gedanken, wie sehr sie mit ihrem Körper gesündigt hatte. Auch Joseph konnte sie nicht beruhigen, und so waren die letzten Worte, die der verzweifelte Ehemann von ihr vernahm: »Grâce à Dieu! Mein ganzer Körper brennt, denn ich habe mit dem ganzen Körper gesündigt. Das Nessushemd der Sünde, cher ami!«

Fassungslos mußte man den weinenden Joseph von der Toten wegführen. Für ihn gab es keine Tröstung, sein ganzes Lebensglück war ihm genommen worden.

Joseph überwand diesen Schicksalsschlag nie mehr. Die zweite Heirat, die er aus Staatsräson einging, wurde zu einer Tragödie für seine zweite Frau, da Joseph an der häßlichen bayerischen Prinzessin Maria Josepha überhaupt kein Interesse zeigte, ja die Ehe mit ihr nicht einmal vollzog. Sein Herz blieb für immer bei seiner schönen Isabella in der Kapuzinergruft, ein Teil seines Wesens war mit ihr gestorben; sie hatte seine Liebe mit ins Grab genommen.

Liebe im verborgenen

FRANZ JOSEPH UND SEINE FRAUEN

Er war einfach, bescheiden, arbeitsam, ein Beamter wie tausend andere in seinem Staat. Er war distanziert freundlich, nicht besonders leutselig, kein großer Mäzen, kein erfolgreicher Feldherr. Und doch war und ist er der Habsburger Kaiser schlechthin, ein Mann, der wahrscheinlich gerade durch seine Korrektheit, seinen Arbeitseifer und seine Unauffälligkeit dem Volk näher stand als mancher andere Herrscher, dem mehr Erfolg beschieden war als ihm. Franz Joseph ist nicht tot, er lebt in den Bauten, die er in der ganzen Monarchie hat errichten lassen, in der Beamtenschaft, in den Wiener Kaffeehäusern, in den Wienerliedern weiter. Er hat der Monarchie eine Prägung gegeben, die man auch heute noch in den ehemaligen Kronländern findet. Er war der letzte große Vertreter der Kaiseridee, die mit ihm zu Grabe getragen wurde.

Was war es, was Franz Joseph unsterblich machte? Zahlreich sind die Möglichkeiten, die man untersuchen könnte, warum ausgerechnet er diese Faszination ausübte. Sicherlich war sein Wesen dazu angetan, die Menschen zu überzeugen, daß er nur das Beste für den Staat im Sinn habe. Und sicher machte ihn auch seine überaus lange Regierungszeit zu einer Institution, die jeder ohne Widerspruch hinnahm. Aber auch sein Privatleben, seine romantische Liebesbeziehung zur legendären »Sisi«, seine allgemein bekannte Freundschaft zur »gnädigen Frau« Katharina Schratt ließen das Volk mitleben, mitlieben und mitleiden. Durch all die menschlichen Probleme, mit denen sich der Kaiser herumschlagen mußte, durch seine tiefe Enttäuschung über seinen einzigen Sohn und dessen tragischen Selbstmord, durch den Mord an seiner von ihm über alles geliebten Frau wurde der Kaiser zum Mann aus dem Volk, zum Kaiser für das Volk.

Schon früh in seiner Jugend wurde Franz Joseph bewußt gemacht, welch hohe Verantwortung und Aufgabe auf ihn warteten. Seine Mutter Sophie setzte alles daran, ihn zum einzig möglichen

Nachfolger seines kranken Onkels Ferdinand aufzubauen. Für sie stand es schon sehr bald fest, daß nicht ihr eigener Mann Franz Karl der zukünftige Kaiser sein würde, sondern ihr ältester Sohn Franz Joseph, und sie verfolgte ihren Plan konsequent und erfolgreich. Franz Joseph wurde schon als Kind für seine spätere Aufgabe erzogen und hatte daher nur drei Jahre eine Aja, die Baronin Louise Sturmfeder, die in ihrem Schützling wirklich das Kind sehen durfte. (Alle Habsburger hatten in ihrer Kinderzeit eine Aja oder einen Ajo. Dieses merkwürdige Wort kommt aus dem Portugiesischen und bedeutet so viel wie Tantchen oder Onkelchen.) Louise Sturmfeder war selbst kinderlos, sie hatte ihren Verlobten in den napoleonischen Kriegen verloren und nahm sich um den jungen Prinzen mit der ganzen Güte ihres liebevollen Herzens an. Sie kannte genau die Grenzen zwischen Bewahren und Wagen und setzte sich gegen alle abergläubischen Regeln der Kindererziehung durch. Selbst der alte Kaiser Franz, der Großvater Franz Josephs, vermochte nicht, ihrem Urteil zu widersprechen, er akzeptierte ihre Entscheidungen. Als sich der kleine Bub einmal an einer Tischecke arg angeschlagen hatte, wollte der Großvater alle Möbelstücke aus dem Kinderzimmer entfernen lassen, die Ecken und Kanten hatten. Die Reaktion der Baronin war geradezu klassisch: Sie antwortete dem Kaiser: »Jawohl, Majestät, besser wäre allerdings, Sie würden den Erzherzog in einen gepolsterten Schrank sperren.«

Franz Joseph zeigte schon früh ganz bestimmte Charakterzüge. Er hatte einen fast unkindlichen Drang zur Ordnung, er konnte nicht sehen, wenn irgendwelche Spielsachen nicht auf dem vorgesehenen Platz lagen. Sein ganzes zukünftiges Leben sollte von dieser Ordnungsliebe beherrscht werden, sein späteres politisches Handeln war von ihr gekennzeichnet, aber auch in seiner Privatsphäre mußte ein bestimmtes System für ihn erkennbar sein.

Der junge Mann ging seinen Weg zum Kaiserthron ernst und konsequent, beraten und unterstützt von seiner zielstrebigen Mutter. Für Sophie gab es keinen höheren Wert als die Monarchie in ihrer althergebrachten Form, mit ihrer Tradition und ihren Werten. Die alte Ordnung, die durch das Chaos, das Napoleon in Europa hinterlassen hatte, gestört worden war, sollte durch ihren Sohn wiederhergestellt werden.

Franz Joseph bestieg den Thron der Habsburger in einer schwierigen Zeit. Neue Ideen durchfluteten das Land, Unabhängigkeitsbestrebungen der Kronvölker wühlten das Staatsgefüge auf, Revolutionäre fanden die Sympathien breiter Volksschichten. Nur ein untadeliger Kaiser konnte den langsam zerbröckelnden Staat ein letztes Mal zusammenhalten. Man brauchte eine Person, an der man sich orientieren konnte, ein Leitbild, das erkennen ließ, daß das Ende der Monarchie noch nicht gekommen war.

Konnte ein Achtzehnjähriger ein starkes Band um die Länder schlingen, die nach ihrer Freiheit strebten? Franz Joseph war von allem Anfang an fest entschlossen, den Staat seiner Väter zu retten, und mit der ganzen Kraft seiner Jugend stürzte er sich in diese schier unlösbare Aufgabe. Und obwohl er gleich zu Beginn seiner Regierung zu den Waffen greifen mußte, war das Ziel seines Lebens, immer den Frieden zu suchen und zu erhalten.

Franz Joseph war ein gutaussehender junger Mann, als er den Kaiserthron bestieg, blond und schlank. Alles, was ihm zum persönlichen Glück fehlte, war eine passende Gemahlin. Auch hier hatte seine Mutter ihre ganz bestimmten Vorstellungen. Sophie war selbst eine Wittelsbacher Prinzessin, und so lag bei ihr der Gedanke nahe, ihren Sohn ebenfalls mit einer Wittelsbacherin zu vermählen. Ihre Nichte Helene, Tochter des bayerischen Herzogs Max in Bayern, schien die richtige Frau zu sein, ihrem Sohn auch als Kaiserin mit Rat und Tat zur Seite zu stehen. Ohne daß die beiden jungen Leute sich kannten, wurde ein Verlobungstermin in Bad Ischl im Salzkammergut vereinbart. Aber es kam alles anders, als es die Mutter wollte. In allen Dingen hörte Franz Joseph auf Sophie; aber in dieser Herzensangelegenheit wollte er für sich selbst entscheiden.

Die Familien trafen sich wie geplant im schönen Salzkammergut, aber nicht »Néné« wurde die Auserwählte, sondern ihre jüngere, völlig ahnungslose Schwester Elisabeth. Franz Joseph war von »Sisis« Liebreiz, ihrem natürlichen Wesen und Temperament fasziniert und dachte nicht daran, Helene zu nehmen. Elisabeth willigte auf den Antrag des Kaisers hin ein, seine Frau zu werden, obwohl sie erst fünfzehn Jahre alt und wahrscheinlich in den jungen Kaiser nicht verliebt war. Vielleicht schmeichelte es ihrer Eitelkeit, daß der mächtige Kaiser von Österreich-Ungarn sie zur Frau haben wollte. Beide jungen Leute waren sich der Tragweite dieses Entschlusses wohl kaum bewußt, sie dachten nicht darüber nach, was es bedeutete, ein Leben lang den schwierigen Weg zu gehen, der auf einen Kaiser und eine Kaiserin in der damaligen Zeit der Wirren und Unsicherheit wartete. In seiner spontanen Verliebtheit konnte und wollte Franz Joseph nicht erkennen, daß das Mädchen, das er sich als Gemahlin erwählt hatte, überfordert sein könnte.

Die Fahrt der jungen Braut nach Wien glich einem Triumphzug, kilometerweit säumte das Volk das Donauufer und jubelte dem schönen jungen Mädchen zu. Dabei wäre Elisabeth im Strudengau fast ums Leben gekommen, als ihr Schiff in den berüchtigten Strudel geriet und kenterte, so daß die zukünftige Kaiserin sich nur mit Mühe und tropfnaß ans Ufer retten konnte.

Tausende und Abertausende Wiener säumten die Donaulände, als Elisabeth auf ihrem Schiff sichtbar wurde. Der junge Kaiser stand am Kai und wartete. Unter dem Jubel der Bevölkerung sprang Franz Joseph auf das einfahrende Schiff, und, ohne auf das Protokoll zu achten, nahm er seine Sisi in die Arme und küßte sie vor aller Welt; ein junger Mann, der glücklich war, endlich sein geliebtes Mädchen im Arm zu halten! Das war es, was die Wiener liebten, einen Kaiser aus Fleisch und Blut; seine jugendlich sympathische Erscheinung vermochte mehr zu bewirken als sämtliche politischen Bestrebungen. Dazu kam die ungewöhnlich bezaubernde Braut, ein Paar wie dem Bilderbuch entstiegen, jung, schön, romantisch und glücklich.

Aber die Tage der Rosen dauerten nicht lange. Franz Joseph hatte nicht bedacht, wie schwer es sein würde, seine junge Frau, die völlig unkonventionell aufgewachsen war, mit dem am Wiener Hof herrschenden Zeremoniell vertraut zu machen. Er selber bemühte sich liebevoll um Elisabeth, aber seine Mutter schlug nicht immer den geeigneten Ton an, wenn es darum ging, der Schwiegertochter klar zu machen, welche Aufgaben und Pflichten sie zu erfüllen hätte. In ihrer jugendlichen Art lehnte sich Sisi, wo sie nur konnte, gegen Sophie auf und machte es dadurch Franz Joseph schwer, den richtigen Standpunkt zwischen seiner geliebten Frau und seiner Mutter, der er alles, auch den Thron, verdankte, zu finden. Nur widerwillig akzeptierte Elisabeth das auf die Minute genau geregelte Leben, sah, daß ihr Mann von früh bis spät am Schreibtisch zubrachte und konnte seine gewissenhafte und pflichtbetonte Art nicht verstehen. Sophie ihrerseits beharrte eisern auf ihren Prinzipien und wollte der jungen Frau keine Konzessionen machen. Die beiden Frauen waren in ihrem Wesen und in ihren Auffassungen viel zu verschieden, als daß es jemals eine Verständigungsmöglichkeit für sie geben konnte. Beide liebten Franz Joseph, jede auf ihre Weise; aber auch diese Gemeinsamkeit konnte die abgrundtiefe Kluft nicht überbrücken, die sich zwischen ihnen aufgetan hatte.

Nur eine konnte als Siegerin aus dem immerwährenden Kampf hervorgehen, und da Sophie von Anfang an die besseren Voraussetzungen mitbrachte, resignierte die junge Schwiegertochter schließlich. Die Kaiserin zog sich zurück, aus der Öffentlichkeit, von ihren Kindern, aus Wien, aus einer Welt, die, wie sie glaubte, ihr feindselig gegenüberstand – und auch von Franz Joseph. Nur dort, wo sie echte Sympathien spürte, konnte sie etwas leisten: in Ungarn. Vielleicht durch ihre Vorleserin Ida von Ferenczy beeinflußt, entwickelte sie eine besondere Vorliebe für dieses stolze, freiheitsliebende Volk, und es drängte sie, ihm zu helfen. Sie überzeugte nicht nur den Kaiser, sondern auch die rebellischen Anführer der Ungarn, daß es sinnvoll sei, sich mit Österreich zu einigen und einen Ausgleich zu akzeptieren. Ungarn sollte weitgehende Unabhängigkeit erreichen, aber im großen Verband der Monarchie bleiben. Durch ihren Einfluß auf den Kaiser gelang Elisabeth dieser politische Schachzug, der schließlich zum Ausgleich mit Ungarn führte. 1867 wurde Franz Joseph in Budapest feierlich zum König von Ungarn gekrönt, gleichzeitig mit ihm Elisabeth zur ungarischen Königin. Bisher waren die Königinnen immer erst einige Tage nachher gekrönt worden. Möglicherweise wäre es zum Segen der brüchigen Monarchie gewesen, hätte sich Elisabeth nicht so bald und so endgültig aus dem öffentlichen Leben und aus der Politik zurückgezogen. Aber sie konnte nur dort etwas leisten, wo ihr Gefühl angesprochen wurde. Alles übrige war für sie uninteressant. Sie resignierte und zog sich in ihre private Welt zurück, die vor allem aus ihrer eigenen Person und ihrer Schönheit bestand.

Anfänglich verließ sie Österreich wegen ihrer angegriffenen Gesundheit, dann aber, als sie wieder voll hergestellt war, zog es sie in die Fremde, um dem Wiener Hof mit all seinen Aufgaben zu entgehen. Rastlos und innerlich getrieben zog sie umher, ohne ihr Glück zu finden. Aus dem Naturkind war eine Exzentrikerin geworden, ständig auf der Suche nach sich selbst.

Ihre Kinder wurden in Wien von der Schwiegermutter und fremden Leuten erzogen; vor allem Rudolf, der einzige Sohn, litt sehr unter der Abwesenheit seiner Mutter und unter der Einsamkeit in der Hofburg. Nur die später geborene Tochter Marie Valerie wurde von Elisabeth geradezu mit Liebe und Fürsorge überschüttet, als wollte sie alles wiedergutmachen, was sie bei ihren anderen Kindern versäumt hatte.

Franz Joseph versuchte zeit seines Lebens, sie liebevoll zu verstehen, er machte ihr nie Vorwürfe wegen ihrer langen Auslandsaufenthalte, schickte ihr Geld, soviel sie brauchte, und schrieb ihr immer wieder in seinen Briefen, sie möge auf ihre Gesundheit achten und ihren »armen Kleinen« nicht ganz vergessen. Die rührend menschlichen Briefe, die der Kaiser an seine Frau schrieb, beeindruckten sie wohl kaum, denn sie änderte nichts an ihrem Verhalten.

Die Beziehung der beiden ist in vielen Punkten rätselhaft. Wahrscheinlich war es der faszinierende Charme, den Elisabeth ausstrahlen konnte, wenn sie wollte, der Franz Joseph so sehr an seine Frau fesselte. Er war glücklich, wenn sie endlich einmal nach Wien kam, und tat alles, damit sie blieb. Aber Elisabeth konnte es am Wiener Hof nicht aushalten, sie haßte das Hofleben mit seinen zeremoniellen Zwängen und die Oberflächlichkeit der sie umgebenden Menschen.

Auch ihre politischen Auffassungen unterschieden sich in vielen Punkten von den Ansichten des Kaisers. Franz Joseph vermochte nie ihre beinah extreme Vorliebe für die Ungarn zu verstehen, er war ein nüchterner Realist und konnte die Ereignisse des Jahres 1848/49, mit denen er gleich zu Beginn seiner Regierung konfrontiert worden war, nie ganz vergessen. Damals hatten seine Truppen den ungarischen Aufstand blutig niedergeschlagen und in dem besiegten Land furchtbare Rache geübt. Daher bildete auch die Politik kein Bindeglied zwischen den beiden so grundverschiedenen

Menschen, denen es vom Schicksal nicht bestimmt schien, in der Gemeinsamkeit glücklich zu werden.

Elisabeth zog sich immer mehr in eine Traumwelt zurück. Sie galt als die schönste Frau Europas. Wer sie je zu Gesicht bekommen hatte, war von der Kaiserin hingerissen, und sie selbst war sich ihres Reizes voll bewußt. Sie schenkte ihrem Äußeren mehr Aufmerksamkeit als allen anderen Dingen, die um sie herum vor sich gingen. Sie verwünschte jede Schwangerschaft, weil sie fürchtete, ihre Wespentaille zu verlieren, sie fastete so lange, bis sich ernstliche gesundheitliche Schäden einstellten, wochenlang ernährte sie sich nur von Veilcheneis und Saft, der aus rohem Kalbfleisch gepreßt worden war. Dazu machte sie täglich Turnübungen in einem eigens für sie entworfenen Turnsaal, unternahm extreme Wanderungen und Bergtouren, auf denen sie ihre Kammerzofen begleiten mußten, die auf diesen Gewalttouren vielfach zusammenbrachen und mit der Kutsche nach Hause gefahren werden mußten.

Um ihre Haut weich und glatt zu erhalten, badete sie in Milch; ihr langes, berühmt schönes Haar mußte täglich gebürstet und mehrmals in der Woche mit zwölf Eidottern gewaschen werden. Das Kämmen der Kaiserin war für die Bedienten eine Tortur, mußte sich doch jede Kammerzofe fürchten, wenn Elisabeth bemerkte, daß ihr einige Haare ausgerissen worden waren. Die Kammerzofen erfanden deshalb einen Trick: Sie beschichteten den Saum an ihrer Rockinnenseite mit einer klebrigen Masse und ließen so die ausgegangenen Haare der Kaiserin verschwinden. Noch beim 25jährigen Ehejubiläum des Kaiserpaares war Elisabeth bildschön und faszinierend für alle, die sie sahen, aber bald schon hinterließen die unvernünftigen Abmagerungskuren unschöne Spuren vor allem im Gesicht. So beschrieb die Frau des englischen Botschafters, Lady Paget, Elisabeth folgendermaßen: »Als ich sie vor neuneinhalb Jahren zum erstenmal sah, war sie noch eine wunderschöne und scheinbar junge Frau, die in einem weißen, mit Gold und Silber bestickten Kleid, mit Juwelen im Haar im Glanz von Hunderten von Kerzen stand. Jetzt stand sie in einem verblassenden Licht, in durchsichtiges, aber tiefes Schwarz gekleidet, eine Krone aus flaumigen schwarzen Federn auf dem kastanienbraunen Haar, eine Rüsche aus schwarzer Gaze um den mageren Hals. Ihr Gesicht sah aus wie eine Maske, ihre Lippen und Wangen waren zu rot.«

Elisabeth war nicht die Frau, mit dem Altern innerlich fertig zu werden. Sie begann sich immer mehr vor der Welt zu verstecken, verbarg ihr Gesicht, wo sie nur konnte, und wenn sie ausging, trug sie einen Fächer oder einen Schirm. Der Kaiserin blieb im Alter nichts, was sie noch hätte anziehend machen können, dazu kam, daß ihre früher so bewunderte Schlankheit zur Dürre ausartete, von der selbst Franz Joseph meinte, seine Frau sei nichts als Haut und Knochen. Sie selbst bezeichnete sich dagegen als »rund wie eine Tonne«, wenn die Badezimmerwaage, die sie mehrmals täglich bestieg, einundfünfzig Kilo zeigte.

Der Kaiser tat alles, um seiner Frau das Leben in Wien so angenehm wie möglich zu machen. Da ihr weder Schönbrunn noch die Hofburg zusagten und sie sich in beiden Schlössern nicht wohl fühlte, beauftragte Franz Joseph einen Baumeister, am Rande des Wienerwaldes für die Kaiserin eine Privatvilla zu erbauen, intim und ihrem Geschmack entsprechend. Die Hermes-Villa, die den Kaiser Unsummen kostete, wurde allerdings etwas ganz anderes als ein bescheidenes, gemütliches Domizil, im Stil der Zeit wurde Pompöses mit Kitschigem vermischt, und das Ergebnis befriedigte weder Franz Joseph noch seine Frau. Nur kurze Zeit blieb Elisabeth in ihrem neuen Heim, dann zog es sie wieder in die Fremde. Traurig schrieb der Kaiser am 6. April 1893 an sie:

»Ich hatte die stille Hoffnung, daß Du, nachdem Du Dein Haus mit so viel Freude, mit so viel Eifer gebaut hast, wenigstens den größeren Teil der Zeit, welche Du leider im Süden verbringst, ruhig in Deiner neuen Schöpfung bleiben würdest. Nun soll auch das wegfallen, und Du wirst nur mehr reisen und in der Welt herumirren.«

Die meiste Zeit seines langen Lebens war Franz Joseph allein. So lassen sich vielleicht auch manche der Charaktereigentümlichkeiten erklären, die seine Person schon zu Lebzeiten zu einer legendären Gestalt machten. Pflichterfüllung, Arbeitsamkeit und der feste Wille, den Frieden für die Monarchie unter allen Umständen zu erhalten, kennzeichneten sein ganzes Wesen. Daß aber Franz Joseph ein warmherziger Mann war, der wahrscheinlich ein liebevoller Ehemann hätte sein können, hätte er die Gelegenheit dazu gehabt, geht aus seinen vielen Briefen hervor, die er an Elisabeth und auch an die spätere Freundin Katharina Schratt schrieb. Er sehnte sich nach einem glücklichen Familienleben und bedankte sich bei seiner Frau in seinen Briefen immer wieder, wenn sie einmal besonders nett zu ihm gewesen war. Auch das Verhältnis zu seinen Kindern war durch die monatelange Abwesenheit der Kaiserin gestört, ein Verbindungsglied zwischen ihm und ihnen fehlte, und er selbst gewann wenig Zugang zu Gisela und Rudolf, für die der Vater dadurch auch zu einer unnahbaren Person, zum »Kaiser« wurde.

Das, was Elisabeth ihm nicht geben konnte, mußte sich Franz Joseph notgedrungen an anderer Stelle holen, bei Katharina Schratt, bei verschiedenen kleinen Abenteuern – und in einer Liaison, die erst Jahrzehnte später allgemein bekannt geworden ist. An einem Tag im Jahre 1875 unternahm der Kaiser wie immer früh am Morgen einen Spaziergang im Schloßpark von Schönbrunn, als ihm ein junges Mädchen begegnete, das ihn magisch anzog. Anna Nahowski war erst fünfzehn Jahre alt, der Kaiser immerhin bereits 45. Anna war ganz der Typ des »süßen Wiener Mädels«, jung, frisch, unkompliziert, etwas rundlich, mit großen blauen Augen. Franz Joseph ging ihr nach, grüßte sie und versuchte, mit ihr ins Gespräch zu kommen.

Anna Nahowski beschrieb ihre erste Begegnung mit dem Kaiser in ihrem Tagebuch; darin schilderte sie ihr Leben in den nächsten Jahren in einem romantisierenden Stil, so daß sie wohl Andeutungen über ihre intime Beziehung zu Franz Joseph machte, niemals aber direkt schrieb, daß sie die Geliebte des Kaisers gewesen sei. Vieles, was sie aufgezeichnet hat, entstammt wahrscheinlich bloß ihrer Phantasie, aus einzelnen Kleinigkeiten kann man aber sehr gut auf das Verhältnis schließen, das sie zu Franz Joseph hatte.

Jeden Tag unternahm sie nun einen Spaziergang nach Schönbrunn, da sie wußte, wie sehr sich der Kaiser für sie interessierte. Es war nicht leicht, in den frühen Morgenstunden, die Franz Joseph zum Spazierengehen bevorzugte, in den Park des Schlosses zu gelangen, da Anna in der Stadt wohnte und Schönbrunn damals noch ein Landschloß war. So machte sie sich schon im Morgengrauen auf und trat, gewöhnlich mit einer Bekannten, den langen Weg an, um den Kaiser treffen zu können.

Allmählich begnügte sich Franz Joseph nicht mehr mit den zufälligen Zusammenkünften, es wurden Verabredungen getroffen, wie man ungesehen einander näherkommen könnte. Obwohl Anna noch sehr jung war, hatte sie doch schon einige Erfahrungen auf dem Gebiet der Liebe. Sie war nach dem frühen Tod ihres Vaters als halbes Kind verheiratet und schon bald darauf wieder geschieden worden, nachdem sich herausgestellt hatte, daß ihr Mann ein Säufer war. Nun hatte sie sich wahrscheinlich in den reifen Mann verliebt – ihre schwärmerischen Beschreibungen im Tagebuch zeugen davon. Dazu kam natürlich, daß sich Anna bewußt war, vom mächtigsten Herrscher in Europa begehrt zu werden, daß es nicht ein einfacher Bürger war, mit dem sie Zärtlichkeiten austauschte, sondern daß viele Frauen sie um diese Gunst beneideten, alle schön, reich und aus adeligem Hause. Sie, die kleine Anna Nahowski, hatte den Vorzug, die Geliebte des Kaisers zu sein.

Franz Joseph wiederum schätzte an ihr die Natürlichkeit, ihre Jugend und Einfachheit. Durch sie erfuhr er so manches aus dem Volk, was ihm sonst nie zu Ohren gekommen wäre. Es zog den Kaiser zu einem Menschen, hier konnte er sich geben, wie er war, als Mensch und als Mann.

Anna lebte in den Jahren, in denen sie die Geliebte des Kaisers war, in einem inneren Zwiespalt. Denn schon bald nach ihrer Scheidung hatte sie auf einer Landpartie einen Eisenbahner kennengelernt, einen schönen Mann (»man sieht es gleich, daß er den Frauen sehr gefährlich werden kann«, schrieb Anna), der nur Augen für die junge, blühende Frau zu haben schien. Es konnte nicht ausbleiben, daß Anna ihr Herz auch für ihn entdeckte und auf die Dauer seinen Werbungen nicht widerstehen konnte. Sie wurde die Geliebte Franz Nahowskis, obwohl sie damals den Kaiser schon gut kannte. In den Monaten, in denen der Kaiser von Wien abwesend war oder in der Zeit, wenn Elisabeth in Wien weilte, gab es für sie wenig Probleme, denn dann konnte sie sich ganz Nahowski widmen, der sie mit seiner Eifersucht verfolgte. Schlimm wurde die Situation erst, wenn der Kaiser Zusammenkünfte vorschlug und Anna nicht imstande war, ihm die Situation zu erklären.

Franz Joseph erfuhr von der Existenz Nahowskis erst, als Anna ein Kind erwartete. Für sie war es klar, daß nur Nahowski der Vater sein konnte, und als er ihr einen Heiratsantrag machte, willigte sie ein. Als geschiedene Frau konnte sie sich glücklich schätzen, noch einen Ehemann zu bekommen. Als der Kaiser von dem Dilemma erfuhr, redete er ihr zu, zu heiraten und versprach ihr finanzielle Hilfe.

Auch als Nahowskis Ehefrau traf Anna den Kaiser regelmäßig, und außerdem kaufte sie ein Haus in der Nähe von Schönbrunn, damit es dem Kaiser möglich war, sie in den frühen Morgenstunden zu besuchen. Sie schreibt in ihrem Tagebuch, der Kaiser sei am frühen Morgen in ihre Wohnung gekommen, habe sie heftig geküßt – und anschließend bei ihr gefrühstückt.

»Anfang Mai 1881 übersiedle ich nach Hetzendorf.

Wie in jedem Jahr sehe ich auch jetzt den Kaiser, auch besucht Er mich im Mai schon. Er wird täglich verliebter. Auch ich bin ihm gut, u. wenn Er bei mir ist, vergeße ich fast auf Nahowski! Ist Er fort u. der Eindruck vorüber, dann möchte ich aufschrein, möchte den Nahowski um Verzeihung bitten, ihm sagen, daß ich nur ihn liebe. Alles Andere sei Wahnsinn, Verirrung.«

»… Am Rückweg zum Thürl frag ich Ihn, ob Er mich gar nie mehr besuchen will? Es wäre so schön, wir könnten im Trockenen sitzen u. rauchen, an einem Tag wo mein Mann im Dienst ist. Er ist unschlüssig, lächelt u. sagt, es soll aber doch nicht sein. Ich frage Ihm: Majestät nicht wahr, Sie kommen? Er sieht mich fort an, ohne mir eine Antwort zu geben, plötzlich zieht Er mich nahe an sich, sieht mir lange in die Augen, küßt mich leidenschaftlich, u. sagte ich komme! Wo sind die guten Vorsätze? Majestät, fragte ich Ihn darf ich Ihnen mit etwas aufwarten? Ja, wenn Sie mir etwas geben, sagte Er. Wünschen Sie Kaffe, oder Thee zum Frühstück? Kaffee sagte Er. Schwarzen oder mit Milch? Mit Milch.

Morgen?

Gut morgen!

Ich ging. Nun traf ich meine Vorbereitungen. Milch, Gebäck, Alles was ich brauchte, schaffte ich in mein Schlafzimmer. An einem Seitentischchen kochte ich selbst auf Spiritus den Caffee. Der Kaiser kam pünktlich. Ich erwartete Ihm in einem hoch geschlossenen Kleid. Er nahm Platz in meinem Schlafzimmer, ich setzte sogleich meine Caffemaschine in Brand, u. bald verbreitet sich ein angenehmer Duft.

Ich setzte mich neben Ihm u. plauschte bis der Caffe gut war, worauf ich Ihm seine Schale voll goß, u. die Milch vorsichtig nachgoß, da Er ein Feind der Haut war. Er aß ein Kipfel dazu, und zündet sich nach dem Frühstück eine Vezinier (Virginiazigarre) an. Ich rauchte eine Cigarette.

Nach 3/4 Stunden Aufenthalt verließ Er mich.«

Der Kaiser kam ab dieser Zeit gewöhnlich im Morgengrauen, frühstückte, rauchte und küßte Anna leidenschaftlich. Er blieb selten länger als eine Stunde. Und immer war Nahowski nicht zu Hause, meist auch nicht in der Stadt. Wenn die Kaiserin nicht in Wien weilte, unternahm Franz Joseph regelmäßig seine Besuche, ab und zu spazierten beide auch im Schönbrunner Park oder im Tirolergarten. Und obwohl Anna ihre Begegnungen mit dem Kaiser oft bis ins kleinste Detail aufzeichnete, findet man nirgendwo in ihrem Tagebuch mehr, als daß ihr der Kaiser das Kleid aufgeknöpft hat, daß er sie leidenschaftlich und lange küßte und daß er sie immer wieder besuchte. Nur einmal verrät ein kleiner Hinweis auf das zerrissene Unterhemd des Kaisers, daß Anna von Franz Joseph mehr gesehen haben muß als seine eher abgetragene Uniform. Daher wollen die Gerüchte nicht verstummen, daß die Tochter Helene (die spätere Frau des Komponisten Alban Berg), die Anna nach einigen Fehlgeburten zur Welt brachte, eine Tochter des Kaisers sei.

Wie immer die Wahrheit ausgesehen haben mag, es wäre beinahe unvorstellbar, daß der einsame Mann sich mit leidenschaftlichen Küssen begnügt haben soll. Und es wird letztlich nur wenige, besonders prüde Leute gegeben haben, die diese Affäre Franz Josephs nicht verstanden hätten, vor allem, da niemand unter dem Abenteuer zu leiden hatte, selbst Nahowski nicht, der immerhin vom Geld seiner Frau ein schönes Leben führen konnte.

Daß allerdings diese wohl rein körperliche Bindung dem alternden Kaiser auf die Dauer nicht genug war, beweist seine Freundschaft zu einer ganz anders gearteten Frau, die ihm Kaiserin Elisabeth selbst zugeführt hatte, um seine Einsamkeit aufzuhellen: zu der Schauspielerin Katharina Schratt. Als er mit ihr eines Tages im Schönbrunner Schloßpark spazierenging, sah ihn Anna Nahowski, die von den Gerüchten gehört hatte, die in Wien kursierten. Franz Joseph hatte ihr untersagt, in den Park zu kommen, aber Anna vermutete hier ihre Nebenbuhlerin und schlich sich nach Schönbrunn. Der Kaiser sah sie von weitem und war über ihre Anwesenheit sehr ungehalten. Es war der Anfang vom Ende für Annas Beziehungen zum Kaiser. Es kam noch zu einer letzten, sehr heftigen Begegnung zwischen den beiden. Sie machte ihm Vorhaltungen und vermutete, der Kaiser habe Katharina Schratt geküßt, worauf der Kaiser antwortete, daß sie ruhig sein könne, er küsse niemanden.

In Annas Tagebuch steht:

»Wer sagt mir, daß es nicht so ist. Sie haben vielleicht die Schratt in Schönbrunn getroffen u. gleichzeitig mich besucht, denkend dies geht in einem Aufwaschen.

Er fing hell zu lachen an! Mit einer raschen Bewegung hat Er mich erfaßt und hilt mich wie mit Eisenklammern fest. Jeder Versuch mich frei zu machen war umsonst. Er zog mich mit Gewalt nach meinem Bett, mein zorniges Gesicht mit Küßen bedeckend. Sehen Sie, sagte Er, ich habe diese Frau noch niemals nur mit einen Finger berührt, und Er tupfte mich dabei leise mit den Zeigefinger am Oberarm.

Was soll ich machen? Jeder Versuch mich frei zu machen ist umsonst. Ich könnte Ihm natürlich nie mehr herein lassen. Auf diese Art aber will ich nicht scheiden! – – . – – (Zwei Zeilen getilgt.) Und so ergebe ich mich in mein Schicksal, denkend, Alles hat ein Ende. – – –«

Vielleicht war der völlig unerwartete Tod des Kronprinzen im Januar 1889 der letzte auslösende Moment für die Beendigung des Verhältnisses mit Anna Nahowski. In seiner tiefen Bestürzung und seinem Schmerz war es vor allem Katharina Schratt, die dem Kaiser beistand. Vielleicht erkannte er in diesen dunklen Momenten, wie sehr er schon mit dieser Frau verbunden war, und sein Verhältnis zur kleinen Nahowski mag ihm schal und leer vorgekommen sein.

Anna wurde in die Hofburg bestellt, und ein Baron, dessen Namen sie nicht kannte, sollte ihr ein Geschenk vom Kaiser überreichen. Anna bat ihn um eine Erklärung, die dieser aber nicht geben konnte oder wollte. Sein Erstaunen aber war groß, als Anna ihm berichtete, daß ihr Verhältnis zum Kaiser vierzehn Jahre gedauert hatte. Sie konnte die Höhe ihrer Abfindung selbst bestimmen – und sie war nicht zimperlich. Als ihr ein Geschenk in der Höhe geboten wurde, wie sie es schon erhalten hatte, meinte sie, für ihre Kinder müßte auch noch gesorgt werden. Auch 150 000 Gulden waren ihr nicht genug, und sie schlug dem Baron vor, die zweiten hunderttausend noch voll zu machen.

»Bitte sagte ich, u. ich glaube er muß mir das Unbehagen u. den Ekel von Gesicht herabgelesen haben, was mir diese Fechterei (Bettelei) verursachte. Machen Sie die zweiten Hunderttausend voll. Schnell entschlossen sagte er ja, gut, stand auf, ging zu einer 3thürigen großen Casse nahm zwei Packen Tausender heraus, u. war sichtlich erfreut so billig davon gekommen zu sein.

Nun muß ich noch bitten sagte er mir niederzuschreiben was ich diktire.

Darf ich früher wissen was ich zu schreiben habe?

Sie werden bestätigen, daß Sie das Geld erhalten haben, und versprechen zu schweigen.

Schweigen muß ich ja auch wegen mir.

Ich stand auf vom Sopfa u. setzte mich an seinen Schreibtisch. Der Baron diktierte beiläufig folgendes:

Ich bestätige hiermit daß ich am heutigen Tag 200 000 fl als Geschenk von Seiner Majestät den Kaiser erhalten habe. Ferner schwöre ich, daß ich über die Begegnung mit Seiner Majestät jederzeit schweigen werde.

Anna Nahowski

Wien, 14. März 1889«

Anna forderte noch vom Kaiser die Busennadel zurück, die sie ihm einmal zum Geschenk gemacht hatte, und erhielt sie auch. Damit war eine vierzehn Jahre dauernde intensive Beziehung zu Ende.

Anna Nahowski hatte mit ihrer Eifersucht recht gehabt; Franz Joseph hatte das Interesse an der unbedeutenden Frau gänzlich verloren, vielleicht, weil er schon zwei Jahre vorher Katharina Schratt kennengelernt hatte, die die gleiche Natürlichkeit ausstrahlte wie Anna, aber zudem noch unterhaltsam und witzig war.

Wahrscheinlich hätte der Kaiser Katharina nie angesprochen, und es wäre niemals zur schicksalhaften Begegnung dieser beiden Menschen gekommen, wäre nicht Elisabeth auf die Idee gekommen, für ihren Mann, der oft monatelang ohne sie auskommen mußte, eine Frau zu suchen, die ihm ein wenig die trüben Gedanken verscheuchen sollte.

Die Kaiserin liebte ihren Mann vielleicht immer noch, auf ihre exzentrische und ungewöhnliche Art, die für Franz Joseph so schwer verständlich war. Ab und zu, wenn das Gefühl sie überwältigte, schrieb sie ihm lange Briefe, in denen sie ihn ermahnte, nicht so viel zu arbeiten und auf seine Gesundheit zu achten. Aber wenn er sie bat, nach Hause, nach Wien zu kommen, fand sie immer eine Ausrede.

Elisabeths Wahl fiel auf die Burgschauspielerin Katharina Schratt, die sie bat, sich von dem Hofmaler Heinrich von Angeli porträtieren zu lassen. Katharina war zwar von dieser Idee überrascht, aber keineswegs abgeneigt. Sie war Schauspielerin und gewohnt, sich zur Schau zu stellen. Es gab schon eine ganze Serie Porträtphotographien von ihr, leichtgeschürzt und in den neckischsten Posen. Als sie allerdings erfuhr, daß das Porträt im Auftrag der Kaiserin angefertigt wurde, war sie doch eher verwundert.

Die beiden Frauen, die in den nächsten Jahren durch eine eigentümliche Beziehung miteinander verbunden sein sollten, lernten einander bei Heinrich von Angeli kennen. Katharina war von der Person der Kaiserin fasziniert. Elisabeth war mit ihren fünfzig Jahren immer noch eine attraktive Frau, mit einer Jungmädchenfigur und wundervollem dichtem Haar.

Und diese Frau ließ sie, Katharina, für ihren Mann malen! Aber bald wurde sie von der Kaiserin davon überzeugt, daß Franz Joseph an ihrem Porträt Freude haben würde, und knapp vor Vollendung des Bildes erschien er auch selbst, völlig unangekündigt, im Maleratelier. Die Überraschung war anfänglich groß, aber Katharina, nicht schüchtern, fand bald den richtigen Ton zwischen Respekt und Plauderei.

Franz Joseph zeigte sich von Katharina hingerissen; sie war die Verkörperung der jungen, charmanten, leicht molligen Wienerin, in der Unterhaltung witzig, geistreich, aber auch etwas tratschsüchtig. Ein Brief, den der Kaiser nach der Begegnung bei Angeli

228

an Katharina schrieb, drückt die Gefühle des Mannes aus, der ein Verehrer, Bewunderer (und vielleicht mehr) von Katharina werden sollte. Am 23. Mai 1886 schrieb er:

»Meine gnädige Frau,

Ich bitte Sie, beifolgendes Andenken als Zeichen meines innigsten Dankes dafür anzunehmen, daß Sie sich der Mühe unterzogen haben, zu dem Angelischen Bilde zu sitzen. Nochmals muß ich wiederholen, daß ich mir nicht erlaubt hätte dieses Opfer von Ihnen zu erbitten, und daß daher meine Freude über das theuere Geschenk nur umso größer ist.

Ihr ergebener Bewunderer.«

Der Smaragdring, den der Kaiser dem Schreiben beilegte, sollte nicht das letzte Schmuckstück sein, das Franz Joseph in den nächsten dreißig Jahren Katharina Schratt schenkte. Die Schauspielerin verfügte nach dem Tod des Kaisers 1916 über eine so wertvolle Schmucksammlung, daß sie trotz Inflation und Kriegswirren bis zu ihrem Tod im Jahre 1940 ein sorgenfreies und gutbürgerliches Leben führen konnte.

Der Begegnung im Mai folgten erste Spaziergänge in St. Wolfgang im Sommer 1886. Franz Joseph verbrachte jedes Jahr Monate in Bad Ischl, wo er auf die Jagd ging und sich erholte. Der gesamte Hofstaat verlegte seinen Wohnsitz ins Salzkammergut, und Ischl war in dieser Zeit der wichtigste Ort der ganzen Monarchie. Hier wurden ausländische Gäste und Staatsoberhäupter empfangen, hier wurden ihnen zu Ehren große Bankette gegeben, hier wurde im Salon Politik gemacht. Dazwischen unternahmen der Kaiser und die Kaiserin, wenn sie im Lande war, Bergtouren, am häufigsten auf den Jainzen. Franz Joseph und auch Elisabeth waren begeisterte Bergsteiger, und es war Franz Joseph besonders lieb, als er erfuhr, daß auch Katharina Schratt ein Herz für die Berge hatte und schon viele, zum Teil schwierige Touren gemacht hatte. Katharina Schratt hatte in St. Wolfgang eine bezaubernde Villa, »Frauenstein«, gemietet, und hier stattete ihr Franz Joseph die ersten Besuche ab. Es war für ihn nicht leicht, sich für eine Stunde des Tages frei zu machen, auch in Ischl kam er pünktlich und exakt seinen Pflichten als Kaiser nach und gönnte sich nur ab und zu eine Mußestunde, die er in Frauenstein verbrachte.

Die Briefe, die er nach seiner Rückkehr nach Wien an Katharina schrieb, klangen schwärmerisch; Franz Joseph sprach von unvergeßlichen Stunden, die er in Frauenstein erlebt habe. Ein Brief ist besonders charakteristisch, den der Kaiser ein Jahr später an Katharina schrieb. Sie hatte ihm zu seinem Geburtstag am 18. August ein Geschenk gemacht. Es war für sie eine Selbstverständlichkeit, den Kaiser durch eine Überraschung zu erfreuen; in den späteren Jahren verabsäumte sie es nie, ihn und auch die kaiserliche Familie zu beschenken, was oft den Rahmen ihrer finanziellen Möglichkeiten überschritt. So überraschte sie den alternden Kaiser einmal mit einem besonders schönen Toilettentisch, den sie um viel Geld in Paris erstanden hatte. Der Kaiser war zwar erfreut über diese Aufmerksamkeit, wußte aber in seiner bescheidenen Art im Grunde nicht, was er mit dem neuen Möbel anfangen sollte. So stellte er das prunkvolle Stück in sein bescheidenes Schlafzimmer, in dem sonst nur sein eisernes Feldbett und ein einfacher Waschtisch standen.

Was Katharina Franz Joseph zu diesem Geburtstag im Jahre 1887 geschenkt hat, geht aus dem Brief des Kaisers nicht hervor. Interessant ist nur, was er sonst noch schreibt; er bittet Katharina um Verzeihung, daß er sich nicht genügend für das Geschenk bedankt habe,

»… aber ich war noch ganz verwirrt von den wundervollen Dingen, die mir widerfahren sind«.

Und aus Schönbrunn schickte er einen Brief an Katharina:

»Es sind nicht viel mehr als acht Tage, daß ich Sie nicht gesehen habe und doch scheint diese Zeit mir eine Ewigkeit, so gewöhnt man sich an das Glück.«

Worin die »wundervollen Dinge« bestanden, von denen Franz Joseph noch ganz verwirrt war, steht nirgends geschrieben. Katharina Schratt selbst gab nie das Geheimnis ihres Lebens preis, wie nah und intim ihre Beziehung zum Kaiser wirklich war. Selbst in der Zwischenkriegszeit, als sie finanziell nicht mehr auf Rosen gebettet war und ihr Journalisten aus aller Herren Länder große Summen für ihre Memoiren boten, lehnte sie alle Angebote ab und hüllte sich weiterhin in Schweigen.

In der bürgerlichen Gesellschaft galt es nach wie vor als unschicklich, die intimsten Privatangelegenheiten an die große Glocke zu hängen. Das Thema sexueller Erfüllung war in diesen Kreisen tabu. Männer konnten ihre Vergnügungen in den diversen Etablissements suchen, auch wenn sie – oder gerade, wenn sie – verheiratet waren. Für Frauen aber durfte der körperliche Liebesakt nicht lustvoll erlebt werden, dafür waren Kokotten und Dienstmädchen zuständig. Nur so ist es zu erklären, daß wir über das intime Privatleben vieler hochgestellter Persönlichkeiten so wenig wissen. Daß die Männer im 19. Jahrhundert aus dem gleichen Holz geschnitzt waren wie die Männer zu allen Zeiten, ist anzunehmen. Daß aber die Frauen durch eine merkwürdige Moral zu einem ganz anderen Verhalten gezwungen waren, macht erklärlich, daß auch die Beziehung zwischen dem Kaiser und Katharina Schratt immer nur als rein platonische Freundschaft dargestellt wird. Natürlich kann man im Rückblick nicht mit absoluter Sicherheit von einem intimen Verhältnis der beiden sprechen; daß aber ein Mann von sechsundfünfzig Jahren, der noch dazu in seiner Jugend als leidenschaftlich gegolten hatte, jeden natürlichen Trieb jahrelang unterdrückt haben soll, ist eher unwahrscheinlich. Noch dazu war Katharina Schratt eine blühende junge Frau mit ungewöhnlicher körperlicher Anziehungskraft. Was hätte also wirklich Franz Joseph dazu bewegen sollen, für Katharina nur der brüderliche und väterliche Freund zu sein, als den er sich darstellte? Seine eigene Frau Elisabeth machte es ihm durch ihre ständige Abwesenheit leicht, eine Beziehung einzugehen, wie sie auch zu Anna Nahowski bestanden hatte.

Aus späteren Aussagen und Briefen, die zwischen Franz Joseph und Katharina gewechselt wurden, geht allerdings hervor, daß zumindest Franz Joseph sich dagegen sperrte, in Katharina mehr zu sehen als die »gnädige Frau«. Es gab einen interessanten Brief, dessen Original Franz Joseph kurz vor seinem Tod vernichtet haben soll, in dem sich Katharina anbot, die Geliebte des Kaisers zu werden. Sie bezeichnete dieses Schreiben als »Gedankenbrief«, und der Kaiser war gerührt und glücklich über die Zeilen Katharinas. Er antwortete sofort und ausführlich:

»Heute Früh erhielt ich zu meiner großen Freude ihren lieben, guten, langen Brief vom 12. für welchen ich Ihnen wärmstens und innigst danke. Der beigeschlossene Gedankenbrief machte mich unendlich glücklich und wenn ich nicht wüßte, daß Sie mir gegenüber immer wahr sind, könnte ich den Inhalt desselben kaum glauben, besonders wenn ich in den Spiegel sehe und mein altes, runzliges Gesicht mich aus dem selben anblickt. Auf ihre beiden so hübsch gedachten und geschriebenen Briefe zu antworten, wird mir sehr schwer, denn ich bin im schreiben sehr ungeschickt und kann auch nicht lange nachdenken, da Sie eine baldige Antwort wünschen. Daß ich sie anbete, wissen Sie gewiß, oder fühlen es wenigstens und dieses Gefühl ist auch bei mir in steter Zunahme, seit ich so glücklich bin, Sie zu kennen.

So jetzt haben wir uns gegenseitig ausgesprochen und das ist vielleicht gut, denn es mußte einmal heraus.

Dabei muß es aber bleiben und unser Verhältnis muß auch künftig das Gleiche sein wie bisher, wenn es dauern soll, und das soll es, denn es macht mich unendlich glücklich. Sie sagen, daß Sie sich beherrschen werden, auch ich werde es thun, wenn es mir auch nicht immer leicht wird, denn ich will nicht Unrechtes thun, ich liebe meine Frau und will ihr Vertrauen und ihre Freundschaft für Sie nicht mißbrauchen. Da ich für einen brüderlichen Freund zu alt bin, so erlauben Sie, daß ich Ihr väterlicher Freund bleibe und behandeln Sie mich mit derselben Güte und Unbefangenheit wie bisher. Ihren Gedankenbrief werde ich als theueres Kleinod und als Beweis Ihrer Liebe aufbewahren, bewahren Sie mir den Platz, den ich in Ihrem vergrößerten Herzen einnehme.«

Der Kaiser schloß seinen Brief mit den Worten:

»Nun muß ich schließen mit der Bitte, daß Sie mir wegen meiner Sprache nicht böse seien. Ich bete Sie an, das darf ich aber künftig nicht mehr sagen, heraus ist es aber doch und nun bitte ich, daß Sie mich auch künftig wie bisher, gern behalten und mich als Ihren treuesten Freund betrachten.«

Wie immer man diesen Gedankenbrief, dessen Inhalt man nur ahnen kann, interpretieren mag, fest steht, daß Franz Joseph eine ungewöhnlich innige Beziehung zu Katharina Schratt entwickelte, die dazu führte, daß er sich nach allen kleinen Details in ihrem Leben erkundigte, daß es ihm nicht gleichgültig war, welche Schule Katharinas Sohn besuchte, daß er sehr in Sorge war, wenn kleine Wehwehchen die Freundin plagten, daß er sie über Kritiken, mit denen die Schauspielerin nicht einverstanden war, zu trösten suchte.

Sie war für ihn ein Mensch aus Fleisch und Blut, eine Frau zum Anfassen, nicht so wie Elisabeth, die sich immer mehr von ihm entfernte, in anderen Sphären schwebte, die versuchte, mit Geistern und Außerirdischen ins Gespräch zu kommen, wie nach dem mysteriösen Tod ihres Cousins, des legendären Bayernkönigs Ludwig II. Danach war sie stundenlang auf dem Boden gelegen und hatte weinend zum »großen Jehova, dem Gott der Rache, dem Gott der Gnade und dem Gott der Weisheit« gefleht. Nun schien auch in ihr das Wittelsbacher Erbe durchzubrechen, und obwohl Franz Joseph es nie wahrhaben wollte, daß seine von ihm so geliebte Frau merkwürdige Eigenheiten an den Tag legte, die an ihrem Verstand zweifeln ließen, verteidigte er sie doch vor allem gegen seine Kinder, die ab und zu Zweifel an der Gesundheit ihrer Mutter vorbrachten.

Wie wohltuend mußte für den Kaiser die in ihrem Wesen völlig unkomplizierte junge Frau sein, die herzlich lachen konnte, die keine Scheu und keinen Respekt vor hochgestellten Persönlichkeiten hatte, die allen natürlich begegnete und dadurch nicht nur Franz Joseph anzog.

Wer war nun diese ganz und gar nicht geheimnisvolle und doch so rätselhafte Frau, die Franz Joseph über dreißig Jahre in ihren Bann schlug, die im letzten Drittel seines langes Lebens sicher die Hauptrolle spielte?

Sie war in Baden bei Wien geboren und stammte aus einer Familie, die in schöner Harmonie lebte. Als am 11. September 1853 die kleine Maria Katharina geboren wurde, war das Glück für den Kaufmann Anton Schratt und seine Gattin vollkommen, denn nun hatten sie zu den beiden Söhnen noch die ersehnte Tochter. Und niemand in der Familie oder im Freundeskreis konnte dem quirligen kleinen Mädchen mit den ausdrucksvollen blauen Augen widerstehen. Auch dann nicht, als Katharina schon sehr früh den Wunsch äußerte, Schauspielerin zu werden. Mit sieben Jahren rezitierte sie auswendig Gedichte von Schiller und Goethe und verblüffte die Zuhörer mit ihrer ungewöhnlichen Imitationsgabe.

Eine Theaterkarriere zu machen, war damals wie heute nicht leicht, und Katharina blieben Enttäuschungen nicht erspart, obwohl der berühmte Burgtheaterdirektor Heinrich Laube ihr Talent zur Komödiantin erkannt hatte und sie an seinem Theater beschäftigen wollte. Katharina zog es aber vor, an ausländischen Bühnen zu debütieren und sich hier die ersten überschwenglichen Kritiken zu holen. Der Weg zum Burgtheater war für sie dadurch weniger steinig.

Dem Kaiser muß die junge Katharina schon früher als bei der ersten persönlichen Begegnung aufgefallen sein, denn die Kaiserin erinnerte sich, daß er vornehmlich dann gern ins Theater ging, wenn der Name Katharina Schratt auf dem Theaterzettel stand. Auch die Hofbeamten in Schönbrunn bemerkten, daß die Audienz, die der Kaiser den neu ernannten Burgschauspielern gewährte, länger als üblich dauerte, als sich Katharina beim Kaiser vorstellte. Er war nämlich überrascht und amüsiert über die junge Elevin, als diese ihm im Badner Dialekt gestand, daß sie sich eine schöne Rede vorbereitet habe, aber jetzt so verwirrt sei, daß ihr nichts mehr davon einfalle.

Der Weg zur »lieben Freundin und gnädigen Frau« führte Katharina über viele Stufen. Als der Hofmaler Angeli sie für Franz Joseph malte, war sie schon unglücklich verheiratet und hatte einen Sohn. Über Mangel an Verehrern konnte sich Katharina zeit ihres Lebens nicht beklagen, sie traf nur bei der Auswahl ihrer Freunde oft nicht die richtige Entscheidung. Erst als Franz Joseph ihr dabei half, wurde sie kritischer und einsichtiger.

Ein heftiger Verehrer war jahrelang der berühmte und bekannte Burg- und Volksschauspieler Alexander Girardi. Auch sie brachte dem Kollegen sehr viel Sympathie entgegen, machte ihm Hoffnungen, die sich aber für Girardi nicht erfüllten, so daß er schließlich eine äußerst unglückliche Ehe mit der Schauspielerin Helene Odilon einging.

Katharina Schratt hatte, für alle Freunde und Bekannten überraschend, einem ungarischen Adeligen, Nikolaus Kiss von Itebe, das Jawort gegeben und schien im siebenten Himmel vor Glück und Liebe. Nikolaus Kiss war das, was man einen schönen Mann nannte, mit hervorragendem Auftreten, blendenden Manieren und echt ungarischem Charme, ein Herzensbrecher, dem keine Frau widerstehen konnte. Für Katharina schien er der Mann ihrer Träume zu sein. In den ersten Monaten ihrer Ehe führten sie ein Luxusleben in einer Vierzehnzimmerwohnung, umgeben von Bediensteten; Feste, Einladungen und Gesellschaften nahmen kein Ende. Und dann stellte sich heraus, daß Nikolaus Kiss ein unheilbarer Spieler war, der das Vermögen der Familie und die Aussteuer seiner Frau in den Salons am Roulettetisch verloren hatte.

Ein Jahr nach der Hochzeit, 1880, wurde der Sohn Toni geboren, aber auch die Geburt des Kindes konnte die Eheleute nicht mehr zusammenbringen. Es gab täglich Streit und Zank und Hader, und schließlich einigte man sich darauf, sich zu trennen. Katharina blieb bis zum Tod von Nikolaus Kiss auf dem Papier seine Frau, die Ehe wurde niemals geschieden. Wahrscheinlich war Nikolaus die große Liebe in ihrem Leben gewesen, denn auch nach Jahren noch bezahlte sie seine Spielschulden, wenn sie selber nicht gerade von Geldsorgen gedrückt wurde, und sie verwendete sich auch immer bei Franz Joseph für ihn, wenn es darum ging, ihm eine bessere Stellung zu verschaffen.

Die erste Begegnung zwischen Katharina und Franz Joseph fand im Palast des Erzbischofs von Olmütz in Kremsier statt, wo das Kaiserpaar und der Kronprinz den russischen Zaren trafen. Um der Begegnung einen festlichen Rahmen zu verleihen, und weil man wußte, daß Alexander II. ein besonderer Theaterfreund war, hatte man einige Damen und Herren des Burgtheaters engagiert, um die Gäste durch kurze Stücke zu unterhalten.

Die Zuschauer waren von Katharina hingerissen, der russische Zar applaudierte enthusiastisch und lud spontan die Damen des Ensembles zum anschließenden Souper. So etwas hatte es am Wiener Kaiserhof noch nie gegeben, und selbst der Kronprinz Rudolf, der es gewohnt war, mit mehr oder weniger zweifelhaften Damen vom Theater seine Abende und Nächte zu verbringen, war indigniert über das gemeinsame Abendessen. Er schrieb an seine Gemahlin Stephanie:

»Theater um acht, dann Souper mit den Damen Walther, Schratt und Wessely im selben Raum wie Ihre Majestäten. Es war merkwürdig.«

Der Zar machte Katharina Schratt vor den Augen des österreichischen Kaiserpaares den Hof, und Franz Joseph wurde immer ärgerlicher, als er die Zudringlichkeit seines Gastes bemerkte. Vielleicht war sein Unmut für Elisabeth ein Zeichen, daß Katharina ihrem Mann nicht gleichgültig war, und es kann sein, daß damals in ihr der Plan reifte, die kleine Burgschauspielerin für Franz Joseph malen zu lassen.

Es war eine eigenartige, fast unverständliche Beziehung, die sich zwischen den beiden Frauen entwickelte, wobei Elisabeth zwischen beinahe schwesterlicher Vertrautheit und abweisender Kälte wechselte. Für Katharina Schratt war das Verhalten der Kaiserin beglückend und beängstigend zugleich, stand diese Frau, die zugleich auch ihre Landesmutter war, doch vielleicht einer engeren Beziehung zwischen ihr und dem Kaiser immer im Wege. Andererseits ließ die Kaiserin der Schauspielerin, so lange sie lebte, ihren ganz besonderen Schutz angedeihen und nahm somit dem Klatsch von vornherein jede Chance. Als es nämlich in Wien ruchbar wurde, daß die Burgschauspielerin Katharina Schratt öfter in Schönbrunn gesehen werde und daß der Kaiser gerade dann Vorstellungen des Burgtheaters beiwohne, wenn die junge Katharina spiele, begann man hinter vorgehaltener Hand und später öffentlich über eine Affäre des Kaisers zu reden. Da sich aber auch Elisabeth mit Katharina zeigte, wußte man nicht, was man denken sollte.

Es verging keine Begegnung zwischen Katharina und Franz Joseph, von der er nicht in seinen Briefen der Kaiserin berichtete. Und Elisabeth ermunterte ihn, so oft es ging, den »Kriegsminister«, wie sie beide Frau Schratt nannten, zu treffen. Aber auch Katharina erwies beiden Aufmerksamkeiten. Jedes Jahr am 1. März, auch wenn sie nicht in Wien war, schickte sie dem Kaiserpaar Veilchen, wie dies althergebrachte Sitte war. Elisabeth war jedesmal besonders entzückt, daß die »Freundin«, wie Katharina ab dem Jahre 1888 vom Kaiserpaar genannt wurde, sie nicht vergessen hatte. Eines Tages, am Tag der heiligen Katharina, überraschte Elisabeth den Kaiser beim Souper mit einer Flasche Champagner. Auf die Frage Franz Josephs, der nur zu außerordentlichen Anlässen diesem edlen und teuren Getränk zusprach, was es zu feiern gebe, antwortete Elisabeth, man wolle auf das Wohl der Freundin an deren Namenstag das Glas leeren. Und doch konnte Elisabeth Katharina gegenüber von einer außerordentlichen Bosheit sein, die sie ihr persönlich zeigte oder aber anderen gegenüber äußerte. So machte sie sich, wo sie nur konnte, über deren etwas üppige Figur lustig, stellte dagegen immer wieder ihre eigene Schönheit heraus und verfaßte sogar ein Spottgedicht, in dem sie die »Freundin« verhöhnte:

> »Sie schnürt den Bauch sich ins Korsett,
> daß alle Fugen krachen,
> hält sich gerade wie ein Brett
> und äfft noch andere Sachen
> Im Häuschen der Geranien
> wo alles fein und glatt,
> dünkt sie sich gleich Titanien,
> die arme dicke Schratt.«

Katharina Schratt genoß das köstliche Essen und konnte daher ihr Gewicht kaum im Zaume halten. Elisabeth aber, die den Gang auf die Waage wie ein Ritual betrieb, brachte es fertig, durch ihre ständigen Gespräche von Fastenkuren und vom Abnehmen in der natürlichen jungen Frau einen Komplex zu erzeugen, so daß die »Freundin« auch bald begann, die eine oder andere Kur auszuprobieren, meist jedoch ohne Erfolg. Was blieb, war ein schlechtes Gewissen.

Katharina war sich lange nicht über die Rolle im klaren, die sie zu spielen hatte. Bald aber erkannte sie, daß der Kaiser in Gegenwart Elisabeths stets in einer Art Anspannung lebte, die er vollkommen ablegte, wenn seine Freundin mit ihm allein war. Die Kaiserin bemühte sich nicht um Liebe und Sympathie; ganz anders als Katharina, auch wenn sie mit Sorgen belastet war, die zunehmend von einer Leidenschaft hervorgerufen wurden, die sie befallen hatte: Katharina Schratt war eine heillose Spielerin geworden, die noch dazu nicht die geringste Beziehung zum Geld hatte. Selbst der in Geldsachen weltfremde Kaiser konnte die Sorglosigkeit nicht verstehen, mit der Katharina große Summen in Monte Carlo verspielte. In vielen Briefen bat er sie, »vorsichtiger« zu sein und nicht immer aus dem vollen zu schöpfen. Aber seine Ermahnungen verhallten ungehört, und sie spielte, wenn sie ihre Reisen nach Monte Carlo unternahm, bis sie keinen Kreuzer mehr in der Tasche hatte.

Auch die Toiletten, die sie sich anfertigen ließ, kosteten ein kleines Vermögen, und Franz Joseph beglich alles, nur ab und zu schickte er eine kleine Rückfrage. Seine beiden »Frauen« kosteten ihn viel, und er mußte oft in die Privatschatulle greifen, weil sich das Parlament weigerte, die Sonderwünsche der Kaiserin zu bezahlen.

Was Franz Joseph und wahrscheinlich auch Elisabeth an der »Freundin« so schätzten, war ihre unkomplizierte Art, ihr fröhliches Lachen, ihr Leben in den Tag hinein. Auch der Sohn Toni Kiss beschäftigte den Kaiser mehr als das Schicksal seiner beiden älteren Kinder Gisela und Rudolf, und während er in Sorge war, ob Toni die Masern gut überstehen würde, nahm das Schicksal seines einzigen Sohnes einen verhängnisvollen Lauf.

Nur zur jüngsten Tochter Marie Valerie hatten Franz Joseph und Elisabeth eine gute Beziehung. Die Kaiserin wollte sie immer um sich haben, wenn sie in Wien war, und es war für das junge Mädchen sicherlich nicht leicht, eine ständige Gesellschafterin für ihre exaltierte Mutter abzugeben.

Als nun Katharina Schratt auf den Plan trat, stand Marie Valerie fassungslos vor diesem merkwürdigen Dreierverhältnis. Sie konnte ihre Mutter nicht verstehen, die die Freundschaft Franz Josephs zu Katharina noch zu fördern schien. Wo sie nur konnte, versuchte sie ihren Vater von der Freundin loszureißen, und sie benützte jede Gelegenheit einer kleinen Unstimmigkeit zwischen dem Kaiser und der Schauspielerin, diese in Mißkredit zu bringen. Erst als sie erkannte, wie deprimiert ihr alter Vater war und wie sehr er litt, als sich die Freundin entschloß, für längere Zeit auf Reisen zu gehen, erkannte Marie Valerie, daß der Kaiser Katharina einfach brauchte, um eine Abwechslung vom täglichen Einerlei der Pflichterfüllung zu haben.

Die ältere Tochter Gisela und auch der Kronprinz nahmen an der Beziehung ihres Vaters zu Katharina keinen Anteil – Gisela hatte mit sechzehn Jahren einen bayerischen Vetter geheiratet, lebte in München und führte eine glückliche Ehe, und Rudolf wurde durch sein exzentrisches und seine Kräfte aufzehrendes Leben so in Anspruch genommen, daß er sich um die privaten Angelegenheiten seines Vaters kaum kümmerte. Außerdem war das

Verhältnis zwischen Vater und Sohn im Laufe der Jahre bis auf den Gefrierpunkt abgekühlt. Beide hatten sich nichts mehr zu sagen, sie waren in allem, was ihre Persönlichkeit, aber auch ihre politischen Ansichten betraf, derart kontrovers, daß es keine auch noch so geringe Gemeinsamkeit geben konnte. Die Brücke zwischen beiden war längst abgebrochen, und auch die Kaiserin bemühte sich in keiner Weise, eine Vermittlerrolle zwischen Vater und Sohn zu spielen.

Die Schuld an diesem unnatürlichen Verhältnis lag wahrscheinlich auf beiden Seiten. Franz Joseph hat sich allem Anschein nach nie ernsthaft bemüht, den hochnervösen, wankelmütigen und unschlüssigen Sohn zu verstehen, er hatte das Gespräch nicht gesucht, er war für den Sohn immer ein Fremder geblieben. Freilich wurde es ihm auch denkbar schwer gemacht, Zugang zu Rudolf zu finden, der ein ausschweifendes Leben führte. Außerdem gab es mehr als genug Stimmen um den Kaiser, die davon sprachen, daß der Kronprinz den Vater stürzen wolle, daß er mit allen möglichen und unmöglichen Personen sympathisiere, die alle aber dem Kaiser suspekt waren.

Nach dem Freitod Rudolfs im Januar 1889 gab Katharina Schratt dem Kaiserpaar Trost und Stärkung. Sie war es auch, die aufgrund ihrer Freundschaft zu Marys Onkeln, den Brüdern Baltazzi, dafür sorgte, daß man Mary Vetsera nicht einfach irgendwo verscharrte, sondern in Heiligenkreuz in geweihter Erde bestattete. Katharina schrieb damals an den Kaiser:

»Es gibt Momente, wo Trostworte nichts sind als ein leerer Schall, – ich weiß nur zu gut, und ich würde den Versuch, Eure Majestät mit Worten aufzurichten, auch gar nicht wagen. – Ich will aber nicht von der allgemeinen Theilnahme sprechen, die ausnahmslos heute alle Herzen erfüllt. – Aber das herbste Leid verliert von seiner Bitterkeit, wenn wir weinen können und so will ich mit Eurer Majestät weinen über die schwere Schicksalsfügung, die Gott in seinem unerforschlichen Rathschlusse über uns alle verhängt hat – ich will Eurer Majestät sagen, daß in all diesen schweren Stunden all mein Denken und all mein Fühlen unausgesetzt bei Eurer Majestät verweilen und daß ich unglücklich bin über meine Ohnmacht, daß ich so gar nichts thun kann als weinen und den lieben Gott bitten, er möge Eurer Majestät die Kraft verleihen, auch dieses Unglück zu tragen.«

Allmählich normalisierte sich das Leben am Kaiserhof wieder; Elisabeth ging auf Reisen, der Kaiser blieb allein in Wien zurück und hatte dennoch einen geliebten Menschen in seiner Nähe. Katharina Schratt hatte eine Villa in der Gloriettegasse in unmittelbarer Nähe Schönbrunns gekauft, sicherlich mit Unterstützung Franz Josephs, und empfing hier den Kaiser zum Frühstück mit einem guten Kaffee und Guglhupf. Beide verbrachten eine gemütliche Stunde, Franz Joseph rauchte seine starke Virginierzigarre, dann verabschiedete er sich und spazierte wieder nach Schönbrunn zurück. Eine Idylle wie aus der Biedermeierzeit. Aber ab und zu findet man in Briefen auch Hinweise, daß Katharina Schratt ruhig in ihrem Bett bleiben solle, um Franz Joseph zu empfangen, er wolle dann die Stunde auf ihrer Bettkante verbringen. Wie immer diese Bemerkungen zu deuten sein mögen: Die Beziehung zu Katharina Schratt war und bleibt geheimnisvoll.

Ansonsten liebte die Schauspielerin Auftritte in der Öffentlichkeit, sie war durch ihre Freundschaft mit dem Kaiser überall gesellschaftsfähig geworden, und selbst Angehörige der Hocharistokratie versuchten, Verschiedenes über sie zu erreichen. Katharina Schratt war dank der Großzügigkeit des Kaisers eine reiche Frau geworden, die wie eine Fürstin in einem eleganten Palais am Kärntner Ring Hof hielt. Auch dieses Privathaus hatte Franz Joseph seiner Freundin gekauft; wie hoch die Summe für das Objekt gewesen war, kann man nur schätzen. Der Kaiser war überaus großzügig, bezahlte immer wieder ihre Spielschulden, schenkte ihr herrlichen Schmuck und vermachte ihr in seinem Testament eine halbe Million Gulden, eine ungeheure Summe, wenn man bedenkt, daß die Schratt als Burgschauspielerin achttausend Gulden Jahresgehalt bezog. Allerdings hatte der Kaiser, um die Verschwendungssucht seiner Freundin wissend, ihren alten Freund Eduard Palmer gleichsam als Vermögensverwalter eingesetzt. Er bezahlte jeden Luxus, jede Laune.

Nur in einer Angelegenheit konnte Franz Joseph Katharina nie ganz verstehen. Ihr Ehrgeiz ließ sie immer wieder bessere, größere, interessantere Rollen am Burgtheater fordern, auch als sie erkennen mußte, daß bestimmte Partien nicht zu ihr paßten. Es kam oft zu heftigen Streitigkeiten mit den Burgtheaterdirektoren, und Katharina Schratt verzieh dem Kaiser nie ganz, daß er sie nicht voll und ganz unterstützte und die Direktoren zu beeinflussen suchte. Als sie aus gekränkter Eitelkeit, aus einer Laune heraus, ihr Rücktrittsgesuch einreichte, da durchschaute der redliche Franz Joseph seine Freundin nicht und glaubte, ihr etwas Gutes zu tun, wenn er unterschrieb. Intrigen und Taktieren lagen ihm so fern, daß er gar nicht auf die Idee kam, er wäre ihr dadurch in den Rücken gefallen.

Je länger die Freundschaft zwischen dem Kaiser und der Schauspielerin dauerte, um so mehr wurde sie durch die wechselnden Launen Katharinas beeinflußt. Nach der Ermordung der Kaiserin, 1898, schien es zunächst, als würde sich die Beziehung noch enger und näher gestalten. Elisabeth war auf einer ihrer Reisen in Genf von dem italienischen Anarchisten Lucheni mit einer Feile erstochen worden. Jetzt erst bemerkte Katharina, wie sehr ihr die schützende Hand der Kaiserin fehlte. Denn nun stand sie im Mittelpunkt der Hofintrigen, und niemand war da, der sich für sie einsetzte. Der Kaiser war viel zu weltfremd, um zu erkennen, was es in seiner Umgebung an Kabalen und Intrigen gab. Auch die eigene Familie war nicht ausgenommen von dem Spiel; vor allem Marie Valerie versuchte immer intensiver, die Verbindung ihres Vaters zu der Schauspielerin zu stören, besonders als Nikolaus Kiss starb.

Beide waren nun verwitwet, der Kaiser und Katharina. Es konnte daher nicht ausbleiben, daß es bald in allen Teilen der Bevölkerung Spekulationen gab, Franz Joseph werde seine langjährige Freundin heiraten. Freilich kam nur eine morganatische Eheschließung in Betracht, also eine Verbindung, die keinerlei Folgen für die nachkommenden Generationen haben sollte. Kannte man Franz Joseph aber genau, so mußte man von vornherein wissen, daß er Habsburger mit Leib und Seele war und eine unstandesgemäße Heirat auch mit Katharina Schratt für ihn nie in Frage kam. Warum sollte er jetzt, als siebzigjähriger Mann, noch einmal daran denken, sich zu verheiraten, wo er Jahrzehnte seines Lebens Katharina Schratt als treue Freundin zur Seite gehabt hatte?

Auch Katharina drängte wahrscheinlich nicht auf eine Ehe mit dem Kaiser, denn je älter sie wurde, um so mehr ging ihr die persönliche Freiheit über alles. Wie früher die Kaiserin unternahm sie ausgedehnte Reisen und war oft monatelang von Wien abwesend. Franz Joseph wurde immer einsamer und freute sich über die kleinsten Anzeichen von Katharinas Aufmerksamkeit. Die wenigen Tage, an denen die beiden sich treffen konnten, genoß er besonders dankbar.

Der allzu große Altersunterschied machte sich nun im ersten Jahrzehnt des neuen Jahrhunderts besonders bemerkbar. Katharina war nach wie vor vital, lebenslustig und unternehmend, der Kaiser aber war zum Greis geworden, vielleicht auch relativ früh durch die Schicksalsschläge, die ihn mit voller Wucht getroffen hatten.

Es gab kaum mehr Gemeinsamkeiten zwischen beiden, höchstens die Erinnerungen an die Verstorbenen.

Als Franz Joseph am 21. November 1916, mitten im Ersten Weltkrieg, starb, wurde Katharina in die Privatgemächer des Kaisers geführt, wo sie Franz Joseph auf seinem eisernen Feldbett liegen sah. Sie legte ihm weiße Rosen in seine gefalteten Hände. Am Begräbnis, das mit allem Prunk der untergehenden Monarchie begangen wurde, nahm die langjährige Freundin nicht teil. Wo hätte sie auch gehen sollen?

Die Tragödie von Mayerling
begann in Brüssel

KRONPRINZ RUDOLF
UND STEPHANIE VON BELGIEN

Niemals hätte der österreichische Kronprinz Rudolf heiraten dürfen. Ein Mann wie er, unersättlich, lebenshungrig und von den Frauen verwöhnt, wäre besser ein ewiger Junggeselle geblieben. Die Frau seiner Träume war für ihn wohl eine Mischung von süßem Wiener Mädel, charmanter Schauspielerin, raffinierter Kokotte und seiner eigenen schönen, aber egozentrischen und exaltierten Mutter Elisabeth.

Rudolf paßte besser in die Heurigenlokale in der Wiener Vorstadt oder in die eleganten Etablissements, in denen sich die leicht degenerierten adeligen Herren des Fin-de-siècle ein Stelldichein gaben. Schöne, willige Mädchen in buntem Reigen und viel Champagner, das war es, was den Kronprinzen schon sehr bald interessierte, kaum daß er den Kinderschuhen entwachsen war. Obwohl sich sein Vater, der Kaiser, und noch weniger Elisabeth um das Leben und Treiben ihres Sohnes besonders kümmerten, kam ihnen doch zu Ohren, daß sich der Kronprinz schon in sehr jungen Jahren intensiv zur Wiener Demimonde hingezogen fühlte, wahrscheinlich verleitet von seinem Obersthofmeister Graf Carl Bombelles, der ein stadtbekannter Lebemann war.

Diese Gesellschaft, zu der sich noch politisch und religiös freidenkende junge Männer gesellten, war allerdings bestimmt nicht die Umgebung, die sich der Kaiser für seinen einzigen Sohn erträumte, ja dieser Umgang Rudolfs war Franz Joseph ein Dorn im Auge. Da er aber dem Wesen und dem Leben Rudolfs so völlig fremd gegenüberstand, vermochte er nicht, den jungen Mann zu zügeln und ihm den Weg zu zeigen, der für den Erben des bedeutendsten Reiches Europas der einzig richtige gewesen wäre. Franz Joseph hatte verspielt, genauso wie Elisabeth, als sie die Erziehung des einzigen Sohnes nahezu kampflos ihrer Schwiegermutter überlassen hatte.

Rudolf war von klein auf ein schwieriges Kind gewesen und hätte Eltern gebraucht, die für seine Sorgen und Nöte dagewesen wären. Aber er war in eine Familie hineingeboren, die in sich selbst zerfallen war.

Während die Kaiserin ihre weiten Reisen durch ganz Europa unternahm, überließ sie ihren beiden Kinder Gisela und Rudolf kurzsichtigen Erziehern, die besonders auf den sensiblen Knaben keine Rücksicht nahmen und deren einzige Absicht es war, aus dem Kronprinzen einen tüchtigen Soldaten zu machen. Elisabeth zeigte sich allerdings dann sehr erschrocken, als ihr zufällig zu Ohren kam, daß man neben dem Kind eine Kanone abgeschossen hatte, um den Knaben an Geschützlärm zu gewöhnen. Der Weg zum Helden sollte mit Härte gepflastert sein. Erst jetzt erwirkte sie bei ihrem Mann, daß diese barbarischen Erziehungsmethoden abgestellt und ein vernünftiger Erzieher, Graf Latour, für den Kronprinzen ausgewählt wurde. Aber alles, was in der weiteren Entwicklung des jungen Mannes folgte, führte ihn konsequent seinen Weg in eine Oppositionsrolle zum Kaiser, in innere Vereinsamung und letztlich nach Mayerling.

Die Lehrer, die man zur Unterweisung des Kronprinzen ausgewählt hatte, waren sich alle darin einig, daß Rudolf ungewöhnlich begabt sei, ja, daß er in manchen Fähigkeiten weit über sein Alter hinaus eine außerordentliche Reife zeige. Er konnte, wenn er wollte, Reden halten, die sich durch Charme und Witz, aber auch durch ihren Inhalt auszeichneten und alle Zuhörer in ihren Bann schlugen.

Die besten Wissenschaftler seiner Zeit wurden vom Kaiser beauftragt, den Kronprinzen zu schulen, und schon bald zeigte es sich, daß Rudolf sich besonders für die Naturwissenschaften interessierte, während er merkwürdigerweise künstlerisch vollkommen unbegabt war. Die in der Habsburger Familie übliche Musikalität fehlte ihm vollständig, er konnte mit Mühe und Not ein Heurigenlied nachsingen. Dafür zeigte sich schon sehr bald, daß der junge Mann in der Lage war, selbständige und tiefgründige Abhandlungen zu verfassen.

Um seinen moralischen Werdegang allerdings kümmerte man sich wenig; er war ein Kind seiner Zeit, gehörte der Hocharistokratie an, und da fand niemand etwas dabei, daß er sich schon sehr

früh für die Mädchen des Balletts und für die manchmal zweifelhaften Damen vom Theater interessierte.

Rudolf war so ganz und gar das Gegenteil seines kaiserlichen
Vaters, er kannte keinen Ernst und keine Konsequenz, keine Distanz und keine Reserviertheit; so sahen ihn seine Wiener und so
liebten sie den Kronprinzen. Man verübelte ihm auch nicht seine
zahlreichen Amouren, die Schauspielerinnen und Ballettratten
gingen in seinen Privatgemächern ein und aus, und man konnte
sich nicht so recht vorstellen, daß der schlanke junge Mann mit den
träumerischen dunklen Augen und den Stirnfransen über der
etwas hohen Stirn einmal eine Prinzessin heiraten sollte.

Und doch war es selbstverständlich und für Rudolf unausweich-
lich, daß die kaiserlichen Eltern sich darüber Gedanken machten,
wer einmal Kaiserin an seiner Seite sein sollte. Es mußte eine katholische Prinzessin sein, darüber waren sich alle im klaren, obwohl
der Kronprinz alles andere als ein guter Gläubiger war. Von frühester Kindheit an hatte es schon Kontroversen mit seinen Erziehern
gegeben, weil der Thronfolger sich gegenüber der katholischen Kirche sehr skeptisch, ja bisweilen abfällig geäußert hatte. Aber das
spielte nun, da man sich an den europäischen Höfen nach einer
Braut erkundigte, keine Rolle mehr; Rudolf war der Sohn des katholischen Kaisers, und damit mußte er sich abfinden.

Die Auswahl an geeigneten Prinzessinnen war nicht allzu groß,
denn viele, deren Ahnentafel stimmte und die auch von anspre-
chendem Äußeren gewesen wären, gehörten einem anderen Glau-
bensbekenntnis an und schieden so von vornherein aus. Übrig
blieben natürlich die bayerischen Prinzessinnen, aber diese zog
man gar nicht mehr in Betracht. Zu eng waren die verwandtschaftlichen Beziehungen zu diesem Nachbarland, und allzu deutlich
zeigte sich die geistige Degeneration beim bayerischen König Ludwig II. und seinem Bruder Otto, der in einem Irrenhaus lebte.
Diese Tatsache hatte den Habsburger Hof in Wien in Angst und
Schrecken versetzt, und so wurde man bei anderen europäischen
Fürstenhäusern vorstellig.

Die sächsische Prinzessin Mathilde, die auch katholisch war,
lehnte Rudolf kategorisch ab. Der Kronprinz war selbst nach
Sachsen gereist, um das junge Mädchen in Augenschein zu neh-

men, aber als er Mathilde sah, war er entsetzt; sie war ihm viel zu dick und ungewöhnlich plump. Er, der die feschesten Mädchen Wiens als Freundinnen hatte, sollte eine unförmige Frau heiraten, völlig ausgeschlossen!

Auch an den spanischen Infantinnen konnte er keinen Gefallen finden; er war 1879 eigens nach Spanien gefahren, aber ohne Braut zurückgekehrt.

Welche Makel Rudolf an den Orléans- und Bourbonenprinzessinnen fand und warum für ihn auch die portugiesischen Prinzessinnen ausschieden, ist unbekannt. Übrig blieb ein fünfzehnjähriges Mädchen in Brüssel, die Tochter Leopolds II. von Belgien und seiner ungarischen Gemahlin Marie Henriette.

Es grenzt an ein Wunder, daß ausgerechnet die unscheinbare, kindliche Stephanie bei dem von der Damenwelt der Monarchie verwöhnten österreichischen Kronprinzen Anklang fand. Die Prinzessin war alles andere als eine Schönheit und zeichnete sich weder durch Charme noch durch Chic und schon gar nicht durch Geist aus. Das Schicksal hatte es mit ihr bis dahin auch nicht gerade gut gemeint. Die Kinder Leopolds lebten zwar im Kreise der Familie, die Atmosphäre am belgischen Königshof war aber alles andere als gemütlich. König Leopold war ein kalter Geschäftsmann auf dem Königsthron, dem weder Frau noch Töchter etwas bedeuteten, der zu menschlichen Regungen fast nicht fähig war. Nur seinen einzigen Sohn, der im Kindesalter starb, hatte er geliebt. Die Töchter, Louise, Stephanie und Clementine hatten zeitlebens den Eindruck, daß der Vater ihnen tagtäglich zum Vorwurf machte, daß sie als weibliche Wesen zur Welt gekommen waren.

Die Mutter, Marie Henriette, hätte einen Ausgleich zum schroffen Vater schaffen können, wenn sie nur gewollt hätte. Aber wahrscheinlich war sie innerlich selbst allmählich zu Stein erstarrt. Sie war ein lebensfrohes Mädchen gewesen, eine begeisterte und kühne Reiterin, und Pferde waren das einzige, was ihr in ihrem einsamen Leben an der Seite eines ungeliebten Mannes geblieben war. Manchmal nahm Marie Henriette die Kinder in ihrem Ponygespann mit, und wenn sie dann gemeinsam in der Kutsche saßen, konnte sie von bezaubernder Liebenswürdigkeit sein, war sie ganz die alte, und die Mädchen zehrten noch lange von den unbeschwerten Augenblicken, in denen sich ihre sonst so unnahbare Mutter von einer ganz anderen Seite zeigte. Ihren Kindern gegenüber war die Königin ansonsten unerbittlich, ja manchmal drakonisch streng. Die Mädchen mußten im Sommer um fünf, im Winter um sechs Uhr aufstehen. Im Winter herrschten in den Kinderzimmern manchmal arktische Temperaturen, das Wasser war in der Waschschüssel gefroren, aber Abhärtung war für Marie Henriette die oberste Devise in der Kindererziehung. Sie kannte kein Pardon und ahndete jede kleinste Ungezogenheit ihrer Töchter, die sie jeden Mittag bei einer Art Rapport von den Erzieherinnen berichtet bekam, mit unnachsichtiger Härte; sie konnte seelenruhig zusehen, wenn die Kinder mit der Rute gezüchtigt wurden. Als besondere Strafe wurden die Kinder zwischen eine Doppeltür gesperrt, wo sie sich zu Tode ängstigten. Ordnung mußte sein und war das oberste Gebot. Stephanie berichtete noch nach langen Jahren, wie sie mit steifgefrorenen Fingern kaum in ihre Hefte schreiben konnte. Wahrscheinlich hatte sie sich damals die Hände und die Arme erfroren, die ihr später – rot wie sie waren – den Spott der Wiener eintrugen.

Die tristen Jahre an der Seite des ungeliebten Mannes, der sich schon bald nach der Hochzeit die erste Mätresse genommen hatte, hatten aus der einst lebenslustigen Marie Henriette eine harte Frau gemacht. Die Kinder sollten Askese lernen und durften daher am Familientisch, der jeden Mittag aufs schönste gedeckt wurde und auf dem delikate Süßigkeiten ihren Duft verbreiteten, nicht ein Stück der Köstlichkeiten nehmen. Der König und die Königin ließen sich die Kuchen und Torten vor den begehrlichen Augen der Kinder ungerührt schmecken. Einzig und allein die Hofdamen erbarmten sich ab und zu der Kleinen und steckten ihnen verstohlen hin und wieder ein Stück Schokolade oder ein Törtchen zu.

Bei der Suche nach einer geeigneten Braut trat nun der Wiener Hof an den belgischen König heran. Für Leopold II., der in Europa aufgrund so mancher dubiosen geschäftlichen Manipulation nicht unumstritten war – manche bezeichneten ihn geradezu als Emporkömmling –, war die Werbung des Kronprinzen aus dem ersten Haus Europas eine unglaubliche Ehre. Der Kronprinz allerdings hatte sich bei den Vorverhandlungen, die Graf Chotek führ-

247

te, ausbedungen, daß er die Braut ohne weitere Auflagen vor einer endgültigen Entscheidung in Augenschein nehmen dürfe. Rudolf wollte nicht die Katze im Sack kaufen und machte sich daher auf den Weg nach Brüssel. Er wußte von Stephanie so viel wie nichts, außer, daß sie fünfzehn Jahre alt und katholisch war.

Wahrscheinlich bewogen diese beiden Tatsachen den lebenslustigen Kronprinzen dazu, sich auf alle Fälle rückzuversichern. Er nahm sich für die Stunden danach, wenn er nicht mehr als Bräutigam im Schloß von Brüssel auftreten mußte, eine Dame vom Theater mit, die ihn für den Rest des anstrengenden Tages verwöhnen sollte. Stephanie will davon erst viel später erfahren haben, obwohl es Berichte gibt, daß Marie Henriette und ihre Tochter Rudolf unangemeldet besucht und in den Räumen des Kronprinzen eine peinliche Überraschung erlebt hätten, die beinahe zum Platzen der festgelegten Hochzeit geführt hätte.

Stephanie wurde von ihren Eltern kurz darüber informiert, warum der österreichische Kronprinz seinen Weg nach Brüssel genommen hatte. Rudolf sei auf Brautschau, und Stephanie solle die Auserwählte sein. König Leopold und seine Gemahlin nahmen sich weder Zeit noch Mühe, mit dem überraschten Mädchen wie vernünftige Eltern zu reden. Die Angelegenheit war Staatsräson und wurde auch so abgehandelt. Es gab für das halbe Kind weder einen Ausweg noch etwas zu überlegen. Die Sache war von vornherein beschlossen.

Für Stephanie war das immerhin eine Möglichkeit, dem tristen Königshof von Brüssel zu entkommen. Wahrscheinlich hätte sie in jeden Eheplan eingewilligt, sie hätte gar nicht gewagt, sich den Vorstellungen ihrer Eltern, vor allem ihres Vaters, zu widersetzen. Sie war von frühester Kindheit daran gewöhnt, immer das zu tun, was der Vater gepredigt hatte. Wie sollte sie jetzt, in einer so entscheidenden Angelegenheit, einen eigenen Willen bekunden? Dazu kam freilich noch, daß Rudolf ein junger Mann von zwanzig Jahren, charmant und liebenswürdig war. Stephanie hätte es viel schlechter treffen können. Sie dachte an das Schicksal ihrer Schwester Louise, die mit dem beinahe abartigen Philipp von Coburg verheiratet worden war, der das junge, unerfahrene Mädchen in der Hochzeitsnacht derartig brutal behandelte, daß Louise in panischem Schrecken das Schlafgemach verließ und sich in den Garten flüchtete.

Voll Erwartung sah Stephanie dem Tag entgegen, an dem sich der Kronprinz in Brüssel angesagt hatte. In aller Eile versuchte man aus dem unscheinbaren, blassen Mädchen eine anziehende Dame zu machen, Aber allzuviel hatte man jahrelang versäumt, allzulang war die Prinzessin ein häßliches Entlein gewesen und hatte all das entbehren müssen, was sie zu einem attraktiven jungen Mädchen gemacht hätte.

Schneider kamen und maßen alle möglichen, teilweise geschmacklosen, pompösen Roben an, Friseure versuchten, das fahle blonde Haar so zu frisieren, daß es einigermaßen gefällig wirkte, und Tanzlehrer bemühten sich, Stephanie den Walzerschritt beizubringen, den sie in Wien nötig haben würde.

Und dann kam der Prinz aus dem Märchenland, endlich! König Leopold und sein Bruder, der Graf von Flandern, standen am Bahnhof von Brüssel zum Empfang des hohen Gastes bereit. Und obwohl Leopold seiner Familie gegenüber sein wahres Gesicht zeigte, konnte er, wenn er es für ratsam hielt, überaus charmant sein, so daß ihm vielfach die Herzen zuflogen. Auch seinen vermutlichen Schwiegersohn begrüßte er aufs herzlichste, und Rudolf fühlte sich geschmeichelt und fand den König der Belgier außerordentlich sympathisch.

Noch am selben Abend wurde ein intimes Familiendiner gegeben, und hier sah Rudolf seine zukünftige Braut zum erstenmal. Stephanie trug ein hellblaues Kleid, das ihre schlanke Taille besonders betonte, das blonde Haar war hochgesteckt, wie es der Mode der Zeit entsprach. Der einzige Schmuck, den sie trug, war eine nicht allzu kostbare Perlenkette. In ihren Jahrzehnte später verfaßten Memoiren berichtete sie über das erste Zusammentreffen mit Rudolf:

»Der Kronprinz trat ein. Er trug die Uniform eines österreichischen Obersten mit dem Großkreuz des Stephansordens und das Goldene Vlies. Mein Herz schlug zum Zerspringen – ich glaubte, daß man es durch die Kleider pochen sehen könne. Nachdem sich der Kronprinz verneigt hatte und von allen Mitgliedern der Familie begrüßt worden war, näherte er sich mir. Mein Vater stellte ihn mir mit einigen liebenswürdigen Worten vor, einfach und natürlich

– wie es seine Art war, wenn es galt, schwierige Situationen zu überbrücken. Das Auftreten des Kronprinzen war vollendet und sicher.
Er küßte mir die Hand, sprach mich deutsch an und erzählte mir
einige schmeichelhafte, aber sehr förmliche Worte, und schon nach
einigen Minuten stellte er die große Frage, die über unsere Zukunft
entscheiden sollte. Hierauf reichte er mir den Arm, und so näherten
wir uns meinen Eltern und baten sie, unsere Verlobung zu segnen.
Hocherfreut küßten sie ihren zukünftigen Schwiegersohn und er-
laubten uns, fortan Du zu sagen. Mein Bräutigam überreichte mir
einen Ring mit großem Saphir und prachtvollen Brillanten.
Während und nach dem Diner entwickelte sich ein lebhaftes und
angeregtes Gespräch. Der Kronprinz erzählte mir von seinen Jagden, seinen Zukunftsplänen, von seinen Eltern, seiner Heimat und
seinen Beschäftigungen. Alles was er mir sagte, interessierte mich
lebhaft.« Warum sich Rudolf so schnell entschlossen hatte, die belgische Prinzessin zu heiraten, weiß man bis heute nicht. Er, der
verwöhnte junge Mann, dem bisher keine Prinzessin gut und schön
genug gewesen war, sprach sich in kürzester Zeit für ein reizloses,
eher langweiliges junges Mädchen aus. Aber vielleicht war es gerade ihre sichtbare jugendliche Naivität, die den übersättigten Mann
reizte. Diese Art von Mädchen zählte nicht zu seinem Bekannten-
kreis, bis jetzt hatte keine raffiniert genug für ihn sein können. Stephanie war wie eine Unschuld vom Lande, die es zu erwecken galt.

Die beiden hatten kaum Gelegenheit, ein paar Worte unter vier
Augen zu wechseln. Zum Schein ließ man sie in einem Raum allein,
vergaß dabei aber natürlich nicht, die Türflügel weit offen stehen
zu lassen, um Anstand und Form zu wahren. Das belgische Königspaar war über die Verlobung seiner Tochter unendlich zufrieden. Glückwünsche trafen aus allen Landesteilen ein, als die Verlobung offiziell bekanntgegeben worden war. Kaiser Franz Joseph
gratulierte mit herzlichen Worten, die Kaiserin allerdings, die gerade in England weilte, erbleichte, als sie das Telegramm öffnete.
Auf die Frage ihrer Vertrauten, der Gräfin Festetics, was geschehen
sci, berichtete Elisabeth von der Verlobung ihres Sohnes. Die Hofdame atmete auf und meinte, sie habe schon geglaubt, es sei ein
Unglück geschehen. Darauf antwortete die Kaiserin düster: »Gott
gebe, daß es keins werde!«

Für Elisabeth war die Schwiegertochter noch nicht geboren, die ihr hätte gefallen können. Stephanie gegenüber entwickelte sie von vornherein eine abgrundtiefe Abneigung. So erschien sie nach der Verlobung in Brüssel nur für zwei Stunden, um sich in ihrer strahlenden Schönheit zu zeigen. Im zobelbesetzten dunkelblauen Kostüm entstieg die Kaiserin dem Zug, schön wie eine Märchenfee, und stellte alle Anwesenden, vor allem aber die kindliche Braut, durch ihr Aussehen in den Schatten. Selbst der eigene Sohn war von ihrer Schönheit überwältigt. Stephanie wirkte neben der jugendlichen zukünftigen Schwiegermutter wie ein flandrisches Bauernmädchen, das man im letzten Moment herauszuputzen versucht hatte. Leopold war wütend auf die Hofdamen, die seine Tochter so unvorteilhaft gekleidet hatten, aber wahrscheinlich wäre es allen anderen Schwiegertöchtern in spe genauso ergangen; die Kaiserin war nun einmal die schönste Frau Europas, und wer sollte schon die Konkurrenz mit ihr aufnehmen! Die Fahrt Elisabeths durch Brüssel glich einem Triumphzug, was sie aber nicht daran hindern konnte, gleich wieder abzureisen. Sie hatte Stephanie kennengelernt, und sie hatte genug gesehen. Aber das war Rudolfs Angelegenheit. Sollte er das unscheinbare, plumpe Mädchen heiraten, was ging sie das eigentlich an?

Als der Hochzeitstermin bekanntgegeben worden war, traten die Beamten an beiden Höfen in Aktion, um die Bedingungen des Ehekontraktes festzulegen. Immerhin mußte genau fixiert werden, welche Mitgift die Braut nach Österreich bringen sollte. Stephanie war kein armes Mädchen, und Leopold II. äußerte die Bitte, daß dem Ehekontrakt die Mitgift der belgischen Prinzessin Charlotte zugrunde gelegt werden sollte, die einstmals den Erzherzog Ferdinand Max (den späteren Kaiser Maximilian von Mexiko) geheiratet hatte. Ihre Mitgift hatte 100 000 Gulden betragen, und Stephanie sollte dieselbe Summe bekommen.

Kaiser Franz Joseph erklärte sich mit dem Angebot Leopolds sofort einverstanden, er war ein großzügiger Mann in Geldangelegenheiten und legte deshalb selbst noch einmal 100 000 Gulden dazu, als sogenannte »Widerlage«: Außerdem stellte er sich mit einer »Morgengabe« von 10 000 Dukaten ein. Stephanie sollte ferner ein sogenanntes »Spenadelgeld« von 100 000 Gulden bekommen, über das sie völlig frei verfügen konnte. Leopold legte seinerseits noch 50 000 Gulden dazu. Die Gelder wurden schriftlich genau fixiert, ebenso wie die Abmachungen, die die Zukunft Stephanies sicherstellten, sollte sie überraschend und in jungen Jahren Witwe werden. Wahrscheinlich kamen gerade diese Passagen der jungen Braut absurd vor und erschienen ihr als übertriebener Bürokratismus. Später, nach gar nicht so langer Zeit, erkannte sie den Wert der Absicherung nur zu gut!

Auf langen Listen wurden die persönlichen Gegenstände der Mitgift aufgeführt. Plötzlich bekam die kleine Stephanie ein Vermögen an Schmuck geschenkt, von dem sie als Kind nur hatte träumen können. Aber die zukünftige Kaiserin von Österreich-Ungarn sollte nicht wie ein Aschenbrödel am Wiener Hof erscheinen, das ließ der Stolz Leopolds nicht zu. Auf sieben Seiten wurden die Pretiosen angeführt, die die junge Braut zieren sollten.

Ein Brillantarmband mit einem Medaillon als Schließe mit einem Porträt des Bräutigams, das von vierzehn großen Brillanten umrahmt war, Halsbänder, Ohrgehänge, Diademe, Ringe, Ketten, Armbänder und Manschettenknöpfe, alle aus kostbaren Steinen bestehend oder mit den seltensten Edelsteinen verziert, sollten die Prinzessin im Glanz erstrahlen lassen. Der Gesamtwert des Schmucks wurde auf 612 225 Francs geschätzt. Stephanie war damit eine viel reichere Braut, als es seinerzeit Elisabeth gewesen war.

Die Stadt Brüssel stellte sich mit einem phantastischen Hochzeitsgeschenk für ihre Prinzessin ein: Hundertfünfzig Arbeiterinnen hatten in vielen, vielen Stunden den Hochzeitsschleier kunstvoll gearbeitet, ein Wunderwerk der Brüsseler Spitzenkunst. Auch die übrige Aussteuer war reich mit Brüsseler Spitzen besetzt. Spitzen waren an Kleidern, Galamänteln und Morgenkleidern angebracht, und es mag wohl selten eine Habsburger Braut gegeben haben, deren Aussteuer so kostbar war.

Natürlich sollte auch das sogenannte Weißzeug nicht fehlen. Stephanie brachte 48 Hosen mit, aus besticktem Leinen gefertigt, daneben zwölf Hosen, reich mit Spitzen besetzt, zwölf Taghemden aus feinstem Batist mit Stickereien, zwölf Taghemden wiederum mit Spitzen besetzt, 24 Taghemden gestickt und mit Spitzen versehen, daneben 96 gewöhnliche Taghemden. Den 84 Nachthemden wurde besondere Aufmerksamkeit gewidmet, sie waren aus feinstem Batist, mit Spitzen und Stickereien versehen. Die Aussteuer, die natürlich noch Bettücher, Überzüge, Polster und andere Wäsche umfaßte, wurde ausgestellt, und das Volk drängte sich wochenlang, um die allgemein zur Schau gestellten Gegenstände begutachten zu können. Man nahm auch in Brüssel lebhaften Anteil an der Hochzeit der vorher kaum bekannten Prinzessin, die so plötzlich ins Rampenlicht der Öffentlichkeit gerückt war.

Die persönlichen Dinge, die Stephanie nach Wien mitnehmen wollte, muten armselig an im Vergleich zur offiziellen Aussteuer. Ein Reisenecessaire, ein Gebetbuch, ein Buch in deutscher Sprache, ein Wandschirm, ein Gebetbuch Karls von Lothringen, verschiedene Souvenirs, vor allem Geschenke Rudolfs bildeten die bescheidene Habe der zukünftigen Kaiserin von Österreich. Aber Stephanie war als junges Mädchen so knapp gehalten worden, daß sie kaum persönliches Eigentum ansammeln hatte können.

Die Hochzeit des jungen Paares war ursprünglich auf den 15. Februar 1881 festgelegt worden. Nach einiger Zeit allerdings tauchten Gerüchte auf, die besagten, daß die Braut noch nicht herangereift sei, d. h. noch nicht ihre monatliche Regel habe. Man war allgemein der Ansicht, daß es besser wäre, die Heirat zu verschieben. In Wien war allgemein bekannt, daß Stephanie als Kind eine sehr schwere Typhuserkrankung durchgemacht und daß diese Infektion ihre körperliche Entwicklung verzögert hatte. Sie war noch ein reines Kind, und so entschloß man sich, die Hochzeit um ein Vierteljahr zu verschieben.

Später, in ihren Memoiren, beklagte sie sich bitter, daß man sie so früh zu dieser Ehe gezwungen habe. Zunächst schien es aber kein schreckliches Los, was die junge Prinzessin erwartete. Immerhin war es ihr vergönnt, Rudolf doch allmählich kennenzulernen, da der Kronprinz immer wieder seinen Weg über Brüssel nahm und sich die jungen Leute daher öfter sehen und sprechen konnten. Dazu kam, daß Rudolf ein ungewöhnlich liebenswürdiger und charmanter junger Mann sein konnte, wenn er wollte. Und es ist anzunehmen, daß er sich in dieser Art und Weise auch seiner kleinen Braut zeigte. Was hätte Stephanie hindern können, sich wie ein Backfisch in ihren Bräutigam zu verlieben? Nur allzu oft vergißt man, daß die beiden jungen Leute sich keinesfalls gegen diese Verbindung wehrten, ja im Gegenteil, daß sie zunächst recht glücklich waren. Auch Stephanie! Und Rudolf fand seltsamerweise auch Gefallen an dem eher unscheinbaren Mädchen, denn er schrieb an König Ludwig von Bayern folgende Zeilen:

»Ich habe in Stefanie einen wahren Engel gefunden, ein treues, gutes Wesen, das mich liebt, eine sehr kluge, gebildete, geschickte Begleiterin für dieses Leben, die mir in all meinen schweren Aufgaben gut und erfolgreich zur Seite stehen wird. Ich bin auch überzeugt, daß sie bald ihre schöne neue Heimat lieben und als eine gute Österreicherin und treue Unterthanin ihres Herrn und Kaisers eine Zierde sein wird für mein theures Vaterland.«

Anfang Mai 1881 war es endlich soweit. Franz Joseph höchstpersönlich erwartete den Hofzug am Bahnhof. Als Stephanie mit vor Aufregung gerötetem Gesicht dem Zug entstieg, ging der Kaiser auf sie zu, umarmte und küßte sie väterlich und hieß sie in Wien herzlich willkommen. Den Anwesenden drängte sich zwar sofort ein Vergleich mit der schönen, immer noch jugendlich wirkenden Schwiegermutter auf, dennoch schrieben die Zeitungen äußerst positive Artikel:

»Prinzessin Stephanie ist von hoher, schlanker Gestalt, mit elastischer Haltung und schönem Wuchs. Auf ihrem Antlitz liegt der Reiz von blühender Jugend, und das goldblonde Haar in starken Flechten bildet eine hübsche Umrahmung des anmuthigen Gesichtes … Heiter und ohne Befangenheit empfing sie die Vorstellungen wie die Zurufe der Versammelten; den Kopf zur Seite gewendet und sich leicht verneigend, erwiderte sie die ihr dargebrachten Grüße. Die anwesenden Damen gaben ihrer Überraschung lebhaften Ausdruck und sprachen trotz des Ceremoniells laut und ausschließlich von der freundlichen Erscheinung der Braut des Kronprinzen.«

Für Stephanie und ihre Eltern waren diese Tage vor der Hochzeit mit Repräsentationsaufgaben, Vorstellungen und Empfängen angefüllt. Im Schloß Schönbrunn, wo der Prinzessin die Damen und Herren der adeligen Gesellschaft präsentiert wurden, bekam sie einen ersten Eindruck von der Steifheit des Hofzeremoniells. Man verbeugte sich tief vor der Braut, und gleichzeitig wehte ein

Hauch von Kälte durch die Räume. Stephanie zeigte sich leutselig, aber alles, was sie in ihrer Ungezwungenheit von sich gab, wurde auf die Goldwaage gelegt, und man mokierte sich im nachhinein über das, was die Belgierin gesagt und getan hatte. Das junge Mädchen war in eine Schlangengrube gefallen, aus der es kein Entrinnen gab. Wie hätte sie all die Intrigen durchschauen sollen, die schon vor ihrer Ankunft ausgekocht worden waren! Und sie spürte wohl, daß auch ihre zukünftige Schwiegermutter ihr äußerst reserviert entgegenkam.

Am 10. Mai, so verlangte es das Protokoll, sollte die Braut offiziell in Wien einziehen. Wie es die Tradition vorschrieb, nahm Stephanie mit ihrer Mutter vom einstigen Lustschloß Maria Theresias, der Favorita, ihren Weg nach Wien in die Hofburg. Es war ein äußerst kühler Morgen, und gegen elf Uhr begann es leicht zu regnen, als die Braut in der Hofburg eintraf.

Stephanie sollte mit der Galakutsche, die von acht Lipizzanerhengsten gezogen wurde, in einem langen Prunkzug durch das festlich geschmückte Wien fahren. Die Prinzessin trug ein rosa Kleid mit Schleppe und reichem Spitzenschmuck. Die Mutter der Braut begleitete Stephanie, Marie Henriette ganz in Silber und Weiß.

Für die Wiener war die Auffahrt der Wagen und die Vielzahl der überreich geschmückten Pferde ein Riesenspektakel, das sich keiner entgehen lassen wollte. Und obwohl man kaum einen Blick auf die hohen und höchsten Herrschaften werfen konnte, verband alle das gemeinsame Gefühl, dabeigewesen zu sein.

Ein einziges Mißgeschick unterbrach den Freudentaumel: Als der Festzug an der evangelischen Schule vorbeikam, fiel auf einmal mit lautem Krach das kaiserliche Wappen zu Boden. Nur wenige wurden Zeugen dieses Zwischenfalls, aber abergläubische Seelen munkelten mit Schrecken von einem fürchterlichen Unglück ... Das Ende des Festes bildete ein Galadiner in der Hofburg. Der Kaiser war bester Laune und brachte nach dem sechsten Gang einen Toast auf das glückliche Brautpaar aus. Dann zog man sich zurück, denn der nächste Tag würde lang und anstrengend sein: der Hochzeitstag!

Nicht freudige, erwartungsvolle Gesichter sah man an diesem Morgen in der Hofburg: Drückendes Schweigen lag über dem

Haus, und es war, als erwarte man im nächsten Augenblick einen unerwarteten Donnerschlag. Hatte man bis jetzt der Kronprinzenhochzeit den Schein der Fröhlichkeit gegeben, so war plötzlich alle Munterkeit und Zuversicht verschwunden.

Stephanie hatte die Aufmerksamkeiten, die man ihr überall zuteil werden ließ, in kindlicher Naivität genossen, jetzt aber, als aus dem interessanten Spiel allmählich Ernst wurde, überfiel sie ein beklemmendes Gefühl der Angst. Sie hatte zwar in ihren romantischen Träumen den Tag, der alles entscheiden sollte, herbeigesehnt, jetzt aber, als sie im Morgengrauen geweckt wurde, hätte sie sich lieber die Decke über den Kopf gezogen, um all den Feierlichkeiten und Aufregungen zu entgehen. Aber es half nichts, es blieben ihr kaum ein paar stille Augenblicke, in denen sie zu sich kommen konnte. Bedienstete kamen und kleideten sie an, Friseure beschäftigten sich mit ihrem Haar, und das alles ließ sie beinahe teilnahmslos mit sich geschehen. Eine tiefe Melancholie hatte sie erfaßt, und selbst die begeisterten und bewundernden Blicke ihrer kleinen Schwester Clementine konnten sie nicht aus ihren trüben Gedanken reißen.

Und so konnte es den vielen Beobachtern und Zuschauern nicht entgehen, daß Stephanie alles andere als eine strahlende Braut war. Die junge Prinzessin wirkte unglücklich, in ihrem eher geschmacklosen weißen Brautkleid, mit dem unvorteilhaft hochgesteckten Haar und den roten, erfrorenen Armen, die in der kalten Maienluft noch intensiver leuchteten und besonders auffielen. Ein geschickter Schneider hätte es verstanden, diesen Makel zu vertuschen, aber niemand war da, der sich um das Aussehen der jungen Braut tatsächlich kümmerte. Der Mutter war es wichtiger, neben der eleganten und schönen Kaiserin nicht allzu pomeranzenhaft zu wirken. Auch die Schwestern konnten Stephanie wenig beraten; Louise, die ihr sicher geholfen hätte, lag im Kindbett, und Clementine bewunderte die große Schwester grenzenlos und fand an Stephanie ohnehin keinen Tadel.

Aber auch der Bräutigam war nicht in der besten Stimmung. Sein Wesen, das immer grenzenlose Freiheit gesucht hatte, begann sich gegen eine feste Verbindung zu sträuben, die ein ganzes Leben lang halten sollte. Nun aber war es zu spät, die Eltern hatten entschieden, und er hatte in Brüssel sein Wort gegeben. Was blieb ihm anderes übrig, als jetzt vor Gott und der Welt diesen Bund zu legalisieren und die junge Stephanie zu seiner Ehefrau zu machen!

Die Trauung sollte in der Augustinerkirche stattfinden, jener Kirche in der Nähe der Hofburg, in der schon viele kaiserliche Ehen geschlossen worden waren. Obwohl man darauf verzichtet hatte, den Hochadel aus ganz Europa einzuladen, bewegte sich doch ein stattlicher Hochzeitszug durch die Gänge und Säle der Hofburg, bis schließlich die Kirche erreicht war. Unter einem Thronhimmel nahm das Kaiserpaar Platz, und Franz Joseph, aber auch Elisabeth konnten ihre Rührung kaum verbergen. Ganz in der Nähe saß auch das belgische Königspaar und wartete nun mit allen anderen Gästen auf die entscheidenden Worte, die aus der kleinen, unscheinbaren Tochter Stephanie die zukünftige Kaiserin von Österreich machen sollten.

Seltsam mag das leise, resignierende »Ja« Rudolfs die Zuhörer berührt haben, und der Gegensatz zu Stephanies lautem, kräftigem »Ja« war besonders auffallend.

Nach anstrengenden Empfängen und der Gratulationscour wartete um 18 Uhr 45 der Wagen auf das Brautpaar. Nach einem langen und tränenreichen Abschied bestiegen Stephanie und Rudolf die festlich geschmückte Kutsche. Die Fahrt ging nach Laxenburg, wo die jungen Leute ungestört die Hochzeitsnacht verbringen sollten. Warum die kaiserliche Familie ausgerechnet wieder dieses kalte, unfreundliche Schloß als erstes Domizil für Rudolf und Stephanie gewählt hatte, wußte niemand so recht zu sagen. Hier in Laxenburg hatten schon Franz Joseph und Elisabeth die Hochzeitsnacht verbracht, und zeit ihres Lebens waren diese Tage und Nächte von Laxenburg der Kaiserin in schauriger Erinnerung. Und nun betrat die junge, unerfahrene Stephanie die kahlen, düsteren Räume, die ohne jedes bißchen Komfort ausgestattet waren. Es fehlte hier an allem, was sich die Prinzessin in ihren Jungmädchenträumen ausgemalt hatte, selbst die Waschgelegenheiten waren primitiv und völlig veraltet. Im Schloß gab es weder Badezimmer noch Toilettentisch, keine anheimelnde warme Atmosphäre und keine Behaglichkeit. In den hohen, kalten, nur spärlich beleuchteten Räumen standen einander zwei Menschen gegenüber, die ein Leben lang miteinander auskommen, in Liebe miteinander leben sollten. Stephanie klapperte mit den Zähnen, wahrscheinlich nicht nur vor Kälte, sondern auch, weil sie so gar nicht wußte, was nun auf sie zukommen würde. Man hatte sie überhaupt nicht aufgeklärt, weder ihre Mutter noch eine Erzieherin hatten Stephanie gegenüber auch nur die geringste Andeutung darüber gemacht, was in der Hochzeitsnacht geschehen würde. Und das halbe Kind fiel einem Mann in die Hände, der nicht das Zartgefühl aufbrachte, das notwendig gewesen wäre, um aus dem unerfahrenen Mädchen allmählich eine junge Frau zu machen. Wahrscheinlich konnte es Rudolf kaum erwarten, die völlig Ahnungslose in Besitz zu nehmen, er stürzte sich auf die verwirrte Stephanie und ließ ihr nicht die Zeit, irgendein Gefühl für ihn zu entwickeln. Anders ist ihre Reaktion kaum zu verstehen: Noch nach langen Jahren standen ihr die Schrecknisse dieser Nacht allzu deutlich vor Augen. Nichts als Abscheu und Demütigung empfand die junge Frau in Rudolfs Armen. So schrieb sie noch fünfzig Jahre später: »Welche Nacht! Welche Qual, welcher Abscheu! Ich hatte nichts gewußt, man hatte mich als ahnungsloses Kind zum Altar geführt. Meine Illusionen, meine jugendlichen Träumereien waren vernichtet. Ich glaubte, an meiner Enttäuschung sterben zu müssen.«

Und doch: Trotz aller bitteren Erfahrungen in der Hochzeitsnacht gingen die Nächte von Laxenburg vorüber, und Stephanie erkannte bald, daß es das Schicksal mit ihr keineswegs so schlecht gemeint hatte. Sie gewöhnte sich an Rudolfs stürmische Zärtlichkeiten und machte bald keinen unglücklichen Eindruck mehr. Immerhin konnte ihr Mann charmant und liebevoll sein, und so gewann er auch das Herz seiner eigenen Frau. Was dem jungen Paar einzig und allein fehlte, waren Stunden der Zweisamkeit. Aber Feingefühl war nicht die Stärke des Wiener Kaiserhofes. Man ließ Rudolf und Stephanie keine Ruhe, beide mußten an den gemeinsamen Diners und Soupers teilnehmen. Auffällig forschende Blicke fühlte die junge Frau auf sich gerichtet, und schon bei dem Gedanken wurde Stephanie rot, wenn sie meinte, die Leute wüßten über alles Bescheid, was sich im prinzlichen Bett abspielte. Und je mehr ihr das Blut in die Wangen stieg, um so unverfrorener wurde sie gemustert. War es möglich, daß dieses hausbackene Mädchen den verwöhnten Kronprinzen zufriedenstellen konnte, oder würden sich über kurz oder lang die Türen der Privatgemächer Rudolfs wieder wie üblich für die schönen Damen öffnen?

Stephanie veränderte sich schon kurz nach der Hochzeit sehr zu ihrem Vorteil. Das mußten selbst die ärgsten Widersacherinnen am Kaiserhof mit Schrecken feststellen. Sie wählte ihre Toiletten sehr geschickt aus und frisierte sich auch so, daß ihr goldblondes Haar besonders gut zur Geltung kam. Sie gab sich charmant und leutselig, ihre anfängliche Unsicherheit war gewichen und hatte einer Redseligkeit Platz gemacht, die ihr natürlich auch wieder übel ausgelegt wurde.

Aber Rudolf schien mit seiner jungen Frau zufrieden zu sein. Stephanie interessierte sich für alles, auch für seine liberalen politischen Ideen, obwohl sie diese allerdings eher als Hirngespinste abtat. Sie selbst war felsenfest einer sehr konservativen Denkungsweise verhaftet.

Franz Joseph verhielt sich seiner Schwiegertochter gegenüber ritterlich-höflich, während Elisabeth sich mit der belgischen Prinzessin überhaupt nicht abfinden konnte. Für die schöne Kaiserin, die für ihre spitze Zunge allmählich bekannt war, blieb Stephanie nach wie vor der garstige belgische »Trampel«, und sie konnte und wollte auch keine Veränderung der Prinzessin zu ihrem Vorteil entdecken.

Das Leben in der Wiener Hofburg konnte Stephanie kaum verstehen. Sie hatte sich vorgestellt, daß der Kaiserpalast nur so von Luxus strotzen müßte, daß alles, was gut, teuer und wertvoll war, hier zu finden sein würde. Und nun sah sie, daß der mächtigste Monarch Europas auf einem eisernen Bett schlief, daß er die einfache Lebensführung über alles schätzte, die manchmal in Kargheit ausartete. Wie konnte man sich in einer Burg wohlfühlen, die mit geschmacklosen Möbeln ausgestattet war, während die prachtvollsten Antiquitäten in den Rumpelkammern verstaubten? Warum entschloß man sich nicht, endlich alles zu modernisieren, um den neuen hygienischen Ansprüchen gerecht zu werden; warum baute man keine Bäder und Toilettenanlagen mit Fließwasser ein, sondern trug die Leibstühle und das schmutzige Wasser durch die Gänge, manchmal an offiziellen Besuchern vorbei? Wollte man ein Bad nehmen, mußte das heiße Wasser in Kübeln herbeigeschafft und in eine Gummiwanne geschüttet werden. Wo waren Teppiche und Tapisserien, wie man sie überall, selbst in den kleinsten Schlössern am Lande, bewundern konnte? Dem Kaiserpaar fehlte anscheinend schon der geringste Kunstsinn oder waren Franz Joseph und Elisabeth nur desinteressiert?

Stephanie trat von einem Fettnäpfchen ins andere, als sie versuchte, ihre neuen Ideen den kaiserlichen Schwiegereltern vorzutragen. Bei Elisabeth riefen ihre Veränderungspläne äußersten Unmut hervor, die Schwiegermutter sah in der jungen Kronprinzessin ein aufmüpfiges Wesen, dem nichts gut genug war, obwohl jeder wußte, daß sie in Brüssel auch nicht gerade auf Rosen gebettet gewesen war. Franz Joseph hatte den Wünschen und Vorschlägen seiner Schwiegertochter gegenüber taube Ohren, wahrscheinlich hörte er Stephanie kaum zu. Der Kaiser war und blieb mit dem zufrieden, was er hatte, alles übrige interessierte ihn in seinem persönlichen Lebensrahmen wenig.

Zunächst allerdings konnten Rudolf und Stephanie ein Leben führen, das beiden behagte. Sie verbrachten einen langen und angenehmen Aufenthalt in Salzburg und glückliche Monate in Prag.

Obwohl Rudolf immer wieder versuchte, nicht allzu lang von seiner jungen Frau getrennt zu sein, kam es doch vor, daß ihn militärische Aufgaben nach Wien riefen. Aus dieser Zeit gibt es zärtliche Briefe, die hin und her gingen.

»Theuerster Engel«, nennt Rudolf seine ferne Stephanie und teilt ihr seine Sehnsucht und Ungeduld mit. In einem Brief vom 19. Oktober 1884 schrieb der Kronprinz:

»Ich sehne mich fürchterlich nach Dir und zähle die Tage, die uns noch trennen.« In einem anderen Schreiben hieß es zärtlich: »Übermorgen gegen zehn Uhr bin ich in Laxenburg, worauf ich mich schrecklich freue.«

Alle Briefe sind mit »Dein Dich innigst liebender Coco« oder »Dein treuer Coco« unterschrieben. Stephanie ihrerseits antwortete mit »Coceuse«; diesen Namen hat wahrscheinlich Rudolf erfunden, denn Coco war sein Spitzname in der kaiserlichen Familie, somit seine Frau die Coceuse.

Alles, was zu ihrem Glück noch fehlte, war ein Kind, ein Sohn. Zunächst hatte es nach einigen Ehemonaten so ausgesehen, als wäre Stephanie guter Hoffnung. Aber bald stellte sich heraus, daß die Ärzte, die die Prinzessin untersucht hatten, zu voreilig gewesen waren. Erst im Frühjahr 1883 war es wirklich soweit: Stephanie erwartete ihr erstes Kind. Rudolf war felsenfest davon überzeugt, daß es nur ein Knabe sein könnte. Und obwohl es in der jungen Ehe in den letzten Monaten einige Krisen gegeben hatte, war alles jetzt eitel Freude und Sonnenschein. Rudolf schrieb seiner Frau liebevolle Briefe, wenn er ein paar Tage von ihr getrennt war, sie solle gut auf sich achtgeben, aber besonders auf den »Waclaw«, wie der Kronprinz seinen zukünftigen Sohn zärtlich nannte. Waclaw (oder vielmehr Václav) ist die tschechische Form von Wenzel, und Rudolf gefiel dieser Name über alle Maßen gut. Alle Welt behandelte die Kronprinzessin nun mit außerordentlicher Freundlichkeit, und man versuchte alles, um sie zu schonen. Sie durfte keine allzu langen Spaziergänge unternehmen, und schon sehr bald wurde alles für die Entbindung gerüstet. Es gab in der langen Geschichte des Kaiserhauses ein eigenes Zeremoniell, wenn die Stunde der Niederkunft einer Erzherzogin nahte: Eine Woche vor dem errechneten Termin der »allerhöchsten Entbindung« wurde in den Kirchen öffentlich um eine »glückliche Geburt« gebetet, und wenn die Wehen einsetzten, stellte man auf den Altären das Allerheiligste aus. All dies geschah genau nach Protokoll. Für Stephanie war es eine Beruhigung, daß ihre Mutter eigens angereist kam, um der Tochter in ihrer schweren Stunde Mut zuzusprechen. Hatte Marie Henriette auch den Kindern keine glückliche Kindheit am Hof von Brüssel ermöglicht, so änderte sich ihr Verhalten sehr stark, als die Töchter erwachsen waren. Und Stephanie, aber auch ihre Schwester Louise von Coburg dankten es der Mutter, daß sie ihnen nun mit Rat und Tat zur Seite stand.

Als der Leibarzt, der Accoucheur (der Geburtshelfer) und die Hebamme auf Schloß Laxenburg eintrafen, wußten alle, daß das Ereignis, auf das man schon so sehnlichst gewartet hatte, endlich eintreten würde. Wie ein Lauffeuer ging es von Mund zu Mund, und als dann schließlich die Salutschüsse von den Geschützen abgefeuert wurden, zählte man gespannt mit. Aber nach 21 Schüssen verstummten die Kanonen, und man wußte im ganzen Reich, in Prag und Budapest genauso wie in Wien, daß Stephanie »nur« einer Erzherzogin das Leben geschenkt hatte. Der Jubel hielt sich daher in Grenzen, aber was machte es schon aus? Die Prinzessin war jung und konnte noch viele Kinder haben!

Auch Rudolf reagierte enttäuscht. Sein politisches Engagement wurde immer intensiver, und das bedeutete Konflikte nicht nur mit seinem Vater, sondern auch mit Stephanie. Die Leute, mit denen er sich umgab, bedeuteten ihr nichts, ja sie sah in ihnen Störenfriede und halbe Revolutionäre. Sie wollte die Monarchie so erhalten wissen, wie sie war, vermochte nicht weiterzudenken und konnte auch den Gedanken und Überlegungen Rudolfs und seiner Freunde nicht folgen. Und je mehr sie ihre offene Ablehnung gegen alles zeigte, was Rudolf politisch interessierte, um so mehr verschloß sich ihr Mann vor ihr, um so weniger Gespräch gab es zwischen den beiden. Rudolf lud seine Freunde nicht mehr nach Hause ein, da diese Herrenabende immer zu Zank und Hader mit seiner Frau führten, immer länger hatte er außer Haus zu tun, und immer später suchte er das eheliche Schlafgemach auf, wo ihn eine keifende Stephanie erwartete. Wo er konnte, wich Rudolf seiner Frau aus, er erfand jeden Tag neue Ausreden und erinnerte sich wieder an sein altes lustiges Leben, das er auch bald wieder aufnahm. Mit einem ganzen Troß von Freunden zog er durch die Lokale der Vorstädte und blieb meist in einem Heurigen bis in die frühen Morgenstunden sitzen. Stephanie haßte dieses Milieu und konnte nicht verstehen, daß ihr Mann, der Kronprinz, an dieser ordinären und vulgären Umgebung Gefallen finden konnte. Ein einziges Mal hatte Rudolf den Versuch unternommen, seine Frau in die Heurigenlokale mitzunehmen, wo er sich so zu Hause fühlte. Als Bürgermädchen verkleidet, begleitete Stephanie ihren Mann und empfand nur grenzenlose Langeweile. Die rohen Tische, auf denen halb geleerte Gläser standen, die primitiven Leute, die mit weinseliger Stimme schmalzige Lieder sangen, die Stephanie nicht verstand, und ihr Mann, den sie hier nicht wiedererkannte – all das ekelte die junge Frau unsagbar an! Nein, nie wieder würde ihr Fuß so eine Gaststätte betreten!

Allmählich wurde die Beziehung der beiden Eheleute kühler

und sollte bald zu Eis erstarren. Rudolf ging, und Stephanie blieb, von rasender Eifersucht gepackt, in ihrer verletzten Eitelkeit in der Hofburg zurück. Sie wußte, wo sie ihn finden konnte, und es geschah nicht nur einmal, daß sie sich nicht zu schade war, ihrem Mann nachzustellen und ihn in aller Öffentlichkeit zu blamieren. Rudolf konnte seiner Frau diese »Strafaktionen« nie verzeihen. Je mehr sich Stephanie herausputzte – sie liebte es, sich mit Geschmeide und teuren Kleidern aufzudonnern –, um so mehr zog sich ihr Mann von ihr zurück. Freilich wahrte man noch den Schein und erschien in der Öffentlichkeit bei verschiedenen Anlässen gemeinsam, sie luxuriös in Samt und Seide, immer dicker, er wie ein Schatten seiner Frau, grazil und kränklich.

Vieles hatte zu Rudolfs frühem physischem Verfall beigetragen, den er allmählich nicht mehr kaschieren konnte. Bald merkten auch seine Freunde mit Entsetzen, daß es mit dem Kronprinzen steil bergab ging. Rudolf hatte sich bei einem seiner Abenteuer eine Geschlechtskrankheit geholt, die nur mit großer Mühe zu bekämpfen war. Aber auch Stephanie war angesteckt worden, so daß sie nie mehr Kinder bekommen konnte. Und immer noch hoffte man am Kaiserhof in Wien auf einen männlichen Erben, obwohl nicht nur die Eingeweihten genau Bescheid wußten, daß der Thronfolger selbst an der weiteren Kinderlosigkeit seiner Ehe schuld war.

Zwischen Vater und Sohn waren die dünnen Fäden der Sympathie schon lange abgerissen, vor allem als Rudolf immer mehr durchblicken ließ, daß er die Absicht hatte, sich scheiden zu lassen. Er wollte sich an den Heiligen Vater wenden und sammelte Beispiele in der Geschichte, wo der Papst eine Ehescheidung erlaubt hatte.

Rudolf konnte sich ein weiteres Zusammenleben mit einer Frau, die ihn überhaupt nicht verstand, ja die seinem Wesen und seinen Ideen so konträr war, ihn ausspionierte und boykottierte, in der Zukunft nicht mehr vorstellen. Zu all dem kam noch, daß Stephanie Rudolf allmählich auch körperlich zuwider wurde, daß er seine Abwechslung immer mehr in Kreisen suchte, die für die höhere Gesellschaft offiziell tabu zu sein hatten. Seiner Herzdame Mizzi Caspar kaufte er ein Haus auf der Wieden und verbrachte jede freie Minute bei dem schönen dunkelhaarigen Mädchen, das bisher unter der Obhut einer Wiener Kupplerin namens Wolf sein Geld verdient hatte. Viele Jahre später konnte Stephanie immer noch nicht den Namen Mizzi Caspar hören, ohne daß ihr das Blut der Empörung ins Gesicht schoß. Mizzi wurde in den Monaten vor Rudolfs Tod seine Vertraute, sie war mehr als seine Geliebte, bei ihr konnte er so Mensch sein, wie er sich das immer erträumt hatte.

Der körperliche Zustand Rudolfs verschlechterte sich von Monat zu Monat. Wegen eines bösartigen Hustens war ihm von den Ärzten Morphium gegeben worden, und auf dieses Betäubungsmittel konnte der Kronprinz allmählich nicht mehr verzichten. Rudolf wurde süchtig. Um seinen galanten Abenteuern mit Erfolg nachgehen zu können und sich im Bett als ganzer Mann zu erweisen, trank er eine Mischung aus Champagner und Cognac. Mit all diesen Schwierigkeiten belastet, war er sicherlich nicht der Casanova, als der er vielfach hingestellt wird.

Rudolfs Ehe schien gescheitert, und doch gibt es selbst aus dem letzten Jahr vor seinem Tod Briefe an Stephanie, die in herzlichem, ja liebevollem Ton gehalten sind. So schrieb er ihr am 21. März 1888, vor einer Reise nach Abbazia:

»Liebe Stephanie!

Herzlichen Dank für Telegramme. Diesen Brief bringt Dir Beck mit, der auch die Kabinen einrichten wird ... Am Ostermontag möchte ich Dich zum Diner in Abbazia einladen ...

Ich finde, wir könnten diese eine Nacht in Abbazia zusammen schlafen, es macht sich gut, dann geht man ohnehin wegen dem Beichten und Kommunizieren früh schlafen, es wäre auch recht hübsch, wieder einmal im Bett zusammen herumzunutscherln. Hoffentlich kann der Greif am Ostermontag bei meiner Ankunft schon in Abbazia sein; wenn das Wetter es erlaubt, so soll der Commandant da sein, da ich ihn sprechen muß. Ich schließe meinen Brief, um mich anzuziehen für die Auferstehungsprozession, die heute bei ziemlich kühlem und grauem Wetter stattfinden wird. Aus ganzem Herzen Dich umarmend, Dein Dich innigst liebender Coco.«

Was immer Rudolf bewogen haben mochte, freundlichere Kontakte zu seiner Frau zu pflegen, seine politischen Ambitionen waren von Grund auf gescheitert und hatten sich als Fehlschläge erwiesen, sein Gesundheitszustand wurde immer labiler, ja er gab zu ernster Besorgnis Anlaß. Daneben wurde Rudolf von quälenden Gedanken belastet, ob nicht die wittelsbachische Geisteskrankheit auch ihn befallen könnte.

In diesem Zustand warf sich ein romantischer, vollerblühter Backfisch Rudolf gleichsam an den Hals: die siebzehnjährige Mary Vetsera. Was zunächst nur wie jugendliche Schwärmerei ausgesehen hatte, wurde nach kurzer Zeit tödlicher Ernst. Denn Mary war nicht ein Mädchen, das sich mit Phantasieträumen begnügte. Sie hatte sich den Kronprinzen in den Kopf gesetzt, und sie wollte ihn haben, koste es, was es wolle.

Die Damen des Hauses Vetsera waren für den Kronprinzen keine Unbekannten. Vor Jahren hatte sich die Mutter Marys, Helene Vetsera, sehr eifrig um die Gunst des Kronprinzen bemüht. Selbst der Kaiser, der in diesen Dingen eher mit verschlossenen Augen durch die Welt ging, hatte Helenes Ambitionen bemerkt und ungewöhnlich heftig ablehnend reagiert. Es hatte nicht viel gefehlt und Helene wäre des Hofes verwiesen worden.

Nun pirschte sich die Tochter an Rudolf heran und bot alle Reize auf, um den Kronprinzen auf sich aufmerksam zu machen. Schnell fand Mary eine Helfershelferin in der Gräfin Larisch, einer Cousine Rudolfs, denn ihre eigene Mutter durfte von ihrem Plan nichts wissen. Helene Vetsera hatte ganz andere Ziele für ihre schöne Tochter. Sie konnte sich nicht vorstellen, daß ihre »Mary dear«, wie sie die Tochter zärtlich nannte, eine der vielen Geliebten des Thronfolgers werden sollte. Aber Mary wollte noch viel mehr; ihr Spiel ging um alles oder nichts. Sie wollte nicht nur Rudolf erobern, sie wollte auch Stephanie in den Schatten stellen und wie ein Komet am kaiserlichen Himmel erstrahlen.

Über Hintertreppen brachte die Gräfin Larisch Mary in die Gemächer Rudolfs. Und es kam, wie die Komtesse es wollte: Rudolf ließ sich von ihren feuchtschimmernden, großen blauen Augen, den sinnlichen roten Lippen und der üppigen Gestalt becircen. Mary erzählte selbst, wie sie beide den Kopf verloren hätten und sie Rudolfs Geliebte geworden sei.

Der getreue Leibfiaker Bratfisch spielte in den nächsten Wochen den Postillon d'amour; er verhängte die Wagentüren seiner Kutsche, so daß Mary vor neugierigen Blicken sicher war, und brachte die heimliche Geliebte meist für ein paar Stunden zu einem kurzen Tête-à-tête in die Hofburg.

Für die verliebte Mary war es selbstverständlich, daß auch der Thronfolger mehr für sie fühlte als für seine früheren Mätressen. In ihrer Schwärmerei erkannte sie nicht, daß sie für den übersättigten Rudolf nur ein flüchtiges körperliches Abenteuer sein konnte, wenn auch ein äußerst pikantes und genußreiches. Eine wirklich enge innere Beziehung hätte er zu diesem nichtssagenden jungen Ding, das weder gebildet noch kulturell interessiert war, wahrscheinlich nie finden können. Sein Herz gehörte, wenn überhaupt irgend jemandem, dann höchstens Mizzi Caspar. Ihr hatte er auch als erster den Plan unterbreitet, sich umbringen zu wollen. Aber wie bei allen Dingen im Leben Rudolfs suchte er auch hier nach einer Hilfe, nach einem Gefährten oder einer Gefährtin. Es war vielleicht die Ungewißheit, was im Tod oder nach dem Tod auf ihn zukommen würde, die ihn davor zurückschrecken ließ, allein Hand an sich zu legen. Er machte Mizzi daher den Vorschlag, sich mit ihm im Husarentempel bei Mödling im Wienerwald zu erschießen. Für die lebensfrohe Mizzi erschienen die Worte des Kronprinzen zunächst wie ein makabrer Witz, dann allerdings ging sie doch zum Polizeipräsidenten von Wien, um ihn über das Vorhaben des Thronfolgers zu unterrichten. Hier an hoher Stelle behandelte man Mizzi, wie man eben eine Kokotte zu behandeln pflegte: Man nahm ihr einen Eid ab, mit niemandem über die Sache zu sprechen, und es ist nicht einmal sicher, ob der Kaiser überhaupt über die Pläne seines Sohnes unterrichtet wurde.

Da Mizzi so ganz und gar nichts von einem Doppelselbstmord wissen wollte, suchte der lebensmüde Kronprinz eine andere Begleiterin für den letzten Schritt. Und wer eignete sich besser dafür als die schwärmerische, verliebte Mary? Wahrscheinlich trug Rudolf den Plan zum Doppelselbstmord Mary in einer intimen Stunde vor, und sie willigte in ihrer grenzenlosen Verliebtheit ein. Sie machte sich wahrscheinlich keine Vorstellungen davon, was eigentlich passieren würde, vielleicht war es für sie nur ein schauriges Abenteuer, das sie mit Rudolf erleben konnte.

Mit seiner eigenen Frau sprach Rudolf niemals über dieses Thema, obwohl sich Stephanie später erinnerte, daß Rudolf schon lange Zeit einen Totenschädel auf seinem Schreibtisch liegen hatte, den er oft sinnend in die Hand nahm. Außerdem soll er eine besondere Vorliebe entwickelt haben, Sterbenden zuzusehen und ihren letzten Atemzügen zu lauschen. Stephanie war der miserable Gesundheitszustand ihres Mannes aufgefallen, und sie war deswegen beim Kaiser vorstellig geworden, aber Franz Joseph konnte oder wollte den körperlichen und psychischen Verfall seines einzigen Sohnes, seines Nachfolgers, nicht wahrhaben. Mit kurzen Worten versuchte er seine Schwiegertochter zu besänftigen, dann ging er zur Tagesordnung über. Rudolf entschloß sich nun zum letzten schweren Schritt: Er bat seinen Vater um ein Gespräch unter vier Augen, in dem er Franz Joseph die Eröffnung machte, sich an den Papst wenden zu wollen, um die Genehmigung zur Scheidung zu erbitten. Wie Augenzeugen berichteten, kam es an diesem Januartag des Jahres 1889 zu einer heftigen Auseinandersetzung zwischen Vater und Sohn, die darin gipfelte, daß Rudolf in höchster Erregung aus dem Zimmer stürzte, wobei alle die letzten Worte des Kaisers hörten, aus denen klar hervorging, daß er niemals in eine Scheidung seines Sohnes einwilligen würde.

Für Rudolf bedeutete die Haltung seines Vaters das Todesurteil. Er wollte und konnte mit Stephanie nicht weiterleben, er war mittlerweile in einer derart schlechten körperlichen Verfassung – der hohe Morphium- und der ununterbrochene Champagnerkonsum hatten seine Gesundheit vollständig zerstört –, daß er nicht mehr in der Lage war, Pläne für seine eigene und die politische Zukunft zu schmieden. Rudolf war am Ende seiner Kräfte.

Unter dem Vorwand, einen Juwelier aufsuchen zu wollen, bekam Mary von ihrer Mutter die Erlaubnis, mit Marie Larisch ausfahren zu dürfen. Von dieser Fahrt kehrte das junge Mädchen nie mehr zurück. Marie Larisch gab später zu Protokoll, Mary sei plötzlich aus dem Juweliergeschäft verschwunden.

Die Nacht war lang und kalt, als der Leibfiaker des Kronprinzen Mary heimlich nach Mayerling brachte, in das Jagdschloß Rudolfs mitten im Wienerwald. Aber alles war anders als sonst, es gab keine fröhliche Jagdgesellschaft, keinen Umtrunk und kein lautes Halali. Was in dieser Nacht hinter verschlossenen Türen geschah, war auch kein amouröses Abenteuer, wie es sich öfter hier abgespielt hatte. Für die Umgebung des Prinzen sah alles zunächst romantisch und geheimnisvoll aus. Der Kronprinz erwartete seine junge Geliebte und wollte unter gar keinen Umständen gestört werden. Selbst der Kaiser sollte, wenn er aus irgendeinem Grund nach Mayerling kommen würde, nicht vorgelassen werden. Kammerdiener Loschek, der im Dienste Rudolfs sicherlich einiges gewöhnt war, dachte sich seinen Teil und versprach äußerste Diskretion – wie immer.

Alles lief ab wie geplant. Auch Mary wußte, daß sie Mayerling nicht mehr lebend verlassen würde. Man fand zwei Abschiedsbriefe von ihr, einen an ihre Mutter und einen an ihre Schwester. Ihrer Mutter schrieb sie folgende Zeilen:

»Liebe Mutter!

Verzeiht mir, was ich getan, ich konnte der Liebe nicht widerstehen! In Übereinstimmung mit ihm will ich neben ihm am Friedhof von Alland begraben sein. Ich bin glücklicher im Tode als im Leben. Deine Mary.«

Rudolf wollte sich auch nicht, ohne Abschied zu nehmen, aus dem Leben stehlen. Er schrieb vier Briefe, einen an seine Schwester Valerie, einen an seine Frau, einen an Baron Hirsch und den letzten an Mizzi Caspar. Und obwohl die Jahre ihn innerlich und äußerlich immer mehr von Stephanie getrennt hatten, hinterließ er ihr doch einige Zeilen:

»Liebe Stephanie!

Du bist von meiner Gegenwart und Plage befreit; werde glücklich auf Deine Art. Sei gut für die arme Kleine, die das einzige ist, was von mir übrig bleibt. Allen Bekannten, besonders Bombelles, Spindler, Latour, Wowo, Gisela, Leopold etc. etc. sage meine letzten Grüße. – Ich gehe ruhig in den Tod, der allein meinen guten Namen retten kann. –

Dich herzlich umarmend, Dein Dich liebender Rudolf.«

Die lange Nacht von Mayerling endete mit den verhängnisvollen Schüssen, die nicht nur das Leben zweier junger Menschen beendeten, sondern auch in das feste Gefüge der uralten Habsburgermonarchie gewaltige Löcher rissen.

Rudolf hatte sich mit Mary ganz ruhig in sein Zimmer zurückgezogen. Nach Aussagen des Kammerdieners Loschek nahmen beide noch ein Souper zu sich, ein Abschiedssouper! Dann – so wollte es der Kammerdiener wissen – sprachen sie beinahe die ganze Nacht miteinander, bevor in den Morgenstunden die zwei Schüsse fielen. Was sich der Kronprinz und die verliebte Mary stundenlang zu sagen hatten, bevor sie sich endgültig zum letzten Schritt entschlossen, ist ebenso ein Geheimnis wie der Ablauf der grausigen Tat.

Als der Kammerdiener schließlich am Morgen nach langem heftigem Klopfen, auf das er keine Antwort bekam, die Tür sprengte, bot sich ihm ein grauenvolles Bild. Mary lag blutüberströmt nackt auf dem Bett, und Rudolf war in sich zusammengesunken, den Revolver neben sich.

Das Drama von Mayerling erschütterte die Monarchie in den Grundfesten. Der einzige Sohn des Herrschers, der Kronprinz der österreichisch-ungarischen Monarchie war ein Mörder und ein Selbstmörder, der Sohn des katholischen Kaisers hatte Hand an sich gelegt! Der Skandal wäre unbeschreiblich gewesen, hätten die Gazetten in aller Welt die Ereignisse von Mayerling so dargestellt, wie sie sich wahrscheinlich abgespielt hatten. Daher mußte alles geschehen, um die Wahrheit zu verschleiern, um die Tatsachen zu vertuschen.

Und Franz Joseph gab sich selten mit Halbheiten zufrieden: Es wurde systematisch alles vernichtet, was irgendwelche Aufschlüsse über die letzten Vorgänge in Mayerling gegeben hätte. Man leistete ganze Arbeit. Die Personen, die Augenzeugen der Tragödie gewesen waren, wurden unter Eid zum Stillschweigen verpflichtet. Die Leiche Marys hatte man zunächst in eine Abstellkammer gebracht, um sie dann im Dunkel der Nacht in einer Kutsche nach Heiligenkreuz zu schaffen. Man hatte dem Mädchen einen Pelz übergeworfen, ihm einen Hut über die klaffende Kopfwunde gesetzt, und mit einem Stock im Rücken als Stütze setzte man die Tote zwischen ihre beiden Onkel, Graf Stockau und Alexander Baltazzi. In dunkler Winternacht ging die Fahrt in das nahe gelegene Stift Heiligenkreuz, wo der Totengräber Mühe hatte, das Grab auszuschaufeln, da das Wetter fürchterlich war. Er wurde erst um 9 Uhr mit seiner Arbeit fertig, und in aller Eile wurde der einfache Sarg, in dem das tote Mädchen auf Hobelspänen lag, vom

Prior des Stifts eingesegnet, um dann sofort in die Erde versenkt zu werden.

Rudolfs Tod erregte in Wien ungeheures Aufsehen; da niemand genau wußte, wie der Kronprinz umgekommen war, blühten die Gerüchte in der Kaiserstadt. Jeden Tag tauchte eine neue Variation auf, vom eifersüchtigen Oberförster, der Rudolf mit einer Sektflasche erschlagen haben sollte, bis hin zur Giftmörderin Mary Vetsera.

Das Kaiserhaus hüllte sich, so weit es möglich war, in Schweigen. Der Leibarzt des Kaisers, Dr. Widerhofer, wollte bei der Obduktion von Rudolfs Schädel abartige Erscheinungen im Gehirn des Toten gefunden haben, die seinen Selbstmord rechtfertigen sollten. Dem Papst schickte der Kaiser ein zweitausend Zeilen langes Telegramm, das die näheren Umstände von Rudolfs Tod erläuterte.

Für Franz Joseph war der Tod seines Sohnes wahrscheinlich eine der großen Tragödien in seinem Leben. Nicht nur, daß er den Sohn verloren hatte, quälte ihn; die Art, wie der Kronprinz aus dem Leben geschieden war, soll den Kaiser zu dem Ausspruch veranlaßt haben, Rudolf sei wie ein Schneidergeselle gestorben. Zurück blieb eine Kronprinzessin ohne Aufgabe und ohne Zukunft, eine Fremde am Wiener Hof, der man immer zu verstehen gab, daß sie die eigentliche Schuld am Tod ihres Mannes trage. Mit 25 war sie nicht nur Witwe geworden, ihr war viel mehr zugestoßen als der Tod ihres Mannes: Er war mit einer Geliebten in den Tod gegangen und hatte die Situation ihrer Ehe der Welt geoffenbart.

Bis in den Tod vereint

FRANZ FERDINAND UND SOPHIE CHOTEK

Tiefe Trauer lag über dem Erzhaus, seit der einzige Sohn des Kaiserpaares auf so tragische Weise gestorben war.

Franz Joseph hatte nicht nur den Sohn verloren, sondern auch den Kronprinzen. Als sich die ersten Wellen des Schmerzes gelegt hatten, wurde die Frage der Nachfolge des Kaisers aufgerollt. Zunächst dachte der Kaiser an seinen Bruder Karl Ludwig, der offiziell in der Thronfolge an nächster Stelle stand. Aber Karl Ludwig war zwar stets bereit und geneigt, den Kaiser bei nicht besonders wichtigen Paraden und Feierlichkeiten zu vertreten, konnte sich aber eine Nachfolge seines nur um drei Jahre älteren Bruders nicht vorstellen. Er war zeitlebens im Schatten Franz Josephs gestanden, wie sollte er sich nach einem so langen Leben in völliger Unbedeutsamkeit plötzlich in die Rolle des Thronfolgers fügen?

Der älteste Sohn Karl Ludwigs, der junge Franz Ferdinand, kam als nächster in Frage. 1863 in Graz geboren, verlor er schon mit neun Jahren seine Mutter Maria Annunziata, die der Vater in zweiter Ehe trotz ihres schweren Lungenleidens geheiratet hatte, das dann schließlich zu ihrem frühen Tod führte. Es dauerte nicht lange, und Karl Ludwig verheiratete sich zum drittenmal, mit einer äußerst gütigen und gescheiten Frau, der Braganza-Prinzessin Maria Theresia. Diese Frau spielte im Leben Franz Ferdinands eine ganz besondere Rolle, denn sie war es, die immer und in allen Lebenslagen für den Stiefsohn da war, die ihm und seinen Geschwistern die Liebe gab, die ihnen nur eine wahre Mutter geben konnte, die immer versuchte, alle Schwierigkeiten für die Familie zu überwinden, alle Wege zu ebnen, deren einziges Ziel es war, ihre Lieben glücklich zu sehen und glücklich zu machen. Franz Ferdinand konnte mit seinen Sorgen zu Maria Theresia kommen, sie hatte ein offenes Ohr für alles und vermochte durch ihre Geduld und ihren Optimismus manch dunkle Stunde im Leben ihres Stiefsohnes aufzuhellen.

Franz Ferdinand war sich der schweren Bürde bewußt, die nach dem Freitod des Kronprinzen auf ihn zukommen würde, und er begann sich intensiv auf diese Aufgabe als Thronfolger vorzubereiten. Er erkannte, daß seine Ausbildung eher lückenhaft gewesen war und ließ einen seiner früheren Lehrer zu sich rufen, um weiter von ihm unterrichtet zu werden. Freilich war das Interesse des jungen Mannes nur auf bestimmte wissenschaftliche Sparten gerichtet: Die Natur mit all ihrem Artenreichtum zog ihn an, als Jäger, als Rosenzüchter, als Sammler und als Zoologe. Er verfaßte selbst Kataloge, in denen er präzise über die Vögel des Waldes Buch führte, ihr Aussehen beschrieb, ihre Größe und die Gebiete, in denen sie vorkamen.

Franz Ferdinand muß eine besondere Vorliebe für das Katalogisieren gehabt haben, denn alles, womit er sich beschäftigte, wurde auf solche Weise niedergelegt. So wurde jedes Stück Wild, das der Thronfolger im Laufe seines Lebens schoß – und das waren bei seiner Jagdleidenschaft nicht wenige – in die Listen aufgenommen.

Die seltsame Begeisterung des Erzherzogs für das Schießen und die Jagd schien nicht nur den Zeitgenossen merkwürdig. Überall erzählte man sich, daß er, wenn er die Gelegenheit dazu hatte – und diese Gelegenheiten boten sich ihm oft –, auf alles schoß, was sich bewegte, ohne Rücksicht auf Tiere oder Schonzeit. Die Treiber mußten ihm das Wild in Scharen zuführen, und er zielte dann unentwegt und traf bei seiner Sicherheit fast immer. Hatte er einmal kein lebendes Ziel vor seiner Büchse, begann er – wie in Meran – von einem Kiefernbaum zuerst die jungen Triebe, dann die Zweige und zuletzt die kleinen Äste herunterzuschießen. Als in Europa bekannt wurde, wer der Nachfolger von Kronprinz Rudolf werden sollte, und daß der neue Thronfolger ein begeisterter Jäger sei, veranstaltete man große Jagden, lud Franz Ferdinand ein und lernte ihn so persönlich kennen. Die Jagden waren gesellschaftliche Ereignisse, auf denen sich nicht selten auch die Familien trafen. Bald jedoch war man von der wahllosen Abknallerei Franz Ferdinands eher abgestoßen, obwohl das damals durchaus nicht unüblich war. Die Trophäenliste des Thronfolgers war bei weitem nicht die längste, verschiedene englische Adelige machten ihm den Rang als Schützenkönig streitig.

Sehr bald – in jungen Jahren – wurden die drei Söhne Karl Lud-

16 Oben: Franz Stephan und Maria Theresia im Garten von Schönbrunn;
Tuschzeichnung von Franz Walter
17 Unten: Joseph II. am Wochenbett seiner Frau Isabella von Parma;
Zeichnung von Erzherzogin Maria Christine

18 Links: Katharina Schratt.
Gemälde von Franz von Matsch

19 Rechts: Anna Nahowski.
Photographie

20 Franz Joseph und Elisabeth

21 Links: Kronprinzessin Stephanie.
Gemälde von Hans Makart

22 Rechts: Kronprinz Rudolf.
Photographie

23 Franz Ferdinand und Sophie
Chotek. Photographie

24 Kaiser Karl, Kaiserin Zita und Kronprinz Otto.
Gemälde eines unbekannten Malers

wigs, Franz Ferdinand, Otto und Ferdinand Karl, in das Militär aufgenommen. Franz Ferdinand nahm auch den Militärdienst genau, so wie er alles, was er in seinem Leben begann, mit großem Ernst zu vollenden suchte. Er war ganz anders veranlagt als seine Brüder. Otto, sein jüngerer Bruder, war ein Lebemann wie einer Operette entstiegen, ein »fescher Leutnant«, ein »Drahrer«. Es war kein Ernst in diesem jungen Mann, keine Anlage zur Verantwortung, und obwohl er schon sehr bald mit einer ungeliebten Frau verheiratet wurde und einige Kinder hatte – von denen eines später Kaiser werden sollte –, war er nicht imstande, das lustige Leben aufzugeben. Zahlreich sind die Geschichten über seine Eskapaden, und bei der Wiener Bevölkerung war er viel beliebter als sein eher schwerfälliger und unromantischer Bruder Franz Ferdinand.

Der jüngste Sohn in der Familie hätte seinen Rang und Namen dafür hergegeben, hätte man ihm angeboten, Intendant im Burgtheater zu werden. Er war ungewöhnlich künstlerisch interessiert, worauf aber weder sein Vater noch der Kaiser Rücksicht nahmen. Der junge Mann mußte, ob er wollte oder nicht, eine Generalstabsausbildung mitmachen. Hatte er sich hierein, wenn auch widerwillig, gefügt, so ließ er sich bei der Wahl seiner Ehefrau nichts mehr dreinreden: Er hatte sich in die Tochter eines Universitätsprofessors verliebt und wollte sie heiraten. Sowohl der Kaiser als merkwürdigerweise auch Franz Ferdinand, der damals schon mit Sophie Chotek verheiratet war, machten Ferdinand Karl die größten Schwierigkeiten. Als der Kaiser die Zustimmung zu dieser unstandesgemäßen Heirat absolut verweigerte, legte der Erzherzog alle seine Titel und Ämter nieder, verzichtete darauf, Angehöriger des Erzhauses zu sein und zog sich als einfacher Mann namens Ferdinand Burg in die Wiener Vorstadt zurück, nachdem er seine bürgerliche Frau geheiratet hatte.

Die Liebe spielte also im Leben der jüngeren Brüder Franz Ferdinands eine Hauptrolle, und es ist erstaunlich, daß der Thronfolger so lange im ganzen Land als Hagestolz bekannt war. Er war eine glänzende Partie, nicht nur, weil er als zukünftiger Kaiser der erste Mann in der riesigen Donaumonarchie, sondern auch deshalb, weil er persönlich sehr vermögend war, etwas eher Außergewöhnliches bei den von ständigen Geldsorgen bedrückten Habsburgern. Freilich hatte Franz Joseph seine Privatschatulle immer gefüllt, so daß er großzügige Geschenke machen konnte – und seine Privatangelegenheiten kosteten Geld –, aber jahrhundertelang war die Geldknappheit eine echte Krankheit des Erzhauses gewesen.

Franz Ferdinand hatte seinen Reichtum geerbt; nach dem Tod des Herzogs von Modena, Franz V., im Jahre 1875 waren ihm der Besitz und das Geld des Herzogtums Modena zugefallen. Das Herzogtum bestand zwar nur noch auf dem Papier, denn Franz war schon 1859 von dort vertrieben worden und bis zu seinem Tod nicht mehr zurückgekehrt; trotzdem hatte er nie die Hoffnung aufgegeben, daß ein Vertreter des Hauses Habsburg noch einmal Herrscher in Modena werden würde. Deshalb trug er sich mit dem Plan, sein Gebiet und sein Vermögen dem Cousin des Kronprinzen, Franz Ferdinand, zu vererben. Durch diese Erbschaft galt Franz Ferdinand als unglaublich reich, obwohl sein Besitz eher trügerisch war, denn er mußte den Hofstaat, den Franz von Österreich-Este gehabt hatte, aufrechterhalten und die Bediensteten bezahlen, was Unsummen verschlang. Aber trotz allem war sein Barvermögen größer als das aller anderen Habsburger Erzherzöge. Er war daher ein Mann, den sich so manche Mutter für ihre Tochter erträumte. Viele Heiratspläne wurden geschmiedet, die Auserwählten aber alle samt und sonders von Franz Ferdinand verworfen. Auch die Beziehungen zur nahen Wittelsbacher Verwandtschaft sollten durch ihn nicht vertieft werden. Selbst die Kaiserin, eine Wittelsbacherin, warnte Franz Ferdinand vor einer ehelichen Verbindung mit ihrem Stammhaus, sonst werde er häßliche Kinder haben. Eher dachte sie wohl an die psychischen Abnormitäten ihres Vetters Ludwig, der unter ungeklärten Umständen im Starnberger See umgekommen war, oder auch an Ludwigs Bruder Otto, der später in geistiger Umnachtung im Irrenhaus starb.

Natürlich lebte der junge Erzherzog in seiner Jugendzeit nicht wie ein Mönch, es gab kurze Affären mit Schauspielerinnen und Mädchen, die sich von gewissen Liebesdiensten an Aristokraten etwas erhofften. Aber bald machte eine böse Lungenerkrankung, die Franz Ferdinand wahrscheinlich von seiner Mutter geerbt hatte, diesen amourösen Abenteuern ein Ende. Der Erzherzog mußte für längere Zeit das Land verlassen. In Ägypten, aber vor allem in Meran fand er Ruhe und Erholung, er durfte sich nicht anstrengen und mußte viel liegen. Für den eher unruhigen jungen Mann stellten diese Monate eine schwere Prüfung dar, vor allem, weil er stets unter ärztlicher Obhut stand. Er konnte nicht jagen, wie er wollte, anstrengende Tätigkeiten waren ihm streng untersagt, und er führte das Leben eines Rekonvaleszenten, das ihm gar nicht behagte.

Auch am Kaiserhof und in der Stadt Wien war man sehr besorgt über den schlechten Gesundheitszustand des Thronfolgers. Würde der Tod den nächsten Anwärter auf den Kaiserthron vorzeitig hinwegraffen, wer sollte dann als nächster die Kaiserkrone tragen? Franz Joseph schien jeden Nachfolger zu überleben! Man machte sich schon mit dem Gedanken vertraut, daß nicht Franz Ferdinand Kaiser werden sollte, sondern sein charmanter, lebenslustiger Bruder Otto. Angeblich soll auch Franz Joseph selbst Otto mehr Sympathien entgegengebracht haben als Franz Ferdinand. Natürlich wußte der Kaiser über den Lebenswandel des Neffen Bescheid, ohne allerdings die einzelnen delikaten Details zu kennen. Aber Otto hatte eine liebenswürdige, verbindliche Art, man konnte ihm nicht böse sein. Franz Joseph wußte, daß er mit ihm wahrscheinlich leichter auskommen würde als mit seinem komplizierten Bruder Franz Ferdinand, der ganz bestimmte Vorstellungen vom Regieren und von den Kronländern hatte. Es hatte schon mehrmals Konflikte zwischen Kaiser und Thronfolger gegeben, vor allem in der ungarischen Frage. Das Verhalten des Erzherzogs konnte nur so gedeutet werden, daß er diesem Volk keine große Sympathien entgegenbrachte, obwohl seine eigene Tochter nach Jahrzehnten noch behauptet, ihr Vater habe niemals den Ungarn gegenüber Ressentiments gehegt. Als Beweis führt die heutige Gräfin Nostitz-Rieneck an, daß der Hauskaplan der Familie ein Ungar war und natürlich sowohl ihren Vater als auch ihre Mutter für dieses Volk eingenommen habe.

Zunächst aber sah es so aus, als würden sich Kaiser und Franz Ferdinand in der ungarischen Frage nicht näherkommen. Für den Thronfolger waren die Ungarn arrogant, fordernd und aufrührerisch. Sie hätten im Ausgleich des Jahres 1867 schon so viel bekommen, und das sei ihnen noch nicht genug! Im Vergleich zu den übrigen Kronländern waren sie durch die Sympathie, die Elisabeth ihnen aus persönlichen Gründen entgegenbrachte, bevorzugt worden, und nun wollten sie noch ihre eigene Sprache als Kommandosprache und andere Vorrechte. Franz Ferdinand erschienen diese Forderungen übertrieben, ihm schwebte eine Gleichstellung der übrigen Völker in der Monarchie vor, vor allem der Slawen.

Je älter der Kaiser wurde, um so weniger merkte er, wie brisant die politische Situation in seinem Reich wurde. Denn nicht nur außerhalb der Grenzen des eigentlichen Österreich rumorte es, auch in Wien kam es zu deutschnationalen Demonstrationen. Die Hinwendung zum deutschen Kaiserreich war deutlich sichtbar, aber Franz Joseph wollte von dem jungen Kaiser Wilhelm nichts wissen. Das Säbelrasseln, das Wilhelm bei jeder Gelegenheit hören ließ, war dem alten Kaiser verhaßt, er fühlte sich von dem großsprecherischen Wesen des Preußen abgestoßen, und nur äußerst widerwillig war er bereit, ab und zu Wilhelm auf der Durchreise durch Österreich zu empfangen. Anders Franz Ferdinand: Er hatte eine gute Beziehung zum deutschen Kaiser, außerdem war er in der Welt herumgekommen und wußte, wie man über Deutschland und die Donaumonarchie dachte. Beim Jagen kam man sich näher, und aus den anfänglichen Höflichkeitsbesuchen entwickelte sich eine echte Freundschaft, die aber dem alten Kaiser besonders suspekt war.

Alt und jung prallten aufeinander, zwei Epochen standen einander gegenüber, die sich wenig zu sagen hatten, weil sie beide von zeitbedingten Ideen getragen waren. Auch charakterlich waren sie, wenn auch beide gewissenhaft und arbeitsam, zu verschieden. Aber noch lebte und regierte Franz Joseph.

Anders als Kronprinz Rudolf suchte sich Franz Ferdinand Aufgaben, die ihn nicht zu einer bloßen Marionette des Kaisers werden ließen. So nahm er an Manövern teil, und als ausgebildeter Soldat verstand er auch etwas von der Sache. Er vertrat den Kaiser im Ausland, denn Franz Joseph hatte es schon als junger Mann nicht geliebt, weite Reisen zu unternehmen. Natürlich hatte sich seine Abneigung gegen Auslandsaufenthalte mit zunehmendem Alter noch verstärkt, und er war froh, daß Franz Ferdinand gerne fuhr.

Franz Ferdinand hatte die Dreißig schon überschritten und war noch immer unvermählt. So sehr sich auch die einzelnen Adelsfamilien bemühten, so sehr verstand er es, sich von allen bindenden und verpflichtenden Einladungen fernzuhalten. Nur Erzherzogin Isabella schien mit ihren Heiratsplänen nicht auf Ablehnung zu stoßen. So oft sie Franz Ferdinand einlud, er stimmte immer gerne zu, zu kommen.

Die Familie des Erzherzogs Friedrich, eines Enkels des Siegers von Aspern, lebte auf einem Schloß in Preßburg. Schon bald hatte die energische Gemahlin des Erzherzogs begonnen, geeignete Männer für ihre vielen Töchter zu suchen. Natürlich konnte sie an der besten Partie, die sich überhaupt denken ließ, nicht vorbeigehen. Besonders beglückt war Isabella, als Franz Ferdinand auch an der ältesten Tochter Interesse zeigte. Man unternahm gemeinsame Landpartien, tanzte, lachte und spielte Tennis. Und immer war die Hofdame der Erzherzogin mit von der Partie, eine große, schlanke, nicht mehr ganz junge Frau: Sophie Chotek. Die Erzherzogin konnte nicht im Traum annehmen, daß der Besuch des österreichischen Thronfolgers nicht einer ihrer Töchter galt, sondern jener böhmischen Gräfin, die als Hausdame an ihrem Hof weilte.

Wann Franz Ferdinand Sophie zum erstenmal gesehen hat, ist nicht sicher bekannt. Wahrscheinlich fand diese Begegnung auf einem Ball in Prag statt. Nach Aussagen eines der Lehrer Franz Ferdinands, der die Gräfin Chotek ebenfalls auf einem Prager Ball gesehen hatte, war Sophie keine gewöhnliche Schönheit, ihr Wesen war mehr durch Geist und Energie geprägt als durch Anmut. Außerdem war sie für den Zeitgeschmack zu dünn, die Herren der Gesellschaft schwärmten mehr für die Molligen, neben denen sie wie eine Hopfenstange wirkte, allein schon durch ihre auffallende Größe. In ihrem Gesicht war nichts, was einen Mann hätte faszinieren können, außer ihre wunderschönen Augen, und die überstrahlten alles.

Die Familie Chotek, einem österreichischen Erzherzog aus dem uralten Haus der Habsburger nicht ebenbürtig, zählte dennoch zu den ältesten und angesehensten böhmischen Adelsgeschlechtern, die auf einen traditionsreichen Stammbaum zurückblicken konnten. Aber die Gesetze der Hierarchie mußten im Kaiserhaus eingehalten werden, es war unmaßgeblich, wie alt und verdient die Familie war, sie mußte nur in der Rangordnung der Mächtigen den richtigen

Platz einnehmen. Und die Choteks waren an der falschen Stelle gereiht, wenn es darum ging, in die Kaiserfamilie einzuheiraten.

Die Liebesgeschichte zwischen Franz Ferdinand und Sophie Chotek entwickelte sich in aller Stille, niemand ahnte etwas. Beide verstanden es meisterhaft, ihren Begegnungen einen völlig anderen Vorwand zu verleihen. Inwieweit Sophies Familie eingeweiht war, ist nicht bekannt. Die Gräfin hatte viele Geschwister, bei denen sie öfter zu Gast war und wo auch der Erzherzog verkehrte. Geldmangel bedrückte die Familie lange Zeit hindurch, und nach Aussagen einiger nicht besonders freundlicher Zeitgenossen blieb den sieben Töchtern nichts anders übrig, als reich zu heiraten oder als Stiftsfräulein in ein Kloster zu gehen.

Aber Sophie Chotek hatte ganz andere Pläne, seit sie wußte, daß Franz Ferdinand sie liebte. Alles, was er tat oder schrieb, ließ sie fester in dem Glauben werden, daß er alles daran setzen würde, sie zu heiraten. Sie war eine intelligente Frau, die den geradlinigen Charakter von Franz Ferdinand sehr bald durchschaut hatte. Er würde nicht locker lassen, wenn es darum ging, ein Ziel, das er sich gesteckt hatte, zu erreichen; und dieses Ziel war sie.

Es vergingen oft Monate, bis sich die beiden sehen konnten, dazwischen wurde aber eine eifrige Korrespondenz geführt, von der nur einige Eingeweihte wußten. Natürlich fiel es in Meran auf, wo der Erzherzog lange Zeit bleiben mußte, um seine angegriffene Lunge auszukurieren, daß Franz Ferdinand immer von einer einzigen Person lange Briefe erhielt, die er sehnsüchtig erwartet hatte.

Weil um die Post so viel Geheimnistuerei war, vermutete der Obersthofmeister zu Recht, daß es sich um eine nicht standesgemäße Liebesaffäre handeln müsse. Graf Wurmbrand äußerte sich dementsprechend Dr. Eisenmenger gegenüber, der Franz Ferdinand als Arzt behandelte, und meinte, er werde der Person, die dem Erzherzog diese Briefe schreibe, schon das Handwerk legen. Daß aber Franz Ferdinand ebenso leidenschaftlich und verliebt zurückschrieb, das konnte der Graf nicht ahnen.

So sprechen seine Karten, die er in den Jahren von 1894 bis 1899 an Sophie schrieb, eine beredte Sprache. Aus Meran sandte er einen Gruß auf einer buntbemalten Karte mit folgenden Worten »Gruß aus Meran«, dazu hatte Franz Ferdinand dann geschrieben:

»Meran bei Nacht –
mir hat halt dazu von der Sopherl geträumt.«
Eine andere Karte aus Südtirol:
»Obermais (Meran)
Dort wohnt Ihr alter Franz und lauert auf dem Postamt auf
Briefe von der kleinen Sopherl!«
Am 13. Jänner schrieb Franz Ferdinand:
»Verehrteste Gräfin Sophie.
Wie Sie wissen, bin ich in Meran und fahre nachher nach Wien, da
mich wichtige Herzensgeschäfte in die Capitale rufen.
Mit größter Hochachtung
ergebenst
Franz.«
Überschwenglich wirken folgende Grüße:
»Tausend Millionen Grüße sendet (aus Meran)
Ihr täglich in Gedanken
Franzi.«
Eine andere Karte aus Meran:
»Gruß aus Meran
an meine liebe gute Sopherl
von ihrem alten verbannten
Franzi.«
Jahrelang blieb die Beziehung geheim; als aber durch eine Indis-
kretion der Erzherzogin Isabella die Affäre bekannt wurde, konnte Franz Ferdinand nichts anderes mehr tun, als sich hinter Sophie
zu stellen und sie als seine Braut zu bezeichnen. Alles hatte so
harmlos begonnen: Franz Ferdinand war wieder einmal einer Einladung auf das Schloß in Preßburg gefolgt, um dort im Kreise der
jungen Damen ein Wochenende zu verbringen. Obzwar der
Thronfolger immer noch auf seine Gesundheit achten mußte, war
ihm das Tennisspielen von seinen Ärzten erlaubt worden. Es war
zu dieser Zeit, man schrieb das Jahr 1899, eine der wenigen Sport-
arten, die den Damen der höheren Gesellschaft gestattet war, freilich züchtig im langen Kleid und mit Hut. Und die Töchter Erzherzog Friedrichs liebten Tennis ganz besonders, das für sie mehr
ein geselliges Spiel als ein echter Sport war. Auch Franz Ferdinand
war sehr ambitioniert, und man spielte, so oft man nur konnte, ein

gemischtes Doppel. Auch Sophie Chotek war dabei. Der Erzherzog legte seine aufklappbare Taschenuhr ab und vergaß sie in der Hitze des Gefechts; sie wurde von einem Bedienten gefunden und der Erzherzogin Isabella gebracht. Was nun folgte, könnte aus einem Boulevardtheaterstück stammen: Isabella war auf das Foto neugierig, das sie unter dem aufklappbaren Deckel der Uhr vermutete, wie es bei den Herren der Gesellschaft üblich war. Sie klappte die Uhr auf, und da blickte ihr nicht, wie erwartet, ihre älteste Tochter, sondern die Hofdame Sophie Chotek entgegen.

Die Überraschung und Enttäuschung der Erzherzogin muß grenzenlos gewesen sein. Aber sie war auch wütend, empört über Sophie und entrüstet über Franz Ferdinand. Nun erkannte sie die Zusammenhänge, warum er so oft in Preßburg zu Gast gewesen war, sie fühlte sich und ihre Familie hintergangen und ausgenützt, belogen und betrogen. Sie stellte Sophie, in der sie die Verführerin sah, sofort zur Rede. Wie auch immer die Haltung Isabellas gewesen sein mag – die einzige Tochter von Franz Ferdinand und Sophie, Gräfin Nostitz-Rieneck, glaubt sich an Erzählungen ihrer Eltern erinnern zu können, daß die Erzherzogin sich angeblich Sophie gegenüber korrekt verhalten habe –, fest stand, daß die Gräfin Chotek sofort das Haus zu verlassen hatte. Franz Ferdinand stellte sich hinter die Gräfin, wie es sich für einen Mann gehörte, dessen Braut beleidigt worden war.

In Windeseile verbreitete sich das Gerücht von der Liebesaffäre zwischen dem österreichischen Thronfolger und der kleinen böhmischen Gräfin, und es dauerte nicht lange, da wußte man auch am Hof von Wien Bescheid. Zunächst wollte man diesen Redereien keinen Glauben schenken und vermutete eher eine Liaison, wie sie so oft in hohen und höchsten Kreisen vorkam. Auch dem Kaiser kam zu Ohren, was über seinen Neffen gesprochen wurde, und er befahl Franz Ferdinand zur Audienz. Was Franz Joseph hier zu hören bekam, konnte er zunächst nicht glauben. Sein Neffe erklärte ihm in aller Deutlichkeit, die keinen Widerspruch zuließ, daß er Sophie Chotek schon seit langem liebe und daß er sie und keine andere zu seiner Frau machen werde. Sollte ihm dies nicht gestattet werden, so werde er niemals eine andere heiraten, sondern unvermählt bleiben.

Der Kaiser kannte seinen Neffen und wußte, daß seine Worte überlegt waren und daß Franz Ferdinand nicht von seinem Vorsatz abweichen würde. Für den Kaiser aber galt es, die Prinzipien der ältesten Monarchie Europas zu retten. Der Staat, das Kaisertum gerieten in Gefahr, wenn eine einfache böhmische Gräfin den habsburgischen Thronfolger heiratete und damit selbst zur Kaiserin aufsteigen konnte. Franz Joseph war durch die Einsamkeit, die den Mächtigen so lange umgeben hatte, schon so weit von der Realität, von den Belangen der Gegenwart und dem Blick in die Zukunft entfernt, daß es ihm persönlich unmöglich war, seine erstarrten Denkmuster aufzugeben und den Tatsachen ins Auge zu schauen. Hier standen sich zwei Welten gegenüber, zwei Welten, zwischen denen es keine Brücken gab.

Es dauerte lange, bis man einen Kompromiß gefunden hatte, eine Lösung, die keinen befriedigen konnte und von vornherein zu Mißstimmungen führen mußte. Zunächst aber wurde von allen Seiten versucht, sowohl Franz Ferdinand als auch Sophie zum Verzicht auf eine eheliche Verbindung zu überreden. Als man aber erkannte, daß sie nicht von ihrem Plan abweichen würden, schaltete man auch die Kirche ein. Der ehemalige Religionslehrer Franz Ferdinands, Godfried Marschall, versuchte seinen einstigen Schüler davon zu überzeugen, daß die Aufgaben des Staates persönlichen Interessen voranstehen müßten. Für Franz Ferdinand gab es aber kein Entweder – Oder. Er wollte Kaiser werden und Sophie heiraten. Als der Prälat bei Franz Ferdinand auf taube Ohren stieß, versuchte er die Schwestern des Thronfolgers zu überreden, ihren Einfluß auf den Bruder geltend zu machen. Als auch dieser Plan mißlang, wandte er sich direkt an Sophie und führte ihr alle Kirchenstrafen vor Augen, wenn sie aus selbstsüchtigen Gründen den Thronfolger von seiner Pflicht dem Staat gegenüber abhalte. Auch diese Drohungen verfehlten ihr Ziel, so daß Marschall seine Taktik ändern mußte: Er bot Sophie die Möglichkeit an, Stiftsdame oder gar Äbtissin in einem Kloster zu werden, um so den Segen des Himmels für Franz Ferdinand erflehen zu können. Aber Sophie war eine junge Frau aus Fleisch und Blut, der die in Aussicht gestellten himmlischen Freuden noch zu früh kamen; sie wollte den

Thronfolger und sonst nichts. Mit aller Deutlichkeit machte sie dies auch dem Prälaten klar, so daß er unverrichteter Dinge resignieren mußte.

Eine Nachwirkung hatte seine Intervention allerdings: Godfried Marschall hatte gehofft, Erzbischof von Wien zu werden, wenn Franz Ferdinand seinen Einfluß geltend machte. Aber der Thronfolger vergaß nicht, daß der Prälat versucht hatte, seine Heirat zu verhindern und wußte die Pläne des Priesters zu unterbinden.

Als man endlich erkannt hatte, daß nichts auf der Welt die beiden auseinanderbringen konnte, begannen von allen Seiten die Bitten an Franz Joseph, doch den Wünschen Franz Ferdinands nachzugeben. Vor allem die Stiefmutter des Thronfolgers, Maria Theresia, die der Kaiser sehr schätzte, bat den Monarchen flehentlich, dem Glück ihres Ziehsohnes nicht im Wege zu stehen. Und allmählich schien der Kaiser seine Ablehnung aufzugeben und auch nach einer Lösung zu suchen. Dazu kam, daß Franz Ferdinand an den Kaiser einen Brief geschrieben hatte, der den alten Mann nicht gleichgültig lassen konnte. Darin hieß es:

»... Ich kann abermals nur erwähnen, daß der Wunsch, die Gräfin zu heiraten, nicht die Frucht einer Laune ist, sondern der Ausfluß der tiefsten Zuneigung, jahrelanger Prüfungen und Leiden ... Die Ehe mit der Gräfin ist aber das Mittel, mich für die ganze Zeit meines Lebens zu dem zu stempeln, was ich sein will und soll: zu einem berufstreuen Mann und zu einem glücklichen Menschen. Ohne diese Ehe werde ich ein qualvolles Dasein führen, welches ich ja jetzt schon durchmache und das mich vorzeitig aufzehren muß ... Und eine andere Heirat kann und werde ich nie mehr eingehen, denn es widerstrebt mir und ich vermag es nicht, mich ohne Liebe mit einer anderen zu verbinden und sie und mich unglücklich zu machen, während mein Herz der Gräfin gehört und für ewig gehören muß ...«

Die ganze Qual der Unsicherheit, der Wartezeit, des Überlegens, des Bangens um die Zukunft spricht aus diesem Brief. Sie hatten es sich nicht leicht gemacht, Franz Ferdinand und Sophie, sie wußten, welchen Schwierigkeiten sie begegnen würden und hatten versucht, Mittel und Wege zu finden, um zu ihrem Glück zu kommen.

Es ist anzunehmen, daß Franz Joseph in der verzweifelten Situation, in der er sich befand, nicht den Thronfolger opfern wollte: wer sollte Kaiser werden, wenn nicht Franz Ferdinand! Sein Bruder Karl Ludwig war gestorben, die beiden anderen Brüder hatten keine Nachkommen, Erzherzog Otto, der »schöne«, aber liederliche Erzherzog kam als Nachfolger auf keinen Fall mehr in Frage, es gab niemanden, der die Nachfolge antreten konnte außer diesem Neffen, der nun in eine so unmögliche Liebesaffäre verstrickt war.

Eine Lösung mußte gefunden werden. Und man kannte sie: Eine morganatische Ehe, wie sie zustande kam, wenn ein Habsburger eine nicht standesgemäße Frau wählte. In der Geschichte gab es ja schon einige Beispiele. Warum sollte also hier nicht auch diese Eheform in Frage kommen?

Franz Ferdinand wurde die Erlaubnis erteilt, Sophie zu heiraten, er mußte aber für seine Frau auf alle Rechte und Titel verzichten, die sonst einer Gemahlin des Thronfolgers zugestanden hätten. Sophie konnte nie Kaiserin werden, und die Kinder aus dieser Ehe sollten nicht erbberechtigt sein und nicht einmal den Namen Habsburg tragen. Die Stellung Sophies war geringer als die der jüngsten Erzherzogin. Ein harter Vorschlag, ein schlechter Kompromiß, der unweigerlich Spannungen und Feindschaften innerhalb der Familie zur Folge haben mußte.

Aber Franz Ferdinand blieb nichts anderes übrig, als einzuwilligen. Was im Inneren des Thronfolgers vor sich gegangen sein mag, weiß niemand, als er sich in der Hofburg einfand, um vor einem großem Gremium am 28. Juni 1900 vor dem Kaiser den Renuntiationseid zu leisten.

Mit finsterer Miene unterzeichnete der Thronfolger das Dokument, das folgenden Wortlaut hatte:

»Wir, Erzherzog Franz Ferdinand Karl Ludwig Josef Maria von Österreich d'Este etc., erklären es als Unseren festen und wohlerwogenen Entschluß, Uns mit der hochgeborenen Gräfin Sophia Maria Josephina Albina Chotek von Chotkowa und Wognin, Dame des hochadeligen Sternkreuzordens und Tochter des verstorbenen Geheimen Rates, Kämmerers und Oberststabelmeisters Seiner kaiserlich und königlichen Apostolischen Majestät Bohuslaw Grafen Chotek von Chotkowa und Wognin und dessen gleichfalls in Gott ruhender Gemahlin Gräfin Wilhelmine, geborenen Gräfin Kinsky von Wchinitz und Tettau, Sternkreuzordens- und Palastdame, ehelich zu verbinden.

Zu dieser ehelichen Verbindung haben Wir in Beobachtung der seit altersher in dem durchlauchtigsten Erzhause bestehenden Observanz und der Bestimmungen der Uns bindenden Hausgesetze die Einwilligung Seiner kaiserlich und königlich Apostolischen Majestät, des glorreich regierenden Kaisers und Königs Franz Josef I., Unseres erhabenen Oheims, als des durchlauchtigsten obersten Hauptes des gesamten Erzhauses, erbeten und eingeholt und hat Se. Majestät geruht, Uns dieselbe als einen neuen Beweis Allerhöchst Ihrer Gnade und wohlwollenden Gesinnungen huldreich zu erteilen.

Bevor Wir aber zur Schließung des ehelichen Bundes schreiten, fühlen Wir Uns veranlaßt, unter Berufung auf die oberwähnten Hausgesetze des durchlauchtigsten Erzhauses, deren Bestimmungen Wir noch ganz besonders im Hinblick auf die gegenwärtige, von uns einzugehende Ehe vollinhaltlich anerkennen und als bindend erklären, festzustellen, daß Unsere Ehe mit Gräfin Sophie Chotek nicht eine ebenbürtige, sondern eine morganatische Ehe ist und als solche für jetzt und für alle Zeiten anzusehen ist, dem zufolge weder Unsrer Frau Gemahlin noch den mit Gottes Segen aus dieser Unserer Ehe zu erhoffenden Kindern und deren Nachkommen jene Rechte, Ehren, Titel, Wappen, Vorzüge etc. zustehen und von denselben beansprucht werden können und sollen, die den ebenbürtigen Gemahlinnen und den aus ebenbürtiger Ehe stammenden Nachkommen der Herren Erzherzoge zukommen.

Insbesondere erklären Wir aber noch ausdrücklich, daß Unsern aus obenerwähnter Ehe stammenden Kindern und deren Nachkommen, nachdem dieselben nicht Mitglieder des Allerhöchsten Erzhauses sind, ein Recht auf die Thronfolge in den im Reichsrate vertretenen Königreichen und Ländern und somit auch im Sinne der Gesetzartikel 1723, I und II, in den Ländern der ungarischen Krone nicht zusteht und Selbe von der Thronfolge ausgeschlossen sind.

Wir verpflichten Uns mit Unserem Worte, daß Wir die gegenwärtige Erklärung, deren Bedeutung und Tragweite Wir Uns wohl bewußt sind, als für alle Zeiten, sowohl für Uns wie für Unsre Frau Gemahlin und Unsre aus dieser Ehe stammenden Kinder und deren Nachkommen bindend anerkennen und daß Wir niemals versuchen werden, diese Unsre gegenwärtige Erklärung zu widerrufen oder etwas zu unternehmen, was darauf hinzielen sollte, die bindende Kraft derselben zu schwächen oder aufzuheben.

Zur Bestätigung gegenwärtiger, in zwei Exemplaren auszustellender Erklärung haben Wir diese Urkunde eigenhändig gefertigt und mit Unserm erzherzoglichen Insiegel versehen lassen.

Gegeben zu Wien, am 28. Juni 1900.«

Für Franz Ferdinands eher aufbrausenden, unberechenbaren Charakter muß es eine unmenschliche Überwindung bedeutet haben, ruhig zu bleiben und die Form zu wahren. Verzichtete er durch seine Erklärung nicht nur auf alle Ehren für seine geliebte Frau, nahm er auch noch zusätzlich seinen zukünftigen Kindern alle Möglichkeiten und Chancen, jemals eine maßgebliche Rolle in der Monarchie zu spielen. Der 28. Juni war im Leben von Franz Ferdinand ein »dies ater«, aber trotzdem ein Tag des Glücks, denn jetzt endlich stand der langersehnten Hochzeit nichts mehr im Wege.

Schon wenige Tage nach Franz Ferdinands Verzicht fand die Hochzeit in Reichstadt in Nordböhmen statt. Man hatte ein Schloß der Familie des Bräutigams gewählt und nicht wie sonst üblich einen Ort, an dem die Braut zu Hause war. Die Vorbereitungen für das große Fest hatten schon im Mai begonnen, als es sich abzeichnete, daß der Kaiser seinen Widerstand aufgeben würde. Die Hochzeit wurde zu einem reinen Familienfest, ohne große Zeremonien und starre Etikette, denn weder der Kaiser noch Ferdinands erzherzogliche Brüder waren der Einladung nach Böhmen gefolgt. Unaufschiebbare Verpflichtungen hinderten sie daran, dem Bruder die Ehre zu erweisen. Nur die beiden Schwestern des Bräutigams und seine Stiefmutter Maria Theresia, der das Schloß gehörte, gingen im Hochzeitszug als Angehörige der Hocharistokratie. Für Franz Ferdinand mochte es unwichtig sein, daß die Repräsentanten des Staates nicht erschienen waren: Die beiden wichtigsten Frauen in seinem Leben hatte er um sich, seine geliebte Sophie und den guten Geist, der ständig nur das Beste für den Ziehsohn gewollt hatte, Maria Theresia. Obwohl Sophie nicht mehr ganz jung war – 32 Jahre galten in der damaligen Zeit eher schon als ein Vorstadium zur »alten Jungfer« –, war sie eine entzückende Braut, in einem weißen Kleid aus Seide mit einer meterlangen Schleppe und einem bis zum Boden fallenden weißen Schleier. Die Symbole der Unschuld, Myrten und Orangenblüten, fehlten nicht und zeigten, daß die langjährige Freundschaft und Liebe beide nicht verleitet hatte, in aller Heimlichkeit zusammenzuleben. Ein Diamantendiadem schmückte das schöne Haar der Braut und wirkte wie eine Krone. Franz Ferdinand war in Generaluniform erschienen und zeigte dadurch die Verbindung zum Kaiserhaus. Auch er machte einen glücklichen Eindruck; die Schmach, die er vor einer Woche vor aller Augen erlitten hatte, schien vergessen. Der Dekan, der die Trauung vorgenommen hatte, wandte sich, nachdem die Ringe gewechselt waren, an die Brautleute und sagte: »Mögen diese Eheringe auch für alle Zeit Zeugen Eures ungetrübten ehelichen Glücks sein. Das ist der brennende Wunsch von Millionen von Herzen, und besonders derjenigen, welche Euch jetzt näherstehen ... «

Obwohl der Kaiser bei den Hochzeitsfeierlichkeiten nicht anwesend war, gratulierte er auf seine Weise: Er hatte der Braut ein kostbares Diadem geschickt und zugleich, und das war ein noch größeres Geschenk, ein Telegramm gesandt, in dem er Sophie Chotek »in den erblichen fürstlichen Rang mit dem Namen Hohenberg und den Titel Fürstliche Gnaden« erhob. Damit war aus der einfachen böhmischen Gräfin zumindest eine Fürstin geworden, was aber in der Hierarchie des Wiener Hofes nicht besonders viel Bedeutung hatte. Denn bei offiziellen Anlässen, bei Feierlichkeiten, mußte die Gemahlin des Thronfolgers hinter der letzten jungen Erzherzogin gehen, sie war nicht befugt, in der kaiserlichen Loge in der Oper neben ihrem Mann zu sitzen, selbst in kleinen Theatern hatten die Eheleute getrennte Plätze. Inwieweit diese Schmach – und sowohl Erzherzog Franz Ferdinand als auch in besonderer Weise Sophie empfanden die Zurücksetzung als solche – auf die Anordnungen des alten Kaisers zurückging, bleibt dahingestellt. Sicherlich achtete Franz Joseph auf die Einhaltung des Hofzeremoniells, aber er war wahrscheinlich zu alt, als daß er sich um diese »weltlichen« Dinge persönlich gekümmert hätte. Aber er hatte einen Mann zur Seite, der nirgends beliebt war und trotz allem eine fast unumschränkte Macht ausübte, wenn es darum ging, die Stellung anderer Leute, die dem Kaiser in irgendeiner Weise nahestanden, genau zu fixieren: Fürst Montenuovo, der Sohn Marie Louises und des Grafen Neipperg, den die Tochter Franz' I. nach ihrer kurzen Ehe mit Napoleon geheiratet hatte, hatte alle Fäden fest in der Hand und bestimmte jede kleinste Anordnung des Protokolls. Er war ein knöcherner Mensch, ohne die geringste Gefühlsregung, ohne Einfühlungsvermögen und letztlich auch ohne diplomatisches Geschick. Denn die Demütigungen und Beleidigungen, denen sich Sophie ständig ausgesetzt sah, mußten über kurz oder lang zu einer Auseinandersetzung zwischen dem Fürsten und dem Thronfolger führen. Franz Ferdinand hatte eine unbeherrschte Natur, und seine Wutausbrüche waren gefürchtet. Wie er sich bei allen möglichen Anlässen zusammennehmen konnte und seinen Zorn nicht zeigte, wenn er merkte, daß man seine Frau verletzte, erscheint beinahe rätselhaft. Vielleicht hatte er andere Pläne, vielleicht wartete er auf die Stunde der Rache, wenn er einmal den Thron bestiegen hatte.

Wie würde sich Franz Ferdinand wohl verhalten, wenn er an die Macht kam? Das fragten sich viele. Ob er den Eid, den er letztlich unter Druck geschworen hatte, einhielt – oder ob er beim Papst um eine Dispens ansuchen würde? Als strengem und bekennendem Katholiken mußte ihm der Verzicht heilig sein, als Herrscher und Vater aber konnte er durchaus anders denken. Gab es doch in der Geschichte immer wieder Beispiele, wo ein unter bestimmten Voraussetzungen geleisteter Eid als aufhebbar gegolten hatte. Dies war die Chance für Franz Ferdinand und Sophie: Wenn der Papst den Renuntiationseid nicht für bindend erklärte, konnten die Kinder die Nachfolge des Vaters antreten und mehr noch: Sophie konnte zur Kaiserin gekrönt werden. Ein Ziel, das ihr, die von Natur aus ehrgeizig war, sicher vor Augen schwebte.

Das junge Paar verlebte die erste Zeit in Konopischt, einem Schloß in Böhmen, das dem Erzherzog gehörte. Es waren glückliche Wochen, die beide hier allein verbrachten, fernab von allen Intrigen und Sorgen. Ein Brief Franz Ferdinands an seine Stiefmut-

ter Maria Theresia drückt aus, wie froh der Thronfolger war, endlich seine Sophie ganz für sich haben zu können. Er schrieb:
»Liebste Mama!

Endlich bißl in Ruhe gekommen nach Beantwortung zahlloser Telegramme – Briefe – nach Einrichtung unserer Wohnung und Auspackung aller Sachen von Sophie, ist es mir Erstes Dir einige Zeilen zu schreiben und Dir in meinem und Sophies Namen, auch noch schriftlich von ganzem Herzen zu danken, für all die unbeschreibliche Güte und Liebe, die Du uns in Reichstadt bewiesen hast: Wir sind Dir bis an unser Lebens-Ende dankbar für Alles was Du für uns gethan hast, für die zahllosen Beweise Deines goldenen mütterlichen Herzens.

Wir Beide sind unsagbar glücklich: dieses Glück verdanken wir in erster Linie Dir! Wo wären wir heute, wenn Du Dich nicht in so edler rührender Weise unserer angenommen hättest! Wir sprechen auch unausgesetzt von Dir und unsere Dankbarkeit kennt keine Grenzen.

Wir können Dir nichts bieten, als die Versicherung, daß Du so ein gutes Werk gemacht hast und daß Du Deine zwei Kinder für ihr ganzes Leben glücklich gemacht hast.

Sophie wollte Dir auch schreiben, doch fand sie es unbescheiden Dich mit einem Schreiben zu behelligen, und so übernehme ich es auch ihren gebührenden Dank und Handkuß zu vermelden.

Sophie liest diesen Brief nicht, da sie gerade Bettelbriefe ordnet. Also kann ich Dir sagen, liebste Mama, unter vier Augen, daß Soph ein Schatz ist, daß ich unsagbar glücklich bin! Sie sorgt so für mich, mir geht es famos, ich bin gesund und viel weniger nervös. Ich fühle mich wie neugeboren. Sie schwärmt von Dir und redet nur von Deiner Güte und Liebe. Ich habe vollkommen in meinem Inneren das Gefühl, daß wir beide bis zu unserem Lebensende unbeschreiblich glücklich sein werden.

Gute liebe Mama, Du hast das Richtige getroffen, daß Du mir geholfen hast! Der liebe Gott zu dem ich täglich zweimal in der Capelle mit Soph bete, lohne Dir, gute Mama, Alles was Du für uns gethan.

Ich umarme Dich und die Schwestern, küsse Dir die Hände und bin ewig
Dein dankbarster, Dich innigst liebender Sohn Franzi.«

Sophie war tatsächlich die richtige Frau für den Thronfolger, dessen Charakter viele Züge aufwies, die ihn breiten Bevölkerungsschichten nicht gerade sympathisch machten. Obwohl er in einer Gesellschaft, die ihm zusagte, charmant und liebenswürdig sein konnte, zeigte er sich anderen Gesprächspartnern eher abweisend und schroff. Vielleicht war daran seine Grundeinstellung zum Leben und zu den Menschen schuld: Er war mißtrauisch und sah in jedem Unbekannten zunächst einmal einen schlechten Kerl. Aber Sophie wußte ihn zu behandeln, sie erkannte seine Wünsche und seine Vorliebe für ein gemütliches Familienleben, pflegte seine Liebe zur Natur und zum Garten – Franz Ferdinand war ein begeisterter Rosenzüchter –, und ging mit ihm, wenn es möglich war, auf die Jagd. Sie verstand ihn und paßte sich ihm an, ohne ihre eigenen Charaktereigenschaften aufzugeben, und sie fand das richtige Maß zwischen Geben und Nehmen.

Franz Ferdinand war in seinem Charakter das, was man einen »Herrenmenschen« nennen könnte. Er vertrug keinen Widerspruch und natürlich auch keinen Widerstand. Wenn jemand eine andere Meinung als er hatte, bedurfte es für den Kontrahenten eines erheblichen Fingerspitzengefühls, wenn es galt, den Thronfolger zu überzeugen. Es dauerte oft lange und war äußerst mühsam, doch endlich die Zustimmung Franz Ferdinands zu erlangen. Man wußte nie und konnte nicht vorhersagen, wie eine Unterredung mit ihm ausgehen würde; manchmal zeigte er sich äußerst liebenswürdig, um im nächsten Augenblick einer seiner berüchtigten Zornesausbrüche zu bekommen. Dazu zeigte er noch eine übertriebene Verschlossenheit, die aber genauso plötzlich in Leutseligkeit umschlagen konnte, wenn ihm danach zumute war. Das unterschied ihn grundlegend vom alten Kaiser, der zwar als Vaterfigur der Monarchie anerkannt wurde, aber so gar nichts Väterliches an sich hatte, da er bei seinen Audienzen, die er seinen Untertanen gab, immer nur ganz bestimmte Floskeln benützte, die letztlich nichts aussagten und leere Worte waren. Franz Ferdinand dagegen konnte sich mit allen Teilen der Bevölkerung gut unterhalten, es herrschte nicht die strenge Konvention, die Leute konnten vorbringen, was sie sagen wollten, und Franz Ferdinand hörte ihnen auch zu. Nach Aussagen engster Vertrauter waren ihm Einfachheit und Natürlichkeit zu eigen. Graf Stürgkh schreibt über ihn:

»… Pose, Effekthascherei kannte er nicht … Den Eindruck, daß man es mit einer den Durchschnitt weit überragenden fürstlichen Persönlichkeit, mit einem Manne ausgeprägter Individualität zu tun habe, konnte man sich im Verkehr mit ihm nicht entziehen. Er wirkte ganz anders als der Kaiser, aber nicht weniger stark. Stellte jener in seiner unnachahmlichen Vornehmheit der Erscheinung und abgemessenen Reserviertheit die verkörperte Majestät dar, vor der man sich in Ehrfurcht beugte, so trat einem Erzherzog Franz Ferdinand durch sein lebhaftes offenes Wesen, die schlichte und einfache Art sich zu geben, menschlich viel näher. Er ging mehr aus sich heraus, war sehr redegewandt, und man konnte daher mit ihm ein Gespräch führen, während Audienzen beim Kaiser doch im allgemeinen den Charakter des militärischen Rapports trugen.«

Und doch: Trotz aller positiven Urteile war er bei der Bevölkerung unpopulär. Er war das ganze Gegenteil des toten Kronprinzen, dem man in Wien außerordentlich große Sympathien entgegengebracht hatte. Wahrscheinlich war der Thronfolger auch viel zu lange und oft abwesend, und man konnte daher keine direkte Beziehung zu ihm entwickeln.

Auch in der Hofburg und in Schönbrunn sah man besorgt in das Schloß Belvedere, wo der Thronfolger seinen Sitz hatte. Die Ungarn warfen Franz Ferdinand vor, daß er die Slawen bevorzuge, die Slawen aber, die aus der Donaumonarchie ausbrechen wollten, um mit ihren slawischen Brüdern auf dem Balkan vereint zu werden, sahen darin einen gefährlichen Hemmschuh für ihre Bestrebungen. So konnten sie Franz Ferdinand auch nicht lieben. Man hielt ihn für einen reaktionären und daher gefährlichen Mann, der allen Neuerungen im Wege sein würde, obwohl er sich persönlich für den Fortschritt, zumindest was die Technik betraf, interessierte. Aber der politische Weitblick schien bei ihm durch seine starren Vorstellungen eingeengt. Man fürchtete allseits den massiven Einfluß der Kirche, da Franz Ferdinand ebenso wie seine Gemahlin streng religiös war.

Wie sehr sich der Erzherzog um das Urteil seiner Umwelt kümmerte, bleibe dahingestellt. Er zeigte bei keiner Gelegenheit diplomatische Schachzüge, die ihm die Gunst der Bevölkerung hätten einbringen können. Am Urteil der anderen schien ihm nicht viel gelegen, einzig und allein daran, was seine geliebte Frau von ihm dachte. Daß die Ehe äußerst glücklich war, zeigen viele Briefe und Karten, die Franz Ferdinand von überall her an seine Frau und die Kinder schickte. Die Familie war für ihn der Mittelpunkt seines Lebens, nur wenn es unbedingt nötig war, verließ er sein gemütliches Heim und nahm an offiziellen Veranstaltungen teil, bei denen seine Frau entweder überhaupt nicht geladen worden war oder bloß als eine unter vielen auftreten konnte.

Das erste Kind Franz Ferdinands und Sophies war ein Mädchen, das auf den Namen der Mutter getauft wurde. Dann kamen zwei Söhne, Max und Ernst, zur Welt, so daß das Glück des Thronfolgerpaares vollkommen war. Ein viertes Kind wurde tot geboren, und die Ärzte warnten die Fürstin Hohenberg vor einer weiteren Schwangerschaft, da ihre Gesundheit angeschlagen war. Franz Ferdinand war ein begeisterter Vater, der aber, so merkwürdig das klingen mag, sonst Kinder nicht besonders leiden konnte.

Mit seinen eigenen Kindern spielte Franz Ferdinand, las ihnen Geschichten vor, verbrachte stille Abende im trauten Heim, eine Zigarre rauchend, während Sophie mit einer Stickarbeit beschäftigt war. Diese Idylle war das ganze Glück eines Menschen, der sich in der großen Politik gegen Gott und die Welt stellen mußte. Schon früh nahm er die Familie auf seinen Reisen mit, und es kam selten vor, daß er Sophie und die Kinder zu Hause zurückließ. Die Kinder waren es gewöhnt, immer wieder von fremden Leuten umgeben zu sein und wurden schon früh mit einer Welt vertraut gemacht, deren Licht- und Schattenseiten sie allzubald erfahren sollten. Die Tochter von Franz Ferdinand erinnert sich noch gut an diese Zeit mit den Eltern, erzählt von Einladungen im Schloß Belvedere, denen der alte Kaiser gerne folgte, und berichtet, daß das Verhältnis zwischen Franz Joseph und Sophie trotz der Hintansetzung der Gattin des Thronfolgers bei offiziellen Anlässen im kleinen, familiären Rahmen sehr gut gewesen sei. Der Kaiser respektierte und schätzte Sophie als Menschen und als Frau, obwohl er sie nach seinen traditionellen Vorstellungen nicht anerkennen konnte. Die Kinder waren mit ihren Eltern auch in Schönbrunn zu

Gast, und Sophie Nostitz-Rieneck, Franz Ferdinands Tochter, ist vor allem voll des Lobes über den späteren Kaiser Karl, der zu Beginn des 20. Jahrhunderts noch ein sehr junger Mann war. Auch seine Gemahlin Zita, die spätere Kaiserin, verhielt sich liebenswürdig und auch respektvoll der Fürstin Hohenberg gegenüber. Sie sah in ihr nicht nur die Frau des Thronfolgers und angeheiratete Tante, für sie war Sophie Hohenberg die zukünftige Kaiserin der Donaumonarchie, ob sie diese Position nun einnehmen sollte oder nicht. In aller Öffentlichkeit zeigte Zita ihren Respekt und ihre Hochachtung. So erzählte sie später eine Anekdote, die ein bezeichnendes Licht auf die unsinnige Situation wirft: Selbst in kleinen Privattheatern war es Sophie nicht gestattet, den Platz an der Seite ihres Mannes einzunehmen. Sie mußte in einer anderen Loge sitzen als der Erzherzog. In ihrer angeborenen Höflichkeit, aber vielleicht auch als Ausdruck der Hochachtung wollte die kaum zwanzigjährige Zita Sophie ihren Respekt erweisen und küßte ihr die Hand. Die Herzogin erschrak, sah sich nach allen Seiten um und flehte Zita an, dies nie mehr in der Öffentlichkeit zu tun, da es genügend Leute gebe, die auf derlei Gesten nur warteten und ihr solche Freundlichkeiten zum Nachteil auslegen würden. Sophie erwähnte Drohbriefe, die sie immer wieder bekommen hatte und die sie warnten, sich als ebenbürtige Frau des Thronfolgers feiern zu lassen. Wer die Absender dieser Briefe waren, ist schwer zu ergründen; vielleicht waren schon damals Leute am Werk, die nicht nur Sophie Hohenberg treffen wollten, sondern mit ihr vor allem ihren Mann. Denn die Mühlen gegen Franz Ferdinand begannen schon bald zu mahlen, je mehr er sich politisch betätigte und je mehr seine Absichten bekannt wurden. Und auch Sophie war eine ehrgeizige Frau und sicherlich nicht gewillt, ein Leben lang im Schatten ihres Mannes zu stehen.

Franz Ferdinand unternahm alles, um seine Frau aus ihrer demütigenden Rolle zu befreien. Er nahm gern Einladungen ins Ausland an, bei denen man entweder inkognito oder inoffiziell reiste und dann als Ehepaar auftreten konnte, wie sein Besuch in England zeigt. Bei dieser Gelegenheit konnte er seine Frau präsentieren, die, da sie nicht offiziell gekommen war, überall herzlich willkommen geheißen wurde. Anders beim Besuch in Bulgarien, wo man Sophie wie die zukünftige Kaiserin der Donaumonarchie mit allen Ehren begrüßte und respektierte. Für Franz Ferdinand waren das glückliche Augenblicke.

Vielleicht waren es derartige Überlegungen – daß auch in Bosnien Sophie an seiner Seite stehen konnte –, die ihn veranlaßten, im Juni 1914 die Inspektion der Manöver durchzuführen, die in der Gegend von Sarajevo abgehalten wurden, und seine Frau dazu mitzunehmen. Denn im Grunde seines Herzens hatte Franz Ferdinand ein ungutes Gefühl vor dieser Reise in den Osten, er war auch von verschiedenen Personen, die es gut mit ihm meinten, gewarnt worden. Attentatsgerüchte waren aufgetaucht. Der Balkan brodelte, es hatten sich an verschiedenen Stellen revolutionäre Gruppen gebildet, die Schießübungen veranstalteten, aber wahrscheinlich gar kein exaktes Ziel hatten, außer die Monarchie zu treffen. Franz Ferdinand war für sie ein gefährlicher Mann, er war derjenige, der den Einfluß der Ungarn schmälern und versuchen wollte, auch den Slawen zu ihrem Recht zu verhelfen. Nicht der Dualismus mit Ungarn, sondern ein »Trialismus«, der auch die Slawen einschloß, sollte die Monarchie aus ihrer Erstarrung reißen und weiterhin lebensfähig machen. Weil aber Franz Ferdinand diese Angleichung der Slawen suchte, war er für die Extremisten zu fürchten. Verwirklichte der Thronfolger nach dem Regierungsantritt seine Idee, dann fiel jeder Grund für Unzufriedenheit weg, niemand würde ernstlich eine Veranlassung sehen, aus dem Verband der Monarchie ausscheiden zu wollen.

Der Thronfolger befand sich in einer mißlichen Situation, als er beschloß, mit seiner Gemahlin nach Sarajevo zu reisen. Er wußte, daß die Warnungen, die man an ihn herangetragen hatte, nicht von der Hand zu weisen waren, und er litt unter düsteren Ahnungen. Nach einer Aussprache mit dem Kaiser kam er aber zu dem Ergebnis, daß er doch fahren wollte. Wahrscheinlich war Franz Joseph in seinem hohen Alter auch nicht mehr in der Lage, die wirkliche Gefahr zu erkennen, in der sein Nachfolger schwebte. Am Abend vor der Abreise jedenfalls bestellte Franz Ferdinand seinen Neffen Karl und dessen Gemahlin Zita zu sich und bat nach einem gemütlichen Abendessen seinen Neffen, ihm in sein Arbeitszimmer zu folgen. Dort öffnete er den Schreibtisch, informierte den jungen Erzherzog über alle wichtigen Dokumente, die hier lagen und bat ihn, im Falle seines Ablebens diese Papiere an sich zu nehmen. Beide, Karl und Zita, versuchten daraufhin, den Thronfolger und Sophie noch im letzten Moment von der geplanten Reise abzuhalten, aber Franz Ferdinand erklärte, daß alles schon zur Abreise bereit sei und daß man daher fahren werde.

Das Schicksal nahm seinen Lauf.

Sie fuhren auf getrennten Routen, in getrennten Fahrzeugen und sollten doch gemeinsam sterben. Eine große Liebesgeschichte endete durch die Kugeln eines jugendlichen Attentäters. Eine der größten Tragödien der Geschichte war die Folge dieses blindlings begangenen Mordes, hinter dem eine ganze Schar von ausgebildeten Scharfschützen und Bombenwerfern stand. Der Gymnasiast Gavrilo Princip, der durch einen Zufall beide, sowohl Franz Ferdinand als auch Sophie, aus nächster Nähe tödlich traf, war sich wahrscheinlich der Tragweite seines Tuns kaum bewußt. Jugendlicher Fanatismus, verbunden mit glühendem Patriotismus, ließen ihn die Pistole abdrücken und damit den Lauf der Weltgeschichte bestimmen.

Sophie war zunächst zur Erholung in das Bad Ilidče gefahren, während Franz Ferdinand zur Inspektion der Manöver in Bosnien weilte. Sarajevo sollte den Abschluß der Balkanreise bilden. Alles war aufs festlichste für die hohen Gäste vorbereitet, Tausende säumten die Straßen, durch die das Auto des Thronfolgers fahren mußte. Für die Verschwörer der »Schwarzen Hand« eine leichte Sache, sich an den entscheidenden Punkten zu postieren, in Kurven oder an besonders belebten Stellen, wo man wußte, daß das Auto langsam fahren mußte.

Der Thronfolger und seine Gemahlin bestiegen das Fahrzeug, das sie ins Rathaus, in den Konak, bringen sollte, wo ein Empfang stattfinden würde, in nervöser, gereizter Stimmung. Alle spürten, daß etwas in der Luft lag. Die erste lebensgefährliche Situation entstand, als aus der Menge eine Bombe auf den Fahrzeugkonvoi geworfen wurde, die den Oberstleutnant Merizzi schwer verletzte. Franz Ferdinand und Sophie blieben unversehrt, nur ein kleiner Ritzer am Hals der Erzherzogin war zu sehen. Schockiert und empört über das Ereignis gab Franz Ferdinand den Befehl, das offizielle Programm abzubrechen und ins Krankenhaus zu fahren, wo er den Obersten besuchen wollte. Der Weg sollte über den Appelkai führen: Der Fahrer bog aber schon bei der Lateinerbrücke ab, erkannte seinen Irrtum und wollte reversieren. Dabei geriet das Erzherzogpaar in die direkte Schußlinie von Gavrilo Princip. Ohne genau zu zielen oder auch nur zu schauen, drückte Princip ab und schoß, wo er gerade hintraf. Und er traf genau: Sophie kippte nach vorn in den Schoß des Erzherzogs, eine Kugel hatte ihr die Hauptschlagader in der Nähe des Magens zerfetzt. Aus dem Mund des Thronfolgers drang Blut, und er flüsterte beinahe unhörbar: »Sopherl, Sopherl, stirb nicht, bleib für unsere Kinder!« Dann begann auch er zu röcheln und flüsterte immer wieder: »Es ist nichts.«

Als man das österreichische Thronfolgerpaar in den Konak gebracht hatte, in den Sitz des Landeschefs, Feldzeugmeister Potiorek, kam für beide jede Hilfe zu spät. Der Tod hatte sie vor den Augen der Welt für immer vereint.

Nicht aber für den österreichischen Kaiserhof, an dem auch nach dem Ableben von Franz Ferdinand und Sophie Chotek das strenge Hofzeremoniell galt, wo man sich nach dem anfänglichen Schock über die Ermordung darüber den Kopf zerbrach, wie man die Bestattung der beiden vornehmen sollte. Kaum einer bei Hofe außer Karl und Zita trauerte über die Toten, empörend war lediglich die Tatsache, daß der Nachfolger des Kaisers von Verbrechern erschossen worden war. Franz Joseph war alt und hatte zu wenig Kontakt und innere Beziehung zu seinem Neffen gehabt, als daß er menschliche Gefühle wie Trauer hätte empfinden können. Einzig den Kindern galt sein Mitgefühl; er ließ die Tochter und die beiden Söhne zu sich nach Schönbrunn kommen und war menschlich teilnahmsvoll. Außerdem sorgte er sich um die Zukunft der Waisen und wies ihnen als Besitzgrundlage die Güter um Eisenerz zu, damit sie in der Zukunft ein Auskommen haben sollten.

Die Reaktion des alten Kaisers auf die Todesnachricht drückt alles aus, was Franz Joseph seit eh und je über diese Ehe gedacht hatte: »Entsetzlich! Der Allmächtige läßt sich nicht herausfordern! Eine höhere Gewalt hat wieder jene Ordnung hergestellt, die ich leider nicht zu erhalten vermochte.«

Aber die Ordnung war für den Zeremonienmeister des Kaisers, Fürst Alfred Montenuovo, noch längst nicht hergestellt. Franz Ferdinand hatte wahrscheinlich geahnt, welche lächerlichen Streitereien seine und seiner Frau Beisetzung eines Tages bringen würde. Er als Habsburger hatte Anspruch, in der Kapuzinergruft begraben zu werden, aber seine Gattin wäre niemals, solange der Kaiser und Montenuovo lebten, an seiner Seite bestattet worden. Daher hatte der Thronfolger schon zu Lebzeiten für sie beide eine Gruft in Artstetten in Niederösterreich ausbauen lassen und verfügt, daß man sie dort beisetzen solle.

Eigentlich war es die Absicht Montenuovos, die beiden Sarkophage heimlich und bei Nacht vom Südbahnhof, wo sie mit dem Zug eingetroffen waren, zum Westbahnhof und von dort nach Pöchlarn zu schaffen. Dann wäre man die beiden endgültig losgeworden. Aber jetzt begann man sich doch sowohl im Adel als auch in der Bevölkerung gegen diese Behandlung der beiden Toten zu empören. War Franz Ferdinand zu Lebzeiten auch nicht besonders beliebt gewesen, so sah man doch in dem gemeinsamen Tod der beiden eine Bestätigung ihrer großen Liebe, und das rührte alle ans Herz. Der junge Karl, der jetzt Thronfolger geworden war, sprach beim Kaiser vor und bat um etwas mehr Zeremoniell. Der Kaiser war erstaunt, meinte er doch, man habe den Toten genausoviel Zeremoniell gewährt wie einstens der Kaiserin, und die sei auch ermordet worden.

Aber das Begräbnis, das dem österreichischen Thronfolger gewährt wurde, der immerhin sein Leben und das seiner Frau für den Staat hingegeben hatte, war und blieb ein Begräbnis »dritter Klasse«; dieses Eindrucks konnten sich die Tausende, die dem nächtlichen Trauerzug bis zum Westbahnhof folgten, nicht erwehren.

Als man die Sarkophage in Pöchlarn aus dem Zug umlud, um sie über die Donau zu bringen, scheuten die Pferde wegen des schweren Gewitters, das zu diesem Zeitpunkt über dem Ort niederging, und nur mit Mühe konnte man verhindern, daß die beiden Särge in die Fluten fielen. Als man endlich Artstetten erreicht hatte, stieß ein Sargträger vor dem Eingang zur Gruft mit dem Sarg so stark an die Wand, daß ein Stück Mauerwerk herausbrach. Franz Ferdinand hatte zu Lebzeiten geäußert, er werde sich im Sarge umdrehen, sollten die Sargträger hier in der scharfen Kurve an die Wand stoßen ...

»Bis daß der Tod Euch scheidet«, hatte einst der Geistliche gesprochen, um eine große Liebe vor Gott und den Menschen zu besiegeln. Aber selbst der Tod hatte Franz Ferdinand nicht von Sophie Chotek getrennt.

Liebe auf den zweiten Blick

KARL I. UND ZITA VON BOURBON-PARMA

Eisiger Wind peitschte Regenschauer gegen die Mauern des Klosters der Benediktinerinnen auf der englischen Insel Wight und ließ Nonnen und Zöglinge in den düsteren Räumen vor Kälte zittern. Karg und schmucklos war die Einrichtung, alles, was das Leben etwas erfreulicher gemacht hätte, war untersagt; hier war der Blick nur auf die innere Einkehr und zum Himmel gerichtet. Es war so ganz und gar nicht der Platz für ein junges Mädchen, und obwohl sich die Bourbonenprinzessin Zita den Regeln des Klosters untergeordnet hatte, hatten das rauhe unwirtliche Klima und die asketische Ordnung der Gesundheit des Mädchens so geschadet, daß sich die Mutter entschloß, ihre Tochter heimholen zu lassen. Die Cousine der Prinzessin, Maria Annunziata, machte sich auf die weite Reise nach England, um Zita nach Hause zu begleiten. Die beiden Damen traten den Heimweg über das böhmische Heilbad Franzensbad an, wo man sich von den Strapazen der Reise erholen wollte. Die unbeschwerten Tage, die man mit ihren Annehmlichkeiten voll und ganz auskosten wollte, sollten dazu dienen, die angeschlagene Gesundheit der hübschen Prinzessin wiederherzustellen.

Nach der spartanischen Einfachheit des Klosters genoß Zita den Luxus, der sie hier in Franzensbad umgab, und sie erkannte, wie schön und angenehm das Leben eigentlich doch war. Weite Spaziergänge wechselten mit Einladungen ab, man lernte interessante Leute kennen, und überall fiel Zita durch ihr bezauberndes Wesen und ihre besondere Anmut auf, so daß sie bald viele Verehrer um sich scharte. Jeden Tag unternahmen die Damen ihren Bummel auf der blumengeschmückten Promenade und genossen die bewundernden Blicke der vorüberflanierenden jungen Herren. Besonders liebenswürdig grüßte der habsburgische Erzherzog Carl Franz Joseph. Erzherzog Karl, wie er von seiner Familie genannt wurde, war für die Prinzessin kein Fremder, sie hatten sich als Kinder öfter getroffen, aber er hatte keinen allzu großen Eindruck auf sie gemacht. Jetzt aber standen sich zwei hübsche junge Leute gegenüber, die sich unsicher anlächelten und zunächst nicht wußten, was sie sagen sollten. Wahrscheinlich überwand Zita als erste die Verlegenheit und begann mit Karl eine angeregte Unterhaltung. Sie war ein überaus gebildetes Mädchen, das in den verschiedenen Schulen Wissen, aber auch Umgangsformen gelernt hatte, so daß sie sich in den unterschiedlichsten Lebenslagen zurechtfand. Denn obwohl die Familie des Herzogs von Parma, vor allem nach dem Tod des Vaters, keine großen finanziellen Eskapaden machen konnte, achtete die Mutter Zitas sehr darauf, daß die zahlreichen Kinder Herzog Roberts eine standesgemäße, gediegene Ausbildung und Erziehung bekamen, so daß sie später einmal, sollte sich die Chance bieten, jederzeit in die ersten Häuser Europas einheiraten konnten.

Das Schicksal hatte den Vater Zitas um Land und Macht gebracht, obwohl Herzog Robert nach der Ermordung seines Vaters schon mit sechs Jahren einen Anspruch auf den Thron von Parma hatte. Freilich übernahm die überaus tüchtige Mutter die Regierungsgeschäfte für ihren minderjährigen Sohn, allerdings konnte auch sie sich nicht den Einigungsbestrebungen Italiens in den Weg stellen und mußte schließlich vor den feindlichen Truppen kapitulieren. Sie verlor für sich und ihren Sohn Parma, und Robert kam zu seinem Onkel, dem Herzog von Chambord, nach Niederösterreich.

Es ist beinahe ein Kuriosum der Weltgeschichte, daß auch der Thronprätendent von Portugal, Dom Miguel, der Herzog von Braganza, in Seebenstein im Exil lebte; dazu kam der Herzog von Chambord, der sich eine, wie er glaubte, berechtigte Chance auf den französischen Thron ausrechnete. Unweit entfernt, in Schwarzau, lebte Robert, der, wie seine Familie es sah, rechtmäßige Herzog von Parma; eine Gesellschaft von Emigranten und Exilanten, wie sie hochrangiger kaum sein konnte. Man pflegte südlich von Wien ein reges gesellschaftliches Leben und hoffte auf den Tag, an dem alles anders werden, an dem sich das Schicksal wenden würde und die rechtmäßigen Könige und Herzöge wieder ihr Land beglücken konnten.

Es lebte sich nicht schlecht im Dunstkreis der alten Kaiserstadt,

Jagdgesellschaften, Cercles und Bälle verschönerten das keineswegs triste Leben. Herzog Robert, der Vater Zitas, war ein friedfertiger Mann, der sich ganz mit seinem Schicksal abgefunden hatte. Er lebte glücklich im Kreise seiner großen Familie, die sich beinahe Jahr für Jahr um ein weiteres Kind vermehrte. Als die spätere Kaiserin Zita zur Welt kam, tummelten sich in der Herzogsfamilie schon dreizehn Kinder. Robert war in erster Ehe mit einer Cousine zweiten Grades, Maria Pia von Neapel-Sizilien, verheiratet gewesen, und alle zwölf Kinder, die dieser Verbindung entstammten, überlebten entweder die ersten Lebensjahre nicht oder waren schwer behindert. Als Roberts Gemahlin bei der Geburt des dreizehnten Kindes starb, ging auch die Kette dieser unglücklichen Nachkommen zu Ende, denn Roberts zweite Frau, eine Braganza-Prinzessin, Maria Antonia, war nicht nur eine gesunde junge Frau, sondern auch noch weit über die Grenzen Portugals hinaus berühmt wegen ihrer ungewöhnlichen Schönheit. Auch die zwölf Kinder, die sie in den nächsten Jahren zur Welt brachte, konnten ihrem Aussehen nichts anhaben, so daß sie noch in hohem Alter eine ausgesprochen ansehnliche Frau war.

Es war erstaunlich, wie die junge Prinzessin das Los meisterte, das sie durch die Heirat mit dem vielfachen Vater auf sich genommen hatte. Sie war keineswegs eine böse Stiefmutter, sondern nahm sich liebevoll der Kinder ihres Mannes aus erster Ehe an, wenngleich sie mit dem ältesten Stiefsohn die allergrößten Schwierigkeiten hatte. Freilich versuchte Herzog Robert auszugleichen, aber die Mißstimmung wurde vor allem durch Elias erzeugt, der sich als Nachfolger seines Vaters fühlte und alles daran setzte, die Macht in der Familie zu erlangen. Maria Antonia sorgte dafür, daß selbst die körperlich schwerstbehinderten Kinder so erzogen wurden, daß sie all das erlernen konnten, wozu sie überhaupt in der Lage waren. Die gesunden Buben und Mädchen aus der zweiten Ehe hatten die Aufgabe, sich um ihre kranken Stiefgeschwister zu kümmern.

Maria Antonia war eine zutiefst religiöse Frau, die ihre Kinder im Schoß der katholischen Kirche verankert sehen wollte. Aber Religion bedeutete für sie nicht nur, zu beten und die Sakramente zu empfangen, sie verstand unter Christentum auch tätige Hilfe für die Armen, wobei sie von ihrem Gatten, wo es nur ging, unterstützt wurde. Die Kinder sollten von Jugend auf lernen, sich um die Bedürftigen, die es in allen Ländern gab, zu kümmern.

Am 9. Mai 1892 durchbrach der erste Schrei des siebzehnten Kindes, eines Mädchens, die Stille auf Schloß Pianore bei Lucca. Zita, wie die kleine Tochter nach einer Dorfheiligen genannt wurde, schien wohl nur eines der vielen Kinder in der großen Familie zu sein, und doch zeigte sie von klein auf schon ganz bestimmte und ausgeprägte Charaktereigenschaften, die sie ein Leben lang beibehalten sollte.

Sie war in einer paradiesischen Landschaft geboren. Herzog Robert hatte zwar seine Herrschaft über Parma verloren, weil er aber offiziell auf alle Machtansprüche verzichtet hatte, war ihm vom neu gegründeten Königreich Italien sein Besitz in der Gegend von Lucca zugesprochen worden. Daneben hatte Robert 1889 von den Grafen Rato das Schloß Schwarzau in Niederösterreich erworben, so daß die Familie nach Lust und Laune ihre Tage entweder im sonnigen Süden oder in Niederösterreich verbringen konnte. Meist tollten die Kinder in den Sommermonaten durch die Gänge und Parks von Schloß Schwarzau, weil es ab Juli in Italien zu heiß wurde, so daß man mit Sack und Pack mit einem Sonderzug, der fünfzehn Waggons umfaßte, in den kühleren Norden aufbrach. Es war jedesmal eine kleine Völkerwanderung, die sich da in Bewegung setzte, denn es galt nicht nur die zahlreichen Familienmitglieder in den Zug zu verfrachten, sondern Robert bestand auch darauf, seine ganze umfangreiche Bibliothek mitzunehmen. Die Kinder wollten sich von den Reitpferden nicht trennen und die Roßknechte nicht von ihren Pferden. Und so kam eine Lawine ins Rollen, und ein ganzer Zug mußte zur Verfügung gestellt werden, um die Herzogsfamilie von einem Domizil zum anderen zu bringen.

Wohin sie eigentlich wirklich gehörten, wußten sie wahrscheinlich selbst nicht genau. Die Ahnen Herzog Roberts und Maria Antonias waren viel zu verwandt und verschwägert, in ihren Adern floß neben portugiesischem auch noch spanisches und bourbonisches Blut. Wahrscheinlich waren die Vorfahren aller möglichen anderen Herrscher Europas auch die Ahnen von Roberts Familie. Nur Österreicher waren sie sicher nicht, obwohl die spätere Kaiserin Zita größten Wert auf eine weit zurückreichende österreichische Abstammung legte. Herzog Robert war zwar Bourbone, aber er fühlte sich vielleicht eher als Weltbürger und war dort zu Hause, wo seine Familie war, während seine Söhne aus zweiter Ehe, Sixtus und Xavier, sich immer als Franzosen bezeichneten, obwohl sie ihre Jugendzeit größtenteils in Österreich verbracht und hier vor allem auch ihre Schulbildung erhalten hatten. Andere Söhne wiederum gingen für den Kaiser in den Krieg und taten an den Fronten am Rande der Monarchie ihre Pflicht für ihr »Vaterland«, während ihre Brüder in der belgischen Armee kämpften.

Es muß für Maria Antonia nicht leicht gewesen sein, all die eigenwilligen Charaktere, die sich unter ihren Kindern befanden, zu zähmen und zu bändigen. Aber in ihrer ungewöhnlich zielstrebigen Art, alles selbst zu erledigen, gelang ihr auch diese Aufgabe. Dabei galt es natürlich, konsequent eine bestimmte Linie durchzuhalten; ihre Tochter Zita bezeichnete diese Konsequenz später als Härte und meinte, sie habe sich immer vor ihrer Mutter beinahe gefürchtet.

Als Zita dem jungen österreichischen Erzherzog in Franzensbad begegnete, da standen sich zwei Welten gegenüber: die Tradition der uralten Monarchie in Person eines feschen, lebensfrohen Leutnants und die Welt der heimatlos gewordenen Exmonarchen, die eigentlich nicht genau sagen konnten, wo ihr Aufgabenbereich lag. Zita allerdings wußte wahrscheinlich von Jugend auf, was sie wollte; sie verfolgte alle Ziele, die sie ins Auge gefaßt hatte, mit stetiger Hartnäckigkeit, sie hatte immer das Bestreben, aus ihrem Leben etwas zu machen, wenn sie auch zunächst noch nicht wissen konnte, daß sie dieses Leben einige Jahre an der Seite des späteren Kaisers von Österreich verbringen sollte.

Die Begegnung der beiden jungen Leute in Franzensbad schien vom Zufall eingefädelt zu sein, und doch hatten hohe und höchste Damen der adeligen Gesellschaft die Hände mit im Spiel. Sowohl die Mutter des jungen Erzherzogs als auch die Cousine Zitas hatten sich schon Gedanken darüber gemacht, welche Prinzessin aus standesgemäßem Haus für Karl in Frage käme. Maria Annunziata war zwar erst 32 Jahre alt, hatte aber selbst die Hoffnung auf eine Ehe aufgegeben, und so interessierte sie sich brennend dafür, wer mit wem unter die Haube kommen sollte. Kurioserweise war sie nicht nur mit Zita verwandt, sondern auch noch eine Tante des habsburgischen Erzherzogs Karl. Und dennoch bestand zwischen den beiden jungen Leuten keine echte Blutsverwandtschaft, da Maria Annunziata die Tochter der Stiefgroßmutter Karls war, der ungewöhnlich aktiven, herzensguten und bedeutenden Maria Theresia, der dritten Gemahlin des kaiserlichen Bruders Erzherzog Karl Ludwig. Die verwandtschaftlichen Verhältnisse innerhalb des habsburgischen Hauses waren im Laufe der Jahre immer komplizierter und verworrener geworden, und nur genaue Kenner konnten die Zugehörigkeit der einzelnen Mitglieder genau fixieren.

Maria Annunziata und auch ihre Mutter hegten schon seit langem den Plan, eine der Töchter Herzog Roberts für Karl auszusuchen. Zuerst hatten sie die ältere Schwester Zitas ins Auge gefaßt, ein außergewöhnlich schönes Mädchen, aber plötzlich hatte sich diese dann Hals über Kopf entschlossen, als Nonne in das Kloster St. Cecile auf der Insel Wight einzutreten. Herzog Robert hatte aber gottlob ja noch andere gutaussehende Töchter, die im heiratsfähigen Alter waren, und so nahm man die nächste unter die Lupe.

Auch Zita konnte sich wirklich sehen lassen. Sie hatte von ihrer schönen Mutter ein anmutiges Äußeres geerbt, auffallend große, dunkle Augen und prachtvolles Haar, das in ihrer Jugendzeit blond gewesen war, sich später aber zu Kastanienbraun abgedunkelt hatte. Sie war größer als ihre Altersgenossinnen und grazilzierlich.

Auch mit ihrer schulischen Ausbildung konnten alle zufrieden sein. Nachdem die Kinder Herzog Roberts die Anfangsgründe der Bildung von Hauslehrern erworben hatten – daneben gab es Unterweisungen in Religion und Handarbeiten –, besuchten alle Söhne und Töchter die besten Internate, die man damals empfehlen konnte. Die kleine Zita wurde in das strenge oberbayerische Mädchenpensionat Zangberg, das von Salesianerschwestern geführt wurde, gesteckt. »Ora et labora«, dies war der Wahlspruch, dem sich alle Schülerinnen unterordnen mußten. Zita fiel in der Schule nicht durch überdurchschnittliche Leistungen auf, wohl aber durch ihre Musikalität und ihr Verhalten. Sie zeigte eine natürliche und kühle Distanz zu ihren Mitschülerinnen, gab sich zwar nie unfreundlich, aber auch nicht allzu überschwenglich.

Obwohl einem Kind von elf Jahren sicherlich die strenge Ordnung im Kloster mit seinem geregelten Tagesablauf schwerfiel, war die Prinzessin doch durch ihre Geschwister an eine große Gemeinschaft gewöhnt. Hier lernte sie neben Englisch, Französisch, Italienisch auch noch Deutsch, für Zita die einzige wirkliche Fremdsprache, da zu Hause nur die Mutter ab und zu mit den Kindern Deutsch gesprochen hatte; der Vater unterhielt sich meist auf französisch oder italienisch mit seiner Familie. Zita hatte anfangs Schwierigkeiten mit der deutschen Sprache, und sie mußte sich in Zangberg größte Mühe geben, um mit ihren Mitschülerinnen Schritt zu halten. Aber mit zähem Fleiß übte sie auch in den Ferien zu Hause weiter und nahm sogar Nachhilfestunden, um ihre Leistungen in der Schule zu verbessern.

Interessant für die damalige Zeit war es, daß man in der strengen Klosterschule nicht nur den Geist ertüchtigen, sondern auch den Körper zu seinem Recht kommen lassen wollte. Daher versammelten sich die Mädchen nach dem Aufstehen – noch vor der täglichen Morgenmesse – im Hof, um Freiübungen zu machen. War das Wetter günstig, stand Tennis auf dem Programm, sobald Schnee lag, wurden unter großem Hallo auf den Hängen im Park Rodelpartien abgehalten. Zita liebte die sportlichen Betätigungen sehr, hatte die Familie doch auf Schloß Schwarzau ein Schwimmbad im Garten; daneben veranstaltete man Tennispartien, zu denen zahlreiche Freunde geladen waren oder fuhr mit dem Fahrrad durch die reizvolle niederösterreichische Landschaft.

Der Tod Herzog Roberts am 16. November 1907 brachte für Zitas Leben einen bedeutenden Einschnitt. Sie hatte den Vater sehr geliebt, er war immer da, wenn es Probleme gab, zu ihm konnten alle kommen, er wußte stets Rat und stand auch mit Taten den Kindern zur Seite. Obwohl er schon seit langem an Herzverfettung gelitten hatte, kam sein Tod nach dem Mittagessen, als er friedlich die Zeitung las, für alle wie ein Blitz aus heiterem Himmel. Die Mutter rief die Kinder nicht sofort aus den Internaten zu sich, sondern wartete, bis Zita zu Hause in Lucca war, dann ließ sie der Tochter durch die Marquise Dalla Rosa den Tod des Vaters mitteilen. Zunächst kehrte

Zita nach Schwarzau zurück, aber nur, um sich für das strenge Internat in Ryde auf der Isle of Wight vorzubereiten, wohin sie übersiedeln sollte. In diesem Benediktinerinnenstift lebte nicht nur ihre Großmutter als Priorin, sondern auch ihre älteste Schwester als Nonne. Zita allerdings war nicht dazu ausersehen, als Klosterschwester im Stift zu bleiben, sie sollte nur die letzte Ausbildung und den perfekten Schliff bekommen, um dann einem Mann zugeführt zu werden. Religiöse Andachten, Messen, Meditation und Musik bestimmten das Tagesprogramm des jungen Mädchens. Philosophische Gespräche über Gott und die Religion, daneben Fasten und Buße sollten den Glauben der Zöglinge ein Leben lang prägen. Zita fügte sich den Anforderungen ganz und gar, allerdings wurde ihre Gesundheit durch das feuchte englische Klima und durch die strengen Übungen geschwächt. Nach einem Dreivierteljahr entschloß sich ihre Mutter, die Tochter nach Hause zu holen. Zita war siebzehn Jahre alt und gerade im heiratsfähigen Alter.

Als Maria Annunziata Zita abholte, konnte sie mit ihr zufrieden sein. Sie berichtete ihrer Mutter Maria Theresia, daß die Prinzessin ein ungemein hübsches, gesittetes und gebildetes junges Mädchen sei, das sich noch durch außerordentliche Frömmigkeit auszeichne. Religiosität und Gottesfürchtigkeit waren besonders für die Mutter Karls, für die sächsische Prinzessin Maria Josefa, von entscheidender Bedeutung. Sie selbst hatte kein leichtes Los an der Seite des »schönsten Erzherzogs der Monarchie« gehabt. Der Bruder von Erzherzog-Thronfolger Franz Ferdinand, Otto, war wegen seiner Ausschweifungen und seines leichten Lebenswandels im ganzen Lande berühmt und berüchtigt gewesen. Die Jahre ihrer Ehe waren für Maria Josefa eine einzige Qual, und das Ende des Erzherzogs, der wahrscheinlich an einer Geschlechtskrankheit elend zugrunde ging, für sie beinahe eine Erlösung. Nun suchte sie mit allen Mitteln für ihren ältesten Sohn Karl, der einst nach seinem Onkel Franz Ferdinand die Krone der Habsburger tragen sollte, eine ebenbürtige und vor allem gläubige Frau.

Wahrscheinlich hatte auch Maria Josefa schon verschiedene Prinzessinnen als zukünftige Schwiegertöchter ins Auge gefaßt und sie einer strengen, geheimen Prüfung unterzogen. Als ihr nun Maria Theresia, ihre verehrte Stiefschwiegermutter, Zita präsentierte, hätte sie zunächst vollauf zufrieden sein können, denn die junge Prinzessin entsprach in allem ihren Vorstellungen. Dennoch blieb Maria Josefa zunächst reserviert, denn sie befürchtete eine zu nahe Verwandtschaft. Dieser Einwand allerdings war leicht zu entkräften, denn wenn auch eine verwandtschaftliche Beziehung auf dem Papier bestand, konnten doch die Befürworter einer Ehe zwischen Karl und Zita unschwer nachweisen, daß nur die Stiefgroßmutter Karls eine Schwester von Zitas Mutter, also auch eine Braganza-Prinzessin war. Damit stand dem Plan der Damen nichts mehr im Wege. Nun kam es ausschließlich auf die Neigung der beiden jungen Leute an, denn alle waren sich darüber im klaren, daß weder Karl noch Zita zu einer Ehe überredet werden konnten. Beide waren in dieser Hinsicht zu starke Persönlichkeiten, als daß sie sich, wie es im Hause Habsburg seit Jahrhunderten üblich war, hätten so einfach verheiraten lassen.

Karl und Zita kannten einander schon aus den Kindertagen. So war es in Franzensbad beinahe Liebe auf den zweiten Blick gewesen. Die Schlösser der Familien lagen nicht allzu weit auseinander, und die Kinder hatten sich manchmal zum gemeinsamen Spiel getroffen. Allerdings hatte der um fünf Jahre ältere Karl das kleine Mädchen wohl kaum bemerkt, er war mit Zitas Bruder Xavier befreundet. Zita nahm auch wenig Notiz von dem wilden Buben, der im Übermut einmal vor den Mädchen mit dem Flobertgewehr ein Fenster einschoß. Allerdings erinnerte sich Zita noch viel später daran, daß Karl sich rührend um seinen jüngeren Bruder Max kümmerte, dem er vorsorglich den Mantel um die Schultern hängte, damit ihm nicht kalt wurde und daß er genau darauf achtete, was man dem Kind zum Essen vorsetzte.

Die Jahre waren vergangen, und man hatte sich vollständig aus den Augen verloren. Aus dem Flobertgewehrschützen war ein junger Leutnant geworden, der seine Lorbeeren in der Armee verdienen sollte. Allerdings war seine Position plötzlich interessant geworden, nachdem sein Onkel, der Thronerbe, nicht standesgemäß geheiratet hatte und die Kinder Franz Ferdinands für die Erbfolge nicht in Betracht kamen. Obwohl Karl eine gute Schulbildung genossen hatte – man hatte besonderen Wert auf die Sprachen gelegt –, war er keineswegs für das Amt eines Thronfolgers und späteren Kaisers ausgebildet. Er hatte zwar als erster Erzherzog das Schottengymnasium in Wien besucht (allerdings ohne die Matura hier abzulegen), aber niemand dachte daran, Karl rechtzeitig mit den wichtigen Dingen der Habsburger Politik vertraut zu machen, ja man steckte ihn immer wieder in die abgelegensten Garnisonen, wo er wohl den feschen Soldaten spielen konnte, aber keine Verantwortung übernehmen mußte. Karl war zwar kein überragender Geist, aber im Laufe der Jahre hätte er sich zum informierten Herrscher heranbilden können, wenn man ihm die Chance gegeben hätte.

Was ihn vor allen anderen auszeichnete, waren seine besondere Leutseligkeit und sein herzliches Wesen. Für ihn gab es kaum Schranken der Etikette, er kam allen, ob es sich nun um einen Mann aus dem Volk oder um ein Mitglied der Kaiserfamilie handelte, mit der gleichen Liebenswürdigkeit entgegen. Das Volk allerdings konnte sich unter einem eventuellen Thronfolger Karl überhaupt nichts vorstellen, er war bei den Leuten einfach unbekannt, und erst, als er mit Zita glanzvoll Hochzeit feierte, tauchte sein Name in den Gazetten auf, und so mancher fragte sich: Wer ist dieser Karl eigentlich?

Die Tage in Franzensbad gingen für die beiden jungen Leute, die ihr Herz füreinander entdeckt hatten, nur allzu schnell vorüber. Karl mußte wieder zu seiner Garnison nach Brandeis an der Elbe, und Zita kehrte endlich heim nach Niederösterreich. Aber was in Franzensbad auf der Promenade begonnen hatte, das sollte sich in Wien fortsetzen. Immer wieder trafen sich Karl und Zita, und es gab keine Einladung der höchsten Gesellschaft, wo man nicht die beiden antreffen konnte.

Der Hofball 1911 blieb nicht das einzige gesellschaftliche Ereignis in Wien, das Karl und Zita gemeinsam besuchten, und allmählich wurde in den entsprechenden Kreisen gemunkelt, daß Erzherzog Carl Franz Joseph sich in die Prinzessin von Bourbon-Parma verliebt habe. Ob Karl sich allerdings so rasch entschlossen hätte, um Zitas Hand anzuhalten, ist ungewiß. Der alte Kaiser spielte unbewußt Schicksal. Ihm war es schon lange eine große Sorge, daß Karl wohl als attraktiver junger Erzherzog galt, über den man einmal dies und dann jenes munkelte, daß er sich aber noch nicht so recht im klaren zu sein schien, wen er einmal zu seiner Gemahlin und somit zur späteren Kaiserin machen sollte. Franz Joseph verfolgte daher die Gerüchte, die über den Erzherzog kursierten, mit lebhaftem Interesse und auch mit sorgenvoller Miene, denn es tauchte immer wieder der Name Belli (Isabella) von Hohenlohe auf. Obwohl aus hochadeligem Geschlecht, war Belli keinesfalls dem Habsburger Erzherzog ebenbürtig. Und für den alten Kaiser kam nur noch eine wirklich standesgemäße Prinzessin in Frage, ob sie begütert, schön, gescheit war oder sonst noch irgendwelche Vorzüge hatte, war vollständig uninteressant, im Stand passend mußte sie sein. Franz Joseph wollte unter allen Umständen eine weitere Mesalliance vermeiden.

Um allen Eventualitäten vorzubeugen, befahl der Monarch den Großneffen zu sich, um ihm seine Meinung klar und deutlich kundzutun. Es war immer eine etwas unheimliche Angelegenheit, wenn der alte Kaiser jemanden aus der Familie zur Audienz befahl. Vor allem die jungen Erzherzöge hatten nie ein ganz reines Gewissen, und auch Karl schlug wahrscheinlich das Herz bis zum Halse, als er die Treppen der Hofburg emporstieg. Der Kaiser allerdings war sehr freundlich und beinahe persönlich, als er sich nach dem Wohlbefinden des jungen Mannes erkundigte, bevor er die leidige Herzensangelegenheit zur Sprache brachte. Er befragte Karl ganz gezielt, was eigentlich an den Gerüchten mit der Prinzessin Hohenlohe dran sei, die ihm zu Ohren gekommen seien. Der Erzherzog konnte kaum die Frage beantworten, als ihm der Kaiser schon seine Forderung vortrug: Karl solle heiraten, aber um Gottes willen standesgemäß und schon in allernächster Zeit. Franz Joseph wartete die Antwort des Erzherzogs gar nicht erst ab, er schlug ihm vor, sich eine Prinzessin aus dem Gotha herauszusuchen, dem Verzeichnis der bekannten Adelsgeschlechter. Und weil er anscheinend nicht sehr viel von den Fähigkeiten seines Großneffen hielt, riet er ihm noch, sich mit dem Grafen Wallis in Verbindung zu setzen, damit ihm dieser die geeignete Braut aussuche. Damit war die Audienz auch schon beendet, Karl versprach, sich dem Willen des Kaisers zu fügen, freilich nicht, ohne insgeheim schon zu wissen, wen er im Gotha finden würde. Er hatte nichts Eiligeres zu tun, als sich seiner Mutter anzuvertrauen, die aber auch noch nicht bei Zita selbst anfragte, sondern bei deren Mutter Maria Antonia. Natürlich war sich Karl im klaren darüber, daß er zuerst Zita selbst gewinnen mußte, aber er fühlte, daß er ihr schon seit längerer Zeit nicht gleichgültig war.

Wie immer in schwierigen Situationen, fand die gütige Stiefgroßmutter Karls, Maria Theresia, einen Weg, um die beiden zusammenzubringen. Sie mußten ungestört sein, um endlich ihren Weg fürs gemeinsame Leben bestimmen zu können. Und was heute als selbstverständlich erscheint, war für die jungen Leute in diesen Kreisen damals durchaus nicht so einfach. Immer waren Anstandsdamen in der Nähe, es war für ein junges Mädchen nicht schicklich, allein in Gegenwart eines Mannes zu sein. Deshalb ergaben sich die Augenblicke, in denen sich die Zukunft entschied, oft ganz zufällig. Zitas Mutter allerdings hatte schon längst erkannt, daß ihre Tochter nur einem Mann das Ja-Wort geben würde, den sie voll und ganz akzeptierte. Daß dieser Mann Erzherzog Karl, der spätere Thronfolger sein würde, war auf Schloß Schwarzau kein Geheimnis mehr.

Maria Theresia lud Mitte Mai zu einem Familientreffen auf ihr Gut St. Jakob in die Steiermark, und hier sprachen sich Karl und Zita endgültig aus, während alle auf die Jagd gingen. Die Werbung Karls um Zita entsprach ganz und gar nicht den habsburgischen Traditionen, denn bis dahin war die Braut nicht eigens um ihre Einwilligung gebeten worden. Aber Karl war ein Mensch, der die Zeichen der neuen Zeit respektierte und in seiner Frau nicht nur die Mutter seiner zukünftigen Kinder sehen wollte, sondern die gleichberechtigte Partnerin. Mit Zita hatte er dafür die richtige Wahl getroffen.

Die Mutter Karls, Maria Josefa, übernahm die Aufgabe, bei Franz Joseph vorstellig zu werden und ihn zu informieren.

Franz Joseph weilte gerade in der Hermesvilla, wo er sich von einem schlimmen Bronchialkatarrh erholen wollte, der ihn wieder einmal wie so oft in der letzten Zeit plagte, als man Maria Josefa beim Kaiser meldete. Sie machte nicht lange Umschweife, sondern erklärte dem Kaiser rund heraus: »Karl will sich mit Zita verloben.« Die Überraschung Franz Josephs war groß, hatte er doch alles mögliche über seinen Großneffen gehört, aber kein Sterbenswörtchen über eine Liebelei mit Zita. Als sich der Kaiser von seiner Überraschung erholt und alle Für und Wider überlegt hatte, gab er schließlich seine Zustimmung. Als Verlobungstag wurde der 13. Juni gewählt, eine nette Geste der zukünftigen Schwiegermutter gegenüber, die an diesem Tag, am Festtag des heiligen Antonius von Padua, ihren Namenstag feierte. Der Kreis der Gäste war klein, aber um so erlesener. In der Kapelle der Villa segnete der Abbé Travers das junge Paar. Zita wirkte nervös und aufgeregt, und als ihr Karl den Verlobungsring reichte, nahm sie ihn schnell an sich und steckte ihn mit einem »Danke« in die Tasche.

Karl sah in der Verlobung mehr als nur ein Versprechen, das er dem jungen Mädchen gab, das er liebte. Als nämlich die offizielle Zeremonie vorbei war, wandte er sich an seine Braut und sagte zu ihr: »Jetzt müssen wir uns gegenseitig in den Himmel helfen!« Was er in diesem bewegenden Moment mit seinen Worten wirklich meinte, wußte nur er, aber das Schicksal hielt im weiteren Leben der beiden viele Augenblicke bereit, wo sie sich gegenseitig stützen und einer dem anderen Kraft geben mußten.

Die Verlobung des zukünftigen österreichischen Thronfolgers erregte in der Bevölkerung kein allzu großes Aufsehen. Karl war nicht populär, und das Volk dachte nicht so weit voraus, daß man sich sagte, daß er aller Wahrscheinlichkeit nach einmal die Habsburger Krone tragen werde. Einzig und allein die Tatsache, daß Österreich-Ungarn in fernen Zeiten endlich wieder eine Kaiserin bekommen sollte, wurde in den Gazetten vermerkt. Viel zu lange hatte die »kaiserinnenlose« Zeit gedauert, denn die ruhelose Elisabeth war schon zu Lebzeiten zu einer Legende für das Volk geworden.

Karl und Zita verbrachten vier glückliche gemeinsame Tage auf Schloß Pianore, dann mußte der Erzherzog als Vertreter des Thronfolgers nach London reisen, um an den Krönungsfeierlichkeiten für Georg V. teilzunehmen. Franz Ferdinand war »verhindert«; den wahren Grund für das Fernbleiben des österreichischen Thronfolgers bildete aber wie so oft seine familiäre Situation – er konnte seine Gemahlin nicht offiziell mit nach England nehmen. Der Erzherzog erledigte seine Aufgabe zur vollsten Zufriedenheit aller, daneben vermerkten die anwesenden Monarchen die freundliche und zuvorkommende Art des jungen Mannes. Man konnte ihm sein Glück über die Verlobung am Gesicht ablesen. Glückstrahlend zeigte er Königin Mary, als er mit ihr allein war, ein Foto von Zita. Man nahm es dem jungen Bräutigam auch nicht übel, daß er an den zahlreichen Tanzveranstaltungen wohl teilnahm, aber nur als Zuschauer. Mit Rücksicht auf seine ferne Braut wollte er nicht das Tanzbein schwingen.

In der Zwischenzeit suchte Zita beim Papst um Audienz an. Nicht nur ihr, auch Karl war es ein Anliegen, den Segen des Heiligen Vaters für ihre zukünftige Verbindung zu erlangen. Am 24. Juni empfing der Papst die Mutter Zitas, einige Geschwister und die Prinzessin. In der Privatkapelle des Papstes spendete Pius X. zuerst einer Schwester Zitas das Sakrament der Firmung und segnete anschließend die Prinzessin. Dabei sprach er Worte, die zunächst wie ein Irrtum des alten Mannes anmuteten: »Gott segne Sie, meine Tochter, ich freue mich über die Person ihres künftigen Gemahls. Er wird der nächste Kaiser in Österreich sein.« Zita, aber auch ihre Mutter erschraken und versuchten ihn zu korrigieren, der Heilige Vater aber blieb bei seiner Aussage und ließ sich nicht beirren. Später, als man Argumente dafür suchte, Pius X. seligzusprechen, erinnerte man sich an seine Worte und stellte sie als ein Zeichen göttlicher Eingebung dar. Allerdings fügte der Papst noch einen Satz hinzu, der nicht in Erfüllung gehen sollte: »Großer Segen wird seinem Lande durch ihn erwachsen. Er wird der Lohn sein für die Treue, die Österreich der Kirche entgegengebracht hat.«

In den Ehekontraktsverhandlungen spielte vor allem die Mutter Zitas, Maria Antonia, eine große Rolle. Sie wollte die Tochter in jeder nur möglichen Weise abgesichert wissen, stieß allerdings auf den hartnäckigen Widerstand der Hofbeamten und mußte schließlich ihre Forderungen auf ein Mindestmaß beschränken. Für Maria Antonia hätte es eine Aufwertung ihres eigenen, nun völlig unbedeutenden Hauses bedeutet, wäre man in Wien auf ihre Vorschläge eingegangen. So war einer der Punkte, die sie forderte, die zweisprachige Abfassung des Ehevertrages, die sie durchsetzen konnte. Allerdings: Bei der Festlegung der jährlichen Apanage, die sie dem Kaiser vorschlug, stieß sie bei dem sparsamen Franz Joseph auf taube Ohren. Der Kaiser schrieb aus Ischl einen höflichen, aber bestimmten Brief, daß er mit den in seinen Augen übertriebenen Vorstellungen Maria Antonias nicht einverstanden sei. Als die Herzogin erkannte, daß jede weitere Verhandlung mit dem Hof und dem Kaiser aussichtslos sei, lenkte sie ein und bedankte sich bei Franz Joseph für sein wohlwollendes Verhalten.

Der Hochzeit konnte nun nichts mehr im Wege stehen. Oder doch? Denn auf dem Weg von Brandeis nach Wien stieß das Auto Karls mit einem unbeleuchteten Pferdefuhrwerk zusammen. Obwohl der Erzherzog keine sichtbaren Verletzungen davongetragen hatte, hatte er doch für Minuten das Bewußtsein verloren. Außerdem wußte man nicht, ob er vielleicht innere Verletzungen davongetragen hatte. Aber Karls Natur war stärker als die Ängste der Ärzte, und der junge Bräutigam setzte es durch, daß er nach Hause entlassen wurde.

Der Hochzeitstag sollte der 21. Oktober 1911 sein, mitten im Herbst. Schöner, goldener und milder konnte sich der Oktober in Niederösterreich kaum zeigen als an diesem hohen Tag. Und einmal in der langen Geschichte stand der kleine und unbedeutende Ort Schwarzau im Mittelpunkt. Alle waren gekommen, die Rang und Namen hatten oder die sich noch in ihrem vergangenen Ruhm sonnten. Der Bahnhof von St. Aegyd war reich beflaggt, die bunten Fahnen flatterten im frischen Herbstwind, als die Sonderzüge vom Südbahnhof eintrafen. Wer sich als besonders modern ausweisen wollte, der hatte das Automobil als Transportmittel vorgezogen. Die Aufregung in der umliegenden Gegend war riesengroß, dicht drängten sich die Leute, um nur ja einen günstigen Platz zu erhaschen, von wo man die Auffahrt der Prominenten sehen konnte. Karl und Zita waren in der Umgebung von Schwarzau schon gut bekannt, da sie, wenn es die Zeit erlaubte, durch die Landschaft radelten. Für jeden hatte Karl ein freundliches Wort, und vielleicht konnte man sich deshalb nicht vorstellen, daß er einmal Kaiser werden sollte, da er so gar nichts »Kaiserliches« an sich hatte.

Schon am Tag vorher gab es den ersten großen Empfang in Schloß Schwarzau, eine Art Polterabend, den aber nicht nur der Bräutigam feierte; eine Schar geladener Gäste delektierte sich am köstlichen Souper, das in kleinem Kreis in dem wunderschönen

Speisesaal des Schlosses serviert wurde. Schloß Schwarzau war inmitten von Niederösterreich eine bewußt bourbonische Enklave, das zeigte schon das bourbonische Wappen mit der Lilie, das man überall finden konnte. Der Speisesaal war mit Bildern der französischen Könige Ludwig XIV. und Ludwig XV. geschmückt, und die Gäste waren über die ungemein kultivierte Lebensweise überrascht, die die Exilbourbonen hier auf dem flachen Lande an den Tag legten.

Neunzehn Gäste waren zu dieser Vorfeier geladen, in der Mitte der Tafel hatte das Brautpaar Platz genommen. Zita war in ihrem rosa Liberty-Kleid entzückend anzuschauen. In einem Nebenraum des Speisesaales stimmte die Musik ihre Instrumente, um dann unter der Leitung des Kapellmeisters Dostal zu konzertieren. Das Diner dauerte bis halb acht Uhr, dann begab man sich entweder in den Rauchsalon oder zur Konversation. Besonderes Interesse erweckten natürlich die Geschenke, die schon in überreicher Zahl aus allen Teilen des Landes eingetroffen waren. Man hatte sie im mit Blumen reich geschmückten Maria-Theresien-Saal kunstvoll aufgebaut, damit die Gäste sie bewundern konnten. Bewunderung rief natürlich das Brautgeschenk des Kaisers hervor. Franz Joseph, ein großer Schmuckliebhaber, hatte sich mit einem prachtvollen Brillantdiadem eingestellt. Das glitzernde Diadem hatte unter den Geschenken einen besonderen Platz bekommen, man hatte es in der Mitte erhöht aufgebaut. Daneben konnte man das Geschenk Karls an Zita bewundern, ein zweiundzwanzigreihiges Perlenkollier. Wäre die Braut abergläubisch gewesen, so hätte sie böse Ahnungen für die Zukunft fühlen müssen, da für viele Menschen Perlen Tränen bedeuten … Gold und Edelsteine gab es zu bestaunen, kostbare Kassetten standen inmitten von Büchern und Bildern, daneben gab es außer den offiziellen Geschenken auch sehr persönliche Gaben wie den Hinweis auf einen »Zita-Platz« in einem Kurort, oder den eigens für die Braut komponierten »Erzherzogin-Zita-Walzer« des Kapellmeisters Hermann Dostal.

Der Hochzeitstag wurde mit Böllerschüssen eingeleitet. Alles wartete auf die Ankunft des alten Kaisers, der seine Teilnahme an der Hochzeit zugesagt hatte. In guter Stimmung traf der alte Herr im Salonwagen in St. Aegyd ein. Die Begeisterung der Bevölke-

313

rung kannte keine Grenzen, es war ein seltenes Fest, Franz Joseph Aug in Auge gegenüberzustehen, dem Kaiser, der für viele das Symbol für Recht und Ordnung war. Franz Joseph erwiderte die Ovationen mit großer Freundlichkeit.

Zita war schon zeitig aufgestanden, um zu beten und Einkehr zu halten. Als Fanfarenklänge knapp nach elf Uhr die Ankunft des Kaisers vor Schloß Schwarzau verkündeten, wurde langsam die Kaiserfahne gehißt, die gleich darauf lustig im Herbstwind zu flattern begann. Die höchsten Würdenträger unter den Gästen und der Erzherzog kamen dem Kaiser auf der Schloßstiege entgegen; der Herzog von Madrid, als Chef des Hauses Bourbon, betrachtete es als eine ehrenvolle Aufgabe, den Kaiser der österreichisch-ungarischen Monarchie zu begrüßen. Danach entbot die Mutter der Braut dem Kaiser einen herzlichen Willkommensgruß, und als letzte wollte die errötende Braut dem Kaiser die Hand küssen. Aber Franz Joseph wehrte diese Geste der Hochachtung im letzten Augenblick ab, zog die Prinzessin an sich und küßte sie auf die Wangen. Durch diese ungemein herzliche Geste gab der Kaiser zu verstehen, wie sehr er mit der Wahl seines Großneffen einverstanden war.

Auch später zeigte sich immer wieder, daß er Zita und ihre Kinder ins Herz geschlossen hatte. Zu lange hatte er die familiäre Wärme in seiner eigenen Umgebung vermißt, er hatte um sich einen Wall aufgebaut, den niemand zu übersteigen wagte. Wenn sich an den hohen Feiertagen die Familie in der Hofburg versammelte, dann kamen keine ungezwungenen Gespräche zustande, alles spielte sich nach genau vorgeschriebenen Regeln ab, und der Kaiser verwendete im Gespräch stereotype Redewendungen, aus denen nichts zu entnehmen war. Lediglich zu seiner jüngsten Tochter Marie Valerie, der Lieblingstochter der Kaiserin, entwickelte Franz Joseph im hohen Alter eine etwas innigere Beziehung. Dennoch wagten es weder Marie Valerie noch ihre Kinder, den Kaiser ohne das offizielle Protokoll zu sprechen. Bei Zita machte der Kaiser immer eine Ausnahme, und das zeigte sich schon am Hochzeitstag.

Am Arm der Herzogin von Parma betrat der greise Monarch den festlich geschmückten Empfangssaal. Die Gästeschar wies illustre Namen auf: König Friedrich August von Sachsen, ein Bruder von Karls Mutter, war im Kreise einer großen Schar von näheren und ferneren Verwandten zur Hochzeit seines Neffen angereist. Auch die Herzöge von Württemberg waren der Einladung Maria Antonias gefolgt, Prinz Ruprecht von Bayern, Gäste aus der Toskana, die Prinzessin von Orléans, Prinz August von Coburg, die Erbprinzessin Adelheid von Luxemburg, Prinz Ludwig von Thurn und Taxis sowie Prinz Alois von Liechtenstein. Die Geschwister der Braut unterhielten sich mit den Gästen, wobei vor allem die Prinzen Sixtus und Xavier durch ihr außerordentlich gutes Aussehen und ihren Charme auffielen. Natürlich war auch der »regierende« Thronfolger Franz Ferdinand mit seiner Gattin geladen worden, obwohl Sophie diese großen Gesellschaften meist mied. Franz Ferdinand achtete peinlichst genau darauf, daß seine Gemahlin nicht durch irgendeine junge Erzherzogin brüskiert würde. Man kannte natürlich auch in der Familie Karls und Zitas die problematische Situation und setzte alles daran, daß es während der Hochzeitsfeierlichkeiten zu keiner Mißstimmung kam.

Nach einer angemessenen Zeit, in der der Kaiser Cercle gehalten hatte, begab man sich zur Trauung in die kleine Hauskapelle. Karl ging als erster zwischen Franz Joseph und seiner eigenen Mutter Maria Josefa, er trug die Uniform eines Lothringer Dragoners. Das Goldene Vlies und das Militär-Jubiläumskreuz von 1902 sowie der Stern zum Sächsischen Orden der Rautenkrone zierten die Uniform.

Der Kaiser und Maria Josefa geleiteten den Bräutigam bis zu einem Betpult, wo Karl auf seine Braut wartete. Im Hochzeitszug folgten, streng nach Rangordnung, der König von Sachsen, dann der Erzherzog Thronfolger und die übrigen Hochzeitsgäste. Da die Kapelle zu klein für alle Geladenen war, hatten sich einige Gäste schon vorher einen Platz gesichert. Wer nicht rechtzeitig gekommen war, mußte im Vorraum Platz nehmen. Die Orgel rauschte auf und spielte zuerst eine Komposition des Hofkapellmeisters Eder. Dann erhoben sich die illustren Gäste, als die Hymnen des Herzogtums Parma und das »Gott erhalte, Gott beschütze« erklangen.

Als letzte schritt die Braut am Arm des Herzogs von Madrid zum Altar. Für Don Jaime war es ein erhebender, aber zugleich trauriger Augenblick, als er Zita durch die Kirche führte. Er selber hatte sich wie ein Primaner bis über beide Ohren in die Prinzessin verliebt und heftig um sie geworben, aber für Zita waren die Anträge, die ihr der um viele Jahre ältere Herzog gemacht hatte, niemals ernst gemeint gewesen. Jetzt führte er die reizende Braut zum Altar, die mit einem anderen vermählt werden sollte. Stolz wie ein Spanier – seine innersten Gefühle mannhaft verbergend – schritt Don Jaime durch die Reihen der Gäste, als er Zita an seiner Seite plötzlich fast unhörbar flüstern hörte: »Na schau, jetzt hast du doch noch erreicht, was du dir immer gewünscht hast ...«

Als Zita die Kirche betrat, ging ein Raunen durch die Menge. Das junge Mädchen war ein bezaubernder Anblick: Sie trug ein kostbares Kleid aus cremefarbenem Duchesse mit einer langen Schleppe, die ganz mit den bourbonischen Lilien durchwebt war. Die hochgeschlossene Corsage schmückten Brüsseler Spitzen. Das volle Haar war aufgesteckt und hielt den Myrtenkranz mit dem Brautschleier. Besonders auffallend aber war das funkelnde Brillantdiadem, das im Schleier befestigt war.

Als alle ihre Plätze eingenommen hatten – der Kaiser lehnte den ihm zugedachten Fauteuil ab und verfolgte die festliche Trauungsszene stehend –, konnte Monsignore Bisletti, der auf besonderen Wunsch Zitas die Eheschließung segnen sollte, mit der feierlichen Handlung beginnen. Die Trauzeugen Zitas waren ihre Mutter Maria Antonia und Don Jaime, Karl hatte seine Mutter Maria Josefa und den König von Sachsen, seinen Onkel, um Beistand gebeten.

Die Trauung selbst wurde in französischer Sprache vollzogen, und alle Anwesenden warteten gespannt auf den Augenblick, in dem die beiden Brautleute durch ihr »Ja« die Ehe vor Gott vollziehen würden. Und in die feierliche Stille klang das »Oui«, das Zita laut und frisch von den Lippen kam, wie die Erfüllung eines lang gehegten Wunsches. Als die Hochzeitsgäste dies hörten, konnten sie sich eines Schmunzelns nicht erwehren, und auch der Kaiser mußte über dieses »Ja« der Prinzessin lachen.

So sehr man alles für die Hochzeit vorbereitet hatte, um nur ja alle Pannen zu vermeiden, so hatte man doch nicht ahnen können, daß der Bräutigam die Ringe vergessen würde! Die Mutter Karls hielt sie in einem roten Samtetui in der Hand und reagierte in der

Aufregung des Augenblicks nicht sofort, als Monsignore Bisletti nach ihnen Ausschau hielt, sondern reichte erst, nachdem man allgemein bemerkt hatte, daß die Ringe fehlten, die Schachtel ihrem Sohn. Die Ringe trugen die Inschrift: »Karl von Österreich – Zita von Bourbon-Parma. Sub tuum praesidium confugimus, sancta Dei genetrix« (Unter deinen Schutz begeben wir uns, heilige Gottesmutter).

Bisletti, den Zita schon lange kannte, zelebrierte auch die feierliche Brautmesse und überbrachte im Anschluß daran eine Grußbotschaft des Heiligen Vaters. Und obwohl Bisletti die heikelsten Stellen dieses Schreibens ausließ, mußten doch seine Worte als Affront gegen den Erzberzog-Thronfolger Franz Ferdinand aufgefaßt werden. Der Papst hatte in seinem Brief zuerst den greisen Kaiser mit seinen guten Wünschen bedacht und daran die Worte gefügt: »... wünschen wir Euch von Herzen viele, viele Lebensjahre, in denen Ihr die Kinder Eurer Kinder sehen könnet bis zum dritten und vierten Geschlecht, und hoffen, daß sie berufen sind, den Frieden und das Heil ihrer Völker zu sehen ...« Kein Wort wurde über Franz Ferdinand verloren, für den Heiligen Vater war Karl nach wie vor der nächste Kaiser.

Nachdem endlich der letzte Gratulant seine guten Wünsche ausgesprochen hatte, wurde zur Tafel gebeten. Es war bereits ein Uhr geworden, als sich die Gäste wieder im Theresiensaal eingefunden hatten, um an den fünf prächtig gedeckten Tischen Platz zu nehmen. Der mittlere Tisch war für das Brautpaar reserviert, rechts von Zita hatte der Kaiser Platz genommen, zur Linken saß der frischgebackene Ehemann Karl. Das Hochzeitsmenü wurde auf goldenen Tellern serviert. Zunächst trugen die Diener eine Gemüsecremesuppe auf, worauf als Vorspeise Fasenpastete St. Hubertus und Lammschulter gereicht wurden. Langusten erfreuten die Freunde dieser köstlichen Schalentiere, andere wiederum delektierten sich an gefüllten jungen Truthähnen. Salate und Gemüse mit pikanten Saucen vervollständigten das Menü. Als Desserts reichte man Ananas und andere Früchte, Süßigkeiten und Käse. Den ersten Toast auf das Brautpaar brachte der Kaiser aus. Franz Joseph stellte heraus, wie sehr er sich über diese Verbindung seines Großneffen mit der Bourbonenprinzessin freue und daß er das neue Familienmitglied in dem altehrwürdigen Haus der Habsburger besonders herzlich begrüße.

Der ganze Ort Schwarzau nahm an den Hochzeitsfeierlichkeiten teil, Schulmädchen deklamierten selbstgereimte Gedichtchen in niederösterreichischer Mundart, und der Jubel um das Brautpaar erreichte den Höhepunkt, als sich auch der Kaiser leutselig mit Karl und Zita auf dem Balkon des Schlosses zeigte. Dann wurden Erinnerungsphotos gemacht, und Franz Joseph selbst dirigierte das Brautpaar an den richtigen Platz. Allerdings mutete sich der alte Kaiser zuviel zu, seine kaum ausgeheilte Bronchitis begann wieder akut zu werden, so daß er schon am frühen Nachmittag die Rückreise nach Schönbrunn antreten mußte. Aber auch das Brautpaar machte sich zur Abreise in die Flitterwochen bereit, und um vier Uhr bestiegen Karl und Zita das bereitgestellte Auto, das mit Blumen reich bekränzt war. Der Abschied von der Mutter fiel Zita besonders schwer, sie küßte Maria Antonia unter Tränen, als sage sie der unbeschwerten Zeit, die sie hier auf Schwarzau verleben durfte, für immer Lebewohl.

Die Wochen, die nun für die beiden Verliebten folgten, zählten sicherlich zu den glücklichsten in ihrem Leben. Sie verbrachten die erste Zeit ihrer Ehe in Niederösterreich und genossen die letzten sonnigen Oktobertage in vollen Zügen. Sie radelten durch Wälder und Wiesen, und wo es ihnen gerade gefiel, stiegen sie ab, um Rast zu machen. Sie waren völlig inkognito, und wenn sie auch ab und zu ein Einheimischer erkannte, zog er doch nur hochachtungsvoll den Hut, ohne von ihnen noch weiter Notiz zu nehmen. Hier gab es keine Etikette und Vorschrift, hier konnten sie leben, wie sie wollten.

Die offizielle Hochzeitsreise führte die Neuvermählten anschließend über Südtirol nach Dalmatien. Dort war der Wettergott den beiden weniger gut gesinnt, schwere Stürme peitschten die Adria, so daß sie ihr Reiseprogramm ändern mußten. Außerdem ergaben sich Schwierigkeiten mit den Eisenbahnzügen, die ihnen zur Verfügung gestellt werden sollten, die ungarischen Waggons waren nicht rechtzeitig zur Stelle, und Zita gewann vielleicht auf dieser Fahrt die ersten Eindrücke, was es hieß, mit einem österreichischen Erzherzog verheiratet zu sein, der einstmals Kaiser werden sollte. Aber sie fügte sich sehr schnell in ihre neue Rolle und begann an allem Anteil zu nehmen, was ihren Mann und die Politik betraf. Sie wollte über alles informiert sein und hatte nicht die Absicht, im stillen Kämmerlein zu sitzen, während Karl in die Geheimnisse der großen Politik eingeweiht wurde. Dies geschah allerdings viel zu selten. Der Kaiser war nicht gewillt, sich in seine Karten schauen zu lassen, und Franz Ferdinand hatte im Schloß Belvedere eine Art Schattenregierung aufgebaut. Hier lagen die Pläne, die der Erzherzog-Thronfolger verwirklichen wollte, sollte Franz Joseph eines Tages, der absehbar war, das Zeitliche segnen.

Kaum war das junge Paar von der Hochzeitsreise nach Wien zurückgekehrt, um sich in Schloß Hetzendorf, das der Kaiser Karl überlassen hatte, häuslich niederzulassen, da wurde schon zum Aufbruch geblasen, denn Karl mußte wieder seinen Dienst in Brandeis an der Elbe antreten. Für Zita war es eine Selbstverständlichkeit, daß sie ihren Mann begleitete. Die Tage in Brandeis waren für das junge Paar angefüllt mit gesellschaftlichen Verpflichtungen, mit Einladungen und Gegenbesuchen, und überall, wo die frischgebackene Erzherzogin hinkam, flogen ihr die Herzen zu, vor allem, da sie sich redlich bemühte, die Leute in ihrer Landessprache zu begrüßen. Obwohl sie nicht besonders gut tschechisch sprach, versuchte sie sich doch immer wieder in dieser schwierigen Sprache und setzte alles daran, möglichst bald die wichtigsten Sprachen der Donaumonarchie zu erlernen. In Brandeis war das Erzherzogspaar der umschwärmte Mittelpunkt der Gesellschaft; allerdings wurden Karl und Zita immer häufiger nach Wien gerufen, um verschiedene wichtige Veranstaltungen gemeinsam zu besuchen und um dort den Kaiser zu vertreten. Da Franz Ferdinand sich mit seiner Gemahlin nicht bei offiziellen Anlässen zeigen konnte, mußten Karl und Zita oft in die Bresche springen und in der Wiener Gesellschaft das Kaiserhaus repräsentieren.

Für beide überraschend kam eine Versetzung Karls nach Galizien, wohin die Siebener-Dragoner, die Karl befehligte, im Februar 1912 verlegt wurden. Zita scheute sich auch nicht davor, mit ihrem Mann in das im Winter unwirtliche Galizien zu gehen, sie bestieg die ungeheizten Züge und nahm die Strapazen der weiten Reise auf sich. Die Fahrt durch Mähren war ein Kinderspiel im Vergleich zu dem, was Zita in Galizien erwartete. Schneestürme und bittere

Kälte machten es an manchen Tagen unmöglich, weiterzufahren, so daß die junge Frau tagelang in den primitivsten Quartieren bleiben mußte. Sie bekam schon einen kleinen Vorgeschmack auf das, was sie in Kolomea erwarten würde, wo das Regiment ihres Mannes stationiert war.

Das kleine Haus, das ihnen zur Verfügung stand, richtete Zita, so gut es ging, wohnlich ein, es gab kaum den einfachsten Komfort, nur wenig Hauspersonal, und die Erzherzogin ging täglich selbst auf den Bauernmarkt, um ihre Einkäufe zu besorgen. Es war ein wahrhaft kleinbürgerliches, aber glückliches Leben, das die beiden hier führten, fernab vom großen Gesellschaftsleben und bar aller Etikette. Dabei gab es auch allerhand Gefahren für den österreichischen Erzherzog, denn die Bevölkerung sympathisierte eher mit den Russen. Zita und Karl freundeten sich allmählich mit dem Hauptmannsehepaar Dudek an, mit dem man regen gesellschaftlichen Kontakt pflegte. Allen war klar, daß der Aufenthalt in Galizien für Karl und Zita nicht von langer Dauer sein konnte, denn die Erzherzogin erwartete ihr erstes Kind. Daher schien es dringend geraten, zivilisiertere Gegenden aufzusuchen.

Schneller als vorgesehen kam die Rückreise nach Wien. Karl hatte an Manövern teilgenommen, als sein Pferd in dem Morast, der sich nach den tagelangen Regenfällen gebildet hatte, stürzte und den Reiter unter sich begrub. Eine schwere Gehirnerschütterung war die Folge, und Karl mußte sofort ärztlich betreut werden. Das junge Paar zog sich in die Villa Wartholz in Schwarzau zurück, da es noch immer keine offizielle Bleibe in Wien hatte. Zwar wurde Schloß Hetzendorf für den Erzherzog hergerichtet, die Renovierungsarbeiten zogen sich aber in die Länge. Am 1. November hielt Karl endlich seine Versetzung nach Wien in Händen, so daß beide in Ruhe die Geburt des Kindes abwarten konnten. Am 19. November war es schließlich soweit, die ersten Wehen setzten ein, und die Ärzte, allen voran der bekannte Gynäkologe Universitätsprofessor Peham, waren an Zitas Bett geeilt. Der werdende Vater wartete nervös im Vorraum auf den ersten Schrei seines Kindes. Um dreiviertel drei konnte der Erzherzog seinen ersten Sohn auf den Arm nehmen. Alles schaute auf dieses Kind, durch das der Fortbestand der uralten Dynastie gesichert war. Der neugeborene Sohn Karls und Zitas nahm in der Thronfolge hinter Franz Ferdinand und seinem Vater den dritten Platz ein, und wenn alles gut ging, würde er im letzten Drittel des 20. Jahrhunderts den Thron besteigen … In der feierlichen Taufe erhielt der Sohn die Vornamen Franz Joseph Otto Robert Maria Anton Karl Max Heinrich Sixtus Xavier Felix René Ludwig Gaetano Pius Ignatius … Das Taufregister enthielt noch weitere fünfzehn Vornamen, was der Tradition im Kaiserhaus entsprach. Der Kaiser selbst ließ es sich nicht nehmen, als Taufpate zu fungieren. Nachdem der Geistliche in der Schloßkapelle das Kind mit Jordanwasser beträufelt hatte, überreichte Franz Ferdinand Zita ein Geschenk des Kaisers, ein prachtvolles Diamantenkollier.

Die kleine Familie hätte nun wahrscheinlich lange ohne große Aufgaben auf Schloß Hetzendorf leben und die Kinder, die in schöner Regelmäßigkeit Jahr für Jahr geboren wurden, hätten ihre Jugend in trauter Umgebung verbringen können, hätten nicht die Schüsse von Sarajevo über Nacht die Welt verändert. Damit war der unbedeutende Erzherzog ins Rampenlicht der Weltpolitik gerückt. Man wußte, daß Franz Josephs Tage gezählt waren und konnte sich kaum vorstellen, daß dem legendären Kaiser ein junger Mann auf dem Thron folgen würde, der politische völlig unbedarft war. Aber auch jetzt, in dieser schwierigen Situation, konnte sich Franz Joseph nicht entschließen, seinen Großneffen in die politische Situation einzuweihen und ihn an der Regierung zu beteiligen. Wahrscheinlich war er geistig dazu nicht mehr in der Lage, und die ihn umgebenden Berater hatten andere Absichten als eine Information des jungen Thronfolgers. Je weniger Karl wußte, um so mehr konnten alle anderen regieren, das schien die Devise zu sein. Wie verhängnisvoll sich dies auswirken sollte, zeigte der weitere Verlauf der Geschichte.

Karl wurde in einen Krieg hineingestoßen, den er nie gewollt hatte und den er, hätte er auch alle Hebel in Bewegung gesetzt, nicht verhindern konnte. Das Bündnissystem, zum scheinbaren Wohl der mitteleuropäischen Völker aufgebaut, trat in seiner verhängnisvollen Wirkung noch im Sommer 1914 in Kraft. Die allgemeine Hetzpropaganda tat ein übriges, um die Völker von der Notwendigkeit eines Weltkrieges zu überzeugen. Und Karl und

Zita mußten wie alle anderen Bürger der österreichisch-ungarischen Monarchie zusehen, wie rundherum der Krieg entbrannte. Franz Joseph war am Ende seines langen Lebens mit der Politik, die er während seiner Regierung Jahrzehnte hindurch verfolgt hatte, gescheitert. Bei seinem Tod am 21. November 1916 übergab er seinem Nachfolger ein chaotisches Erbe. Als die Anwesenden im Sterbezimmer Franz Josephs bemerkten, daß der alte Kaiser seinen letzten Atemzug getan hatte, trat Prinz Zdenko Lobkowitz auf Karl zu, während ihm die Tränen über die Wangen liefen, machte dem Erzherzog das Kreuzzeichen auf die Stirn und sprach: »Gott segne Eure Majestät!«

Von einem Moment zum anderen war Karl Kaiser geworden, ein Mann, der das Kriegshandwerk wohl gelernt hatte, aber jetzt in einem Weltkrieg ein Riesenreich führen sollte, was seine Kräfte bei weitem übersteigen mußte. Und so sehr er sich selbst und auch Zita sich bemühten, den Zerfall des alten Reiches aufzuhalten, so vermochten beide nicht, die kriegführenden Staaten sowohl auf feindlicher als auch auf befreundeter Seite davon zu überzeugen, daß die unendlichen Opfer, die von der Bevölkerung gebracht werden mußten, in keiner Weise zu rechtfertigen seien. Die Friedensbemühungen des Kaiserpaares, die über die Brüder der Kaiserin, Prinz Sixtus und Xavier, liefen, verhallten im Kanonendonner, ja man lastete nach Bekanntwerden der Nacht- und Nebelaktion Zita an, sie habe »als Italienerin« ihr Land, Österreich-Ungarn, verraten wollen. Karl und Zita hatten einen Separatfrieden mit den Alliierten im Auge, sollte sich der Bündnispartner Deutschland nicht dazu bringen lassen, endlich den Krieg zu beenden. Ungünstige Fügungen des Schicksals und auch unkluges Verhalten von seiten Karls bestärkten den negativen Eindruck, den seine Verhandlungen mit den Franzosen machen mußten. Zita war, wie immer und überall, seine Beraterin, und vielleicht schob man ihr deshalb die Hauptschuld an vielen Dingen in die Schuhe. Man sah in ihr mehr als eine »graue Eminenz«, denn sie erweckte den Eindruck, als sei sie die eigentliche Herrscherin und Karl mehr oder weniger eine Marionette, die nach ihrem Willen und ihren Vorstellungen zu tanzen hatte. Zermürbt und am Ende mußte Karl im Herbst 1918 einsehen, daß alles, was er versucht hatte, gescheitert war, daß die Alliierten ihren Frieden nach Lust und Laune diktieren konnten. Ihm blieb nichts anderes übrig, als zu allem Ja und Amen zu sagen. Er war in Schönbrunn ein gebrochener Mann, der seines Lebens nicht mehr sicher war. Allzu groß war die Gefahr, daß die Welle der Revolution auch vor dem Kaiserschloß nicht halt machen würde. Wie leicht hätte die Kaiserfamilie das gleiche Schicksal wie die Romanows in Jekaterinenburg erleiden können! Als man Karl die Abdankungsurkunde vorlegte, da bäumte sich in ihm, aber vor allem in Zita die Empörung gegen den Lauf der Geschichte noch einmal auf. Als sie die Zeilen las, die Karl unterschreiben sollte, da rief Zita spontan aus: »Niemals! Das ist ausgeschlossen, daß du das unterschreibst! Das ist ja eine Abdankung!« Die Einwände, daß dies nicht der Fall sei, ließ sie nicht gelten, sie fuhr weiter fort: »Niemals kann ein Herrscher abdanken! Er kann abgesetzt werden, er kann seiner Herrscherrechte verlustig erklärt werden – nun gut, das ist eben Gewalt. Aber diese Gewalt verpflichtet nicht zur Anerkennung, daß er seine Rechte verloren habe. Er wird sie weiterverfolgen, je nach Zeit und Umständen ... Aber abdanken; nie, nie, nie!« Die Worte Zitas hallten durch den Raum, und die erregte Kaiserin hörte kaum den Widerspruch, der von seiten der Delegierten kam. Sie fuhr fort: »Nein, Karl, lieber falle ich hier mit dir! Dann wird Otto kommen. Und selbst wenn wir alle, alle hier fallen sollten – noch gibt es andere Habsburger ...«

Zita machte es ihrem Mann sehr schwer, die Entscheidung zu fällen, die getroffen werden mußte und die letztlich ihr Leben und ihre Sicherheit garantierte. Karl hatte nicht die innere Stärke, die seine Frau auszeichnete, er resignierte nur allzu leicht. Er war ein Mensch, der sich ein Leben auch als Privatmann vorstellen konnte. Nicht aber Zita: Sie blieb ein Leben lang die von Gott ausersehene Kaiserin, trotz aller Schicksalsschläge, die auf sie zukamen.

Die Kaiserfamilie zog sich von Schönbrunn nach Schloß Eckartsau im Marchfeld zurück, wo ihre persönliche Sicherheit nur mit größter Mühe garantiert werden konnte, denn umherziehende Revolutionäre bedrohten immer wieder das ehemalige Jagdschloß Franz Ferdinands. Karl wurde krank und bot das Bild eines geschlagenen Mannes. Nur Zita gelang es ab und zu, ihm wieder Mut zu machen. Allerdings kostete es Stunden der Überredung, Karl zu weiteren Schritten zu veranlassen. Zita hatte klar erkannt, daß die Familie auf Dauer nicht in Eckartsau bleiben konnte, niemand wollte den Kaiser und seine Angehörigen in der Nähe haben, und auch die befreundeten Staaten, an die man sich wandte, lehnten eine Aufnahme der Habsburger ab. Die neutrale Schweiz schien ein geeignetes Exilland zu sein, aber die Schweizer Behörden hatten kein Interesse an noch einem landlosen Exilmonarchen, besonders, da man fürchten mußte, daß die Aufnahme Karls mit Schwierigkeiten verbunden sein würde.

Schließlich schalteten sich die Engländer als Vermittler ein, und es gelang ihnen, die Schweizer Regierung zu überzeugen, daß ihr durch die Aufnahme Karls und seiner Familie keine Nachteile erwachsen würden. Allerdings machte die Regierung der Ersten Republik unter dem Kanzler Karl Renner Schwierigkeiten, als es darum ging, welche persönlichen Besitztümer die Familie ins Ausland bringen durfte. Für Renner waren Schmuckgegenstände, die noch aus dem Besitz der Kaiserin Maria Theresia – beziehungsweise ihres Gemahls Franz Stephan – stammten, nicht Privateigentum der Habsburger, und daher ordnete er eine peinlichst genaue Durchsuchung des Salonzuges an, der Karl in die Schweiz bringen sollte. Erst als der Verbindungsoffizier der britischen Regierung, Oberst Strutt, dem Kanzler damit drohte, daß die britische Regierung die Blockade erneuern und sämtliche Lebensmittellieferungen stoppen werde, gab Renner nach und verzichtete auf eine Durchsuchung des Zuges. Strutt hatte allerdings von der britischen Regierung nie eine derartige Zusage erhalten, er hatte ganz einfach geblufft!

Mit viel Gepäck, unter dem sich ein Koffer voll wertvollster Juwelen befand, verließ das Kaiserpaar mit seiner Kinderschar die österreichische Hauptstadt, wie Karl und Zita glaubten, nicht für immer und ewig, nur vorübergehend, bis sich die Verhältnisse beruhigt hätten.

Karl hatte zwar eine Rücktrittserklärung unterschrieben, dies galt aber nur für den österreichischen Thron. Kaum war das Kaiserpaar in der Schweiz, als es deshalb sofort daranging, die Verhältnisse in Ungarn zu sondieren. Durch verschiedene Infor-

mationen bestärkt, glaubte Karl sich gute Chancen auf die Rück-
gewinnung der ungarischen Krone ausrechnen zu können. Er erinnerte sich an die großen Sympathien, die die Ungarn seinerzeit
ihm und Zita anläßlich ihrer Krönung in Budapest entgegengebracht hatten, und hoffte auf Wohlwollen. So war es nicht
schwer, Karl zu überreden, nach Ungarn zurückzukehren und
einen Restaurationsversuch zu unternehmen. Inwieweit die Kaiserin bei diesem Unternehmen die Hände im Spiel hatte, ist nicht
ganz klar.

Zita selbst konnte ihren Mann nicht begleiten, da sie in Prangins
am Genfer See soeben ihr sechstes Kind zur Welt gebracht hatte.
Sicher war, daß Zita Karl darin bestärkt hatte, seine Rechte als
König von Ungarn, so weit es irgendwie ging, wahrzunehmen. Sie
sah in der Neuregelung Europas mit den Nationalstaaten ein
großes Übel für die Menschheit, und nur ein angestammter König
oder Kaiser konnte für sie den wahren Frieden bringen. Dabei war
Zita keinesfalls eine Träumerin, aber felsenfest von diesen Ideen,
die sie im Laufe der Zeit an der Seite ihres geliebten Mannes entwickelt hatte, überzeugt. Dazu kam, daß alles, was auf dieser Welt
geschah, für sie gottgegeben war. Die Habsburger Kaiser hatten im
Auftrag Gottes jahrhundertelang die Krone getragen, ein Mensch
konnte sie daher weder vertreiben noch absetzen.

Das Unternehmen Karls war dilettantisch und endete für den
ehemaligen Kaiser und König schmählich. Er konnte froh sein, daß
ihm der ungarische Reichsverweser Horthy, ein früherer k. u. k.
Admiral, freien Abzug gewährte und ihm nicht nach dem Leben
trachtete. Aber auch die Schweizer Bundesregierung war aufs tiefste verärgert über das, was Karl ohne ihr Wissen unternommen
hatte. Am Genfer See konnte die Familie nicht mehr bleiben, man
ordnete an, daß sie ein Domizil am Vierwaldstätter See beziehen
sollte, wo sie ohne Ankündigung und Genehmigung keine größeren Ausfahrten unternehmen durfte. Karl aber plante bereits einen
neuerlichen Versuch, die ungarische Krone zurückzugewinnen.
Zita verhielt sich abwartend, aber als es soweit war, daß Karl das
bereitstehende Flugzeug besteigen sollte, da ließ sie sich durch
keine noch so gut gemeinten Ratschläge davon abhalten, mit ihrem
Mann das waghalsige Abenteuer zu unternehmen und nach Un-

garn zu fliegen, obwohl sie wieder ein Kind erwartete. Sie glaubte, durch ihre Anwesenheit die Sympathien des ungarischen Volkes für sich und ihren Mann zu gewinnen und Karl dadurch zu helfen. Aber was so schön gedacht war, erwies sich als letzte große Katastrophe: Der Exkaiser scheiterte auf der ganzen Linie, und jetzt waren nicht nur die ungarischen nationalen Kräfte über ihn empört, auch das ehemals feindliche Ausland wollte nicht länger mitansehen, wie der ehemalige Kaiser immer wieder versuchte, noch einmal irgendwo Fuß zu fassen. Das Habsburger Ehepaar wurde auf ein Donauschiff verfrachtet, das Karl und Zita ans Schwarze Meer bringen sollte, wo ein englisches Schiff die beiden übernahm. Der Dampfer kreuzte planlos im winterlichen Mittelmeer herum, um Karl und seine Gemahlin endlich nach einer langen Irrfahrt an der Küste der portugiesischen Insel Madeira abzusetzen. Man ließ durchblicken, daß jedwede politische Aktivität zu einem Exil auf einer noch weiter entfernten und klimatisch ungünstigeren Insel führen würde.

Es war für das Kaiserpaar nicht einfach, die Kinder nachkommen zu lassen, von allem Anfang an suchte Zita einen portugiesischen Paß zu bekommen, der sie zur Einreise in die Schweiz berechtigen würde. Allerdings stellten die eidgenössischen Behörden strikteste Bedingungen, vermutete man doch allgemein hinter der Reise, die Zita zu ihren Kindern unternehmen wollte – einem ihrer Söhne stand eine Blinddarmoperation bevor –, wieder irgendwelche geheime Aktionen der politisch so tätigen Frau. Allerdings hatten sich diesmal die Behörden getäuscht, und Zita hatte nur alle Hebel in Bewegung gesetzt, um die Ausreise ihrer Kinder zu ermöglichen. Außerdem wollte sie die Vermögensverhältnisse klären, da sie auf Madeira schon bald nicht mehr wußten, wie sie die Miete für ihre Villa zahlen sollten. In der Schweiz stellte sich heraus, daß der Verwalter ihres Vermögens mit Schmuck und Geld durchgegangen und nicht mehr auffindbar war. Die wertvolle zweireihige Perlenkette Maria Theresias, eine Brosche von unschätzbarem Wert, der Florentiner Diamant Karls des Kühnen, der allein beim Verkauf zehn Millionen Franken hätte einbringen sollen, und andere unendlich wertvolle Gegenstände waren spurlos verschwunden und tauchten auch nicht mehr auf. Das Kaiserpaar war mit einem Schlag bettelarm. Karl und Zita konnten gerade noch das Geld für die Reise der Kinder aufbringen, dann mußten sie sich damit abfinden, auf Madeira in den bescheidensten Verhältnissen zu leben. Eine andere Villa wurde ihnen zur Verfügung gestellt, nicht mehr an der sonnigen Küste, sondern hoch in den Bergen, wo im Herbst schon die Nebelschwaden herumzuziehen begannen und es kalt und feucht war. Nur notdürftig hatte man das schlecht ausgestattete Haus hergerichtet, überall roch es nach Schimmel und Moder, und so war es kein Wunder, daß die Kinder immer wieder krank wurden.

Und doch wäre es ein leichtes gewesen, alles mit einem Schlag zu ändern. Der britische Konsul hatte Karl eine Botschaft geschickt, in der es hieß, daß man ihm alle konfiszierten Güter in den Nachfolgestaaten ersetzen würde; außerdem würde sich England verpflichten, ihm und seiner Familie eine Apanage zukommen zu lassen – wenn er nur offiziell abdanke. Karl hatte auf dieses Ansinnen nur geantwortet: »Sagen Sie den Herren, daß Meine Krone nicht käuflich ist.« Wahrscheinlich war es wirklich seine eigene Meinung, aber vielfach wurde vermutet, daß Zita ihn auch in diesem Punkt beraten und bestärkt hatte, auch wenn es zum unendlichen Nachteil der Familie geriet, ja diese Starrheit schließlich Karl das Leben kosten sollte. Denn man weigerte sich nun, das Kaiserpaar finanziell zu unterstützen, und so litt die Familie Mangel an allem nur Denkbaren. Man hatte nicht genügend Heizmaterial, um die Räume wenigstens annähernd warm zu halten, Schimmel bildete sich an den Mauern, und das Essen war knapp. Als der Kaiser zu husten anfing, entschloß sich Zita, noch abzuwarten, einen Arzt zu konsultieren, denn ihre Kasse war fast leer. Als sich aber der Husten immer mehr verstärkte und sich noch Fieber einstellte, konnten die Ärzte nicht mehr helfen. Karls Lungenflügel waren schon angegriffen, und alles, was man unternahm, war unsinnig und erfolglos. Man verabreichte dem Todkranken Terpentinspritzen, die bewirken sollten, daß sich noch ein neuer Krankheitsherd bildete, der den ersten entlasten sollte. Die Ärzte erhofften sich von dieser Therapie eine Besserung des Lungenleidens. Das Ergebnis dieser Spritzenkur waren unzählige Geschwüre an den Beinen, die dem Sterbenden qualvolle Schmerzen bereiteten. Gegen diese Beschwerden spritzte man

Kampfer und Kochsalz, so daß Karls geschwächter, abgezehrter Körper schließlich über und über mit Einstichen übersät war.

Mit übermenschlicher Gewalt hielt sich Zita Tag und Nacht aufrecht, um am Bett des Kranken zu wachen. Wenn Karl einen klaren Augenblick hatte, ergriff er die Hand seiner Frau und bat sie, sich hinzulegen und auszuschlafen. Zita stellte sich schlafend, um ihm dann sofort wieder die glühend heiße Stirn zu trocknen. Die letzten Stunden verbrachte Karl, getröstet mit den Segnungen der katholischen Kirche, im Delirium, aus dem er nur für kurze Augenblicke auftauchte. Er empfahl seiner Frau, sich an den König von Spanien zu wenden, der ihr sicherlich helfen würde. In einem anderen Moment erklärte er, daß das Novembermanifest null und nichtig und er nach wie vor König von Ungarn sei.

Als es mit ihm zu Ende ging, ließ Zita ihren ältesten Sohn Otto ans Bett seines sterbenden Vaters holen: »Dein Vater läßt dich rufen, damit du Zeuge bist, wie ein Christ zu seinem Schöpfer heimkehrt.«

Die letzten Worte des scheidenden Kaisers waren an seine geliebte Frau gerichtet. »Warum lassen sie uns nicht nach Hause? Ich möchte mit dir nach Hause gehen. Ich bin so müde … « Mit sich und der Welt im reinen, schloß Karl für immer die Augen, sein Tod kam langsam und sanft.

Eine Österreicherin, die zufällig im April 1924 auf Madeira weilte, berichtet über die Beisetzung Karls:

»Am Mittwoch (dem 5. April) haben wir den armen Kaiser begraben. Noch nie habe ich etwas so Tragisches gesehen und dieses armselige Sterben hat mich tief ergriffen … Am Mittwochvormittag fuhr ich auf den Monte, um ihn noch aufgebahrt zu sehen. Es war alles so traurig und arm. Er lag in einem kleinen und einfachen Sarg, der am Boden stand, es war kein Priester da, niemand außer einem Herrn, der meiner Ansicht nach der Lehrer der Kinder sein muß. Der Kaiser hatte die einfache Felduniform an und trug das Goldene Vlies. Bei seinem Kopf war der Kranz der österreichischen Kolonie mit dem schwarzgelben Bande; Blumen waren massenhaft da, das war das einzige, was den schaurigen Anblick etwas milderte. Das Begräbnis selbst war feierlich. Die Leiche wurde in der alten Wallfahrtskirche am Monte beigesetzt. Der Sarg wurde in einem kleinen niedrigen zweirädrigen Karren geführt, den einer von unseren Herren mit den österreichischen Dienern des Kaisers zog. Wagenpferde gibt es hier ja nicht. Die ganze Gesellschaft von Funchal folgte, und eine Unmenge Volks war vor der Kirche. Die Kaiserin war mit den drei ältesten Kindern da. Die Kinder sind das Reizendste, was man sich vorstellen kann, besonders die beiden ältesten Söhne. Nach der Beisetzung hielt einer von den österreichischen Herren Wache, bis der Sarg am Abend verlötet wurde. Dazu kam die Kaiserin noch einmal mit dem Thronfolger. Diese Frau ist wirklich bewunderungswürdig. Sie hat keinen Augenblick die Fassung verloren, ebenso die Kinder. Ich habe keines von ihnen weinen gesehen. Sie waren nur sehr blaß und traurig. Beim Verlassen der Kirche grüßten sie nach allen Seiten. Die Kaiserin hat dann noch mit den Leuten gesprochen, die bei der Beisetzung geholfen haben. Alle fanden sie ganz reizend. Der Sarg war mit der alten österreichisch-ungarischen Fahne bedeckt; es ist wohl das letzte Mal, daß sie entfaltet wurde. Was wird jetzt mit der armen Familie werden?«

Für Zita trug man die Liebe ihres Lebens zu Grabe. Sie hatte sich ihrem Mann ganz und gar gewidmet, sie war die Starke in dieser Verbindung gewesen, sie war nie müde geworden, ihren Mann selbst in den ausweglosesten Situationen zu unterstützen und ihn seelisch aufzubauen.

Die Kaiserin, die immer eine besondere Vorliebe für frische bunte Farben in ihrer Kleidung gehabt hatte, legte die schwarze Witwentracht nie mehr ab. Siebenundsechzig Jahre überlebte sie den innig geliebten Mann. Hochbetagt starb sie im März 1989, und nach einem langen Irrweg über Meere und Kontinente kehrte Zita heim nach Österreich, wo die letzte Kaiserin in der Kapuzinergruft beigesetzt wurde.

Literaturhinweise

Aichelburg, Wladimir: Erzherzog Franz Ferdinand und Artstetten. Wien 1983

Andics, Hellmut: Die Frauen der Habsburger. Wien – München – Zürich 1969

Arneth, Alfred Ritter von: Geschichte Maria Theresias. Wien 1863–1879

Ausstellungskatalog Maximilian I. Innsbruck o. J.

Baltazzi-Scharschmid, Heinrich/Swistun, Hermann: Die Familien Baltazzi-Vetsera im kaiserlichen Wien. Wien – Graz 1980

Bayer, Erich: Wörterbuch zur Geschichte. Stuttgart 1960

Beeching, Jack: Don Juan d'Austria, Sieger von Lepanto. München 1983

Benedikt, Ernst: Kaiser Joseph II. 1741–1790. Wien 1947

Bezoni, Juliette: Die Frauen waren ihr Schicksal. München 1947

Bibl, Viktor: Der Tod des Don Carlos. Wien – Leipzig 1918

Bibl, Viktor: Das Don Carlos Problem im Lichte der neuesten Forschungen. In: Historische Blätter, Band 1, 1921

Bibl, Viktor: Kaiser Franz, der letzte römisch-deutsche Kaiser. Leipzig – Wien 1938

Bourgoing, Jean de: Marie Louise von Österreich – Kaiserin der Franzosen – Herzogin von Parma. Wien – Zürich 1949

Briefe und Akten zur Geschichte des sechzehnten Jahrhunderts, mit besonderer Rücksicht auf Bayerns Fürstenhaus. Band 1–5, bearb. von Druffel und Walter Goetz. München 1873–1898

Brook-Shepherd, Gordon: Um Krone und Reich. London – Wien 1968

Brook-Shepherd, Gordon: Die Opfer von Sarajevo. Stuttgart 1988

Brouwer, Johan: Johanna die Wahnsinnige. München 1978

Büdinger, M.: Don Carlos Haft und Tod. Wien 1891

Chroust, Anton: Aus den letzten Tagen des Kaisers Rudolf II. Aufsätze und Vorträge. Leipzig 1939

Conte Corti, Egon Caesar: Elisabeth – die seltsame Frau. Wien 1934

Conte Corti, Egon Caesar: Vom Kind zum Kaiser. Graz – Salzburg – Wien 1950

Conte Corti, Egon Caesar: Kaiser Franz Joseph. 3 Bände, Wien 1950–1955

Danszky, Eduard P.: Sternkreuz. Das Schicksal der Isabella von Parma. Mödling 1957

Evans, R. J. W.: Rudolf II. Graz – Wien – Köln 1980

Evans, R. J. W.: Das Werden der Habsburgermonarchie 1550–1700. Graz – Wien – Köln 1986

Feigl, Erich: Kaiserin Zita. Wien – München 1982

Feigl, Erich (Hg.): Kaiser Karl. Wien 1984

Fichtenau, Heinrich: Der junge Maximilian (1459–1482). Wien 1959

Fiedler, J.: Die Relationen der Botschafter Venedigs über Deutschland und Österreich im XVI. Jahrhundert. In: Fontes rerum Austriacarum, II. Abt., Band 30

Flesch-Brunningen, Hans: Die letzten Habsburger in Augenzeugenberichten. Düsseldorf 1967

Gachard, I. P. (Hg.): Phillip II. von Spanien in Briefen an seine Töchter. München 1947.

Gebhard, Bruno: Handbuch der deutschen Geschichte. 4 Bände, Stuttgart 1954

Gindeley, Anton: Rudolf II. und seine Zeit, Prag 1868

Görlich, Ernst Joseph: Der Thronfolger. Wien – Köln 1961

Griesser-Pečar, Tamara: Zita. Bergisch Gladbach 1985

Größing, Helmuth/Stuhlhofer, Franz: Versuch einer Deutung der Rolle der Astrologie in den persönlichen und politischen Entscheidungen einiger Habsburger des Spätmittelalters. Wien 1980

Größing, Sigrid-Maria: Amor im Hause Habsburg. Wien 1990

Habsburg, Otto: Karl V. Wien – München 1979

Hamann, Brigitte: Rudolf, Kronprinz und Rebell. Wien 1978

Hamann, Brigitte: Elisabeth, Kaiserin wider Willen. Wien 1981

Hamann, Brigitte (Hg.): Die Habsburger. Ein biographisches Lexikon, Wien 1988

Hantsch, Hugo: Die Geschichte Österreichs 1618–1916. Graz 1937– 1969

Haslip, Joan: Die Freundin des Kaisers. Stuttgart 1985

Havemann, W: Don Juan d'Austria. Gotha 1865

Heer, Friedrich: Das Glück der Maria Theresia. Wien – München 1966

Heilmeyer, L. (Hg.): Rezepttaschenbuch. Jena 1950

Hennings, Fred: Und sitzet zur linken Hand. Wien 1961

Herre, Franz: Kaiser Franz Joseph von Österreich. Köln 1978

Herre, Paul: Barbara Blomberg. Leipzig 1909

Heyck, Ed.: Kaiser Maximilian I. Bielefeld – Leipzig 1898

Hofmann, Christina: Das spanische Hofzeremoniell von 1500–1700. Frankfurt 1985

Holler, Gerd: Mayerling, die Lösung des Rätsels. Wien – München – Zürich 1980

Holzer, Hans: Der Fluch über dem Hause Habsburg. München 1981

Ingrao, Charles W.: Josef I. Der vergessene Kaiser. Graz – Wien – Köln 1982

Ketösy, Graf M.: Habsburgische Mesalliancen und Liebesaffairen im 19. Jahrhundert. Leipzig 1900

Khevenhüller-Metsch, Georg: Geheimes Tagebuch 1548–1605

Kiszling, Rudolf: Erzherzog Franz Ferdinand von Österreich-Este. Graz – Köln 1953

Koller, Gerda: Die Hochzeit Ferdinands I. In: »Linz aktiv« 1967

Kuhn, Annette/Rüsen, Jörn (Hg.): Frauen in der Geschichte. Düsseldorf 1982

Leitner Thea: Habsburgs verkaufte Töchter. Wien 1987

Leitner, Thea: Habsburgs vergessene Kinder. Wien 1989

Lexikon der Astrologie. Freiburg 1981 (Horoskop Maximilians I.)

Lhotsky, Alphons: Das Haus Habsburg. Wien 1971

Louise, Prinzessin von Coburg: Throne, die ich stürzen sah. Wien 1926

Lyons, A. S. / Petrucelli, R. J.: Die Geschichte der Medizin im Spiegel der Kunst. Köln 1980

Magenschab, Hans: Josef II., Revolutionär von Gottes Gnaden. Graz – Wien – Köln 1979

Mailler Hermann: Frau Schratt. Ein Lebensbild. Wien 1947

Mann, Golo: Wallenstein. Frankfurt/Main 1971

Marie Louise: Briefe. München o. J.

McGuigan, Dorothy Guis: Familie Habsburg. Wien – München – Zürich 1967

Mikoletzky, Lorenz: Kaiser Franz I. Stephan und der Ursprung des habsburgisch-lothringischen Familienvermögens. München 1961

Mikoletzky, Lorenz: Kaiser Joseph II. Göttingen – Zürich – Frankfurt 1979

Miller Townsend: Isabel und Juana. München 1967

Mitis, Oskar Freiherr von: Das Leben des Kronprinzen Rudolf. Leipzig 1928, neu hg. von Adam Wandruszka, Wien 1971

Morton, H. V: Wanderungen in Spanien. Frankfurt 1968

Mraz, Gerda: Rudolf II. und seine Brüder. In: Katalog der Ausstellung »Renaissance in Österreich. Geschichte, Wissenschaft und Kunst.« Horn 1974

Palmer, Alan: Metternich. London 1972

Pangels, Charlotte: Die Kinder Maria Theresias. München 1980

Peham, Helga: Leopold II., Herrscher mit weiser Hand, Graz – Wien – Köln 1987

Pfandl, Ludwig: Philipp II. München 1969

Polzer-Hoditz, Arthur Graf: Kaiser Karl. Wien 1980

Prag um 1600. Kunst und Kultur am Hofe Kaiser Rudolfs II. Wien 1988 (Ausstellungskatalog)

Prwadin, Michael: Johanna die Wahnsinnige. Wien 1938

Rabl, Elisabeth: Das Bild der Habsburger in den venezianischen Gesandt-schaftsberichten und Finalrelationen. Unveröffentlichte Seminararbeit, Salzburg 1979

Raithel, Richard: Maria Theresia und Joseph II. ohne Purpur. Wien 1954

Ranke, Leopold von: Savonarola, Geschichte des Don Carlos, Die großen Mächte. Leipzig 1938

Ranke, Leopold von: Deutsche Geschichte im Zeitalter der Reformation. Band 5, Leipzig 1881

Rausch, Karl: Die burgundische Heirat Maximilians I. Wien 1880

Redlich, Josef: Kaiser Franz Joseph von Österreich. Berlin 1929

Redlich, Josef: Schicksalsjahre Österreichs. 1908–1919. 2 Bände, Graz – Köln 1953/54

Redlich, Oswald: Das Werden einer Großmacht. Baden 1938

Reifenscheid, Richard: Die Habsburger in Lebensbildern. Graz – Wien – Köln 1982

Reinhold Peter: Maria Theresia. Frankfurt 1979

Ritter Rudolf: Unsterbliche Romanzen. Mühlacker 1974

Ritter, Moritz: Deutsche Geschichte im Zeitalter der Gegenreformation und des Dreißigjährigen Krieges. Stuttgart 1983

Saathen, Friedrich (Hg.): Anna Nahowski und Kaiser Franz Joseph, Graz – Wien – Köln 1986

Schaeffer, Emil: Habsburger schreiben Briefe. Leipzig 1935

Schiel, Irmgard: Stephanie, Kronprinzessin im Schatten von Mayerling. Wien 1978

Schiel, Irmgard: Marie Louise. Eine Habsburgerin für Napoleon. Stuttgart 1983

Schlosser, Julius von: Die Kunst und Wunderkammern der Spätrenaissance. Leipzig 1908

Schnürer, Franz: Habsburger Anekdoten. Stuttgart 1906

Schwarzenfeld, Gertrude von: Rudolf II. München 1979

Seligmann, Kurt: Das Weltreich der Magie. Wiesbaden 1970

Sokop, Brigitte: »Jene Gräfin Larisch ...« Graz – Wien – Köln 1988

Sosnosky, Theodor von: Der Erzherzog Thronfolger. München 1929

Stephanie, Prinzessin von Belgien, Fürstin von Lonyay: Ich sollte Kaiserin werden. Leipzig 1935

Sutter Fichtner, Paula: Ferdinand I. Graz – Wien – Köln 1986

Tabarelli, Hans: Kaiser Franz Joseph und die gnädige Frau. Wien 1948

Tritsch, Walter: Metternich und sein Monarch. Darmstadt 1952

Trollope, Frances: Briefe aus der Kaiserstadt. Stuttgart 1966

Vossen, Carl: Maria von Burgund. Stuttgart 1982

Waldegg, Richard: Sittengeschichte von Wien. Stuttgart 1965

Wallersee, Maria Freiin von: Meine Vergangenheit. Berlin 1913

Wallersee, Marie Louise von, vormals Gräfin Larisch: Kaiserin Elisabeth und ich. Leipzig 1935

Weissensteiner, Friedrich: Franz Ferdinand. Der verhinderte Herrscher. Wien 1983

Weissensteiner, Friedrich: Ein Aussteiger aus dem Kaiserhaus. Johann Orth. Wien 1985

Weissensteiner, Friedrich: Die anderen Habsburger. Wien 1987

Wiesflecker, Hermann: Friedrich III. und der junge Maximilian. Wiener Neustadt 1966

Wiesflecker, Hermann: Kaiser Maximilian I. Wien 1971–1986

Wölfling, Leopold: Habsburger unter sich. Berlin 1921.

Wostry, Wilhelm: Kaiser Rudolf II., der Sonderling in der Prager Burg. In: Prager Jahrbuch 1943

Wurm, Sylvia: Die Ehen Josephs II. In: Katalog zur Niederösterreichischen Landesausstellung, Melk 1980

Zierl, Antonia: Kaiserin Eleonore und ihr Kreis. Unveröffentlichte Dissertation, Wien 1966

Zöllner, Erich: Geschichte Österreichs. 5. Aufl., Wien 1974

Anhang

Rudolf I.
Kg. 1273–1291
∞ 1. Gertrud (Anna) v. Hohenberg
∞ 2. Elisabeth (Agnes) v. Burgund

Hartmann
† 1281

Rudolf II.
† 1290
∞ Agnes v. Böhmen

Johann (Parricida)
† 1313

1. Albrecht I.
Hg. 1282, Kg. 1298–1308
∞ Elisabeth v. Görz-Tirol

Rudolf III.
Hg. 1298
Kg. v. Böhmen 1306–1307
∞ 1. Blanka v. Frankreich
2. Elisabeth v. Polen

Friedrich I. (III)
Hg. 1308, Kg. 1322
† 1330
∞ Isabella (Elisabeth)
v. Aragon

Otto
Hg. 1330–1339
∞ 1. Elisabeth
v. Bayern
2. Anna v. Böhmen

1. Friedrich II. † 1344

Leopold I.
† 1326
∞ Katharina v.
Savoyen

Friedrich III.
† 1362

Albrecht II.
Hg. 1330–1358
∞ Johanna v. Pfirt

← *Albertiner*

Rudolf IV.
Hg. 1358–1365
∞ Katharina v. Luxemburg

Albrecht III.
Hg. 1365–1395
∞ 1. Elisabeth
v. Luxemburg
2. Beatrix
v. Hohenzollern

Leopoldiner →

Leopold III.
Hg. 1370 (1379)–1386
∞ Viridis Visconti

Tiroler Linie

Leopold II. † 1344

2. Albrecht IV.
Hg. 1395–1404
∞ Johanna v. Bayern

Wilhelm
Hg. 1386–1406
∞ Johanna
v. Anjou-Neapel

Leopold IV.
(1386), 1395–1411
∞ Katharina v.
Burgund

Ernst (d. Eiserne)
Hg. (1386), 1402–1424
∞ 1. Margarete
v. Pommern
2. Cymburgis
v. Masowien

Friedrich IV.
Hg. (1402) 1406–1439
∞ 1. Elisabeth
v. d. Pfalz
2. Anna v. Braunschweig

Albrecht V. (II.)
Hg. (1404) 1411,
Kg. v. Böhmen
u. Ungarn 1437,
dt. Kg. 1438. † 1439
∞ Elisabeth v.
Luxemburg

2. **Friedrich V. (III.)**
Inneröster. 1439
Kg. 1440, K. 1452–1493
∞ Eleonora (Helena) v. Portugal

Albrecht VI.
† 1463
Vorlande 1446
Oberöster. 1458
Niederöster. 1461
∞ Mechthild v. d. Pfalz

Siegmund
Tirol u. Vorlande
(1439) 1446–1490 (Verzicht) † 1496
∞ 1. Eleonore
v. Schottland
2. Katharina v. Sachsen

Ladislaus Postumus
1440, bzw. 1452
Kg. v. Ungarn
1453 Kg. v. Böhmen
† 1457

Maximilian I.
Kg. 1486, K. 1508–1519
∞ 1. Maria v. Burgund
2. Bianca Maria Sforza

1. Philipp I.
1504–1506 Kg. v. Kastilien
∞ Johanna v. Spanien

Margarete † 1530
∞ 1. Juan von Spanien

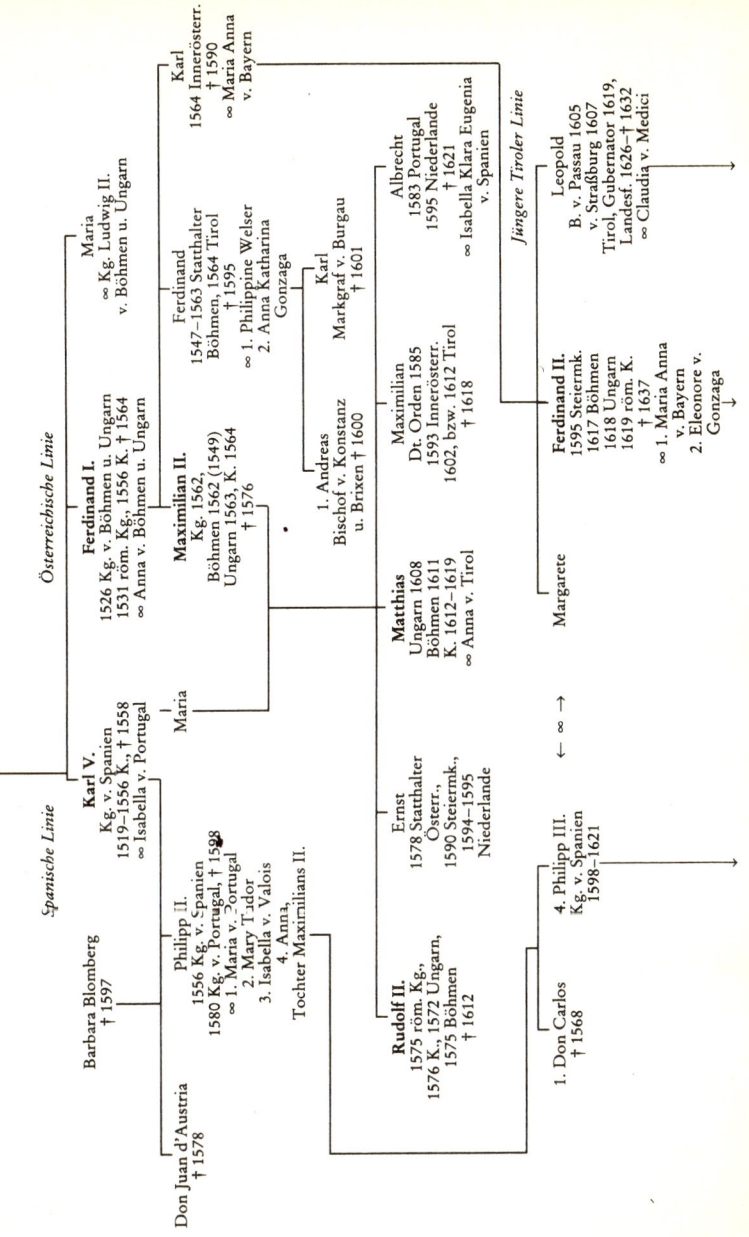

Österreichische Linie

Spanische Linie

Barbara Blomberg † 1597

Don Juan d'Austria † 1578

Karl V., Kg. v. Spanien 1519–1556 K., † 1558 ∞ Isabella v. Portugal

Maria

Ferdinand I. 1526 Kg. v. Böhmen u. Ungarn 1531 röm. Kg., 1556 K., † 1564 ∞ Anna v. Böhmen u. Ungarn

Maria ∞ Kg. Ludwig II. v. Böhmen u. Ungarn

Karl 1564 Innerösterr. † 1590 ∞ Maria Anna v. Bayern

Philipp II. 1556 Kg. v. Spanien 1580 Kg. v. Portugal, † 1598 ∞ 1. Maria v. Portugal 2. Mary Tudor 3. Isabella v. Valois 4. Anna, Tochter Maximilians II.

Maria

Maximilian II. Kg. 1562, Böhmen 1562 (1549) Ungarn 1563, K. 1564 † 1576

Ferdinand 1547–1563 Statthalter Böhmen, 1564 Tirol † 1595 ∞ 1. Philippine Welser 2. Anna Katharina Gonzaga

Karl Markgraf v. Burgau † 1601

Albrecht 1583 Portugal 1595 Niederlande † 1621 ∞ Isabella Klara Eugenia v. Spanien

Jüngere Tiroler Linie

Leopold B. v. Passau 1605 v. Straßburg 1607 Tirol, Gubernator 1619, Landesf. 1626–† 1632 ∞ Claudia v. Medici

Ernst 1578 Statthalter Österr., 1590 Steiermk., 1594–1595 Niederlande

Rudolf II. 1575 röm. Kg., 1576 K., 1572 Ungarn, 1575 Böhmen † 1612

Matthias Ungarn 1608 Böhmen 1611 K. 1612–1619 ∞ Anna v. Tirol

1. Andreas Bischof v. Konstanz u. Brixen † 1600

Maximilian Dt. Orden 1585 1593 Innerösterr. 1602, bzw. 1612 Tirol † 1618

Ferdinand II. 1595 Steiermk. 1617 Böhmen 1618 Ungarn 1619 röm. K. † 1637 ∞ 1. Maria Anna v. Bayern 2. Eleonore v. Gonzaga →

Margarete

∞ ← →

4. Philipp III. Kg. v. Spanien 1598–1621

1. Don Carlos † 1568

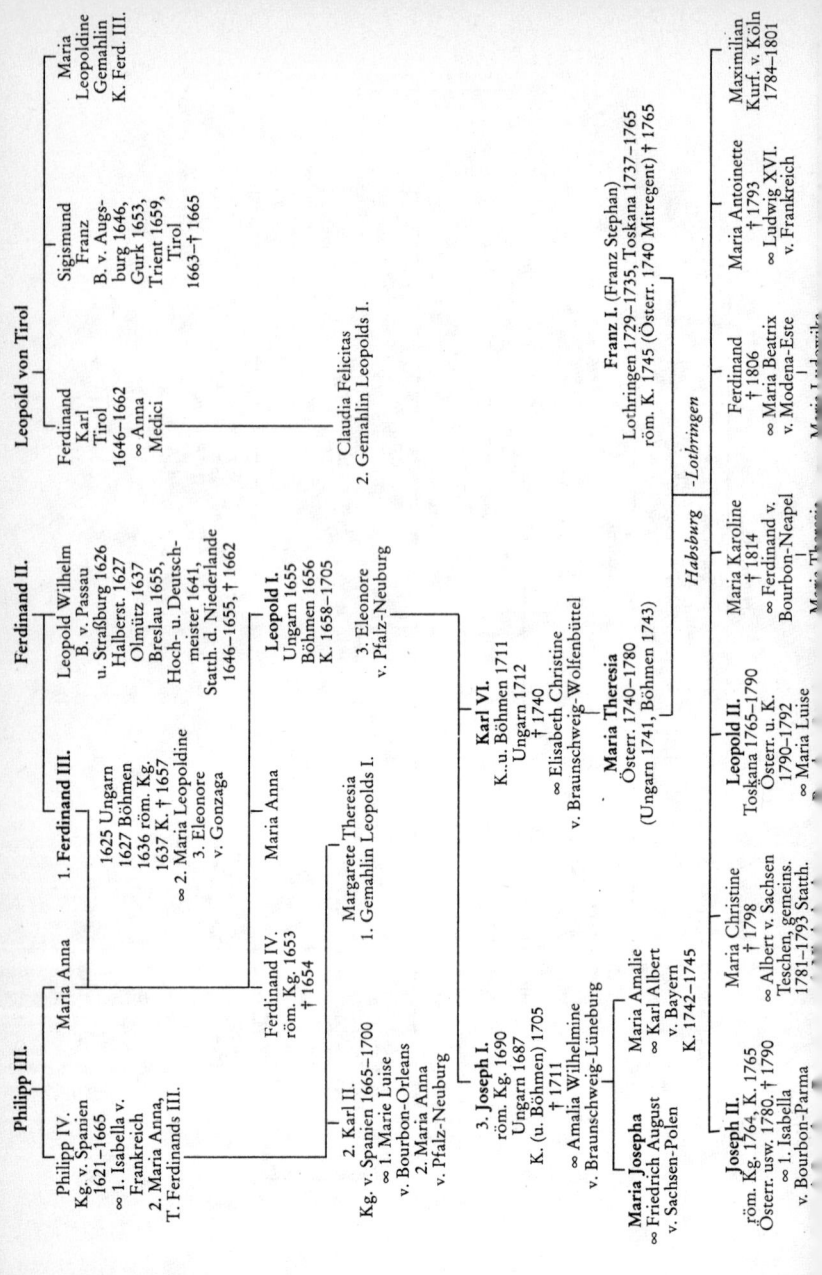

Philipp III.

Ferdinand II.

Leopold von Tirol

Maria Anna

1. **Ferdinand III.**

Maria Anna

1625 Ungarn
1627 Böhmen
1636 röm. Kg.
1637 K. † 1657
∞ 2. Maria Leopoldine
3. Eleonore
v. Gonzaga

Leopold Wilhelm
B. v. Passau
u. Straßburg 1626
Halberst. 1627
Olmütz 1637
Breslau 1655,
Hoch- u. Deutsch-
meister 1641,
Statth. d. Niederland.
1646–1655, † 1662

Leopold I.
Ungarn 1655
Böhmen 1656
K. 1658–1705
3. Eleonore
v. Pfalz-Neuburg

Sigismund
Franz
B. v. Augs-
burg 1646,
Gurk 1653,
Trient 1659,
Tirol
1663–† 1665

Ferdinand
Karl
Tirol
1646–1662
∞ Anna
Medici

Maria
Leopoldine
Gemahlin
K. Ferd. III.

Philipp IV.
Kg. v. Spanien
1621–1665
∞ 1. Isabella v.
Frankreich
2. Maria Anna,
T. Ferdinands III.

Ferdinand IV.
röm. Kg. 1653
† 1654

Margarete
Theresia
1. Gemahlin Leopolds I.

Maria Anna

Claudia Felicitas
2. Gemahlin Leopolds I.

2. **Karl II.**
Kg. v. Spanien 1665–1700
∞ 1. Marie Luise
v. Bourbon-Orleans
2. Maria Anna
v. Pfalz-Neuburg

3. **Joseph I.**
röm. Kg. 1690
Ungarn 1687
K. (u. Böhmen) 1705
† 1711
∞ Amalia Wilhelmine
v. Braunschweig-Lüneburg

Maria Amalie
∞ Karl Albert
v. Bayern
K. 1742–1745

Karl VI.
K..u. Böhmen 1711
Ungarn 1712
† 1740
∞ Elisabeth Christine
v. Braunschweig-Wolfenbüttel

Franz I. (Franz Stephan)
Lothringen 1729–1735, Toskana 1737–1765
röm. K. 1745 (Österr. 1740 Mitregent) † 1765

Habsburg - *Lothringen*

Maria Theresia
Österr. 1740–1780
(Ungarn 1741, Böhmen 1743)

Maria Josepha
∞ Friedrich August
v. Sachsen-Polen

Joseph II.
röm. Kg. 1764, K. 1765
Österr. usw. 1780, † 1790
∞ 1. Isabella
v. Bourbon-Parma

Maria Christine
† 1798
∞ Albert v. Sachsen
Teschen, gemeins.
1781–1793 Statth.

Leopold II.
Toskana 1765–1790
Österr. u. K.
1790–1792
∞ Maria Luise

Maria Karoline
† 1814
∞ Ferdinand v.
Bourbon-Neapel

Maria Antoinette
† 1793
∞ Ludwig XVI.
v. Frankreich

Ferdinand
† 1806
∞ Maria Beatrix
v. Modena-Este

Maximilian
Kurf. v. Köln
1784–1801

Genealogische Tafel: Haus Habsburg-Lothringen

Franz II. (I.) röm. K. 1792, entsagt 1806. K. v. Österr. 1804–† 1835. ∞ 1. Elisabeth. v. Württembg. 2. Maria Theresia v. Bourbon-Neapel 3. Maria Ludowika v. Modena 4. Karoline Augusta v. Bayern

Ferdinand III. Toskana 1792–1802, 1814–† 1824. Salzburg usw. 1802–1805. Würzburg 1805–1814. ∞ 1. Luise v. Bourbon-Neapel 2. Maria v. Sachsen

Karl † 1847 ∞ Henriette v. Nassau-Weilburg

Joseph Palatin v. Ungarn 1795–1847 ∞ 1. Alexandra v. Rußland 2. Hermine v. Anhalt 3. Maria Doroth. v. Württembg.

Johann Reichsverweser 1848–1849–† 1859 ∞ Anna Plochl (Gräfin v. Meran)

Rainer † 1853

Ludwig † 1864

Linie Habsburg-Toskana

Linie Erzh. Joseph

Grafen v. Meran

Linie Erzh. Rainere

Karl Ferdinand † 1874 ∞ Elisabeth, Tochter des Erzh. Joseph

Ludwig Viktor † 1919

Albrecht † 1895 ∞ Hildegard v. Bayern

Franz Karl † 1878 ∞ Sophie v. Bayern

Linie Erzh. Joseph

Ferdinand I. K. v. Österr. 1835–1848 † 1875 ∞ Maria Anna v. Savoyen

Franz Joseph I. K. v. Österr. 1848–1916 ∞ Elisabeth, Herzogin in Bayern

Rudolf Kronprinz † 1889 ∞ Stephanie v. Belgien

Ferdinand Maximilian Generalgouverneur v. Lombardo-Venetien 1857–1859 Kaiser v. Mexiko 1864–1867 ∞ Charlotte v. Belgien

Karl Ludwig † 1896 ∞ 1. Margarete v. Sachsen 2. Maria Annunziata v. Bourbon-Neapel 3. Maria Theresia v. Portugal

Otto Franz Joseph † 1906 ∞ Maria Josepha v. Sachsen

Karl I. K. v. Österr. usw. 1916–1918 † 1922 ∞ Zita v. Bourbon-Parma (5 Söhne, 3 Töchter)

2. Franz Ferdinand Erzh.-Thronfolger † 1914 ∞ Sophie Gräfin Chotek, Herzogin v. Hohenberg

Herzoge v. Hohenberg

2. Maria Luise Herzogin v. Parma 1815–1847 ∞ 1. Napoleon I., Kaiser d. Franzosen 2. Adam Graf Neipperg 3. Karl Graf Bombelles

1. Herzog v. Reichstadt

2. *Fürsten Montenuovo*

Register

Österreich – Land der Musik

Der Walzerkönig

Die Biographie des großen
Musikers, das Bild seiner
Epoche und das Portrait der
Strauß-Familie, der
legendären Walzerdynastie.

Der Liebling
der Götter ...

Ein bewegendes Portrait
des genialen Komponisten,
dessen kurzes Leben
von Höhenflügen und tiefer
Tragik bestimmt war.

19/550

19/594

HEYNE-TASCHENBÜCHER

HEYNE
BÜCHER

Ulrich Wickert

»Wir gehen jetzt erst mal um
die Ecke ins Café de Flore,
den ehemaligen Literaten-
treff, einen Café Crème und
ein paar Croissants bestellen.
Doch das ist eigentlich eine
andere Geschichte.«

19/336

HEYNE-TASCHENBÜCHER

Vom Ein-
spänner bis
zur Wiener
Melange ...

01/10434

Ein literarischer Führer durch die gute alte Kaffeehauskultur anno dazumal und heute.

Mit Texten legendärer Kaffeehausgänger: Peter Altenberg, Alfred Polgar, Karl Kraus, Stefan Zweig, Franz Werfel, Anton Kuh, Helmut Qualtinger, H. C. Artmann und viele andere.

Mit vielen Abbildungen und mit Insidertips für mußevolle Stunden bei Melange und Nuß-beugerln.

Heyne-Taschenbücher